Das deutsche Strafrecht im Reichsgau Sudetenland und im Protektorat Böhmen und Mähren

herausgegeben und erläutert

von

Dr. Max Lorenz
Oberlandesgerichtsrat am Deutschen Oberlandesgericht in Prag

Dr. Erich Schinnerer
Dozent an der Universität Berlin, beauftragt mit der Vertretung des strafrechtlichen Lehrstuhls an der Deutschen Karls-Universität in Prag

Prag und Berlin 1940

Verlag

J. G. Calve'sche Universitätsbuchhandlung Robert Lerche

Walter de Gruyter & Co.

Druck der Böhmisch-Mährischen Verlags- und Druckerei-G. m. b. H.
in Prag.

Inhaltsverzeichnis

1*

Vorwort

Im Sudetengau und im Protektorat Böhmen und Mähren ist im Jahre 1939 das Strafrecht des Altreiches eingeführt worden. Das bisher in diesem Gebiet geltende Strafrecht ist aber in Kraft geblieben, insofern das neue Recht keine gleichen oder entsprechenden Vorschriften enthält. Um die Angleichung des Rechtslebens an die Verhältnisse im Großdeutschen Reich herbeizuführen, ist ferner für den Sudetengau, aber auch für das Protektorat eine große Zahl von Gesetzen und Rechtsvorschriften erlassen worden, die strafrechtliche Bedeutung haben. Eine Zusammenfassung der Bestimmungen des im Sudetengau und im Protektorat Böhmen und Mähren geltenden Strafrechts ist bisher nicht erfolgt. Diese Lücke soll die vorliegende Textausgabe schließen.

Die Zusammenfassung des Strafrechtes, das im Sudetengau gilt, mit dem deutschen Strafrecht des Protektorates Böhmen und Mähren in einer Textausgabe ist schon im Hinblick auf den in beiden Gebieten ungefähr gleichen Umfang der Fortgeltung des tschechischen Strafrechtes[1]) gerechtfertigt. Darüber hinaus steht die Praxis trotz des Unterschiedes, der sich aus der staatsrechtlichen Stellung des Protektorates ergibt, vor denselben Problemen der Rechtsanwendung, die sich aus der Überleitung auf ein neues Strafrechtssystem ergeben.

Bei der Bearbeitung der Textausgabe ergab sich die Notwendigkeit, zu verschiedenen für die Handhabung der Gesetze entscheidenden Fragen Stellung zu nehmen. Dies ist durch kurze, einleitende Absätze vor den einzelnen Abschnitten geschehen. Darüber hinaus glauben die Herausgeber dem Zweck einer solchen zusammenfassenden Darstellung zu dienen, wenn durch kurze einleitende Anmerkungen zu den

[1]) Unter tschechischem Strafrecht wird in dieser Veröffentlichung jenes verstanden, das in der Tschechoslowakischen Republik galt und auch heute noch im Protektorat für die Personen gilt, die nicht deutsche Staatsangehörige sind.

beiden Hauptgesetzen und gelegentlichen Verweisungen auf die neueste Rechtsprechung, dem Rechtswahrer im Sudetengau und im Protektorat Hinweise für die Handhabung des ihm völlig neuen Rechtes gegeben werden. Auch dem Richter im Altreich, der im Einzelfall ein für ihn fremdes Recht handhaben soll, kann seine Aufgabe dadurch erleichtert werden. Dieser Aufgabe der Herausgabe und Erläuterung des Textes entsprach es, wenn die Herausgeber ihre eigene wissenschaftliche Meinung haben zurücktreten lassen und sich auf die Verzeichnung der Ergebnisse von Rechtsprechung und Rechtslehre beschränkt haben. Die einleitenden Anmerkungen und Hinweise sind jedoch auf die Fragen beschränkt worden, in denen nach der Erfahrung der Praxis der Unterschied gegenüber dem bisher geltenden Rechte am stärksten empfunden wird. Die Erläuterungen, die dem Gesetzestext beigefügt sind, sollen und können die Verwendung von Kommentaren nicht ersetzen.

Die Herausgeber sind sich bewußt, daß sie in dieser Textausgabe ein Gebiet zusammengefaßt haben, das im Fluß ist. Sie sind daher für jede Anregung und Kritik besonders dankbar.

Abkürzungen

E.	Entscheidungen des Reichsgerichtes in Strafsachen.
DJ.	Deutsche Justiz.
DR.	Deutsches Recht, seit 1939 mit der Juristischen Wochenschrift vereinigt.
DStR. . . .	Deutsches Strafrecht, Strafrechtswissenschaftliches Ergänzungsblatt der D. J.
HRR.	Höchstrichterliche Rechtsprechung.
JW.	Juristische Wochenschrift.
JGG.	Jugendgerichtsgesetz.
RGBl. . . .	Österreichisches Reichsgesetzblatt.
RGBl. I . . .	Deutsches Reichsgesetzblatt, Teil I.
Slg.	Sammlung der tschechischen Gesetze und Verordnungen.
Slg. J. M. . .	Sammlung der Entscheidungen des tschechischen Obersten Gerichtes, herausgegeben vom tschechischen Justizministerium.
Slg. OG. . .	Sammlung der Entscheidungen des tschechischen Obersten Gerichtes, herausgegeben in dessen Auftrag v. Vážný.
StG.	Tschechisches Strafgesetz.
StGB. . . .	Deutsches Strafgesetzbuch.
VBlRProt. . .	Verordnungsblatt des Reichsprotektors in Böhmen und Mähren.

VBlSud.	. .	Verordnungsblatt für die sudetendeutschen Gebiete, seit 1. Mai 1939 genannt Verordnungsblatt für den Reichsgau Sudetenland.
VO.	. . . .	Verordnung.
Wien Slg.	. .	Entscheidungen des Obersten Gerichtshofes, herausgegeben von der Generalprokuratur.

Erstes Kapitel.

Die Einführung des deutschen Strafrechts im Sudetenland und im Protektorat Böhmen und Mähren.

Als im Jahre 1938 die Ostmark eingegliedert wurde, hat man davon abgesehen, das im Altreich geltende Recht als Ganzes oder in größeren Teilen auf das wiedervereinigte Gebiet auszudehnen. Die großen Kodifikationen des Altreiches stammen alle aus der Kaiserzeit. Zum überwiegenden Teil entsprechen sie den Anforderungen, die das Rechtsleben im nationalsozialistischen Staat an sie stellt, nur im beschränkten Umfang. In der Ostmark fand man ferner einen eingearbeiteten Staatsapparat vor, der zu seiner Arbeitsfähigkeit eine Übertragung von Gesetzen nicht bedurfte.

Anders lagen die Dinge im sudetendeutschen Gebiet, teilweise wieder anders im Protektorat Böhmen und Mähren. Im sudetendeutschen Gebiet bestand bei der Vereinigung mit dem Großdeutschen Reich kein Behördenapparat, der als Grundlage für die Ausübung der staatlichen Gewalt hätte dienen können. Auch die Justizverwaltung mußte erst die Gerichtsorganisation, und zwar in einem entscheidenden Umfang mit Hilfe von Richtern aus dem Altreich aufbauen. Im Protektorat Böhmen und Mähren mußte die Rechtspflege für die deutschen Staatsangehörigen neben der Rechtspflege des Protektorates für die nichtdeutschen Bewohner dieses Landes neu organisiert werden. In beiden Gebieten haben wir es daher mit einem Neuaufbau der Gerichtsorganisation zu tun. In Verbindung damit konnten auch die Strafgesetze auf diese Gebiete übertragen werden, um so mehr als gerade im sudetendeutschen Gebiet das Streben bemerkbar war, im Strafrecht von einer zwanzigjährigen volksfremden Rechtsentwicklung loszukommen. Im Protektorat konnte die Einführung des deutschen Strafrechts neben der Neugründung der Gerichtsorganisation dazu dienen, die rechtliche Sonderstellung der deutschen Staatsangehörigen deutlich zum Ausdruck kommen zu lassen.

Zeitlich fallen die beiden Einführungsgesetze nur wenig auseinander. Im Sudetengau wurde die Verordnung über die Einführung des deutschen Strafrechtes, der deutschen Gerichtsverfassung und anderer Gesetze in den sudetendeutschen Gebieten am 16. I. 1939 erlassen. Im Protektorat Böhmen und Mähren stammt die Verordnung über die Ausübung der Strafgerichtsbarkeit in Böhmen und Mähren vom 14. IV. 1939[1]). Inhaltlich stimmen die beiden Verordnungen in den Hauptpunkten überein. Sie führen im wesentlichen dieselben Strafgesetze ein (§ 1 in beiden Verordnungen). Sie grenzen das neueingeführte Recht in übereinstimmender Weise von dem bisher geltenden ab. (§ 17 bzw. § 25). Das deutsche Strafrecht gilt im Sudetengau für Taten, die nach dem 28. II. 1939, im Protektorat nach dem 15. IV. 1939 begangen worden sind. Für Taten, die vor diesem Zeitpunkt begangen wurden, gilt deutsches Recht, wenn die Tat auch nach bisherigem Recht strafbar war und ihretwegen am 1. III. 1939 bzw. am 16. IV. 1939 bei der Staatsanwaltschaft oder bei Gericht ein Strafverfahren noch nicht anhängig war (§ 18 bzw. § 26). Beide Verordnungen versuchen eine Angleichung auf dem Gebiet der Strafen herbeizuführen, indem sie bestimmen, daß an Stelle von schwerem Kerker oder von Kerker von über einem Jahr auf Zuchthaus, an Stelle von schwerem Kerker oder Kerker von nicht mehr als einem Jahr und an Stelle von strengem Arrest auf Gefängnis zu erkennen ist, während an Stelle von Arrest Haft und an Stelle von Verschließung Gefängnis oder Haft tritt (§ 6 bzw. § 7). Der Inhalt dieser Strafen bestimmt sich nach den deutschen Vorschriften. Diese Überleitungsbestimmungen nehmen wohl darauf Rücksicht, daß bei Verbrechen und Vergehen zwischen dem deutschen Recht und dem tschechischen Recht ein erheblicher Unterschied besteht. Sie berücksichtigen jedoch nicht, daß das tschechische

[1]) Beide Verordnungen werden in dieser Veröffentlichung abkürzungshalber Einführungsverordnungen genannt.

Strafrecht Arreststrafen von längerer Dauer als sechs Wochen kennt, die in Zukunft zu Haftstrafen werden und auch als solche vollzogen werden müssen, obwohl der Inhalt der Haftstrafen der kriminellen Bedeutung mancher mit Arrest bedrohten Taten nicht entspricht (z. B. § 431).

Auch die Frage des Zusammentreffens der strafrechtlichen Bewertung durch Reichsrecht und durch die bisher geltenden Bestimmungen ist übereinstimmend geregelt (§ 12 bzw. § 9). Beide Einführungsverordnungen bestimmen ferner, daß, soweit Vorschriften, die im Sudetengau oder im Protektorat eingeführt wurden, auf reichsrechtliche Vorschriften hinweisen oder sonst durch diese ergänzt werden, die aber im Sudetengau und im Protektorat nicht eingeführt wurden, diese Hinweise ihren Inhalt aus den im Sudetengau und im Protektorat geltenden Vorschriften erhalten (§ 17 Abs. 2 bzw. § 25 Abs. 2). Dies bezieht sich insbesondere auf die Konkursordnung, auf die bürgerlichrechtlichen Vorschriften über die Selbsthilfe, den Notstand u. a. m. Soweit andererseits die in Kraft gebliebenen tschechischen Bestimmungen auf Vorschriften hinweisen, die außer Kraft getreten sind, treten die entsprechenden reichsrechtlichen Vorschriften an deren Stelle. Daraus muß sich naturgemäß in der Strafrechtspflege in einzelnen Punkten ein gewisser Unterschied zum Altreich ergeben.

Die Einführungsverordnung für das Protektorat Böhmen und Mähren enthält aber ferner noch eine große Zahl von Vorschriften, die sich mit der Abgrenzung der deutschen Gerichtsbarkeit von der Gerichtsbarkeit des Protektorates beschäftigen (§§ 19 bis 24) oder die die Ausdehnung der deutschen Gerichtsbarkeit auf die nichtdeutschen Staatsangehörigen des Protektorates behandeln, die in einigen für das Gesamtinteresse notwendigen Fällen vorgenommen wurde (§§ 14 bis 18).

Erlaß des Führers und Reichskanzlers über die Verwaltung der sudetendeutschen Gebiete vom 1. Oktober 1938.

(RGBl. I, S. 1331.) Siehe VBlSud. vom 8. X. 1938 S. 1.

§ 1. Mit der Besetzung der sudetendeutschen Gebiete durch deutsche Truppen übernimmt das Deutsche Reich die Verwaltung dieser Gebiete.

§ 2. (1) An die Spitze der Verwaltung dieser Gebiete tritt der „Reichskommissar für die sudetendeutschen Gebiete", sobald und soweit ich den dem Oberbefehlshaber des Heeres erteilten Auftrag zur vorläufigen Ausübung der Verwaltung zurückziehe.

(2) Dem Reichskommissar werden sämtliche Verwaltungszweige zugewiesen. Der Reichsminister des Innern bestimmt im Einvernehmen mit dem zuständigen Reichsminister den Übergang einzelner Verwaltungszweige auf die bestehenden Reichssonderverwaltungen.

§ 3. Der Reichskommissar untersteht mir unmittelbar. Er hat nach meinen allgemeinen Weisungen für den politischen Aufbau sowie nach den besonderen Weisungen der Reichsminister für den staatlichen, wirtschaftlichen und kulturellen Aufbau der sudetendeutschen Gebiete zu sorgen.

§ 4. Der Reichskommissar ist befugt, den Dienststellen des Staates, der Gemeinden und der sonstigen Körperschaften des öffentlichen Rechts sowie im Rahmen allgemeiner Weisungen des Stellvertreters des Führers den Dienststellen der Sudetendeutschen Partei, ihren Gliederungen und den ihr angeschlossenen Verbänden in den sudetendeutschen Gebieten Weisungen zu erteilen. Er übt die unmittelbare Aufsicht über die öffentlich-rechtlichen Körperschaften in den sudetendeutschen Gebieten aus.

§ 5. (1) Das derzeit in den sudetendeutschen Gebieten geltende Recht bleibt bis auf weiteres in Kraft, soweit es nicht dem Sinne der Übernahme dieser Gebiete durch das Deutsche Reich widerspricht. Der Reichskommissar kann mit Zustimmung des zuständigen Reichsministers und des Reichsministers des Innern durch VO. das bestehende Recht ändern.

(2) Diese VO. werden im „Verordnungsblatt für die sudetendeutschen Gebiete" verkündet. Sie treten, soweit sie nichts anderes bestimmen, mit dem auf die Verkündung folgenden Tag in Kraft.

§ 6. Zum Reichskommissar für die sudetendeutschen Gebiete bestelle ich den Führer der Sudetendeutschen Konrad Henlein.

§ 7. Die Einführung des Reichsrechts in den sudetendeutschen Gebieten erfolgt durch mich oder durch den zuständigen Reichsminister im Einvernehmen mit dem Reichsminister des Innern.

§ 8. Zentralstelle für die Überleitung der sudetendeutschen Gebiete ist der Reichsminister des Innern.

§ 9. Der Reichsminister des Innern erläßt die zur Durchführung und Ergänzung dieses Erlasses erforderlichen Rechts- und Verwaltungsvorschriften.

Erlaß des Führers und Reichskanzlers über das Protektorat Böhmen und Mähren vom 16. März 1939.

(RGBl. I, S. 485.) Siehe VBlRProt. S. 7.

Ein Jahrtausend lang gehörten zum Lebensraum des deutschen Volkes die böhmisch-mährischen Länder. Gewalt und Unverstand haben sie aus ihrer alten, historischen Umgebung willkürlich gerissen und schließlich durch ihre Einfügung in das künstliche Gebilde der Tschecho-Slowakei den Herd einer ständigen Unruhe geschaffen. Von Jahr zu Jahr vergrößerte sich die Gefahr, daß aus diesem Raum heraus — wie schon einmal in der Vergangenheit — eine neue ungeheuerliche Bedrohung des europäischen Friedens kommen würde. Denn dem tschecho-slowakischen Staat und seinen Machthabern war es nicht gelungen, das Zusammenleben der in ihm willkürlich vereinten Völkergruppen vernünftig zu organisieren und damit das Interesse aller Beteiligten an der Aufrechterhaltung ihres gemeinsamen Staates zu erwecken und zu erhalten. Er hat dadurch aber seine innere Lebensunfähigkeit erwiesen und ist deshalb nunmehr auch der tatsächlichen Auflösung verfallen.

Das Deutsche Reich kann in diesen für seine eigene Ruhe und Sicherheit sowie für das allgemeine Wohlergehen und den allgemeinen Frieden so entscheidend wichtigen Gebieten keine andauernden Störungen dulden. Früher oder später müßte es als die durch die Geschichte und geographische Lage am stärksten interessierte und in Mitleidenschaft gezogene Macht die schwersten Folgen zu tragen haben. Es entspricht daher dem Gebot der Selbsterhaltung, wenn das Deutsche Reich entschlossen ist, zur Wiederherstellung der Grundlagen einer vernünftigen mitteleuropäischen Ordnung entscheidend einzugreifen und die sich daraus ergebenden Anordnungen zu treffen. Denn es hat in seiner tausendjährigen geschichtlichen Vergangenheit bereits bewiesen, daß es dank sowohl der Größe als auch der Eigenschaften des deutschen Volkes allein berufen ist, diese Aufgabe zu lösen.

Erfüllt von dem ernsten Wunsch, den wahren Interessen der in diesem Lebensraum wohnenden Völker zu dienen, das nationale Eigenleben des deutschen und des tschechischen Volkes sicherzustellen, dem Frieden und der sozialen Wohlfahrt aller zu nützen, ordne ich daher namens des Deutschen Reiches als Grundlage für das künftige Zusammenleben der Bewohner dieser Gebiete das Folgende an:

Artikel I

(1) Die von den deutschen Truppen im März 1939 besetzten Landesteile der ehemaligen Tschecho-Slowakischen Republik gehören von jetzt ab zum Gebiet des Großdeutschen Reiches und treten als „Protektorat Böhmen und Mähren" unter dessen Schutz.

(2) Soweit die Verteidigung des Reiches es erfordert, trifft der Führer und Reichskanzler für einzelne Teile dieser Gebiete eine hiervon abweichende Regelung.

Artikel II

(1) Die volksdeutschen Bewohner des Protektorates werden deutsche Staatsangehörige und nach den Vorschriften des Reichsbürgergesetzes vom 15. IX. 1935 (RGBl. I, S. 1146) Reichsbürger. Für sie gelten daher auch die Bestimmungen zum Schutze des deutschen Blutes und der deutschen Ehre. Sie unterstehen deutscher Gerichtsbarkeit.

(2) Die übrigen Bewohner von Böhmen und Mähren werden Staatsangehörige des Protektorates Böhmen und Mähren.

Artikel III

(1) Das Protektorat Böhmen und Mähren ist autonom und verwaltet sich selbst.

(2) Es übt seine ihm im Rahmen des Protektorates zustehenden Hoheitsrechte im Einklang mit den politischen, militärischen und wirtschaftlichen Belangen des Reiches aus.

(3) Diese Hoheitsrechte werden durch eigene Organe und eigene Behörden mit eigenen Beamten wahrgenommen.

Artikel IV

Das Oberhaupt der autonomen Verwaltung des Protektorates Böhmen und Mähren genießt den Schutz und die Ehrenrechte eines Staatsoberhauptes. Das Oberhaupt des Protektorates bedarf für die Ausübung seines Amtes des Vertrauens des Führers und Reichskanzlers.

Artikel V

(1) Als Wahrer der Reichsinteressen ernennt der Führer und Reichskanzler einen „Reichsprotektor in Böhmen und Mähren". Sein Amtssitz ist Prag.

(2) Der Reichsprotektor hat als Vertreter des Führers und Reichskanzlers und als Beauftragter der Reichsregierung die Aufgabe, für die Beachtung der politischen Richtlinien des Führers und Reichskanzlers zu sorgen.

(3) Die Mitglieder der Regierung des Protektorates werden vom Reichsprotektor bestätigt. Die Bestätigung kann zurückgenommen werden.

(4) Der Reichsprotektor ist befugt, sich über alle Maßnahmen der Regierung des Protektorates unterrichten zu lassen und ihr Ratschläge zu erteilen. Er kann gegen Maßnahmen, die das Reich zu schädigen geeignet sind, Einspruch einlegen und bei Gefahr im Verzuge die im gemeinsamen Interesse notwendigen Anordnungen treffen.

(5) Die Verkündung von Gesetzen, Verordnungen und sonstigen Rechtsvorschriften sowie der Vollzug von Verwaltungsmaßnahmen und rechtskräftigen gerichtlichen Urteilen sind auszusetzen, wenn der Reichsprotektor Einspruch einlegt.

Artikel VI

(1) Die auswärtigen Angelegenheiten des Protektorates, insbesondere den Schutz seiner Staatsangehörigen im Ausland, nimmt das Reich wahr. Das Reich wird die auswärtigen Angelegenheiten so führen, wie es dem gemeinsamen Interesse entspricht.

(2) Das Protektorat erhält einen Vertreter bei der Reichsregierung mit der Amtsbezeichnung „Gesandter".

Artikel VII

(1) Das Reich gewährt dem Protektorat den militärischen Schutz.

(2) In Ausübung dieses Schutzes unterhält das Reich im Protektorat Garnisonen und militärische Anlagen.

(3) Für die Aufrechterhaltung der inneren Sicherheit und Ordnung kann das Protektorat eigene Verbände aufstellen. Organisation, Stärkezahl und Bewaffnung bestimmt die Reichsregierung.

Artikel VIII

Das Reich führt die unmittelbare Aufsicht über das Verkehrswesen sowie das Post- und Fernmeldewesen.

Artikel IX

Das Protektorat gehört zum Zollgebiet des Deutschen Reiches und untersteht seiner Zollhoheit.

Artikel X

(1) Gesetzliches Zahlungsmittel ist neben der Reichsmark bis auf weiteres die Krone.

(2) Das Verhältnis beider Währungen zueinander bestimmt die Reichsregierung.

Artikel XI

(1) Das Reich kann Rechtsvorschriften mit Gültigkeit für das Protektorat erlassen, soweit das gemeinsame Interesse es erfordert.

(2) Soweit ein gemeinsames Bedürfnis besteht, kann das Reich Verwaltungszweige in eigene Verwaltung über-

nehmen und die dafür erforderlichen reichseigenen Behörden einrichten.

(³) Die Reichsregierung kann die zur Aufrechterhaltung der Sicherheit und Ordnung erforderlichen Maßnahmen treffen.

Artikel XII

Das derzeit in Böhmen und Mähren geltende Recht bleibt in Kraft, soweit es nicht dem Sinne der Übernahme des Schutzes durch das Deutsche Reich widerspricht.

Artikel XIII

Der Reichsminister des Innern erläßt im Einvernehmen mit den beteiligten Reichsministern die zur Durchführung und Ergänzung dieses Erlasses erforderlichen Rechts- und Verwaltungsvorschriften.

Verordnung über die Einführung des deutschen Strafrechts, der deutschen Gerichtsverfassung und anderer Gesetze in den sudetendeutschen Gebieten vom 16. Januar 1939.

(RGBl. I, S. 38.) Siehe VBlSud. vom 3. III. 1939, S. 377.

Auf Grund des Erlasses des Führers und Reichskanzlers über die Verwaltung der sudetendeutschen Gebiete vom 1. X. 1938 (RGBl. I, S. 1331) wird verordnet:

Artikel I: Strafrecht, Strafverfahrensrecht und Gerichtsverfassung

§ 1. Vom 1. III. 1939 ab gelten in den sudetendeutschen Gebieten die nachstehenden Reichsgesetze und Verordnungen nebst den zu ihrer Änderung, Ergänzung, Einführung oder Ausführung im Reich erlassenen gesetzlichen oder sonstigen Bestimmungen, soweit sie nicht bereits in Kraft stehen und soweit nicht etwas anderes bestimmt wird:

I

1. Das Strafgesetzbuch für das Deutsche Reich;
2. das Gesetz gegen den verbrecherischen und gemeingefährlichen Gebrauch von Sprengstoffen vom 9. VI. 1884 (RGBl. S. 61);

3. das Gesetz, betreffend die Bestrafung der Entziehung elektrischer Arbeit vom 9. IV. 1900 (RGBl. S. 228);
4. die Verordnung des Reichspräsidenten gegen unbefugten Gebrauch von Kraftfahrzeugen und Fahrrädern vom 20. X. 1932 (RGBl. I, S. 496);
5. das Gesetz zur Abwehr politischer Gewalttaten vom 4. IV. 1933 (RGBl. I, S. 162);
6. das Gesetz zur Gewährleistung des Rechtsfriedens vom 13. X. 1933 (RGBl. I, S. 723);
7. das Gesetz gegen heimtückische Angriffe auf Staat und Partei und zum Schutz der Parteiuniformen vom 20. XII. 1934 (RGBl. I, S. 1269).

II

1. Die Strafprozeßordnung;
2. das Gesetz, betreffend die Entschädigung der im Wiederaufnahmeverfahren freigesprochenen Personen, vom 20. V. 1898 (RGBl. S. 345);
3. das Gesetz, betreffend die Entschädigung für unschuldig erlittene Untersuchungshaft, vom 14. VII. 1904 (RGBl. S. 321);
4. das Gesetz über beschränkte Auskunft aus dem Strafregister und die Tilgung von Strafvermerken vom 9. IV. 1920 (RGBl. S. 507);
5. das Jugendgerichtsgesetz vom 16. II. 1923 (RGBl. I, S. 135);
6. die Strafregisterverordnung in der Fassung vom 17. II. 1934 (RGBl. I, S. 140);
7. das Gesetz über die Vernehmung von Angehörigen der Nationalsozialistischen Deutschen Arbeiterpartei und ihrer Gliederungen vom 1. XII. 1936 (RGBl. I, S. 994).

III

1. Das Gerichtsverfassungsgesetz mit Ausnahme der §§ 23, 71, 95 bis 104, 119; die Zuständigkeit und das Verfahren der Kammern für Handelssachen bestimmen sich in den sudetendeutschen Gebieten nach den Vorschriften

des bisherigen Rechts über die Handelssenate der Kreisgerichte;

2. das Gesetz über die Zuständigkeit der Gerichte bei Änderungen der Gerichtseinteilung vom 6. XII. 1933 RGBl. I, S. 1037);
3. die Verordnung zur einheitlichen Regelung der Gerichtsverfassung vom 20. III. 1935 (RGBl. I, S. 403).

IV

1. Die Verordnung über die Entschädigung der Schöffen, Geschworenen und Vertrauenspersonen vom 18. III. 1924 (RGBl. I, S. 282);
2. die Gebührenordnung für Zeugen und Sachverständige vom 21. XII. 1925 (RGBl. I, S. 471), und zwar auch für Außerstreitsachen.

V

In Strafsachen berechnen sich die Gebühren der Rechtsanwälte nach der Gebührenordnung für Rechtsanwälte vom 5. VII. 1927 (RGBl. I, S. 162).

§ 2. Artikel 5 des Gesetzes gegen gefährliche Gewohnheitsverbrecher und über Maßregeln der Sicherung und Besserung vom 24. XI. 1933 (RGBl. I, S. 995) tritt mit der Maßgabe in Kraft, daß als Stichtag an Stelle des 1. I. 1934 der 1. III. 1939 tritt.

§ 3. Vom Inkrafttreten dieser VO. ab fließen gerichtlich erkannte Geldstrafen in die Reichskasse.

§ 4. Die Zuständigkeit des Sondergerichts nimmt in den sudetendeutschen Gebieten das Oberlandesgericht wahr (Artikel II der VO. über die Erweiterung der Zuständigkeit des Sondergerichts vom 20. XI. 1938, RGBl. I, S. 1632).

Artikel II: **Strafvollzug**

§ 5. Vom 1. III. 1939 ab richtet sich der Vollzug aller Freiheitsstrafen und der mit Freiheitsentziehung verbundenen Maßregeln der Sicherung und Besserung in den sudetendeutschen Gebieten nach den reichsrechtlichen Vollzugsgrundsätzen (Artikel I der VO. über den Vollzug von Freiheitsstrafen und von Maßregeln der Sicherung und Besserung, die mit Freiheitsentziehung verbunden sind, vom 14. V. 1934, RGBl. I, S. 383).

§ 6. (1) Soweit vom 1. III. 1939 ab eine strafgerichtliche Entscheidung vollstreckt wird, der das bisher in den sudetendeutschen Gebieten geltende Recht zugrunde liegt, ist

schwerer Kerker oder Kerker von mehr als einem Jahr wie Zuchthaus,

schwerer Kerker oder Kerker von nicht mehr als einem Jahr und strenger Arrest wie Gefängnis,

Arrest wie Haft und

Verschließung nach den Vorschriften über den Strafvollzug an jungen Gefängnis- und Haftgefangenen

zu vollziehen.

(2) Soweit es hiernach auf die Dauer einer Kerkerstrafe ankommt, ist die Zeit entscheidend, die der Verurteilte nach Abrechnung anzurechnender Untersuchungshaft im Strafvollzug zuzubringen hat.

Artikel III: **Sonstige reichsdeutsche Strafvorschriften in den sudetendeutschen Gebieten**

Soweit in den sudetendeutschen Gebieten sonstige reichsdeutsche Strafvorschriften eingeführt sind oder noch eingeführt werden, gelten die folgenden Vorschriften:

§ 7. Vom Inkrafttreten dieser VO. ab gelten die allgemeinen Vorschriften des reichsdeutschen Strafrechts auch dann, wenn die Tat vor diesem Zeitpunkt begangen ist.

§ 8. (1) Im Sinne des in den sudetendeutschen Gebieten bisher geltenden Rechts ist

a) eine Handlung, die mit Gefängnis bis zu sechs Monaten oder mit Geldstrafe über einhundertfünfzig Reichsmark bedroht ist:

Übertretung, sofern sie nicht ausdrücklich als Vergehen erklärt ist,

b) eine mit Geldstrafe bis zu einhundertfünfzig Reichsmark oder mit Haft bedrohte Handlung:

Übertretung.

(²) Handlungen der im Abs. 1 a bezeichneten Art gehören zur gerichtlichen Zuständigkeit, sofern nicht die Rechtseinführungsvorschrift sie ausdrücklich zu Verwaltungsübertretungen erklärt. Handlungen der im Abs. 1 b bezeichneten Art gehören nur dann zur gerichtlichen Zuständigkeit, wenn die Rechtseinführungsvorschrift dies ausdrücklich bestimmt.

(³) Handlungen, die in den im § 1 unter I genannten Gesetzen mit Geldstrafe bis zu einhundertfünfzig Reichsmark bedroht sind, gehören zur gerichtlichen Zuständigkeit.

§ 9. Handlungen, die nach § 8 oder nach dem in den sudetendeutschen Gebieten fortgeltenden Recht Verwaltungsübertretungen sind, werden im Verwaltungsstrafverfahren nach den bisher in den sudetendeutschen Gebieten geltenden Vorschriften verfolgt.

Artikel IV: **Das in den sudetendeutschen Gebieten fortgeltende Landesrecht**

Soweit in den sudetendeutschen Gebieten die vor ihrer Wiedervereinigung mit dem Reich dort geltenden Strafvorschriften in Kraft bleiben, sind die folgenden Vorschriften anzuwenden:

§ 10. (¹) Auf Taten, die weiterhin nach dem früheren Recht zu beurteilen sind, sind auch die allgemeinen Vorschriften dieses Strafrechtes anzuwenden. Jedoch ist an Stelle von schwerem Kerker oder Kerker von mehr als einem Jahr auf Zuchthaus, an Stelle von schwerem Kerker oder Kerker von nicht mehr als einem Jahr und an Stelle von strengem Arrest auf Gefängnis, an Stelle von Arrest auf Haft und an Stelle von Verschließung auf Gefängnis oder Haft zu erkennen; der Inhalt dieser Strafen bestimmt sich nach deutschem Strafrecht.

(²) Auf die bei Kerker- und bei Arreststrafen zulässigen Verschärfungen (§§ 19 bis 23, 253 bis 257 des Strafgesetzes vom 27. V. 1852) darf nicht erkannt werden.

(³) Neben Zuchthaus und neben einer an Stelle von schwerem Kerker oder Kerker erkannten Gefängnisstrafe kann auf Verlust der bürgerlichen Ehrenrechte (§§ 32 bis 34 des Reichsstrafgesetzbuchs) erkannt werden.

§ 11. Für den Fall der Uneinbringlichkeit einer Geldstrafe ist bei Vergehen auf Gefängnis, bei Übertretungen auf Haft als Ersatzfreiheitsstrafe zu erkennen. Die Dauer der Ersatzstrafe ist mindestens ein Tag und bei Vergehen höchstens ein Jahr, bei Übertretungen höchstens sechs Wochen. Ist neben der Geldstrafe wahlweise Freiheitsstrafe von geringerer Höhe angedroht, so darf die Ersatzstrafe deren Höchstmaß nicht übersteigen. Die Ersatzstrafe darf nur nach vollen Tagen bemessen werden. Im übrigen richtet sich das Maß der Ersatzstrafe nach freiem Ermessen des Gerichts.

§ 12. (1) Verletzt eine und dieselbe Handlung eine Strafvorschrift des Reichsrechts und zugleich eine Strafvorschrift des bisher in den sudetendeutschen Gebieten geltenden Rechts, so kommt das Gesetz, das die schwerste Strafe, bei ungleichen Strafarten das Gesetz, das die schwerste Strafart androht, zur Anwendung.

(2) Hat jemand eine Tat, auf welche die Vorschriften des Reichsrechts Anwendung finden, und außerdem eine weitere Tat, die nach dem bisher in den sudetendeutschen Gebieten geltenden Recht zu beurteilen ist, begangen, so wird die Gesamtstrafe nach den Vorschriften des Reichsrechts gebildet.

§ 13. Für die sachliche Zuständigkeit der Strafgerichte gelten die Bestimmungen der §§ 14—16 und für das Verfahren die im § 1 genannten Gesetze. Dabei ist für die Unterscheidung von Verbrechen, Vergehen und Übertretungen das bisher in den sudetendeutschen Gebieten geltende Recht anzuwenden.

§ 14. Der Amtsrichter als Einzelrichter ist zuständig für

1. die dem Gericht zur Aburteilung zugewiesenen Übertretungen;
2. Vergehen, wenn sie im Wege der Privatklage verfolgt werden.

§ 15. Wegen der übrigen Vergehen und wegen Verbrechen kann der Staatsanwalt die Anklage vor dem Schöffengericht oder vor dem Landgericht erheben.

§ 16. In Jugendsachen richtet sich die Zuständigkeit nach § 17 des JGG. vom 16. II. 1923 (RGBl. I, S. 135) und der Verordnung des Reichspräsidenten über Maßnahmen auf dem Gebiete der Rechtspflege und Verwaltung — Erster Teil, Kapitel I, Artikel 9 — vom 14. VI. 1932 (RGBl. I, S. 285, 287).

Artikel V: **Übergangs- und Schlußvorschriften**

§ 17. (1) Mit dem 1. III. 1939 treten, soweit in dieser VO. nicht etwas anderes bestimmt ist, solche Vorschriften des bisher in den sudetendeutschen Gebieten geltenden Rechts außer Kraft, die den neu eingeführten Vorschriften entgegenstehen. Soweit die im § 1 genannten Strafgesetze gleiche oder entsprechende Strafvorschriften nicht enthalten, wie sie im sudetendeutschen Gebiet gelten, bleiben diese letzteren in Kraft.

(2) Soweit Vorschriften, die in den sudetendeutschen Gebieten eingeführt werden, auf reichsrechtliche Vorschriften hinweisen, die in den sudetendeutschen Gebieten nicht gelten, erhält dieser Hinweis in den sudetendeutschen Gebieten seinen Inhalt aus dem in den sudetendeutschen Gebieten geltenden Recht.

(3) Soweit die Vorschriften des bisher in den sudetendeutschen Gebieten geltenden Rechts, die in Kraft bleiben, auf Vorschriften hinweisen, die außer Kraft treten, treten die entsprechenden Vorschriften des eingeführten Reichsrechts an deren Stelle.

§ 18. Die im § 1 unter I bezeichneten Strafgesetze und die §§ 1 bis 15 des JGG. vom 16. II. 1923 (RGBl. I, S. 135) gelten für Taten, die nach dem 28. II. 1939 in den sudetendeutschen Gebieten begangen werden. Für Taten, die vor diesem Zeitpunkt begangen sind, gelten sie, wenn die Tat auch nach bisherigem Rechte strafbar ist und wegen der Tat am 1. III. 1939 bei der Staatsanwaltschaft oder bei Gericht ein Strafverfahren noch nicht anhängig war.

§ 19. (1) Die am 1. III. 1939 in erster Instanz anhängigen Strafsachen gehen in der Lage, in der sie sich befinden, auf das nach den neuen Vorschriften berufene Gericht über; in den Fällen des § 15 bestimmt der Staatsanwalt das zuständige Gericht. In der Rechtsmittelinstanz anhängige Strafsachen gehen, wenn sie beim Landgericht anhängig sind, auf die kleine Strafkammer, im übrigen auf das Oberlandesgericht über. Eine begonnene Hauptverhandlung ist jedoch nach den bisherigen Vorschriften zu Ende zu führen.

(²) Gegen Urteile, die vor Inkrafttreten dieser VO. oder auf Grund einer nach den bisherigen Vorschriften zu Ende geführten Verhandlung erlassen sind, sind Rechtsmitttel nach den bisherigen Vorschriften gegeben. Über die Berufung gegen Urteile des Amtsgerichts entscheidet die kleine Strafkammer. In allen anderen Fällen ist das Oberlandesgericht zuständig. Wird das Urteil auf ein Rechtsmittel hin aufgehoben und die Sache zurückverwiesen, so wird das Verfahren vor dem Gericht zu Ende geführt, das nach dieser VO. zuständig ist.

(³) Gegen die im Abs. 2 Satz 1 bezeichneten Urteile kann Antrag auf Wiederaufnahme des Verfahrens nach den neuen Vorschriften gestellt werden. Die Strafkammer entscheidet darüber, ob der Antrag zulässig und begründet ist. Die erneute Hauptverhandlung findet vor dem Gericht statt, das nach den neuen Vorschriften in erster Instanz zuständig ist.

§ 20. (¹) Bis auf weiteres wirken in Strafsachen Schöffen und Geschworene nicht mit. Die kleine Strafkammer entscheidet in der Besetzung von drei Berufsrichtern. An die Stelle des Schwurgerichtes tritt die große Strafkammer; sie entscheidet in der Besetzung von fünf Berufsrichtern, wenn die Tat mit dem Tode oder mit mehr als fünfjähriger Freiheitsstrafe bedroht ist.

(²) In Jugendsachen, die zur Zuständigkeit des Schwurgerichts gehören, entscheidet die große Strafkammer in der Besetzung von drei Berufsrichtern.

§ 21. Bis zur endgültigen Ernennung der richterlichen Beamten können auch solche Personen das Richteramt wahrnehmen oder den Vorsitz in den Gerichten führen, die auf

Grund des § 8 der VO. zur vorläufigen Ausübung der Rechtspflege in den sudetenländischen Gebieten vom 8. X. 1938 (RGBl. I, S. 1345) oder des § 7 der Verordnung über die Laufbahn für das Amt des Richters und des Staatsanwalts vom 29. III. 1935 (RGBl. I, S. 487) berufen sind.

§ 22. Der Reichsminister der Justiz wird ermächtigt, die zur Ausführung und Ergänzung dieser VO. erforderlichen Vorschriften durch Rechtsverordnung oder im Verwaltungsweg zu erlassen und sich ergebende Zweifelsfragen im Verwaltungsweg zu entscheiden.

§ 23. (1) Die VO. tritt, soweit nichts anderes bestimmt ist, eine Woche nach der Verkündung in Kraft.

(2) Der Reichsminister der Justiz gibt die nach dieser VO. in den sudetendeutschen Gebieten geltenden Vorschriften bekannt.

(3) Die VO. gilt nicht für die Gebietsteile, die in die ehemals österreichischen Länder Niederösterreich und Oberösterreich eingegliedert werden.

Verordnung über die Ausübung der Strafgerichtsbarkeit im Protektorat Böhmen und Mähren vom 14. April 1939

(RGBl. I, S. 754, VBlRProt. S. 235.) In der Fassung der Ergänzungsverordnung vom 18. IX. 1939 (RGBl. I, S. 1945) VBlRProt. S. 268.

Auf Grund des Erlasses des Führers und Reichskanzlers über das Protektorat Böhmen und Mähren vom 16. III. 1939 (RGBl. I, S. 485) wird verordnet:

Artikel I: **Ausübung der deutschen Strafgerichtsbarkeit**

1. Einführung von Reichsrecht

§ 1. (1) Für die deutschen Staatsangehörigen im Protektorat Böhmen und Mähren gelten:

1. das Strafgesetzbuch für das Deutsche Reich;
2. das Gesetz gegen den verbrecherischen und gemeingefährlichen Gebrauch von Sprengstoffen vom 9. VI. 1884 (RGBl. S. 61);

3. das Gesetz, betreffend die Bestrafung der Entziehung elektrischer Arbeit, vom 9. IV. 1900 (RGBl. S. 228);
4. die VO. des Reichspräsidenten gegen unbefugten Gebrauch von Kraftfahrzeugen und Fahrrädern vom 20. X. 1932 (RGBl. I, S. 496);
5. das Gesetz zur Abwehr politischer Gewalttaten vom 4. IV. 1933 (RGBl. I, S. 162);
6. das Gesetz zur Gewährleistung des Rechtsfriedens vom 13. X. 1933 (RGBl. I, S. 723);
7. das Gesetz gegen heimtückische Angriffe auf Staat und Partei und zum Schutz der Parteiuniformen vom 20. XII. 1934 (RGBl. I, S. 1269);
8. das Gesetz gegen Straßenraub mittels Autofallen vom 22. VI. 1938 (RGBl. I, S. 651).

(2) Artikel 5 des Gesetzes gegen gefährliche Gewohnheitsverbrecher und über Maßregeln der Sicherung und Besserung vom 24. XI. 1933 (RGBl. I, S. 995) gilt für die deutschen Staatsangehörigen im Protektorat mit der Maßgabe, daß als Stichtag an Stelle des 1. I. 1934 der Tag des Inkrafttretens dieser VO. tritt.

§ 2. Für die deutschen Justizbehörden im Protektorat gelten:

I

1. die Strafprozeßordnung für das Deutsche Reich;
2. das Gesetz, betreffend die Entschädigung der im Wiederaufnahmeverfahren freigesprochenen Personen, vom 20. V. 1898 (RGBl. S. 345);
3. das Gesetz, betreffend die Entschädigung für unschuldig erlittene Untersuchungshaft, vom 14. VII. 1904 (RGBl. S. 321);
4. das Gesetz über beschränkte Auskunft aus dem Strafregister und die Tilgung von Strafvermerken vom 9. IV. 1920 (RGBl. S. 507);
5. das JGG. vom 16. II. 1923 (RGBl. I, S. 135);
6. die Strafregisterverordnung in der Fassung vom 17. II. 1934 (RGBl. I, S. 140);

7. das Gesetz über die Vernehmung von Angehörigen der NSDAP und ihrer Gliederungen vom 1. XII. 1936 (RGBl. I, S. 994);

II

1. die VO. über die Entschädigung der Schöffen, Geschworenen und Vertrauenspersonen vom 18. III. 1924 (RGBl. I, S. 282);
2. in Strafsachen die Gebührenordnung für Rechtsanwälte vom 5. VII. 1927 (RGBl. I, S. 162).

§ 3. (1) Die im Altreich bestehende Zuständigkeit des Sondergerichts geht auf eine Strafkammer des Landgerichts über, die mit drei Berufsrichtern besetzt ist. Der Reichsminister der Justiz kann für den Bezirk mehrerer Landgerichte einem von ihnen die Entscheidung dieser Strafsachen zuweisen.

(2) Auf das Verfahren finden die im Altreich für das Sondergericht geltenden Vorschriften Anwendung.

§ 4. Von den deutschen Gerichten im Protektorat erkannte Geldstrafen fließen in die Reichskasse.

§ 5. Der Vollzug der von den deutschen Gerichten im Protektorat verhängten Freiheitsstrafen und mit Freiheitsentziehung verbundenen Maßregeln der Sicherung und Besserung richtet sich nach den reichsrechtlichen Vollzugsgrundsätzen (Artikel I der VO. über den Vollzug von Freiheitsstrafen und von Maßregeln der Sicherung und Besserung, die mit Freiheitsentziehung verbunden sind, vom 14. V. 1934, RGBl. I, S. 383).

2. Anwendung des Strafrechts des Protektorats

§ 6. Soweit auf Straftaten deutscher Staatsangehöriger im Protektorat nicht Strafvorschriften des Reichs anzuwenden sind, ist die Tat nach dem Strafrecht des Protektorats zu beurteilen. Hiebei gelten die folgenden Vorschriften:

§ 7. (1) Auf Taten, die weiterhin nach dem Strafrecht des Protektorats zu beurteilen sind, sind auch die allgemeinen Vorschriften dieses Strafrechts anzuwenden. Jedoch ist an

Stelle von schwerem Kerker oder Kerker von mehr als einem Jahr auf Zuchthaus, an Stelle von schwerem Kerker oder Kerker von nicht mehr als einem Jahr und an Stelle von strengem Arrest auf Gefängnis, an Stelle von Arrest auf Haft und an Stelle von Verschließung auf Gefängnis oder Haft zu erkennen; der Inhalt dieser Strafen bestimmt sich nach deutschem Strafrecht.

(2) Auf die bei Kerker- und Arreststrafen zulässigen Verschärfungen darf nicht erkannt werden.

(3) Neben Zuchthaus und neben einer an Stelle von schwerem Kerker oder Kerker erkannten Gefängnisstrafe kann auf Verlust der bürgerlichen Ehrenrechte (§§ 32 bis 34 des Reichsstrafgesetzbuchs) erkannt werden.

§ 8. Für den Fall der Uneinbringlichkeit einer Geldstrafe ist bei Vergehen auf Gefängnis, bei Übertretungen auf Haft als Ersatzfreiheitsstrafe zu erkennen. Die Dauer der Ersatzstrafe ist mindestens ein Tag und bei Vergehen höchstens ein Jahr, bei Übertretungen höchstens sechs Wochen. Ist neben der Geldstrafe wahlweise Freiheitsstrafe von geringerer Höhe angedroht, so darf die Ersatzstrafe deren Höchstmaß nicht übersteigen. Die Ersatzstrafe darf nur nach vollen Tagen bemessen werden. Im übrigen richtet sich das Maß der Ersatzstrafe nach freiem Ermessen des Gerichts.

§ 9. (1) Verletzt eine und dieselbe Handlung eine Strafvorschrift des Reichsrechts und zugleich eine Strafvorschrift des Protektorats, so kommt das Gesetz, das die schwerste Strafe, bei ungleichen Strafarten das Gesetz, das die schwerste Strafart androht, zur Anwendung.

(2) Hat jemand eine Tat, auf welche die Vorschriften des Reichsrechts Anwendung finden, und außerdem eine weitere Tat, die nach dem Recht des Protektorats zu beurteilen ist, begangen, so wird die Gesamtstrafe nach den Vorschriften des Reichsrechts gebildet.

§ 10. Für die sachliche Zuständigkeit der Strafgerichte gelten die Bestimmungen der §§ 11 bis 13 und für das Verfahren die im § 2 genannten Gesetze. Dabei ist für die Unterscheidung von Verbrechen, Vergehen und Übertretungen das Recht des Protektorats anzuwenden.

§ 11. Der Amtsrichter als Einzelrichter ist zuständig für
1. die dem Gericht zur Aburteilung zugewiesenen Übertretungen;
2. Vergehen, wenn sie im Wege der Privatklage verfolgt werden.

§ 12. Wegen der übrigen Vergehen und wegen Verbrechen kann der Staatsanwalt die Anklage vor dem Schöffengericht oder vor dem Landgericht erheben.

§ 13. In Jugendsachen richtet sich die Zuständigkeit nach § 17 des JGG. vom 16. II. 1923 (RGBl. I, S. 135) und der VO. des Reichspräsidenten über Maßnahmen auf dem Gebiete der Rechtspflege und Verwaltung — Erster Teil, Kapitel I, Artikel 9 — vom 14. VI. 1932 (RGBl. I, S. 285, 287).

Artikel II: **Ausübung der Strafgerichtsbarkeit des Protektorats**

§ 14. (1) Straftaten von Personen, die nicht deutsche Staatsangehörige sind, werden von den Gerichten des Protektorats nach dem Strafrecht des Protektorats geahndet und nach dem dort geltenden Strafverfahrensrecht verfolgt, soweit in den §§ 15 bis 18 nichts anderes bestimmt ist.

(2) In Strafverfahren vor den Gerichten des Protektorats finden die Bestimmungen der Strafprozeßordnung vom 23. V. 1873 (RGBl. Nr. 119) über den Anschluß des Verletzten an das Strafverfahren und seine Berechtigung, statt des Staatsanwalts die öffentliche Anklage zu erheben und durchzuführen, keine Anwendung, wenn der Verletzte deutscher Staatsangehöriger ist.

§ 15. (1) Für Straftaten von Personen, die nicht deutsche Staatsangehörige sind, gelten folgende Strafvorschriften des Reichsrechts:

a) aus dem Strafgesetzbuch für das Deutsche Reich
§§ 80 bis 93 a (Hoch- und Landesverrat),
§ 94 (Angriffe gegen den Führer und Reichskanzler),
§§ 102 bis 104 (feindliche Handlungen gegen befreundete Staaten),

§ 110 (Aufforderung zum Ungehorsam gegen Gesetze),

§ 112 (Aufforderung von Soldaten zum Ungehorsam),

§§ 134 a, 134 b (Beschimpfung des Reichs oder der Partei),

§ 135 (Mißachtung von Hoheitszeichen),

§ 141 (Verleitung zur Fahnenflucht),

§ 141 a (Anwerbung zum ausländischen Heeresdienst),

§ 143 a (Wehrmittelbeschädigung),

§ 239 a (Erpresserischer Kindesraub),

§§ 353 b und 353 c (Geheimnisbruch), soweit wichtige öffentliche Interessen des Reichs gefährdet worden sind;

b) das Gesetz gegen Straßenraub mittels Autofallen vom 22. VI. 1938 (RGBl. I, S. 651);

c) die §§ 49 a und 139 des Reichsstrafgesetzbuchs (Vorbereitung eines Verbrechens, unterlassene Anzeige eines geplanten Verbrechens) hinsichtlich der vorstehend aufgeführten Verbrechen.

(2) Ebenso gilt das deutsche Strafrecht, wenn die Straftat gegen die deutsche Wehrmacht gerichtet oder gegen den Träger eines deutschen Amtes oder eines Amtes der NSDAP, einen Angehörigen der Wehrmacht oder ihres Gefolges, der SA, der SS, des NSKK oder des NSFK, die im Protektorat dienstlich tätig sind, aus politischen Beweggründen oder wegen ihrer amtlichen oder dienstlichen Tätigkeit begangen worden ist.

§ 15 a. Soweit auf Straftaten von Personen, die nicht deutsche Staatsangehörige sind, Strafvorschriften des Deutschen Reichs zur Anwendung gelangen (§ 15 dieser VO., § 6, Abs. 2, Nr. 1 der VO. über die deutsche Gerichtsbarkeit im Protektorat Böhmen und Mähren vom 14. IV. 1939 — RGBl. I, S. 752), sind auch die allgemeinen Vorschriften des reichsdeutschen Strafrechts anzuwenden.

§ 16. Die Untersuchung und Entscheidung der in den §§ 15 und 15a aufgeführten Straftaten liegt den Gerichten ob, die nach dem allgemeinen Reichsrecht zuständig sind, soweit nichts anderes bestimmt wird.

§ 17. (1) Ist in einem Gebäude, einem Raum oder einer Anlage, die den Zwecken der deutschen Wehrmacht oder einer Dienststelle des Reichs, der NSDAP oder einer ihrer Gliederungen oder den Zwecken des NSFK dienen, eine Straftat begangen worden, die gemäß § 14 nach dem Strafrecht des Protektorats zu ahnden ist, so sind zur Untersuchung und Entscheidung die deutschen Strafverfolgungsbehörden zuständig, sofern sie nicht die Sache an die Strafverfolgungsbehörden des Protektorats abgeben.

(2) Der Reichsprotektor bestimmt, auf welche Gebäude, Räume und Anlagen Abs. 1 Anwendung findet.

§ 18. Die auf Privatklage verfolgbaren Straftaten von Personen, die nicht deutsche Staatsangehörige sind, werden von den deutschen Gerichten nach dem für sie geltenden Strafverfahrensrecht verfolgt und nach dem Strafrecht des Protektorats geahndet, wenn ein deutscher Staatsangehöriger die Privatklage erhebt. Die Bestimmungen der §§ 6 bis 13 gelten entsprechend.

Artikel III: **Gemeinsame Bestimmungen über die deutsche Strafrechtspflege und die des Protektorats**

§ 19. (1) Erachtet ein deutsches Gericht die Zuständigkeit eines Gerichts des Protektorats oder ein Gericht des Protektorats die eines deutschen Gerichts für gegeben, so spricht es seine Zuständigkeit aus. Eine solche Entscheidung ist endgültig.

(2) Auf Verlangen des deutschen Staatsanwalts haben die Staatsanwaltschaften und die Gerichte des Protektorats Verfahren, die bei ihnen anhängig sind, abzugeben, wenn nach der Auffassung des deutschen Staatsanwalts die deutsche Gerichtsbarkeit gegeben ist. Hält die Behörde des Protektorats die deutsche Gerichtsbarkeit nicht für gegeben,

so kann sie die Entscheidung des Staatsanwalts beim deutschen Oberlandesgericht anrufen.

§ 20. Legt der Reichsprotektor gegen ein rechtskräftiges im Protektorat Böhmen und Mähren vollstreckbares Urteil eines nichtdeutschen Gerichts Einspruch ein (Artikel 5, Abs. 5 des Erlasses des Führers und Reichskanzlers über das Protektorat Böhmen und Mähren vom 16. III. 1939, RGBl. I, S. 485), so kann der deutsche Staatsanwalt Anklage vor einem deutschen Gericht erheben. Erkennt das deutsche Gericht rechtskräftig in der Sache selbst, so tritt die Entscheidung des Gerichts des Protektorats außer Kraft. Das Nähere bestimmt der Reichsprotektor.

§ 21. (1) In den vor die deutschen Gerichte gehörigen Strafsachen sind die Sicherheitsbehörden, Staatsanwälte und Strafgerichte des Protektorats verpflichtet, bei Gefahr im Verzug nach den für sie geltenden Verfahrensgesetzen alle Handlungen vorzunehmen, die zur Aufklärung des Sachverhalts, zur Festhaltung des Beschuldigten oder zur Sicherung von Gegenständen dienen können, die zur Begehung strafbarer Handlungen gebraucht oder bestimmt sind. Von dem Veranlaßten haben die Sicherheitsbehörden des Protektorats unverzüglich die deutsche Polizeibehörde und den zuständigen deutschen Staatsanwalt, die Staatsanwälte und Strafgerichte des Protektorats den zuständigen deutschen Staatsanwalt in Kenntnis zu setzen.

(2) Die Bestimmungen des Abs. 1 gelten entsprechend für die deutschen Sicherheitsbehörden, Staatsanwälte und Strafgerichte in Strafsachen, für die ein Gericht des Protektorats zuständig ist.

(3) Ist zweifelhaft, ob eine Strafsache vor die deutschen Gerichte oder vor die Gerichte des Protektorats gehört, so liegt die Aufklärung des Sachverhalts den Strafverfolgungsbehörden des Protektorats ob. Ergibt sich im Laufe der Ermittlungen, daß die Strafsache vor die deutschen Gerichte gehört, so geben die Strafverfolgungsbehörden des Protektorats das Verfahren unverzüglich an die zuständige deutsche Strafverfolgungsbehörde ab.

§ 22. (1) In einem Gebäude, einem Raum oder einer Anlage, die den Zwecken der deutschen Wehrmacht oder einer Dienststelle des Reichs, der NSDAP. oder einer ihrer Gliederungen oder den Zwecken des NSFK. dienen, dürfen die Sicherheitsbehörden, Staatsanwälte und Strafgerichte des Protektorats Amtshandlungen nur mit vorheriger Zustimmung der deutschen Dienststelle vornehmen.

(2) Die hierfür zuständige Dienststelle bestimmt der Reichsprotektor.

§ 23. (1) Die deutschen Gerichte im Protektorat und die Gerichte des Protektorats haben einander unmittelbar Rechts- und Amtshilfe zu leisten.

(2) Die Zuständigkeit und das Verfahren des ersuchten Gerichts und die Rechtsbehelfe gegen die Ablehnung des Ersuchens bestimmen sich nach den für das ersuchte Gericht geltenden Vorschriften.

(3) Das deutsche Gericht kann die Übersendung von Akten an ein Gericht des Protektorats ablehnen, wenn der Übersendung Interessen des Reichs entgegenstehen. In Zweifelsfällen entscheidet der Reichsprotektor.

§ 24. Die deutschen Gerichte und Staatsanwaltschaften im Protektorat sowie die Gerichte und Staatsanwaltschaften des Protektorats können in den bei ihnen anhängigen Verfahren auch Personen, die nicht ihrer Gerichtsbarkeit unterstehen, als Zeugen oder Sachverständige vernehmen und gegen sie die nach ihrem Verfahrensrecht zulässigen Zwangsmittel anwenden. Sie können in den bei ihnen anhängigen Verfahren auch sonstige gesetzlich zulässige Maßnahmen, durch die Dritte betroffen werden, ohne Rücksicht darauf anordnen und durchführen, ob die von den Maßnahmen betroffenen Personen ihrer Gerichtsbarkeit unterstehen.

Artikel IV: Übergangs- und Schlußbestimmungen

§ 25. (1) Vorschriften des Rechts des Protektorats treten außer Kraft, soweit sie den Vorschriften dieser VO. entgegenstehen. Soweit die in den §§ 1 und 15 genannten

Strafgesetze gleiche oder entsprechende Strafvorschriften nicht enthalten, wie sie im Protektorat gelten, bleiben diese in Kraft.

(2) Soweit Vorschriften, die nach dieser VO. im Protektorat gelten, auf reichsrechtliche Vorschriften hinweisen, die im Protektorat nicht gelten, erhält dieser Hinweis im Protektorat seinen Inhalt aus dem dort geltenden Recht.

(3) Soweit die in Kraft bleibenden Vorschriften des Protektorats auf Vorschriften hinweisen, die außer Kraft treten, treten die entsprechenden Bestimmungen des Reichsrechts an deren Stelle.

§ 26. Die nach den §§ 1 und 15 im Protektorat geltenden Strafgesetze und die §§ 1 bis 15 des JGG. vom 16. II. 1923 (RGBl. I, S. 135) gelten für Taten, die nach dem Inkrafttreten dieser VO. im Protektorat begangen werden. Für Taten, die vor diesem Zeitpunkte begangen sind, gelten sie, wenn die Tat auch nach dem Recht des Protektorats strafbar ist und wegen der Tat am Tag des Inkrafttretens dieser VO. bei der Staatsanwaltschaft oder bei Gericht ein Strafverfahren noch nicht anhängig war.

§ 27. (1) Die am Tage des Inkrafttretens dieser VO. in erster Instanz anhängigen Strafsachen, die nach dieser VO. vor die deutschen Gerichte im Protektorat gehören, gehen in der Lage, in der sie sich befinden, auf das nach den neuen Vorschriften berufene Gericht über; in den Fällen des § 12 bestimmt der Staatsanwalt das zuständige Gericht. In der Rechtsmittelinstanz anhängige Strafsachen gehen, wenn sie beim Kreisgericht anhängig sind, auf die Kleine Strafkammer, im übrigen auf das Oberlandesgericht über.

(2) Gegen Urteile, die vor Inkrafttreten dieser VO. erlassen sind, sind Rechtsmittel nach den bisherigen Vorschriften gegeben. Über die Berufung gegen Urteile des Bezirksgerichtes entscheidet die Kleine Strafkammer. In allen anderen Fällen ist das Oberlandesgericht zuständig. Wird das Urteil auf ein Rechtsmittel hin aufgehoben und die Sache zurückverwiesen, so wird das Verfahren vor dem Gericht zu Ende geführt, das nach dieser VO. zuständig ist.

(3) Gegen die im Abs. 2 Satz 1 bezeichneten Urteile kann Antrag auf Wiederaufnahme des Verfahrens nach den neuen Vorschriften gestellt werden. Die Strafkammer entscheidet darüber, ob der Antrag zulässig und begründet ist. Die erneute Hauptverhandlung findet vor dem Gericht statt, das nach den neuen Vorschriften in erster Instanz zuständig ist.

(4) Ist ein Rechtsmittel nach den bisherigen Vorschriften nur zugunsten des Angeklagten eingelegt oder die Wiederaufnahme nur zugunsten des Verurteilten beantragt worden, so kann das Urteil auch zum Nachteil des Angeklagten (Verurteilten) geändert werden.

§ 28. (1) Bis auf weiteres wirken in Strafsachen Schöffen und Geschworene nicht mit. Die Kleine Strafkammer entscheidet in der Besetzung von drei Berufsrichtern. An die Stelle des Schwurgerichts tritt die Große Strafkammer; sie entscheidet in der Besetzung von fünf Berufsrichtern, wenn die Tat mit dem Tode oder mit mehr als fünfjähriger Freiheitsstrafe bedroht ist.

(2) In Jugendsachen, die zur Zuständigkeit des Schwurgerichtes gehören, entscheidet die Große Strafkammer in der Besetzung von drei Berufsrichtern.

§ 29. (1) In Strafsachen, die vor die deutschen Gerichte im Protektorat gehören, ist die Wiedereinsetzung in den vorigen Stand gegen die Versäumung einer Frist oder einer Tagsatzung auch dann zu gewähren, wenn der Säumige an der Einhaltung der Frist oder an dem rechtzeitigen Erscheinen in der Tagsatzung ohne eigenes grobes Verschulden durch Umstände verhindert worden ist, die durch die anläßlich der Vereinigung von Böhmen und Mähren mit dem Deutschen Reich getroffenen Maßnahmen verursacht worden sind.

(2) Es genügt für die Wiedereinsetzung, daß der Säumige den Hinderungsgrund glaubhaft macht.

(3) Die Frist für die Stellung des Antrags auf Wiedereinsetzung in den vorigen Stand beginnt in diesem Fall nicht vor dem Inkrafttreten dieser VO. Die Kosten des Wiedereinsetzungsverfahrens sowie die Kosten des infolge

der Wiedereinsetzung unwirksam gewordenen Verfahrens gelten als Teil der Kosten des Gesamtverfahrens.

§ 30. (1) Vom Tage des Inkrafttretens dieser VO. an werden Strafurteile, die vor diesem Zeitpunkt von einem nichtdeutschen Gericht in Böhmen und Mähren gegen deutsche Staatsangehörige oder gegen volksdeutsche Bewohner des Protektorats ergangen sind, von den deutschen Justizbehörden nach den für sie geltenden Vorschriften vollstreckt. Dabei ist

schwerer Kerker oder Kerker von mehr als einem Jahr wie Zuchthaus,

schwerer Kerker oder Kerker von nicht mehr als einem Jahr und strenger Arrest wie Gefängnis,

Arrest wie Haft und

Verschließung nach den Vorschriften über den Strafvollzug an jungen Gefängnis- und Haftgefangenen

zu vollziehen. Soweit es hiernach auf die Dauer einer Kerkerstrafe ankommt, ist die Zeit entscheidend, die der Verurteilte nach Abrechnung anzurechnender Untersuchungshaft im Strafvollzug zuzubringen hat.

(2) Vollstreckungsgericht (§ 462 der Strafprozeßordnung) ist das deutsche Gericht, das sachlich und örtlich dem erkennenden Gericht erster Instanz entspricht. Vollstreckungsbehörde (§ 451 der Strafprozeßordnung) ist die Behörde, die nach Art und Höhe der erkannten Strafe nach den reichsrechtlichen Vorschriften zur Vollstreckung berufen ist.

§ 31. Soweit nach dieser Verordnung im Protektorat Reichsgesetze und Verordnungen anzuwenden sind, gelten auch die zu ihrer Änderung, Ergänzung, Einführung oder Ausführung im Reiche erlassenen gesetzlichen oder sonstigen Bestimmungen.

§ 32. Der Reichsminister der Justiz wird ermächtigt, die zur Ausführung und Ergänzung dieser Verordnung erforderlichen Vorschriften durch Rechtsverordnung oder im Verwaltungsweg zu erlassen und sich ergebende Zweifelsfragen im Verwaltungsweg zu entscheiden.

Zweites Kapitel.

Das Strafgesetzbuch für das Deutsche Reich mit Nebengesetzen.

I. Einführung in das deutsche Strafrecht.

1. Das Strafgesetzbuch für das Deutsche Reich wurde als erste umfassende Kodifikation des Kaiserreiches am 15. V. 1871 (RGBl. S. 127 ff.) verkündet. Der Inhalt dieses Gesetzbuches stimmt mit Ausnahme einiger redaktioneller Änderungen, wörtlich mit dem Strafgesetzbuch für den norddeutschen Bund vom 31. V. 1870 überein, das seinerseits auf das Strafgesetzbuch für die preußischen Staaten vom 14. IV. 1851 zurückgeht. Das Reichsstrafgesetzbuch stammt daher in seinen geistigen Grundlagen aus der Mitte des vergangenen Jahrhunderts. Zum Unterschied vom österreichischen Strafgesetzbuch von 1803, von dem die Neuausgabe des Strafrechtes von 1852 ausging, beruht das Strafgesetzbuch für das Deutsche Reich nicht mehr ausschließlich auf dem Ergebnis der gemeinrechtlichen Entwicklung, die mit dem Ende des 18. Jahrhunderts ihren Abschluß gefunden hat. Entsprechend der geistigen Strömung der Mitte des 19. Jahrhunderts und beeinflußt durch die Geltung des Code criminelle im linksrheinischen Preußen hat schon das preußische Strafgesetzbuch von 1851 in seinem Aufbau, wie in manchen Einzelheiten Anlehnung an das französische Strafrecht gesucht. Auch im Reichsstrafgesetzbuch läßt sich dieser Einfluß nachweisen.

2. Das Reichsstrafgesetzbuch enthält zwei Teile. Im ersten sind die allgemeinen Lehren zusammengefaßt, die bei der Anwendung aller Tatbestände des besonderen Teiles Verwendung finden. Umfangreiche Gebiete der allgemeinen Lehren aber, wie die Schuldlehre und andere sind im Gesetzbuch nicht gerelegt und ihre Ausgestaltung ist der Rechtsprechung und der Rechtswissenschaft überlassen worden. Sie haben dementsprechend seit der Gültigkeit des Reichsstrafgesetzbuches erhebliche Wandlungen erfahren. Der zweite Teil handelt „von den einzelnen Verbrechen, Vergehen und

Übertretungen". Die Fassung der Tatbestände entbehrt jeder belehrenden Tendenz. Sie sind abstrakter und straffer gefaßt, als dies beim tschechischen Recht der Fall war. Sie haben unter der Herrschaft des Satzes nullum crimen sine lege zuerst als wertfreie Umschreibung des täterischen Verhaltens, dann, etwa seit der Nachkriegszeit als Typen des kriminellen Unrechtes, eine hervorragende Stelle in der Strafrechtsanwendung eingenommen und auch in wissenschaftlicher Beziehung hat die Lehre vom Tatbestand eine besondere Rolle gespielt. Der besondere Teil des Strafgesetzbuches hat unter der Einwirkung des eben genannten Grundsatzes eine besondere Vertiefung und Ausgestaltung erfahren, denn die Tatbestände mußten ja alle Elemente vollzählig zusammenfassen, die vorliegen müssen, um das Verhalten eines Täters bestrafen zu können. Zugleich hat aber auch der Richter damit die Weisung erhalten, in welcher Richtung er die Rechtsanwendung durchzuführen hat. Die neue Fassung die der § 2 im Jahre 1935 durch die nationale Revolution erfahren hat, geht von dem Grundsatz aus, daß jedes gemeinschaftswidrige Unrecht auch bestraft werden muß und hat insoweit den Satz „nullum crimen sine lege" überwunden. Es hat aber den Tatbestand damit nicht zugleich seiner Bedeutung entkleidet und eine vom Gesetz losgelöste Rechtsfindung durch den Richter eingeführt. Die erste und vornehmste Aufgabe ist auch heute die unmittelbare Anwendung des Gesetzes, die durch alle Mittel einer ordnungsgemäßen Gesetzesauslegung unterstützt werden muß. Mit ihr steht aber nunmehr im gleichen Rang, wenn die direkte Anwendung versagt, eine entsprechende Anwendung, die von dem Strafbedürfnis des gesunden Volksempfindens für Recht und Unrecht ausgeht, die aber dennoch auch wieder auf das Gesetz zurückgreift, indem sie als zweite Voraussetzung einer Bestrafung den Grundgedanken eines Gesetzes heranzieht. Der neue § 2 hat nicht eine Lösung des Richters von jenen Leitsätzen gebracht, die das Gesetz in seinen Tatbeständen aufgestellt hat. Er hat den Richter lediglich von einer willkürlichen Beschränkung befreit, die im Analogieverbot lag, damit aber zugleich die richterliche Verantwortung gegenüber der Anwendung des Gesetzes als einer politischen Führerentscheidung auf eine besonders hohe Stufe gestellt.

3. Das Reichsstrafgesetzbuch teilt die strafbaren Handlungen in Verbrechen, Vergehen und Übertretungen ein (§ 1). Diese Einteilung ist von Bedeutung für die §§ 6, 27 ff. 43, 49, 49 a, 67, 74 und 257. Die gesetzliche Einteilung ist an der Strafdrohung der Grundtatbestände ausgerichtet und berücksichtigt daher nach der vom Reichsgericht ständig vertretenen Rechtsprechung Strafänderungen nicht, die im Einzelfall eintreten können, ohne daß es zu einer Änderung der tatbestandlichen Fassung gekommen wäre. Von einigen Oberlandesgerichten wird diese Rechtsprechung nicht mehr geteilt (z. B. Königsberg vom 22. XI. 1938, HRR. 1939, S. 852). Nach den grundsätzlichen Darlegungen, die das Reichsgericht in E. 74, S. 65 niedergelegt hat, will es offenbar bei dieser Rechtsprechung verharren.

4. Das deutsche Gesetzbuch behandelt im dritten Abschnitt des I. Teils die Teilnahme und versteht darunter die Beteiligung mehrerer an einem Verbrechen. Die Täterschaft ist nicht geregelt.

Die Rechtsprechung hat jedoch seit jeher unter Teilnahme nur Anstiftung und Beihilfe verstanden und zieht die Mittäterschaft zur Täterschaft.

Täter ist, wer den Erfolg einer Straftat als eigene herbeiführen will, also mit Täterwillen die Ausführungshandlung setzt (E. 74, S. 85). Als Sonderformen der Täterschaft werden Mittäterschaften und mittelbare Täterschaft unterschieden. Mittäter ist, wer den ganzen Erfolg einer Straftat als eigenen verursachen will und dabei im bewußten und gewollten Zusammenhang mit einer oder mehreren Personen handelt. Der Mittäter vervollständigt seine Handlung durch die Handlung der Genossen, aber er muß wenigstens in irgend einer Weise bei der Ausführung mitwirken, mag diese Mitwirkung äußerlich nur als Vorbereitungshandlung oder als Beihilfe in Erscheinung treten (E. 66, S. 240).

Mittelbare Täterschaft liegt vor, wenn der Täter sich eines anderen zur Herbeiführung des Erfolges bedient, dieser andere aber aus Gründen, die überwiegend subjektiver Natur sind, nicht zur Verantwortung gezogen werden kann. So liegt mittelbare Täterschaft insbesondere vor, wenn derjenige, der den Erfolg unmittelbar herbeigeführt hat, schuldunfähig (jugendlich, geisteskrank) ist, oder schuldlos (Irrtum, Notstand) oder auch nur ohne die vom Gesetz geforderte Schuldform handelt. Bei der mittelbaren Täterschaft muß die Frage nach dem Vorliegen von Vorsatz einer besonders sorgfältigen Prüfung unterzogen werden. „Der mittelbare Täter, mag er durch einen gutgläubigen oder bösgläubigen Mittler gehandelt haben — muß die einzelne Tat nach allen für den Tatbestand wesentlichen Merkmalen innerlich erfaßt haben ... er muß wenigstens eine Vorstellung von den besonderen Umständen haben, die der Tat im gegebenen Fall ihr strafrechtlich bedeutsames Gepräge geben." (E. 69, S. 285 ff.)

Neben dieser am Erfolg orientierten Gestaltung des Täterbegriffes im Strafrecht treten in letzterer Zeit zwei weitere. Der eine ist der kriminologische Täterbegriff, bei dem die Tatsache, daß jemand im strafrechtlichen Sinn Täter ist, aus biologischen Voraussetzungen ermittelt wird, die in seiner Person gegeben sind. Dem kriminologischen Täterbegriff entspricht der Hangverbrecher des § 20 a StGB. Der zweite Täterbegriff hat seinen Ursprung in der Zunahme personaler Elemente im Tatbestand (Gesinnung, Absicht, Gewinnsucht usw.). Sie bedeuten eine Wendung zum subjektiven Unrecht und stehen im Zusammenhang mit der Verbindung ethischer Vorstellungen mit dem Strafrecht. Der Ursprung dieses Täterbegriffes liegt noch im Tatbestand. Er ist nicht persönlichkeits-, sondern tatbezogen. Aber er wird nicht aus der Erfolgsverursachung entwickelt, sondern aus der Begehung einer zielstrebigen Handlung. Die Auffassungen über diesen Täterbegriff gehen gegenwärtig noch erheblich auseinander. Während die einen in ihm den Kern jeder Gesetzesnorm erblicken, so sehen die andern in ihm nur eine Fortentwicklung der Lehre vom Tatbestand. Für die Rechtsanwendung kann dieser Täterbegriff durch die Zusammenfassung der personalen

Elemente in ihm einen wertvollen Hinweis für die Gesetzesauslegung geben.

Die Herbeiführung des strafbaren Erfolges kann durch Tun oder Unterlassen erzielt werden. Innerhalb der Begehung einer Straftat durch Unterlassung ist zwischen echten und unechten Unterlassungsdelikten zu unterscheiden. Die echten Unterlassungsdelikte sind selten (§§ 139, 330c). Bei ihnen ist schon das Nichttätigwerden allein unter Strafe gestellt. Die Herbeiführung eines Erfolges ist in den Tatbeständen nicht vorgesehen. Bei den unechten Unterlassungsdelikten, der Herbeiführung eines tatsbestandsmäßigen Erfolges durch Unterlassen, ist erforderlich, daß eine Pflicht zum Handeln bestand. Als solche Pflichten anerkennt das Reichsgericht nur Rechtspflichten, die allerdings auch auf Gemeinschaftsverhältnissen übergesetzlicher Natur begründet sein können (häusliche Gemeinschaft, E. 69, S. 321), oder der eine Vereinbarung (E. 71, S. 193), sowie eine vom Täter selbst geschaffene Gefahrenlage (E. 73, S. 56) zu Grunde liegt.

Für die Stellung der Teilnahme im deutschen Strafgesetzbuch ist die strenge Akzessorietät zur Haupttat charakteristisch. Die Teilnahme ist nur strafbar, wenn die Haupttat strafbares Unrecht ist. Über die einzelnen Fragen bei der Anwendung der Bestimmungen der §§ 48 und 49 vgl. die dort wiedergegebenen Entscheidungen.

5. Zum Begriff der Straftat gehört außer der Tatbestandsmäßigkeit „auch die Rechtswidrigkeit selbst dann, wenn dieses Merkmal im Gesetz nicht erwähnt ist. Fehlt es in irgend einer Hinsicht an der Rechtswidrigkeit, so liegt keine strafbare .... vor.“ (E. 73, S. 67 f.) Demnach sind Tatbestandsmäßigkeit, die Übereinstimmung der Umstände der Tat mit den Elementen, aus denen sich der Tatbestand zusammensetzte und die Rechtswidrigkeit, die objektive Bewertung der Tat nach der Gemeinschaftsordnung[1]), zwei nebeneinanderstehende und selbständige Voraussetzungen. Die wissenschaftliche Auffassung entspricht dem nicht ganz.

[1]) Welzel: Der allgemeine Teil des deutschen Strafrechtes in seinen Grundzügen. 1940, S. 27.

Für sie ist der Tatbestand nicht die wertfreie Beschreibung eines Verhaltens, sondern ein durch die Elemente des Tatbestandes umschriebener Unrechtstyp allgemeiner Natur.[2]) Fehlt die Unrechtsmäßigkeit, oder mit den Worten der Entscheidung, fehlt es an der Rechtswidrigkeit, so liegt nicht nur ein strafloses tatbestandsmäßiges Verhalten vor, sondern dann ist eben auch die Tatbestandsmäßigkeit ausgeschlossen, da der Unrechtstyp nicht gegeben ist.

Die Bedeutung der oben wiedergegebenen Entscheidung, die sich ja im Ergebnis mit der herrschenden wissenschaftlichen Meinung deckt, liegt in der ausdrücklichen Anerkennung der Rechtswidrigkeit als positive Voraussetzung für das Vorliegen eines Verbrechens, die daher nicht schon dann gegeben ist, wenn die im Gesetz genannten Unrechtsausschließungsgründe (§ 53 StGB. und den in anderen Gesetzen für rechtmäßig erklärten Handlungen, wie Selbsthilfe, Notstandshandlungen u. a.) mangeln. Die Rechtswidrigkeit ist vielmehr an der materiellen Bedeutung der Tat ausgerichtet. Es genügt, daß sie in „irgendeiner Hinsicht" fehlt, sei es, daß es sich um objektive, sei es, wie in dem vom Reichsgericht entschiedenen Fall, um subjektiv begründete Momente (Vertrauen in eine amtliche Auskunft) handelt.

Der Umfang der positiven rechtlichen Unrechtsausschließungsgründe ist bei der Anwendung des Strafrechtes im Altreich ein anderer als im Sudetengau und im Protektorat Böhmen und Mähren. Da das Strafrecht, soweit reichsrechtliche Vorschriften nicht eingeführt worden sind, seine Ergänzung aus den in diesen Gebieten bisher geltenden Vorschriften erhält, so sind alle Unrechtsausschließungsgründe, die sich daraus ergeben, daß andere Gesetze ein Verhalten ausdrücklich für rechtmäßig erklären, im Sudetengau und im Protektorat insbesondere dem tschechischen allgemeinen bürgerlichen Gesetzbuch zu entnehmen. Dabei ergeben sich beim bürgerlichrechtlichen Notstand und bei der Selbsthilfe erhebliche Unterschiede. Für das Gebiet des über-

[2]) Metzger: Grundriß. 1938, S. 62.

gesetzlichen Notstandes ist zu beachten, daß im Protektorat Böhmen und Mähren das Erbgesundheitgesetz, das den wichtigsten Fall, die Schwangerschaftsunterbrechung, nunmehr gesetzlich regelt, bisher nicht eingeführt ist. Die in den Entscheidungen des Reichsgerichtes Band 61, S. 242 ff. und Band 62, S. 137 ff. aufgestellten Grundsätze haben daher für das Protektorat nach wie vor Bedeutung.

6. Von der Notwendigkeit, die Übereinstimmung der Umstände der Tat mit den Elementen eines bestimmten Tatbestands zu ermitteln, befreit der § 2 b StGB. im Rahmen der von ihm zugelassenen wahlweisen Tatsachenfeststellung. Es ist bei seiner Anwendung davon auszugehen, daß die Tat nach allen in Betracht kommenden Möglichkeiten strafbares Unrecht ist, daß aber nicht eindeutig festgestellt werden kann, unter welchen der in Betracht kommenden Tatbestände die Tat subsumiert werden kann. Bei der Anwendung der wahlweisen Tatsachenfeststellung muß es sich jedoch um selbständige Tatbestände handeln und nicht um Möglichkeiten, wie Täterschaft und Beihilfe oder vorsätzliche und fahrlässige Begehung. Ob die möglichen Taten in ihrem Unrechtsgehalt vergleichbar sein müssen, ist fraglich (E. 71, S. 44 ff.).

7. Strafbares Unrecht liegt nur dann vor, wenn das tatbestandsmäßige, rechtswidrige Verhalten dem Täter auch persönlich vorgeworfen werden kann und somit schuldhaft begangen worden ist. Voraussetzung für einen solchen Vorwurf ist die Schuldfähigkeit, die bei mangelnder Entwicklung des Jugendlichen (§§ 2 und 3 JGG.; § 1 der VO. zum Schutz gegen jugendliche Schwerverbrecher) und Taubstummen (§ 58 StGB.) sowie bei schweren Störungen des seelischen Lebens (§ 51 StGB.), fehlen kann. Für die dem Schuldurteil zugrundeliegende Vorwerfbarkeit der Tat bedarf es aber auch einer besonderen subjektiven Einstellung des Täters zu dieser, die als Vorsatz und Fahrlässigkeit bezeichnet wird. Diese beiden Formen sind zwar im Gesetz wiederholt genannt, ihrem Inhalt nach aber nirgends geregelt. An Hand des § 59 StGB. wird der Vorsatz bestimmt als das, bei Begehung der Tat vorliegende Wissen

und Wollen um die Tatumstände, die den Elementen des Tatbestandes entsprechen sollen. Dabei ist es unerheblich, ob dem Täter die Folgen der Tat erwünscht sind (Absicht) oder nicht. Zu den vom Vorsatz umfaßten Tatumständen gehört sowohl der Außenerfolg, als auch die Begehungshandlung und unter Umständen die Verbindung zwischen beiden, der Kausalverlauf. Dabei darf der tatsächlich eingetretene Kausalverlauf mit dem vom Vorsatz umfaßten nicht in wesentlichen Teilen abweichen (E. 70, S. 258).

Der Täter wird immer nach seiner Kenntnis von den Tatumständen bestraft. Ist ein Tatumstand unrichtig erkannt (Tatsachenirrtum) oder umfaßt sein Wissen auch strafausschließende Umstände, mögen diese auch tatsächlich nicht vorliegen, so mangelt es an dem für die Bestrafung erforderlichen Vorsatz. Bei Annahme mildernder Umstände ist der Vorsatz gemildert. Objektive Bedingungen der Strafbarkeit, die ja keine Umstände der Tat sind (E. 69, S. 81), müssen vom Wissen ebenso wenig umfaßt sein, wie die objektiven Merkmale einer erhöhten oder gemilderten Schuld (Rückfall bei Betrug oder Außerehelichkeit in § 217 StGB.). In beiden Fällen entscheidet nur das tatsächliche Vorliegen der entsprechenden Momente.

Zur Kenntnis der Tatsachen tritt aber auch die Kenntnis von der Bedeutung dieser Tatsachen. Grundsätzlich wird der Täter auch nach der Kenntnis bestraft, die er von der Bedeutung der Tatsachen hat, es sei denn, daß er dabei über eine Bedeutung irrt, die ihre Regelung im Strafrecht erfahren hat (Strafrechtsirrtum). Die Grundlagen der Irrtumslehre der deutschen Rechtsprechung können neuerdings aus E. 73, S. 257 entnommen werden. Sie sind ebenso umstritten und unbefriedigend wie die Rechtsprechung zum tschechischen Strafrecht.

Als eine allgemein gültige Unterart des Vorsatzes kennt die deutsche Rechtsprechung nur den eventuellen Vorsatz. Bei ihm ist das Wissen um den Eintritt des Außenerfolges kein bestimmtes, wohl aber der Wille, diesen herbeizuführen. Die gegenwärtige herrschende Formulierung spricht von einem „in Kauf nehmen", des für möglich gehaltenen

Erfolges. Damit soll aber kein bedingter Wille gekennzeichnet werden, sondern nur ein bedingtes Wissen um den Erfolg, der jedoch für den Fall seines Eintrittes gebilligt wird und mit dem der Täter auf jeden Fall einverstanden ist (E. 72, S. 44).

Die Rechtsprechung erfaßt auch die Fahrlässigkeit als eine Schuldform, an die der Schuldvorwurf anknüpfen kann. Fahrlässigkeit liegt vor, wenn jemand bei seinem Handeln durch Außerachtlassen der ihm persönlich obliegenden Sorgfaltspflicht den eingetretenen Erfolg pflichtwidrig nicht vorausgesehen hat (unbewußte Fahrlässigkeit), oder ihn zwar vorausgesehen hat, aber darauf vertraut hat, daß der Erfolg unterbleiben werde (bewußte Fahrlässigkeit). Der Unterschied gegenüber dem eventuellen Vorsatz liegt in der Einstellung zum Erfolg. Beim Vorsatz bejaht der Täter den Erfolg, bei der Fahrlässigkeit verneint er ihn. Beide sind aber voneinander unabhängige und andersgeartete Schuldformen. Die bei der strafrechtlichen Fahrlässigkeit mögliche Berücksichtigung der persönlichen Verhältnisse gestattet es, die Auswirkungen, die sich aus der Weite des Bedingungszusammenhanges ergeben, entsprechend einzuschränken und damit die vom Reichsgericht vertretene Kausalitätslehre im Ergebnis auf ein strafrechtlich verwertbares Maß zurückzuführen. Vgl. dazu die Anmerkungen zum § 222 StGB.

Das deutsche Strafrecht kennt auch Gründe, die einen Schuldvorwurf ausschließen. Sie ergeben sich aus der Beschränkung der Motivation, der der Täter bei seiner Tat unterlegen war. Das geltende Recht kennt drei Fälle: Die Notwehrüberschreitung (§ 53, Abs. 3 des StGB.), den Nötigungsnotstand (§ 52 StGB.) und den Notstand (§ 54 StGB.). Übergesetzliche Schuldausschließungsgründe allgemeiner Natur sind bisher nicht anerkannt worden. Im Einzelfall, so insbesondere bei der Selbstbegünstigung, ist der Gedanke der Nichtzumutbarkeit schuldausschließend verwertet worden. Bei den Fahrlässigkeitsdelikten ergibt sich die Straffreiheit eines, dem Täter nicht zumutbaren Verhaltens schon aus der Formulierung der Fahrlässigkeit selbst.

Das Schulderfordernis, als Voraussetzung für das Vorliegen strafbaren Unrechts, darf nicht mit der Gesamtausrichtung des Willensstrafrechts verwechselt werden. Beim Willensstrafrecht handelt es sich um die Charakterisierung der gesamten strafrechtlichen Reaktion und somit um die besondere Bewertung und Berücksichtigung des verbrecherischen Willens in der Fassung des Gesetzes[3]).

8. Das Strafgesetzbuch für das Deutsche Reich will nur die schuldhaft begangene Tat bestrafen. Lediglich in einigen wenigen Fällen, den erfolgsqualifizierten Delikten, wird von dem Schulderfordernis teilweise abgesehen. Der Schuldvorwurf bezieht sich grundsätzlich auf die Einzeltat. Sie ist nach dem Aufbau des Gesetzes entscheidend für die Strafbarkeit einer Handlung und das Maß der angedrohten Strafe. Die gesetzlichen Strafdrohungen sind auf die Schwere der Tat zugeschnitten, die an äußeren objektiven Kennzeichen gemessen wird (E. 74, S. 66). Erst in jüngster Zeit, aber nunmehr auch immer entscheidender, ist im Strafrecht noch ein anderer Gedanke in Erscheinung getreten. Nach ihm soll die Grundlage der Strafe nicht mehr in der Einzeltat liegen, sondern in der Gesamt-Persönlichkeit des Täters, die in seiner Tat zum Ausdruck kommt (E. 69, S. 131; E. 70, S. 215; HRR. 1935, S. 463; DR. 1939, S. 1979). Hierbei lassen sich zwei Richtungen unterscheiden: 1. Der Vorwurf, der gegen den Täter erhoben wird und an dem auch die Strafe anknüpft, liegt darin, daß der Täter auf Grund seiner Charakteranlagen im Leben und durch das Leben entweder einen Hang zum Verbrechen entwickelt hat oder einen schon anlagemäßig begründeten Hang, Herr über sein Denken und Handeln hat werden lassen. Auf dieser Vorstellung beruht letztlich die Strafschärfung gegen den gefährlichen Gewohnheitsverbrecher nach § 20 a StGB.[4]). 2. Wichtige Teile des Kriegsstrafrechtes, und zwar die Verordnung gegen Volksschädlinge und die Verordnung gegen Gewaltverbrecher, verlegen den Schwerpunkt des

---

[3]) Freisler: DJ. 1939, S. 1707.

[4]) Bockelmann: Studium zum Täterstrafrecht. 1. und 2. Teil 1939 und 1940.

Schuldvorwurfes in die bei der Tat zum Ausdruck kommende Gesinnung. Wie schon aus dem Titel der Verordnungen ersichtlich ist, sollen unter diese Kriegsstrafbestimmungen nicht Taten volksschädlicher und gewalttätiger Art, sondern Täterpersönlichkeiten volksschädlicher oder gewalttätiger Gesinnung erfaßt werden[5]). Diese Wandlung auf dem Gebiete der Schuld entspricht der Fortentwicklung des Täterbegriffes.

Neben den Strafen, die an dem Schuldvorwurf anknüpfen, kennt das Strafrecht seit dem Jahre 1933 auch noch Maßregeln der Sicherung und Besserung (Vgl. 1a Abschnitt). Diese werden nicht für begangenes Unrecht verhängt, sondern dienen dem Schutz des Volkes gegen zukünftige Verbrechen gemeingefährlicher Personen. Ihre Verhängung knüpft zwar im Strafrecht an die Begehung eines Unrechtes an, aber sie werden verhängt, weil die öffentliche Sicherheit es erfordert. Das Ziel dieser Maßregelung wird entweder durch Gewöhnung an ein geordnetes Leben oder durch Unterwerfung unter Maßnahmen erreicht, die jede künftige verbrecherische Betätigung verhindern sollen.

9. „Eine" Tat liegt nicht nur dann vor, wenn der Handlung ein einziger Willensakt zugrunde liegt, sogenannte natürliche Tateinheit. Als eine Tat gilt auch das fortgesetzte Verbrechen, die planmäßige (E. 70, S. 51), wiederholte und gleichartige (E. 70, S. 388) Begehung auf Grund eines einheitlichen Vorsatzes (E. 72, S. 212). Ein Fortsetzungszusammenhang ist nur dann nicht anerkannt, wenn das Unrecht der Tat in einem Angriff gegen die Persönlichkeit beruht (E. 70, S. 243). Bei Sammelstraftaten (gewerbs- und gewohnheitsmäßige Verbrechen) liegt nicht mehr eine Tat vor, sondern die einzelnen Angriffshandlungen behalten ihre selbständige Bedeutung (E. 72, S. 164, 257, 285, 313, 401 und E. 73, S. 216).

---

[5]) Freisler: DJ. 1939, S. 145 ff.; 1705 ff.; 1849 ff.; DJ. 1940, S. 105 ff.

Gleispach: Das Kriegsstrafrecht. I. Teil 1940, S. 16, f. 23 und 25.

Eine Person kann eine Mehrheit von Straftaten begehen, und zwar:

1. In der Form der Tateinheit. Diese liegt dann vor, wenn der Unrechtsgehalt einer Tat nur durch die strafrechtliche Bewertung mehrere Tatbestände oder mehrmals desselben Tatbestandes erschöpfend erfaßt wird. Für die Ermittlung der Strafen bei der Tateinheit ist insbesondere E. 73, S. 148 zu beachten.
2. In der Form der Tatmehrheit. Diese liegt dann vor, wenn der Täter mehrere selbständig strafbare Handlungen begangen hat. Die Strafe wird nach dem Aspirations- und Kumulationsprinzip bestimmt. (§ 74 ff.)

Fälle scheinbaren Zusammentreffens sind die Arten der Gesetzeskonkurrenz, und zwar Spezialität, Konsumption, Subsidiarität, straflose Nachtat und straflose Vortat.

II. Das Strafgesetzbuch für das Deutsche Reich vom 15. Mai 1871.

I. Einführungsgesetz zum Strafgesetzbuch

Vom 31. Mai 1870 (RGBl. S. 195).

§ 1. Das Strafgesetzbuch für das Deutsche Reich tritt im ganzen Umfange des Reichsgebietes mit 1. Januar 1872 in Kraft.

§ 2. Mit diesem Tage tritt das Reichs- und Landesstrafrecht, insoweit dasselbe Materien betrifft, welche Gegenstand des Strafgesetzbuchs für das Deutsche Reich sind, außer Kraft.

In Kraft bleiben die besonderen Vorschriften des Reichs- und Landesstrafrechts, namentlich über strafbare Verletzungen der Preßpolizei, Post-, Steuer-, Zoll-, Fischerei-, Forst-

---

Der wiedergegebene Text des Deutschen Strafgesetzbuches entspricht der vom RJM. in der Beilage zum VBlSud. Nr. 18. vom 13. III. 1939 veröffentlichten Fassung. Änderungen sind bis zum 1 X 1940 berücksichtigt.

und Feldpolizei-Gesetze und über den Holz- (Forst-) Diebstahl.

Anmerkung zu § 2 (des Einführungsgesetzes). — Materie: HRR. 1936, 1206

§ 6. Vom 1. Januar 1872 ab darf nur auf die im Strafgesetzbuch für das Deutsche Reich enthaltenen Strafarten erkannt werden.

Wenn in Landesgesetzen anstatt der Gefängnis- oder Geldstrafe Forst- oder Gemeindearbeit angedroht oder nachgelassen ist, so behält es hierbei sein Bewenden.

II. Strafgesetzbuch für das Deutsche Reich

Vom 15. Mai 1871 (RGBl. S. 40).

Einleitende Bestimmungen

§ 1. Eine mit dem Tode, mit Zuchthaus, oder mit Festungshaft von mehr als fünf Jahren bedrohte Handlung ist ein Verbrechen.

Eine mit Festungshaft bis zu fünf Jahren, mit Gefängnis oder mit Geldstrafe von mehr als einhundertfünfzig Reichsmark oder mit Geldstrafe schlechthin bedrohte Handlung ist ein Vergehen.

Eine mit Haft oder mit Geldstrafe bis zu einhundertfünfzig Reichsmark bedrohte Handlung ist eine Übertretung.

Anmerkung zu § 1. — Grundsätzlich: E. 74, S. 65. — Einteilung ist vom ordentlichen Strafrahmen aus zu bestimmen. E. 69, S. 49 ff. — Bedeutung der Einteilung: E. 74, S. 65.

§ 2. Bestraft wird, wer eine Tat begeht, die das Gesetz für strafbar erklärt oder die nach dem Grundgedanken eines Strafgesetzes und nach gesundem Volksempfinden Bestrafung verdient. Findet auf die Tat kein bestimmtes Strafgesetz unmittelbar Anwendung, so wird die Tat nach dem Gesetz bestraft, dessen Grundgedanke auf sie am besten zutrifft.

Anmerkung zu § 2. — (1) Es ist nicht gestattet, die Grenzen zu überschreiten, die der Gesetzgeber bewußt gezogen hat. E. 70, S. 173, 175 ff. — (2) Die entsprechende Anwendung des Gesetzes soll unbeabsichtigte Lücken schließen. E. 70, S. 173, 367. — (3) Strafbarkeit der Tat durch unmittelbare Anwendung des Gesetzes, schließt Strafbarkeit der Tat durch entsprechnede Anwendung eines anderen

Tatbestandes nur dann aus, wenn schon die unmittelbare Anwendung eine angemessene Bestrafung ermöglicht. E. 71, S. 390.

§ 2 a. Die Strafbarkeit einer Tat und die Strafe bestimmen sich nach dem Recht, das zur Zeit der Tat gilt.

Gilt zur Zeit der Entscheidung ein milderes Gesetz als zur Zeit der Tat, so kann das mildere Gesetz angewandt werden; ist die Tat zur Zeit der Entscheidung nicht mehr mit Strafe bedroht, so kann die Bestrafung unterbleiben.

Ein Gesetz, das nur für eine bestimmte Zeit erlassen ist, ist auf die während seiner Geltung begangenen Straftaten auch dann anzuwenden, wenn es außer Kraft getreten ist.

Über Maßregeln der Sicherung und Besserung ist nach dem Gesetz zu entscheiden, das zur Zeit der Entscheidung gilt.

§ 2 b. Steht fest, daß jemand gegen eines von mehreren Strafgesetzen verstoßen hat, ist aber eine Tatfeststellung nur wahlweise möglich, so ist der Täter aus dem mildesten Gesetz zu bestrafen.

Anmerkung zu § 2 b. — Grundsätzlich: E. 70, S. 326; 71, S. 341; Anwendungsfälle: 72, S. 342, 73, S. 53.

§ 3. Das deutsche Strafrecht gilt für die Tat eines deutschen Staatsangehörigen, einerlei, ob er sie im Inland oder im Ausland begeht.

Für eine im Ausland begangene Tat, die nach dem Recht des Tatorts nicht mit Strafe bedroht ist, gilt das deutsche Strafrecht nicht, wenn die Tat nach dem gesunden Empfinden des deutschen Volkes wegen der besonderen Verhältnisse am Tatort kein strafwürdiges Unrecht ist.

Eine Tat ist an jedem Ort begangen, an dem der Täter gehandelt hat oder im Falle des Unterlassens hätte handeln sollen oder an dem der Erfolg eingetreten ist oder eintreten sollte.

Anmerkung zu § 3. — Verordnung über den Geltungsbereich des Strafrechts vom 6. 5. 1940, RGBl. I, S. 754, VBlRProt. 40, S. 210. — Artikel III. Schlußbestimmungen. — (1) .... — (2) Soweit im Protektorat Böhmen und Mähren deutsches Strafrecht anzuwenden ist, findet diese Verordnung mit der Maßgabe Anwendung, daß Straftaten von Angehörigen des Protektorats Böhmen und Mähren den Straftaten deutscher Staatsangehöriger gleichstehen. — (3) .... — (4) Der Reichsminister der Justiz erläßt die zur

Durchführung und Ergänzung dieser Verordnung erforderlichen Rechts- und Verwaltungsvorschriften, und zwar, soweit das Protektorat Böhmen und Mähren berührt wird, im Einvernehmen mit dem Reichsprotektor in Böhmen und Mähren.

§ 4. Das deutsche Strafrecht gilt auch für Taten, die ein Ausländer im Inland begeht.

Für eine von einem Ausländer im Ausland begangene Straftat gilt das deutsche Strafrecht, wenn sie durch das Recht des Tatorts mit Strafe bedroht oder der Tatort keiner Strafgewalt unterworfen ist, und wenn

1. der Täter die deutsche Staatsangehörigkeit nach der Tat erworben hat oder
2. die Straftat gegen das deutsche Volk oder gegen einen deutschen Staatsangehörigen gerichtet ist oder
3. der Täter im Inland betroffen und nicht ausgeliefert wird, obwohl die Auslieferung nach der Art der Straftat zulässig wäre.

Unabhängig von dem Recht des Tatorts gilt das deutsche Strafrecht für folgende Straftaten, die ein Ausländer im Ausland begeht:

1. Straftaten, die er als Träger eines deutschen staatlichen Amts, als deutscher Soldat oder als Angehöriger des Reichsarbeitsdienstes oder die er gegen den Träger eines deutschen Amts des Staates oder der Partei, gegen einen deutschen Soldaten oder gegen einen Angehörigen des Reichsarbeitsdienstes während der Ausübung ihres Dienstes oder in Beziehung auf ihren Dienst begeht;
2. hoch- oder landesverräterische Handlungen gegen das Deutsche Reich;
3. Sprengstoffverbrechen;
4. Kinderhandel und Frauenhandel;
5. Verrat eines Betriebs- oder Geschäftsgeheimnisses eines deutschen Betriebes;
6. Meineid in einem Verfahren, das bei einem deutschen Gericht oder einer anderen zur Abnahme von Eiden zuständigen deutschen Stelle anhängig ist;

4*

7. Münzverbrechen und Münzvergehen;
8. unbefugter Vertrieb von Betäubungsmitteln;
9. Handel mit unzüchtigen Veröffentlichungen.

§ 5. Das deutsche Strafrecht gilt, unabhängig von dem Recht des Tatorts, für Taten, die auf einem deutschen Schiff oder Luftfahrzeug begangen werden.

§ 6. Im Auslande begangene Übertretungen sind nur dann zu bestrafen, wenn dies durch besondere Gesetze oder durch Verträge angeordnet ist.

§ 7. Eine im Auslande vollzogene Strafe ist, wenn wegen derselben Handlung im Gebiete des Deutschen Reichs abermals eine Verurteilung erfolgt, auf die zu erkennende Strafe in Anrechnung zu bringen.

§ 8 entfällt.

§ 9. Ein Deutscher darf einer ausländischen Regierung zur Verfolgung oder Bestrafung nicht überliefert werden.

§ 10. Auf deutsche Militärpersonen finden die allgemeinen Strafgesetze des Reiches insoweit Anwendung, als nicht die Militärgesetze ein anderes bestimmen.

§ 11 entfällt.

§ 12 entfällt.

Erster Teil

Von der Bestrafung der Verbrechen, Vergehen und Übertretungen im allgemeinen

1. Abschnitt: Strafen

§ 13. Die Todesstrafe ist durch Enthauptung zu vollstrecken.

§ 14. Die Zuchthausstrafe ist eine lebenslängliche oder eine zeitige.

Der Höchstbetrag der zeitigen Zuchthausstrafe ist fünfzehn Jahre, ihr Mindestbetrag ein Jahr.

Wo das Gesetz die Zuchthausstrafe nicht ausdrücklich als eine lebenslängliche androht, ist dieselbe eine zeitige.

§ 15. Die zur Zuchthausstrafe Verurteilten sind in der Strafanstalt zu den eingeführten Arbeiten anzuhalten.

Sie können auch zu Arbeiten außerhalb der Anstalt, insbesondere zu öffentlichen oder von einer Staatsbehörde beaufsichtigten Arbeiten, verwendet werden. Diese Art der Beschäftigung ist nur dann zulässig, wenn die Gefangenen dabei von anderen freien Arbeitern getrennt gehalten werden.

§ 16. Der Höchstbetrag der Gefängnisstrafe ist fünf Jahre, ihr Mindestbetrag ein Tag.

Die zur Gefängnisstrafe Verurteilten können in einer Gefangenenanstalt auf eine ihren Fähigkeiten und Verhältnissen angemessene Weise beschäftigt werden; auf ihr Verlangen sind sie in dieser Weise zu beschäftigen.

§ 15 Abs. 2 findet Anwendung.

§ 17. Die Festungshaft ist eine lebenslängliche oder eine zeitige.

Der Höchstbetrag der zeitigen Festungshaft ist fünfzehn Jahre, ihr Mindestbetrag ein Tag.

Wo das Gesetz die Festungshaft nicht ausdrücklich als eine lebenslängliche androht, ist dieselbe eine zeitige.

Die Strafe der Festungshaft besteht in Freiheitsentziehung mit Beaufsichtigung der Beschäftigung und Lebensweise der Gefangenen. Sie wird in Festungen vollzogen, die dem Chef des Oberkommandos der Wehrmacht unterstehen.

§ 18. Der Höchstbetrag der Haft ist sechs Wochen, ihr Mindestbetrag ein Tag.

Die Strafe der Haft besteht in einfacher Freiheitsentziehung.

§ 19. Bei Freiheitsstrafen wird der Tag zu vierundzwanzig Stunden, die Woche zu sieben Tagen, der Monat und das Jahr nach der Kalenderzeit gerechnet.

Die Dauer einer Zuchthausstrafe darf nur nach vollen Monaten, die Dauer einer anderen Freiheitsstrafe nur nach vollen Tagen bemessen werden.

§ 20. Wo das Gesetz die Wahl zwischen Zuchthaus oder Gefängnis und Festungshaft gestattet, darf auf Festungshaft nur dann erkannt werden, wenn die Tat sich nicht gegen das Wohl des Volkes gerichtet und der Täter ausschließlich aus ehrenhaften Beweggründen gehandelt hat.

§ 20a. Hat jemand, der schon zweimal rechtskräftig verurteilt worden ist, durch eine neue vorsätzliche Tat eine Freiheitsstrafe verwirkt und ergibt die Gesamtwürdigung der Taten, daß er ein gefährlicher Gewohnheitsverbrecher ist, so ist, soweit die neue Tat nicht mit schwererer Strafe bedroht ist, auf Zuchthaus bis zu fünf Jahren und, wenn die neue Tat auch ohne diese Strafverschärfung ein Verbrechen wäre, auf Zuchthaus bis zu fünfzehn Jahren zu erkennen. Die Strafverschärfung setzt voraus, daß die beiden früheren Verurteilungen wegen eines Verbrechens oder vorsätzlichen Vergehens ergangen sind und in jeder von ihnen auf Todesstrafe, Zuchthaus oder Gefängnis von mindestens sechs Monaten erkannt worden ist.

Hat jemand mindestens drei vorsätzliche Taten begangen und ergibt die Gesamtwürdigung der Taten, daß er ein gefährlicher Gewohnheitsverbrecher ist, so kann das Gericht bei jeder abzuurteilenden Einzeltat die Strafe ebenso verschärfen, auch wenn die übrigen im Abs. 1 genannten Voraussetzungen nicht erfüllt sind.

Eine frühere Verurteilung kommt nicht in Betracht, wenn zwischen dem Eintritt ihrer Rechtskraft und der folgenden Tat mehr als fünf Jahre verstrichen sind. Eine frühere Tat, die noch nicht rechtskräftig abgeurteilt ist, kommt nicht in Betracht, wenn zwischen ihr und der folgenden Tat mehr als fünf Jahre verstrichen sind. In die Frist wird die Zeit nicht eingerechnet, in der der Täter eine Freiheitsstrafe verbüßt oder auf behördliche Anordnung in einer Anstalt verwahrt wird.

Eine ausländische Verurteilung steht einer inländischen gleich, wenn die geahndete Tat auch nach deutschem Recht ein Verbrechen oder vorsätzliches Vergehen wäre.

Anmerkung zu § 20 a. — „Vorsätzliche Tat“ ist nur Verbrechen und Vergehen: E. 73, S. 321; 74, S. 65. — Begriff gef. Gewohnheitsverbrecher: E. 72, S. 259, 295. — Zeitpunkt der Gefährlichkeit: E. 72, S. 356. — Bei verminderter Zurechnungsfähigkeit: E. 70,

S. 127; 72, S. 326. — Bei Versuch: E. 70, S. 289; 71, S. 15. — Bei Gewerbsmäßigkeit: E. 72, S. 164, 401. — Hang bei Willensschwäche oder Notlage möglich: E. 72, S. 259.

§ 21. Achtmonatige Zuchthausstrafe ist einer einjährigen Gefängnisstrafe, achtmonatige Gefängnisstrafe einer einjährigen Festungshaft gleichzuachten.

§ 22. Die Zuchthaus- und Gefängnisstrafe können sowohl für die ganze Dauer, wie für einen Teil der erkannten Strafzeit in der Weise in Einzelhaft vollzogen werden, daß der Gefangene unausgesetzt von anderen Gefangenen gesondert gehalten wird.

Die Einzelhaft darf ohne Zustimmung des Gefangenen die Dauer von drei Jahren nicht übersteigen.

§ 23. Die zu einer längeren Zuchthaus- oder Gefängnisstrafe Verurteilten können, wenn sie drei Vierteile, mindestens aber ein Jahr der ihnen auferlegten Strafe verbüßt, sich auch während dieser Zeit gut geführt haben, mit ihrer Zustimmung vorläufig entlassen werden.

§ 24. Die vorläufige Entlassung kann bei schlechter Führung des Entlassenen oder, wenn derselbe den ihm bei der Entlassung auferlegten Verpflichtungen zuwiderhandelt, jederzeit widerrufen werden.

Der Widerruf hat die Wirkung, daß die seit der vorläufigen Entlassung bis zur Wiedereinlieferung verflossene Zeit auf die festgesetzte Strafdauer nicht angerechnet wird.

§ 25. Der Beschluß über die vorläufige Entlassung, sowie über einen Widerruf ergeht von der obersten Justiz-Aufsichtsbehörde. Vor dem Beschluß über die Entlassung ist die Gefängnisverwaltung zu hören.

Die einstweilige Festnahme vorläufig Entlassener kann aus dringenden Gründen des öffentlichen Wohls von der Polizeibehörde des Orts, an welchem der Entlassene sich aufhält, verfügt werden. Der Beschluß über den endgültigen Widerruf ist sofort nachzusuchen.

Führt die einstweilige Festnahme zu einem Widerrufe, so gilt dieser als am Tage der Festnahme erfolgt.

§ 26. Ist die festgesetzte Strafzeit abgelaufen, ohne daß ein Widerruf der vorläufigen Entlassung erfolgt ist, so gilt die Freiheitsstrafe als verbüßt.

Anmerkung zu §§ 23 bis 26. — Vgl. RdV. des RJM. vom 30. April 1935 — III a 15.652/35: „Die vorläufige Entlassung gemäß §§ 23 bis 26 StGB. hat im Laufe der Zeit ihre praktische Bedeutung nahezu vollständig verloren, weil die mit ihr verbundene Probezeit zu kurz ist, als daß eine nachhaltige Einwirkung auf den Verurteilten möglich wäre. Ein solcher Erfolg läßt sich vielmehr in der Regel nur mit der bedingten Strafaussetzung erreichen. Demgemäß bestimme ich, daß Gesuche um vorläufige Entlassung grundsätzlich in erster Linie als Gesuche um bedingte Strafaussetzung zu behandeln sind."

§ 27. Die Geldstrafe ist in Reichsmark festzusetzen.

Sie beträgt:

1. bei Verbrechen und Vergehen, soweit nicht höhere Beträge oder Geldstrafe in unbeschränkter Höhe angedroht sind oder werden, mindestens drei Reichsmark und höchstens zehntausend Reichsmark;
2. bei Übertretungen mindestens eine Reichsmark, soweit nicht ein höherer Mindestbetrag angedroht ist oder wird, und höchstens einhundertfünfzig Reichsmark.

Die Vorschriften des Abs. 2 über Höchstbeträge gelten nicht, soweit die angedrohte Strafe in dem Mehrfachen, dem Einfachen oder dem Bruchteil eines bestimmten Betrags besteht. Ist dieser nicht auf Reichsmark gestellt, so ist er für die Festsetzung der Geldstrafe in Reichsmark umzurechnen.

§ 27a. Bei einem Verbrechen oder Vergehen, das auf Gewinnsucht beruht, kann die Geldstrafe auf einhunderttausend Reichsmark erhöht und auf eine solche Geldstrafe neben Freiheitsstrafe auch in denjenigen Fällen erkannt werden, in denen das Gesetz eine Geldstrafe nicht androht.

§ 27b. Ist für ein Vergehen oder eine Übertretung, für die an sich eine Geldstrafe überhaupt nicht oder nur neben Freiheitsstrafe zulässig ist, Freiheitsstrafe von weniger als drei Monaten verwirkt, so ist an Stelle der Freiheitsstrafe auf Geldstrafe (§§ 27, 27a) zu erkennen, wenn der Strafzweck durch eine Geldstrafe erreicht werden kann.

Die Vorschriften des Militärstrafgesetzbuches bleiben unberührt.

Anmerkung zu § 27 b. — Begriff „Erreichung des Strafzweckes": DStR., 3. Bd., S. 369.

§ 27 c. Bei der Bemessung einer Geldstrafe sind die wirtschaftlichen Verhältnisse des Täters zu berücksichtigen.

Die Geldstrafe soll das Entgelt, das der Täter für die Tat empfangen, und den Gewinn, den er aus der Tat gezogen hat, übersteigen.

Reicht das gesetzliche Höchstmaß hierzu nicht aus, so darf es überschritten werden.

Anmerkung zu § 27 c. — Grundsätzlich: DStR., 6, Bd., S. 322.

§ 28. Ist dem Verurteilten nach seinen wirtschaftlichen Verhältnissen nicht zuzumuten, daß er die Geldstrafe sofort zahlt, so hat ihm das Gericht eine Frist zu bewilligen oder ihm zu gestatten, die Strafe in bestimmten Teilbeträgen zu zahlen.

Das Gericht kann diese Vergünstigung auch nach dem Urteil bewilligen. Es kann seine Entschließungen nachträglich ändern. Leistet der Verurteilte die Teilzahlung nicht rechtzeitig, oder bessern sich seine wirtschaftlichen Verhältnisse wesentlich, so kann das Gericht die Vergünstigung widerrufen.

Auf die nach Abs. 2 zutreffenden Entscheidungen findet § 462 der Strafprozeßordnung Anwendung.

§ 28 a. Soweit die Geldstrafe nicht gezahlt wird, ist sie beizutreiben.

Der Versuch, die Geldstrafe beizutreiben, kann unterbleiben, wenn mit Sicherheit vorauszusehen ist, daß sie aus dem beweglichen Vermögen des Verurteilten nicht beigetrieben werden kann.

§ 28 b. Die Vollstreckungsbehörde kann dem Verurteilten gestatten, eine uneinbringliche Geldstrafe durch freie Arbeit zu tilgen.

Das Nähere regelt die Reichsregierung. Soweit dies nicht geschieht, ist der Reichsminister der Justiz ermächtigt, das Nähere zu regeln.

§ 29. An die Stelle einer uneinbringlichen Geldstrafe tritt bei Verbrechen und Vergehen Gefängnis oder, wenn neben der Geldstrafe auf Zuchthaus erkannt wird, Zuchthaus, bei Übertretungen Haft. Auch bei Vergehen kann die Geldstrafe in Haft umgewandelt werden, wenn Geldstrafe allein oder an erster Stelle oder wahlweise neben Haft angedroht ist.

Die Dauer der Ersatzstrafe ist mindestens ein Tag und bei Gefängnis und Zuchthaus höchstens ein Jahr, bei Haft höchstens sechs Wochen. Ist neben der Geldstrafe wahlweise Freiheitsstrafe von geringerer Höhe angedroht, so darf die Ersatzstrafe deren Höchstmaß nicht übersteigen. Die Ersatzstrafe darf nur nach vollen Tagen bemessen werden.

Im übrigen richtet sich das Maß der Ersatzstrafe nach freiem Ermessen des Gerichts.

In den Fällen des § 27 b ist Ersatzstrafe die verwirkte Freiheitsstrafe.

Der Verurteilte kann die Vollstreckung der Ersatzstrafe jederzeit dadurch abwenden, daß er den noch zu zahlenden Betrag der Geldstrafe entrichtet.

Kann die Geldstrafe ohne Verschulden des Verurteilten nicht eingebracht werden, so kann das Gericht anordnen, daß die Vollstreckung der Ersatzstrafe unterbleibt. § 462 der Strafprozeßordnung findet Anwendung.

§ 30. In den Nachlaß kann eine Geldstrafe nur dann vollstreckt werden, wenn das Urteil bei Lebzeiten des Verurteilten rechtskräftig geworden war.

§ 31. Die Verurteilung zur Zuchthausstrafe hat die dauernde Unfähigkeit zum Dienste in der deutschen Wehrmacht, sowie die dauernde Unfähigkeit zur Bekleidung öffentlicher Ämter von Rechts wegen zur Folge.

Unter öffentlichen Ämtern im Sinne dieses Strafgesetzes sind die Anwaltschaft und das Notariat sowie der Geschworenen- und Schöffendienst mitbegriffen.

§ 32. Neben der Todesstrafe und der Zuchthausstrafe kann auf den Verlust der bürgerlichen Ehrenrechte erkannt werden, neben der Gefängnisstrafe nur, wenn die Dauer der erkannten Strafe drei Monate erreicht und entweder das Gesetz den Verlust der bürgerlichen Ehrenrechte ausdrücklich zuläßt oder die Gefängnisstrafe wegen Annahme mildernder Umstände an Stelle von Zuchthausstrafe ausgesprochen wird.

Die Dauer dieses Verlustes beträgt bei zeitiger Zuchthausstrafe mindestens zwei und höchstens zehn Jahre, bei Gefängnisstrafe mindestens ein Jahr und höchstens fünf Jahre.

§ 33. Die Aberkennung der bürgerlichen Ehrenrechte bewirkt den dauernden Verlust der aus öffentlichen Wahlen für den Verurteilten hervorgegangenen Rechte, ingleichen den dauernden Verlust der öffentlichen Ämter, Würden, Titel, Orden und Ehrenzeichen.

§ 34. Die Aberkennung der bürgerlichen Ehrenrechte bewirkt ferner die Unfähigkeit, während der im Urteil bestimmten Zeit

1. (überholt);
2. in die deutsche Wehrmacht einzutreten;
3. öffentliche Ämter, Würden, Titel, Orden und Ehrenzeichen zu erlangen;
4. in öffentlichen Angelegenheiten zu stimmen, zu wählen oder gewählt zu werden oder andere politische Rechte auszuüben;
5. Zeuge der Aufnahmen von Urkunden zu sein;
6. Vormund, Gegenvormund, Pfleger, Beistand der Mutter, Mitglied eines Familienrats oder Kurator zu sein, es sei denn, daß es sich um Verwandte absteigender Linie handele und die obervormundschaftliche Behörde oder der Familienrat die Genehmigung erteile.

§ 35. Neben einer Gefängnisstrafe, mit welcher die Aberkennung der bürgerlichen Ehrenrechte überhaupt hätte verbunden werden können, kann auf die Unfähigkeit zur Bekleidung öffentlicher Ämter auf die Dauer von einem bis zu fünf Jahren erkannt werden.

Die Aberkennung der Fähigkeit zur Bekleidung öffentlicher Ämter hat den dauernden Verlust der bekleideten Ämter von Rechts wegen zur Folge.

§ 36. Die Aberkennung der bürgerlichen Ehrenrechte und der Fähigkeit zur Bekleidung öffentlicher Ämter wird mit der Rechtskraft des Urteils wirksam. Ihre Dauer wird von dem Tage ab berechnet, an dem die Freiheitsstrafe, neben der die Aberkennung ausgesprochen wurde, verbüßt, verjährt oder erlassen ist. Ist neben der Strafe eine mit Freiheitsentziehung verbundene Maßregel der Sicherung und Besserung angeordnet worden, so wird die Frist erst von dem Tage ab berechnet, an dem auch die Maßregel erledigt ist.

Ist nach Ablauf einer Probezeit dem Verurteilten die Strafe ganz oder teilweise erlassen worden oder eine mit Freiheitsentziehung verbundene Maßregel der Sicherung und Besserung erledigt, so wird die Probezeit auf die Frist angerechnet.

§ 37 entfällt, vgl. Art. I der VO. über den Geltungsbereich des Strafrechts vom 6. V. 1940 (RGBl. I, S. 754).

§ 38. Neben einer Freiheitsstrafe kann in den durch das Gesetz vorgesehenen Fällen auf die Zulässigkeit von Polizeiaufsicht erkannt werden.

Die höhere Landespolizeibehörde erhält durch ein solches Erkenntnis die Befugnis, nach Anhörung der Gefängnisverwaltung den Verurteilten auf die Zeit von höchstens fünf Jahren unter Polizeiaufsicht zu stellen.

Diese Zeit wird von dem Tage berechnet, an welchem die Freiheitsstrafe verbüßt, verjährt oder erlassen ist.

§ 39. Die Polizeiaufsicht hat folgende Wirkungen:

1. dem Verurteilten kann der Aufenthalt an einzelnen bestimmten Orten von der höheren Landespolizeibehörde untersagt werden;
2. außer Kraft getreten;
3. Haussuchungen unterliegen keiner Beschränkung hinsichtlich der Zeit, zu welcher sie stattfinden dürfen.

§ 40. Gegenstände, welche durch ein vorsätzliches Verbrechen oder Vergehen hervorgebracht, oder welche zur Begehung eines vorsätzlichen Verbrechens oder Vergehens gebraucht oder bestimmt sind, können, sofern sie dem Täter oder einem Teilnehmer gehören, eingezogen werden.

Die Einziehung ist im Urteil auszusprechen.

§ 41. Wenn der Inhalt einer Schrift, Abbildung oder Darstellung strafbar ist, so ist im Urteile auszusprechen, daß alle Exemplare, sowie die zu ihrer Herstellung bestimmten Platten und Formen unbrauchbar zu machen sind.

Diese Vorschrift bezieht sich jedoch nur auf die im Besitze des Verfassers, Druckers, Herausgebers, Verlegers oder Buchhändlers befindlichen und auf die öffentlich ausgelegten oder öffentlich angebotenen Exemplare.

Ist nur ein Teil der Schrift, Abbildung oder Darstellung strafbar, so ist, insofern eine Ausscheidung möglich ist, auszusprechen, daß nur die strafbaren Stellen und derjenige Teil der Platten und Formen, auf welchem sich diese Stellen befinden, unbrauchbar zu machen sind.

§ 42. Ist in den Fällen der §§ 40 und 41 die Verfolgung oder die Verurteilung einer bestimmten Person nicht ausführbar, so können die daselbst vorgeschriebenen Maßnahmen selbständig erkannt werden.

1a. Abschnitt: **Maßregeln der Sicherung und Besserung**

§ 42 a Maßregeln der Sicherung und Besserung sind:

1. die Unterbringung in einer Heil- oder Pflegeanstalt,
2. die Unterbringung in einer Trinkerheilanstalt oder einer Entziehungsanstalt;
3. die Unterbringung in einem Arbeitshaus,
4. die Sicherungsverwahrung,
5. die Entmannung gefährlicher Sittlichkeitsverbrecher,
6. die Untersagung der Berufsausübung.

Anmerkung zu § 42 a. — Verbindung mehrerer Maßregeln: E. 74, S. 4. — Bei Antragsdelikten, Voraussetzung des Antrages aufrechterhalten: DStR. 6. Bd., S. 210.

§ 42 b. Hat jemand eine mit Strafe bedrohte Handlung im Zustand der Zurechnungsunfähigkeit (§ 51 Abs. 1, § 58 Abs. 1) oder der verminderten Zurechnungsfähigkeit (§ 51 Abs. 2, § 58 Abs. 2) begangen, so ordnet das Gericht seine Unterbringung in einer Heil- oder Pflegeanstalt an, wenn die öffentliche Sicherheit es erfordert. Dies gilt nicht bei Übertretungen.

Bei vermindert Zurechnungsfähigen tritt die Unterbringung neben die Strafe.

Anmerkung zu § 42 b. — Grundsätzlich: E. 73, S. 303. — Zusammenhang zwischen der mit Strafe bedrohten Handlung und der Zurechnungsfähigkeit: E. 69, S. 242.

§ 42 c. Wird jemand, der gewohnheitsmäßig im Übermaß geistige Getränke oder andere berauschende Mittel zu sich nimmt, wegen eines Verbrechens oder Vergehens, das er im Rausch begangen hat oder das mit einer solchen Gewöhnung in ursächlichem Zusammenhang steht, oder wegen Volltrunkenheit (§ 330 a) zu einer Strafe verurteilt und ist seine Unterbringung in einer Trinkerheilanstalt oder einer Entziehungsanstalt erforderlich, um ihn an ein gesetzmäßiges und geordnetes Leben zu gewöhnen, so ordnet das Gericht neben der Strafe die Unterbringung an.

Anmerkung zu § 42 c. — Erforderlichkeit der Unterbringung: E. 69, S. 12.

§ 42 d. Wird jemand nach § 361 Nr. 3 bis 5, 6 a bis 8 zu Haftstrafe verurteilt, so ordnet das Gericht neben der Strafe seine Unterbringung in einem Arbeitshaus an, wenn sie erforderlich ist, um ihn zur Arbeit anzuhalten und an ein gesetzmäßiges und geordnetes Leben zu gewöhnen.

Dasselbe gilt, wenn jemand, der gewohnheitsmäßig zum Erwerbe Unzucht treibt, nach § 361 Nr. 6 zur Haftstrafe verurteilt wird.

Wegen Bettelns ist die Anordnung nur zulässig, wenn der Täter aus Arbeitsscheu oder Liederlichkeit oder gewerbsmäßig gebettelt hat.

Arbeitsunfähige, deren Unterbringung in einem Arbeitshaus angeordnet ist, können in einem Asyl untergebracht werden.

§ 42 e. Wird jemand nach § 20 a als ein gefährlicher Gewohnheitsverbrecher verurteilt, so ordnet das Gericht neben der Strafe die Sicherungsverwahrung an, wenn die öffentliche Sicherheit es erfordert.

Anmerkung zu § 42 e. — Sicherungswahrung auch ohne Strafschärfung, wenn Verurteilung als gef. Gewohnheitsverbrecher erfolgt: E. 70, S. 129. — Bei Vergehen nach § 330 a: E. 73, S. 181. — Bei Gesamtstrafenbildung: E. 73, S. 366. — Bei Verurteilung als gef. Gewohnheitsverbrecher anzuordnen, wenn nicht Besserung mit Wahrscheinlichkeit zu erwarten: E. 73, S. 154, 305. — Mehrfaches Erkennen auf Sicherungsverwahrung: E. 70, S. 203. — Weitere Entscheidungen siehe unter Anmerkungen zu § 20 a.

§ 42 f. Die Unterbringung dauert so lange, als ihr Zweck es erfordert.

Die Unterbringung in einer Trinkerheilanstalt oder einer Entziehungsanstalt und die erstmalige Unterbringung in einem Arbeitshaus oder einem Asyl dürfen nicht länger als zwei Jahre dauern.

Die Dauer der Unterbringung in einer Heil- oder Pflegeanstalt, der wiederholten Unterbringung in einem Arbeitshaus oder einem Asyl und der Sicherungsverwahrung ist an keine Frist gebunden. Bei diesen Maßregeln hat das Gericht jeweils vor dem Ablauf bestimmter Fristen zu entscheiden, ob der Zweck der Unterbringung erreicht ist. Die Frist beträgt bei der Unterbringung in einer Heil- oder Pflegeanstalt und der Sicherungsverwahrung drei Jahre und bei der wiederholten Unterbringung in einem Arbeitshaus oder einem Asyl zwei Jahre. Ergibt sich bei der Prüfung, daß der Zweck der Unterbringung erreicht ist, so hat das Gericht die Entlassung des Untergebrachten anzuordnen.

Das Gericht kann auch während des Laufs der in den Abs. 2 und 3 genannten Fristen jederzeit prüfen, ob der Zweck der Unterbringung erreicht ist. Wenn das Gericht dies bejaht, so hat es die Entlassung des Untergebrachten anzuordnen.

Die Fristen laufen vom Beginn des Vollzugs an. Lehnt das Gericht die Entlassung des Untergebrachten ab, so beginnt mit dieser Entscheidung der Lauf der im Abs. 3 genannten Fristen von neuem.

§ 42 g. Sind seit der Rechtskraft des Urteils drei Jahre verstrichen, ohne daß mit dem Vollzug der Unterbringung begonnen worden ist, so darf sie nur noch vollzogen werden, wenn das Gericht es anordnet. Die Anordnung ist nur zulässig, wenn der Zweck der Maßregel die nachträgliche Unterbringung erfordert.

In die Frist wird die Zeit nicht eingerechnet, in der der Unterzubringende eine Freiheitsstrafe verbüßt oder auf behördliche Anordnung in einer Anstalt verwahrt wird.

§ 42 h. Die Entlassung des Untergebrachten gilt nur als bedingte Aussetzung der Unterbringung. Das Gericht kann dem Untergebrachten bei der Entlassung besondere Pflichten auferlegen und solche Anordnungen auch nachträglich treffen oder ändern. Zeigt der Entlassene durch sein Verhalten in der Freiheit, daß der Zweck der Maßregel seine erneute Unterbringung erfordert, und ist die Vollstreckung der Maßregel noch nicht verjährt, so widerruft das Gericht die Entlassung.

Die Dauer der Unterbringung in einer Trinkerheilanstalt oder einer Entziehungsanstalt und der erstmaligen Unterbringung in einem Arbeitshaus oder einem Asyl darf auch im Falle des Widerrufs insgesamt die gesetzliche Höchstdauer der Maßregel nicht überschreiten.

§ 42 i. Die im Arbeitshaus oder in der Sicherungsverwahrung Untergebrachten sind in der Anstalt zu den eingeführten Arbeiten anzuhalten. Sie können auch zu Arbeiten außerhalb der Anstalt verwendet werden, müssen jedoch dabei von freien Arbeitern getrennt gehalten werden.

Die in einer Heil- oder Pflegeanstalt, einer Trinkerheilanstalt oder einer Entziehungsanstalt Untergebrachten können innerhalb oder außerhalb der Anstalt auf eine ihren Fähigkeiten und Verhältnissen angemessene Weise beschäftigt werden.

§ 42 k. Das Gericht kann neben der Strafe anordnen, daß ein Mann, der zur Zeit der Entscheidung das einundzwanzigste Lebensjahr vollendet hat, zu entmannen ist:

1. wenn er wegen eines Verbrechens der Nötigung zur Unzucht, der Schändung, der Unzucht mit Kindern oder der Notzucht (§§ 176 bis 178) oder wegen eines zur Erregung oder Befriedigung des Geschlechtstriebs begangenen Vergehens oder Verbrechens der öffentlichen Vornahme unzüchtiger Handlungen oder der Körperverletzung (§§ 183, 223 bis 226) zu Freiheitsstrafe von mindestens sechs Monaten verurteilt wird, nachdem er schon einmal wegen einer solchen Tat zu Freiheitsstrafe rechtskräftig verurteilt worden ist, und die Gesamtwürdigung der Taten ergibt, daß er ein gefährlicher Sittlichkeitsverbrecher ist;
2. wenn er wegen mindestens zwei derartiger Taten zu Freiheitsstrafe von mindestens einem Jahr verurteilt wird und die Gesamtwürdigung der Taten ergibt, daß er ein gefährlicher Sittlichkeitsverbrecher ist, auch wenn er früher wegen einer solchen Tat noch nicht verurteilt worden ist;
3. wenn er wegen eines zur Erregung oder Befriedigung des Geschlechtstriebs begangenen Mordes oder Totschlags (§§ 211 bis 215) verurteilt wird.

§ 20 a Abs. 3 gilt entsprechend.

Eine ausländische Verurteilung steht einer inländischen gleich, wenn die geahndete Tat nach deutschem Recht ein Verbrechen oder Vergehen der im Abs. 1 genannten Art wäre.

Anmerkung zu § 42 k. — Verhältnis zu anderen Sicherungsmitteln: E. 69 S. 150. — Wiederholte Anordnung: E. 71, S. 255.

§ 42 l. Wird jemand wegen eines Verbrechens oder Vergehens, das er unter Mißbrauch seines Berufs oder Gewerbes oder unter grober Verletzung der ihm kraft seines Berufs oder Gewerbes obliegenden Pflichten begangen hat, zu Freiheitsstrafe von mindestens drei Monaten verurteilt, so kann ihm das Gericht zugleich auf die Dauer von mindestens einem und höchstens fünf Jahren die Ausübung des Berufs, Gewerbes oder Gewerbezweiges untersagen, wenn dies erforderlich ist, um die Allgemeinheit vor weiterer Gefährdung zu schützen.

Solange die Untersagung wirksam ist, darf der Verurteilte den Beruf, das Gewerbe oder den Gewerbezweig auch nicht für einen anderen ausüben oder durch eine von seinen Weisungen abhängige Person für sich ausüben lassen.

§ 36 Abs. 1 gilt entsprechend. Wird die Vollstreckung der Freiheitsstrafe oder einer neben der Strafe erkannten, mit Freiheitsentziehung verbundenen Maßregel der Sicherung und Besserung bedingt ausgesetzt, so wird die Probezeit auf die Frist angerechnet.

Das Gericht kann die Untersagung der Berufsausübung wieder aufheben, wenn der Zweck der Maßregel ihre Fortdauer nicht mehr erforderlich erscheinen läßt. Die Aufhebung ist frühestens zulässig, nachdem die Maßregel ein Jahr gedauert hat. Sie gilt nur als bedingte Aussetzung der Untersagung und kann bis zum Ablauf der im Urteil für ihre Dauer festgesetzten Zeit widerrufen werden; die Dauer der Untersagung darf auch im Falle des Widerrufs insgesamt die im Urteil für ihre Dauer festgesetzte Zeit nicht überschreiten.

Anmerkung zu § 42 l. — Grundsätzlich: E. 71, S. 69.

§ 42 m außer Kraft.

§ 42 n. Maßregeln der Sicherung und Besserung können nebeneinander angeordnet werden.

2. Abschnitt: **Versuch**

§ 43. Wer den Entschluß, ein Verbrechen oder Vergehen zu verüben, durch Handlungen, welche einen Anfang der Ausführung dieses Verbrechens oder Vergehens enthalten, betätigt hat, ist, wenn das beabsichtigte Verbrechen oder Vergehen nicht zur Vollendung gekommen ist, wegen Versuches zu bestrafen.

Der Versuch eines Vergehens wird jedoch nur in den Fällen bestraft, in welchen das Gesetz dies ausdrücklich bestimmt.

Anmerkung zu § 43. — Abgrenzung zur Vorbereitungshandlung: E. 52, S. 184; 54, S. 35; 70, S. 158, 201, DR. 1939, S. 1858. — Entsprechende Anwendung: DStR., 5. Bd., S. 52. — Untauglicher Versuch: E. 72, S. 80, 81.

§ 44. Das versuchte Verbrechen oder Vergehen ist milder zu bestrafen als das vollendete.

Ist das vollendete Verbrechen mit dem Tode oder mit lebenslänglichem Zuchthaus bedroht, so tritt Zuchthausstrafe nicht unter drei Jahren ein, neben welcher auf Zulässigkeit von Polizeiaufsicht erkannt werden kann.

Ist das vollendete Verbrechen mit lebenslänglicher Festungshaft bedroht, so tritt Festungshaft nicht unter drei Jahren ein.

In den übrigen Fällen kann die Strafe bis auf ein Vierteil des Mindestbetrages der auf das vollendete Verbrechen oder Vergehen angedrohten Freiheits- und Geldstrafe ermäßigt werden. Ist hiernach Zuchthausstrafe unter einem Jahre verwirkt, so ist dieselbe nach Maßgabe des § 21 in Gefängnis zu verwandeln.

Anmerkung zu § 44. — Die zwingende Strafmilderung ist durch den § 4 der Verordnung gegen Gewaltverbrecher beseitigt (s. S. 300).

§ 45. Wenn neben der Strafe des vollendeten Verbrechens oder Vergehens die Aberkennung der bürgerlichen Ehrenrechte zulässig oder geboten ist, oder auf Zulässigkeit von Polizeiaufsicht erkannt werden kann, so gilt gleiches bei der Versuchsstrafe.

§ 46. Der Versuch als solcher bleibt straflos, wenn der Täter

1. die Ausführung der beabsichtigten Handlung aufgegeben hat, ohne daß er an dieser Ausführung durch Umstände gehindert worden ist, welche von seinem Willen unabhängig waren, oder

2. zu einer Zeit, zu welcher die Handlung noch nicht entdeckt war, den Eintritt des zur Vollendung des Verbrechens oder Vergehens gehörigen Erfolges durch eigene Tätigkeit abgewendet hat.

Anmerkung zu § 46. — Grundsätzlich zur Freiwilligkeit: E. 68, S. 240 ff; 70, S. 1. — Bei teilweiser Aufgabe: E. 72, S. 349.

3. Abschnitt: Teilnahme

§ 47. Wenn mehrere eine strafbare Handlung gemeinschaftlich ausführen, so wird jeder als Täter bestraft.

Anmerkung zu § 47. — Begriff der Mittäterschaft: E. 71, S. 23; HRR. 1936, 1204. — Tateinheit zwischen Täterschaft und Anstiftung: E. 70, S. 293 ff. — Tateinheit zwischen Täterschaft und Beihilfe: E. 70, S. 138. — Vorsatz bei mittelb. Täterschaft: E. 69, S. 285.

§ 48. Als Anstifter wird bestraft, wer einen anderen zu der von demselben begangenen strafbaren Handlung durch Geschenke oder Versprechen, durch Drohung, durch Mißbrauch des Ansehens oder der Gewalt, durch absichtliche Herbeiführung oder Beförderung eines Irrtums oder durch andere Mittel vorsätzlich bestimmt hat.

Die Strafe des Anstifters ist nach demjenigen Gesetze festzusetzen, welches auf die Handlung Anwendung findet, zu welcher er wissentlich angestiftet hat.

Anmerkung zu § 48. — Anstiftung zu mehreren Gesetzesverletzungen: E. 70, S. 26 ff. — Bestimmen: E. 70, S. 293.

§ 49. Als Gehilfe wird bestraft, wer dem Täter zur Begehung des Verbrechens oder Vergehens durch Rat oder Tat wissentlich Hilfe geleistet hat.

Die Strafe des Gehilfen ist nach demjenigen Gesetze festzusetzen, welches auf die Handlung Anwendung findet, zu welcher er wissentlich Hilfe geleistet hat, jedoch nach den über die Bestrafung des Versuches aufgestellten Grundsätzen zu ermäßigen.

Anmerkung zu § 49. — Beihilfe zu mehreren Gesetzesverletzungen: E. 70, S. 26. — Durch Unterlassung: E. 73, S. 54. — Notwendige Teilnahme: E. 70, S. 233, 344. — Strafbarkeit der n. T.: E. 71, S. 114. — Beihilfe nicht ursächlich für den Erfolg der Handlung: E. 71, S. 176, 178. — Beihilfe bei rechtlich vollendeter, aber nicht tatsächlich beendeter Handlung: E. 71, S. 193. — Entsprechende Anwendung: E. 70, S. 313. — Strafausmaß: s. Anmerkung zu § 44.

§ 49 a. Wer einen anderen zur Begehung eines Verbrechens oder zur Teilnahme an einem Verbrechen auffordert, oder wer eine solche Aufforderung annimmt, wird, soweit nicht das Gesetz eine andere Strafe androht, wenn das Verbrechen mit dem Tode oder mit lebenslänglicher Zuchthausstrafe bedroht ist, mit Gefängnis nicht unter drei Monaten, wenn das Verbrechen mit einer geringeren Strafe bedroht ist, mit Gefängnis bis zu zwei Jahren oder mit Festungshaft von gleicher Dauer bestraft.

Die gleiche Strafe trifft denjenigen, welcher sich zur Begehung eines Verbrechens oder zur Teilnahme an einem Verbrechen erbietet, sowie denjenigen, welcher ein solches Erbieten annimmt.

Es wird jedoch das lediglich mündlich ausgedrückte Auffordern oder Erbieten, sowie die Annahme eines solchen nur dann bestraft, wenn die Aufforderung oder das Erbieten an die Gewährung vor Vorteilen irgendwelcher Art geknüpft worden ist.

Neben der Gefängnisstrafe kann auf Verlust der bürgerlichen Ehrenrechte und auf Zulässigkeit von Polizeiaufsicht erkannt werden.

§ 49 b. Wer an einer Verbindung oder Verabredung teilnimmt, die Verbrechen wider das Leben bezweckt oder als Mittel für andere Zwecke in Aussicht nimmt, oder wer eine solche Verbindung unterstützt, wird mit Gefängnis nicht unter drei Monaten bestraft.

In besonders schweren Fällen ist die Strafe Zuchthaus bis zu fünf Jahren.

Nach diesen Vorschriften wird nicht bestraft, wer der Behörde oder dem Bedrohten so rechtzeitig Nachricht gibt, daß ein in Verfolgung der Bestrebungen der Verbindung oder Verabredung beabsichtigtes Verbrechen wider das Leben verhindert werden kann.

§ 50. Wenn das Gesetz die Strafbarkeit einer Handlung nach den persönlichen Eigenschaften oder Verhältnissen desjenigen, welcher dieselbe begangen hat, erhöht oder vermindert, so sind diese besonderen Tatumstände dem Täter oder demjenigen Teilnehmer (Mittäter, Anstifter, Gehilfe) zuzurechnen, bei welchem sie vorliegen.

Anmerkung zu § 50. — Entsprechende Anwendung: E. 72, S. 326. — Grundsätzlich: E. 74, S. 84.

4. Abschnitt: Gründe, welche die Strafe ausschließen oder mildern

§ 51. Eine strafbare Handlung ist nicht vorhanden, wenn der Täter zur Zeit der Tat wegen Bewußtseinsstörung, wegen krankhafter Störung der Geistestätigkeit oder wegen Geistesschwäche unfähig ist, das Unerlaubte der Tat einzusehen oder nach dieser Einsicht zu handeln.

War die Fähigkeit, das Unerlaubte der Tat einzusehen oder nach dieser Einsicht zu handeln, zur Zeit der Tat aus einem dieser Gründe erheblich vermindert, so kann die Strafe nach den Vorschriften über die Bestrafung des Versuchs gemildert werden.

Anmerkung zu § 51. — Anwendungsgrundsätze: DR. 1940, S. 1308. — Ferner: DR. 1940, S. 281; E. 74, S. 84.

§ 52. Eine strafbare Handlung ist nicht vorhanden, wenn der Täter durch unwiderstehliche Gewalt oder durch eine Drohung, welche mit einer gegenwärtigen, auf andere Weise nicht abwendbaren Gefahr für Leib oder Leben seiner selbst oder eines Angehörigen verbunden war, zu der Handlung genötigt worden ist.

Als Angehörige im Sinne dieses Strafgesetzes sind anzusehen Verwandte und Verschwägerte auf- und absteigender Linie, Adoptiv- und Pflegeeltern und -kinder, Ehegatten, Geschwister und deren Ehegatten, und Verlobte.

Anmerkung zu § 52. — Anwendungsfall: HRR. 1936, 371.

§ 53. Eine strafbare Handlung ist nicht vorhanden, wenn die Handlung durch Notwehr geboten war.

Notwehr ist diejenige Verteidigung, welche erforderlich ist, um einen gegenwärtigen, rechtswidrigen Angriff von sich oder einem anderen abzuwenden.

Die Überschreitung der Notwehr ist nicht strafbar, wenn der Täter in Bestürzung, Furcht oder Schrecken über die Grenzen der Verteidigung hinausgegangen ist.

Anmerkung zu § 53. — Bei Raufhandel: E. 72, S. 183; 73, S. 341. — Erforderlichkeit: JW. 1938; S. 657. — Vermeintliche Notwehr: DStR., 6. Bd., S. 172. — Notwehrüberschreitung: E. 69, S. 265.

§ 54. Eine strafbare Handlung ist nicht vorhanden, wenn die Handlung außer dem Falle der Notwehr in einem unverschuldeten, auf andere Weise nicht zu beseitigenden Notstande zur Rettung aus einer gegenwärtigen Gefahr für Leib oder Leben des Täters oder eines Angehörigen begangen worden ist.

Die §§ 55 bis 57 sind durch die §§ 1 bis 16 des JGG. vom 16. II. 1923 ersetzt.

§ 58. Ein Taubstummer ist nicht strafbar, wenn er in der geistigen Entwicklung zurückgeblieben und deshalb unfähig ist, das Unerlaubte der Tat einzusehen oder nach dieser Einsicht zu handeln.

War die Fähigkeit, das Unerlaubte der Tat einzusehen oder nach dieser Einsicht zu handeln, zur Zeit der Tat aus diesem Grunde erheblich vermindert, so kann die Strafe nach den Vorschriften über die Bestrafung des Versuchs gemildert werden.

§ 59. Wenn jemand bei Begehung einer strafbaren Handlung das Vorhandensein von Tatumständen nicht kannte, welche zum gesetzlichen Tatbestande gehören oder die Strafbarkeit erhöhen, so sind ihm diese Umstände nicht zuzurechnen.

Bei der Bestrafung fahrlässig begangener Handlungen gilt diese Bestimmung nur insoweit, als die Unkenntnis selbst nicht durch Fahrlässigkeit verschuldet ist.

§ 60. Eine erlittene Untersuchungshaft oder einstweilige Unterbringung kann bei Fällung des Urteils auf die erkannte Strafe ganz oder teilweise angerechnet werden.

Anmerkung zu § 60. — Auch Schutzhaft: E. 69, S. 327.

§ 61. Eine Handlung, deren Verfolgung nur auf Antrag eintritt, ist nicht zu verfolgen, wenn der zum Antrage Berechtigte es unterläßt, den Antrag binnen drei Monaten zu stellen. Diese Frist beginnt mit dem Tage, seit welchem der zum Antrage Berechtigte von der Handlung und von der Person des Täters Kenntnis gehabt hat.

Anmerkung zu § 61. — Gegen gesetzlichen Vertreter als Täter: E. 73, S. 113.

§ 62. Wenn von mehreren zum Antrage Berechtigten einer die dreimonatige Frist versäumt, so wird hierdurch das Recht der übrigen nicht ausgeschlossen.

§ 63. Der Antrag kann nicht geteilt werden. Das gerichtliche Verfahren findet gegen sämtliche an der Handlung Beteiligte (Täter und Teilnehmer), sowie gegen die Begünstiger statt, auch wenn nur gegen eine dieser Personen auf Bestrafung angetragen worden ist.

§ 64. Die Zurücknahme des Antrages ist nur in den gesetzlich besonders vorgesehenen Fällen und nur bis zur Verkündung eines auf Strafe lautenden Urteils zulässig.

Die rechtzeitige Zurücknahme des Antrages gegen eine der vorbezeichneten Personen hat die Einstellung des Verfahrens auch gegen die anderen zur Folge.

§ 65. Der Verletzte, welcher das achtzehnte Lebensjahr vollendet hat, ist selbständig zu dem Antrage auf Bestrafung berechtigt. Solange er minderjährig ist, hat unabhängig von seiner eigenen Befugnis auch sein gesetzlicher Vertreter das Recht, den Antrag zu stellen.

Ist der Verletzte geschäftsunfähig oder hat er das achtzehnte Lebensjahr noch nicht vollendet, so ist sein gesetzlicher Vertreter der zur Stellung des Antrages Berechtigte.

§ 66. Durch Verjährung wird die Strafverfolgung und die Strafvollstreckung ausgeschlossen.

§ 67. Die Strafverfolgung von Verbrechen verjährt,

wenn sie mit dem Tode oder mit lebenslänglichem Zuchthaus bedroht sind, in zwanzig Jahren;

wenn sie im Höchstbetrage mit einer Freiheitsstrafe von einer längeren als zehnjährigen Dauer bedroht sind, in fünfzehn Jahren;

wenn sie mit einer geringeren Freiheitsstrafe bedroht sind, in zehn Jahren.

Die Strafverfolgung von Vergehen, die im Höchstbetrage mit einer längeren als dreimonatigen Gefängnisstrafe bedroht sind, verjährt in fünf Jahren, von anderen Vergehen in drei Jahren.

Die Strafverfolgung von Übertretungen verjährt in drei Monaten.

Die Verjährung beginnt mit dem Tage, an welchem die Handlung begangen ist, ohne Rücksicht auf den Zeitpunkt des eingetretenen Erfolges.

Mit der Verjährung der Strafverfolgung erlischt auch die Befugnis, auf Grund der Tat Maßregeln der Sicherung und Besserung anzuordnen.

§ 68. Jede Handlung des Richters, welche wegen der begangenen Tat gegen den Täter gerichtet ist, unterbricht die Verjährung.

Die Unterbrechung findet nur rücksichtlich desjenigen statt, auf welchen die Handlung sich bezieht.

Nach der Unterbrechung beginnt eine neue Verjährung.

§ 69. Die Verjährung ruht während der Zeit, in welcher auf Grund gesetzlicher Vorschrift die Strafverfolgung nicht begonnen oder nicht fortgesetzt werden kann. Ist der Beginn oder die Fortsetzung eines Strafverfahrens von einer Vorfrage abhängig, deren Entscheidung in einem anderen Verfahren erfolgen muß, so ruht die Verjährung bis zu dessen Beendigung.

Ist zur Strafverfolgung ein Antrag oder eine Ermächtigung nach dem Strafgesetz erforderlich, so wird der Lauf der Verjährung durch den Mangel des Antrages oder der Ermächtigung nicht gehindert.

§ 70. Die Vollstreckung rechtskräftig erkannter Strafen verjährt, wenn

1. auf Tod oder lebenslängliches Zuchthaus oder auf lebenslängliche Festungshaft erkannt ist, in dreißig Jahren;

2. auf Zuchthaus oder Festungshaft von mehr als zehn Jahren erkannt ist, in zwanzig Jahren;
3. auf Zuchthaus bis zu zehn Jahren oder auf Festungshaft von fünf bis zu zehn Jahren oder Gefängnis von mehr als fünf Jahren erkannt ist, in fünfzehn Jahren;
4. auf Festungshaft oder Gefängnis von zwei bis zu fünf Jahren erkannt ist, in zehn Jahren;
5. auf Festungshaft oder Gefängnis bis zu zwei Jahren oder auf Geldstrafe von mehr als einhundertfünfzig Reichsmark erkannt ist, in fünf Jahren;
6. auf Haft oder auf Geldstrafe bis zu einhundertfünfzig Reichsmark erkannt ist, in zwei Jahren.

Die Vollstreckung einer rechtskräftig angeordneten Maßregel der Sicherung und Besserung verjährt in zehn Jahren. Ist die Unterbringung in einer Trinkerheilanstalt oder einer Entziehungsanstalt oder erstmalig die Unterbringung in einem Arbeitshaus oder die Entmannung angeordnet, so beträgt die Frist fünf Jahre.

Die Verjährung beginnt mit dem Tage, an welchem das Urteil rechtskräftig geworden ist.

§ 71. Ist auf Freiheitsstrafe und Geldstrafe zugleich oder neben einer Strafe auf eine mit Freiheitsentziehung verbundene Maßregel der Sicherung und Besserung erkannt, so verjährt die Vollstreckung der einen Strafe oder Maßregel nicht früher als die der anderen.

§ 72. Jede auf Vollstreckung der Strafe oder Maßregel gerichtete Handlung derjenigen Behörde, welcher die Vollstreckung obliegt, sowie die zum Zwecke der Vollstreckung erfolgende Festnahme des Verurteilten unterbricht die Verjährung.

Nach der Unterbrechung der Vollstreckung der Strafe oder Maßregel beginnt eine neue Verjährung.

5. Abschnitt: Zusammentreffen mehrerer strafbarer Handlungen

§ 73. Wenn eine und dieselbe Handlung mehrere Strafgesetze verletzt, so kommt nur dasjenige Gesetz, welches die schwerste Strafe, und bei ungleichen Strafarten dasjenige Gesetz, welches die schwerste Strafart androht. zur Anwendung.

Anmerkung zu § 73. — Strafenbildung: E. 73, S. 148.

§ 74. Gegen denjenigen, welcher durch mehrere selbständige Handlungen mehrere Verbrechen oder Vergehen oder dasselbe Verbrechen oder Vergehen mehrmals begangen und dadurch mehrere zeitige Freiheitsstrafen verwirkt hat, ist auf eine Gesamtstrafe zu erkennen, welche in einer Erhöhung der verwirkten schwersten Strafe besteht.

Bei dem Zusammentreffen ungleichartiger Freiheitsstrafen tritt diese Erhöhung bei der ihrer Art nach schwersten Strafe ein.

Das Maß der Gesamtstrafe darf den Betrag der verwirkten Einzelstrafen nicht erreichen und fünfzehnjähriges Zuchthaus, zehnjähriges Gefängnis oder fünfzehnjährige Festungshaft nicht übersteigen.

§ 75. Trifft Festungshaft nur mit Gefängnis zusammen, so ist auf jede dieser Strafarten gesondert zu erkennen.

Ist Festungshaft oder Gefängnis mehrfach verwirkt, so ist hinsichtlich der mehreren Strafen gleicher Art so zu verfahren, als wenn dieselben allein verwirkt wären.

Die Gesamtdauer der Strafen darf in diesen Fällen fünfzehn Jahre nicht übersteigen.

§ 76. Neben der Gesamtstrafe müssen oder können Nebenstrafen und Nebenfolgen verhängt und Maßregeln der Sicherung und Besserung angeordnet werden, wenn das auch nur wegen einer der Gesetzesverletzungen vorgeschrieben oder zugelassen ist.

Anmerkung zu § 76. — Bei Ehrverlust: DStR., 5 Bd., S. 430.

§ 77. Trifft Haft mit einer anderen Freiheitsstrafe zusammen, so ist auf die erste gesondert zu erkennen.

Auf eine mehrfach verwirkte Haft ist ihrem Gesamtbetrage nach, jedoch nicht über die Dauer von drei Monaten zu erkennen.

§ 78. Sind mehrere Geldstrafen verwirkt, so ist auf jede gesondert zu erkennen.

Das gleiche gilt von den Freiheitsstrafen, die an die Stelle uneinbringlicher Geldstrafen treten. Ihre Gesamtdauer darf zwei Jahre nicht übersteigen; die Gesamtdauer mehrerer zusammentreffender Haftstrafen darf drei Monate nicht übersteigen.

§ 79. Die Vorschriften der §§ 74 bis 78 finden auch Anwendung, wenn, bevor eine erkannte Strafe verbüßt, verjährt oder erlassen ist, die Verurteilung wegen einer strafbaren Handlung erfolgt, welche vor der früheren Verurteilung begangen war.

Zweiter Teil

Von den einzelnen Verbrechen, Vergehen und Übertretungen und deren Bestrafungen.

1. Abschnitt: **Hochverrat**

§ 80. Wer es unternimmt, mit Gewalt oder durch Drohung mit Gewalt das Reichsgebiet ganz oder teilweise einem fremden Staat einzuverleiben oder ein zum Reiche gehöriges Gebiet vom Reiche loszureißen, wird mit dem Tode bestraft.

Ebenso wird bestraft, wer es unternimmt, mit Gewalt oder durch Drohung mit Gewalt die Verfassung des Reichs zu ändern.

§ 81. Wer es unternimmt, den Führer und Reichskanzler oder ein anderes Mitglied der Reichsregierung seiner verfassungsmäßigen Gewalt zu berauben oder mit Gewalt oder durch Drohung mit Gewalt oder mit einem Verbrechen oder Vergehen zu nötigen oder zu hindern, seine verfassungsmäßigen Befugnisse überhaupt oder in einem bestimmten Sinne auszuüben, wird mit dem Tode oder mit lebenslangem Zuchthaus oder mit Zuchthaus nicht unter fünf Jahren bestraft.

§ 82. Wer ein hochverräterisches Unternehmen (§§ 80, 81) mit einem anderen verabredet, wird mit dem Tode oder mit lebenslangem Zuchthaus oder mit Zuchthaus nicht unter fünf Jahren bestraft.

Ebenso wird bestraft, wer zur Vorbereitung eines hochverräterischen Unternehmens zu einer ausländischen Regierung in Beziehungen tritt, oder die ihm anvertraute öffentliche Macht mißbraucht oder Mannschaften anwirbt oder in den Waffen einübt. Tritt der Täter durch eine schriftliche Erklärung zu einer ausländischen Regierung in Beziehungen, so ist die Tat vollendet, wenn er die Erklärung abgesandt hat.

Nach der Vorschrift des Abs. 1 wird nicht bestraft, wer freiwillig seine Tätigkeit aufgibt und das hochverräterische Unternehmen verhindert; auch eine Bestrafung nach § 83 tritt nicht ein.

§ 83. Wer öffentlich zu einem hochverräterischen Unternehmen auffordert oder anreizt, wird mit Zuchthaus bis zu zehn Jahren bestraft.

Ebenso wird bestraft, wer ein hochverräterisches Unternehmen in anderer Weise vorbereitet.

Auf Todesstrafe oder auf lebenslanges Zuchthaus oder auf Zuchthaus nicht unter zwei Jahren ist zu erkennen, wenn die Tat

1. darauf gerichtet war, zur Vorbereitung des Hochverrats einen organisatorischen Zusammenhalt herzustellen oder aufrechtzuerhalten, oder
2. darauf gerichtet war, die Wehrmacht oder die Polizei zur Erfüllung ihrer Pflicht untauglich zu machen, das Deutsche Reich gegen Angriffe auf seinen äußeren oder inneren Bestand zu schützen, oder
3. auf Beeinflussung der Massen durch Herstellung oder Verbreitung von Schriften, Schallplatten oder bildlichen Darstellungen oder durch Verwendung von Einrichtungen der Funkentelegraphie oder Funkentelephonie gerichtet war oder
4. im Auslande oder dadurch begangen worden ist, daß der Täter es unternommen hat, Schriften, Schallplatten oder bildliche Darstellungen zum Zwecke der Verbreitung im Inland aus dem Ausland einzuführen.

§ 84. In minder schweren Fällen kann im Falle des § 80 auf lebenslanges Zuchthaus oder auf Zuchthaus nicht unter fünf Jahren, in den Fällen der §§ 81 und 82 auf Zuchthaus nicht unter zwei Jahren, im Falle des § 83 auf Gefängnis nicht unter einem Jahre erkannt werden.

§ 85. Wer eine Druckschrift, deren Inhalt den äußeren Tatbestand des Hochverrats (§§ 80 bis 83) begründet, herstellt, verbreitet oder zum Zwecke der Verbreitung vorrätig hält, obwohl er bei sorgfältiger Prüfung der Schrift den hochverräterischen Inhalt hätte erkennen können, wird, soweit nicht in anderen Vorschriften eine schwerere Strafe angedroht ist, mit Gefängnis nicht unter einem Monat bestraft.

§ 86. Wegen der in diesem Abschnitt mit Strafe bedrohten Handlungen kann erkannt werden

neben den Strafen aus §§ 80 bis 84
auf Geldstrafe von unbegrenzter Höhe, gegenüber den Urhebern und Rädelsführern des Unternehmens auch auf Einziehung des Vermögens;

neben der Strafe aus § 85
auf Geldstrafe;

neben der Gefängnisstrafe
auf die Unfähigkeit zur Bekleidung öffentlicher Ämter auf die Dauer von einem bis zu fünf Jahren und auf den Verlust der aus öffentlichen Wahlen hervorgegangenen Rechte;

neben jeder Freiheitsstrafe
auf die Zulässigkeit von Polizeiaufsicht.

§ 86a Gegenstände, die zur Begehung einer in diesem Abschnitt mit Strafe bedrohten Handlung gebraucht oder bestimmt sind, können eingezogen oder unbrauchbar gemacht werden, auch wenn sie weder dem Täter noch einem Teilnehmer gehören.

Kann keine bestimmte Person verfolgt oder verurteilt werden, so kann auf die Einziehung oder Unbrauchbarmachung selbständig erkannt werden.

§ 87. Unternehmen im Sinne des Strafgesetzbuchs ist die Vollendung und der Versuch.

1a Abschnitt: **Landesverrat**

§ 88. Staatsgeheimnisse im Sinne der Vorschriften dieses Abschnitts sind Schriften, Zeichnungen, andere Gegenstände, Tatsachen oder Nachrichten darüber, deren Geheimhaltung vor einer ausländischen Regierung für das Wohl des Reichs, insbesondere im Interesse der Landesverteidigung erforderlich ist.

Verrat im Sinne der Vorschriften dieses Abschnitts begeht, wer mit dem Vorsatz, das Wohl des Reichs zu gefährden, das Staatsgeheimnis an einen anderen gelangen läßt, insbesondere an eine ausländische Regierung oder an jemand, der für eine ausländische Regierung tätig ist, oder öffentlich mitteilt.

§ 89. Wer es unternimmt, ein Staatsgeheimnis zu verraten, wird mit dem Tode bestraft.

Ist der Täter ein Ausländer, so kann auf lebenslanges Zuchthaus erkannt werden.

§ 90. Wer es unternimmt, sich ein Staatsgeheimnis zu verschaffen, um es zu verraten, wird mit dem Tode oder mit lebenslangem Zuchthaus bestraft.

§ 90a Wer durch Fälschung oder Verfälschung Schriften, Zeichnungen oder andere Gegenstände, die im Falle der Echtheit Staatsgeheimnisse wären, herstellt, um sie zu verraten, wird mit Zuchthaus bestraft.

Ebenso wird bestraft, wer Gegenstände, Tatsachen oder Nachrichten darüber, von denen er weiß, daß sie falsch, verfälscht oder unwahr sind, und die im Falle der Echtheit oder Wahrheit Staatsgeheimnisse wären, verrät, ohne sie als falsch zu bezeichnen.

Mit Zuchthaus bis zu fünf Jahren wird bestraft, wer Gegenstände, von denen er weiß, daß sie falsch, verfälscht oder unwahr sind und die im Fall der Echtheit Staatsgeheimnisse wären, sich verschafft, um sie zu verraten, ohne sie als falsch zu bezeichnen.

Falschen, verfälschten oder unwahren Gegenständen, Tatsachen oder Nachrichten (Abs. 2, 3) stehen Staatsgeheimnisse gleich, die der Täter irrtümlich für falsch, verfälscht oder unwahr hält.

In besonders schweren Fällen ist die Strafe in den Fällen der Abs. 1 und 2 lebenslanges Zuchthaus oder Zuchthaus nicht unter fünf Jahren, in den Fällen des Abs. 3 Zuchthaus nicht unter fünf Jahren.

§ 90b Wer frühere Staatsgeheimnisse, die den ausländischen Regierungen, vor denen sie geheimzuhalten waren, bereits bekanntgeworden oder bereits öffentlich mitgeteilt worden sind, öffentlich mitteilt oder erörtert, und dadurch das Wohl des Reichs gefährdet, wird mit Gefängnis nicht unter drei Monaten bestraft.

Dasselbe gilt für Gegenstände, Tatsachen oder Nachrichten der im § 90a Abs. 2, 4 bezeichneten Art, die bereits den ausländischen Regierungen bekanntgeworden oder öffentlich mitgeteilt worden sind.

Die Tat wird nur auf Antrag der Reichsregierung verfolgt. Die Zurücknahme des Antrags ist zulässig.

§ 90c. Wer zu einer ausländischen Regierung oder zu einer Person, die für eine ausländische Regierung tätig ist, in Beziehungen tritt oder mit ihr Beziehungen unterhält, welche die Mitteilung von Staatsgeheimnissen oder von Gegenständen, Tatsachen oder Nachrichten der im § 90a Abs. 2, 4 bezeichneten Art zum Gegenstande haben, wird mit Gefängnis bestraft.

Ebenso wird bestraft, wer für eine ausländische Regierung tätig ist und zu einem anderen in Beziehungen der im Abs. 1 bezeichneten Art tritt oder solche Beziehungen mit einem anderen unterhält.

§ 82 Abs. 2 Satz 2 findet Anwendung.

§ 90d. Wer es unternimmt, ein Staatsgeheimnis an einen anderen gelangen zu lassen, und dadurch fahrlässig das Wohl des Reichs gefährdet, wird mit Gefängnis bestraft.

Ebenso wird bestraft, wer es unternimmt, sich ein Staatsgeheimnis zu verschaffen, und dadurch fahrlässig das Wohl des Reichs gefährdet.

§ 90e. Wer fahrlässig ein Staatsgeheimnis, das ihm kraft seines Amtes oder seiner dienstlichen Stellung oder eines von amtlicher Seite erteilten Auftrags zugänglich war, an einen anderen gelangen läßt und dadurch das Wohl des Reichs gefährdet, wird mit Gefängnis bis zu drei Jahren bestraft.

Die Tat wird nur auf Antrag der Reichsregierung verfolgt. Die Zurücknahme des Antrags ist zulässig.

§ 90f. Wer öffentlich oder als Deutscher im Ausland durch eine unwahre oder gröblich entstellte Behauptung tatsächlicher Art eine schwere Gefahr für das Ansehen des deutschen Volkes herbeiführt, wird mit Zuchthaus bestraft.

§ 90g. Ein Beauftragter des Reichs, der ein Staatsgeschäft mit einer ausländischen Regierung vorsätzlich zum Nachteil des Reichs führt, wird mit dem Tode bestraft.

Wenn die Tat nur einen unbedeutenden Nachteil für das Reich herbeigeführt hat, schwerere Folgen auch nicht herbeiführen konnte, kann auf Zuchthaus erkannt werden.

§ 90h. Wer es unternimmt, ein Beweismittel über ein Rechtsverhältnis zwischen dem Reich und einem ausländischen Staate zu fälschen, verfälschen, vernichten, beschädigen, beseitigen oder unterdrücken, und dadurch das Wohl des Reichs gefährdet, wird mit Zuchthaus bestraft.

In besonders schweren Fällen ist auf Zuchthaus nicht unter fünf Jahren oder auf lebenslanges Zuchthaus zu erkennen.

§ 90i. Ein Deutscher, der von einer ausländischen Regierung oder von jemand, der für eine ausländische Regierung tätig ist, für eine Handlung, die das Wohl des Reichs gefährdet, ein Entgelt fordert, sich versprechen läßt oder annimmt, wird, soweit nicht nach anderen Vorschriften eine schwerere Strafe verwirkt ist, mit Zuchthaus bis zu zehn Jahren bestraft.

Wird das Entgelt durch eine schriftliche Erklärung gefordert oder angenommen, so ist die Tat vollendet, wenn der Täter die Erklärung abgesandt hat.

Die Tat wird nur auf Antrag der Reichsregierung verfolgt. Die Zurücknahme des Antrags ist zulässig.

§ 91. Wer mit dem Vorsatz, einen Krieg oder Zwangsmaßregeln gegen das Reich oder andere schwere Nachteile für das Reich herbeizuführen, zu einer ausländischen Regierung oder zu jemand, der für eine ausländische Regierung tätig ist, in Beziehungen tritt, wird mit dem Tode bestraft.

Wer mit dem Vorsatz, schwere Nachteile für einen Reichsangehörigen herbeizuführen, in Beziehungen der im Abs. 1 bezeichneten Art tritt, wird mit lebenslangem Zuchthaus oder mit Zuchthaus nicht unter fünf Jahren bestraft.

§ 82 Abs. 2 Satz 2 findet Anwendung.

§ 91a. Ein Deutscher, der während eines Krieges gegen das Reich in der feindlichen Kriegsmacht dient oder gegen das Reich oder dessen Bundesgenossen die Waffen trägt, wird mit dem Tode oder mit lebenslangem Zuchthaus oder mit Zuchthaus nicht unter fünf Jahren bestraft.

§ 91b. Wer im Inland oder als Deutscher im Ausland es unternimmt, während eines Krieges gegen das Reich oder in Beziehung auf einen drohenden Krieg der feindlichen Macht Vorschub zu leisten oder der Kriegsmacht des Reichs oder seiner Bundesgenossen einen Nachteil zuzufügen, wird mit dem Tode oder mit lebenslangem Zuchthaus bestraft.

Wenn die Tat nur einen unbedeutenden Nachteil für das Reich und seine Bundesgenossen und nur einen unbedeutenden Vorteil für die feindliche Macht herbeigeführt hat, schwerere Folgen auch nicht herbeiführen konnte, so kann auf Zuchthaus nicht unter zwei Jahren erkannt werden.

§ 92. Wer ein Verbrechen des Landesverrats nach den §§ 89 bis 90a, 90f bis 91b mit einem anderen verabredet, wird mit Zuchthaus bestraft.

Ebenso wird bestraft, wer zu einem der im Abs. 1 bezeichneten Verbrechen auffordert, sich erbietet oder eine solche Aufforderung oder ein solches Erbieten annimmt. Erklärt der Täter die Aufforderung, das Erbieten oder die Annahme schriftlich, so ist die Tat vollendet, wenn er die Erklärung abgesandt hat.

Nach den Vorschriften der Abs. 1, 2 wird nicht bestraft, wer freiwillig seine Tätigkeit aufgibt und bei Beteiligung mehrerer das Verbrechen verhindert.

§ 92a. Wer während eines Krieges gegen das Reich oder bei drohender Kriegsgefahr einen Vertrag mit einer Behörde über Bedürfnisse der Kriegsmacht des Reichs oder seiner Bundesgenossen nicht oder in einer Weise erfüllt, die geeignet ist, den Zweck der Leistung zu vereiteln oder zu gefährden, wird mit Gefängnis nicht unter einem Jahre bestraft. Dasselbe gilt in Zeiten gemeiner Not für einen Vertrag mit einer Behörde über Lieferung oder Beförderung von Lebensmitteln oder anderen zur Behebung der gemeinen Not erforderlichen Gegenständen.

Ebenso werden unterverpflichtete Unternehmer, Vermittler und Bevollmächtigte des Leistungspflichtigen bestraft, die durch Verletzung ihrer Vertragspflicht die Erfüllung oder die gehörige Erfüllung vereiteln oder gefährden.

Wer die Tat fahrlässig begeht, wird mit Gefängnis bis zu zwei Jahren bestraft.

§ 92b. Wer einem von der Reichsregierung zur Sicherung der Landesverteidigung erlassenen Gebot oder Verbot zuwiderhandelt, wird mit Geldstrafe bestraft.

Wird die Zuwiderhandlung während eines Krieges gegen das Reich oder bei drohender Kriegsgefahr begangen, so ist die Strafe Gefängnis.

§ 92c. Dem Krieg im Sinne der §§ 91 bis 92b wird jede gegen das Reich gerichtete Unternehmung fremder Streitkräfte gleichgeachtet.

§ 92d. Wer vorsätzlich über amtliche Ermittlungen oder Verfahren wegen eines in diesem Abschnitt bezeichneten Verbrechens oder Vergehens ohne Erlaubnis der zuständigen Behörde Mitteilungen in die Öffentlichkeit bringt, wird mit Gefängnis bestraft.

§ 92e. Wer vorsätzlich in einer Festung, einem Reichskriegshafen oder einer anderen militärischen Anlage, auf einem Schiff der Reichsmarine oder innerhalb der deutschen Hoheitsgewässer gegenüber einer Behörde, einem Beamten oder einem Soldaten über seinen Namen, seinen Stand, seinen Beruf, sein Gewerbe, seinen Wohnort oder seine Staatsangehörigkeit eine unrichtige Angabe macht oder die Angabe verweigert, wird mit Geldstrafe bestraft.

Ist nach den Umständen anzunehmen, daß der Aufenthalt an dem Orte oder die unrichtige Angabe oder die Verweigerung der Angabe mit Zwecken des Verrats oder der Ausspähung zusammenhängt, so ist die Strafe Gefängnis bis zu einem Jahre.

Einer Festung, einem Reichskriegshafen oder einer anderen militärischen Anlage stehen gleich amtlich bekanntgemachte Sicherungsbereiche sowie gewerbliche Anlagen, in denen Gegenstände für den Bedarf der inländischen Wehrmacht hergestellt, ausgebessert oder aufbewahrt werden.

Die Tat ist nur strafbar, wenn die Behörde, der Beamte oder der Soldat befugt war, die im Abs. 1 bezeichneten Angaben zu verlangen.

§ 92f. Wer ohne Erlaubnis der zuständigen militärischen Behörde innerhalb eines amtlich bekanntgemachten Sicherungsbereichs oder von einem Gebäude, in dem Waffen oder andere Bedürfnisse der Wehrmacht gelagert werden, oder von einer anderen militärischen Anlage Aufnahmen macht oder in Verkehr bringt, wird mit Geldstrafe bestraft.

§ 93. Wegen der in diesem Abschnitt mit Strafe bedrohten Handlungen kann erkannt werden

neben der wegen eines Verbrechens erkannten Strafe
auf Geldstrafe von unbegrenzter Höhe oder auf Einziehung des Vermögens;

neben der wegen eines Vergehens erkannten Freiheitsstrafe
auf Geldstrafe;

neben der Gefängnisstrafe
auf die Unfähigkeit zur Bekleidung öffentlicher Ämter auf die Dauer von einem bis zu fünf Jahren und auf den Verlust der aus öffentlichen Wahlen hervorgegangenen Rechte;
neben jeder Freiheitsstrafe
auf Zulässigkeit von Polizeiaufsicht.

Neben der Zuchthausstrafe ist die Sicherungsverwahrung anzuordnen, wenn die öffentliche Sicherheit es erfordert.

§ 93a. Gegenstände, die zur Begehung einer in diesem Abschnitt mit Strafe bedrohten Handlung gebraucht oder bestimmt sind, können eingezogen oder unbrauchbar gemacht werden, auch wenn sie weder dem Täter noch einem Teilnehmer gehören. Dasselbe gilt von den im Falle des § 92f hergestellten Aufnahmen.

Hat der Täter für die Begehung eines in diesem Abschnitt bezeichneten Verbrechens oder Vergehens ein Entgelt empfangen, so ist das empfangene Entgelt oder ein seinem Wert entsprechender Geldbetrag einzuziehen.

Kann keine bestimmte Person verfolgt oder verurteilt werden, so kann auf die Einziehung oder Unbrauchbarmachung selbständig erkannt werden.

2. Abschnitt: **Angriffe gegen den Führer und Reichskanzler**

§ 94. Wer gegen den Führer und Reichskanzler einen Angriff auf Leib oder Leben (Gewalttätigkeit) begeht, wird, soweit nicht andere Vorschriften eine schwerere Strafe androhen, mit Gefängnis nicht unter drei Monaten bestraft.

Ebenso wird bestraft, wer den Führer und Reichskanzler öffentlich beschimpft oder verleumdet. Die Tat wird nur mit der Ermächtigung des Führers und Reichskanzlers verfolgt. Für die Befugnis zur öffentlichen Bekanntmachung gilt § 200 entsprechend.

Sind im Falle des Abs. 2 mildernde Umstände vorhanden, so ist die Strafe Gefängnis, neben dem auf Geldstrafe erkannt werden kann.

§§ 95 bis 97 gegenstandslos geworden.

3. Abschnitt: Beleidigung von Bundesfürsten

§§ 98 bis 101.

Der Abschnitt ist gegenstandslos geworden.

4. Abschnitt: Feindliche Handlungen gegen befreundete Staaten

§ 102. Wer gegen einen ausländischen Staat eine der in den §§ 80 bis 84 bezeichneten hochverräterischen Handlungen begeht, wird mit Gefängnis oder mit Festungshaft bestraft, sofern in dem anderen Staat dem Deutschen Reich die Gegenseitigkeit verbürgt ist.

Die Tat wird nur auf Antrag der ausländischen Regierung verfolgt. Die Zurücknahme des Antrags ist zulässig.

§ 103. Wer sich gegen den Landesherrn oder den Regenten eines nicht zum Deutschen Reich gehörenden Staats einer Beleidigung schuldig macht, wird mit Gefängnis von einer Woche bis zu zwei Jahren oder mit Festungshaft von gleicher Dauer bestraft, sofern in diesem Staate dem Deutschen Reich die Gegenseitigkeit verbürgt ist.

Die Verfolgung tritt nur auf Antrag der auswärtigen Regierung ein. Die Zurücknahme des Antrages ist zulässig.

§ 103 a. Wer ein öffentliches Zeichen der Autorität eines nicht zum Deutschen Reich gehörenden Staats oder ein Hoheitszeichen eines solchen Staats böswillig wegnimmt, zerstört oder beschädigt oder beschimpfenden Unfug daran verübt, wird mit Geldstrafe oder mit Gefängnis bis zu zwei Jahren bestraft.

§ 104. Wer sich gegen einen bei dem Reich beglaubigten Gesandten oder Geschäftsträger einer Beleidigung schuldig macht, wird mit Gefängnis bis zu einem Jahre oder mit Festungshaft von gleicher Dauer bestraft.

Die Verfolgung tritt nur auf Antrag des Beleidigten ein. Die Zurücknahme des Antrages ist zulässig.

5. Abschnitt: Verbrechen und Vergehen in Beziehung auf die Ausübung staatsbürgerlicher Rechte

§ 105. Wer es unternimmt, eine gesetzgebende Versammlung des Reichs auseinanderzusprengen, zur Fassung oder Unterlassung von Beschlüssen zu nötigen oder Mitglieder aus ihnen gewaltsam zu entfernen, wird mit Zuchthaus nicht unter fünf Jahren oder mit Festungshaft von gleicher Dauer bestraft.

Sind mildernde Umstände vorhanden, so tritt Festungshaft nicht unter einem Jahre ein.

§ 106. Wer ein Mitglied einer der vorbezeichneten Versammlungen durch Gewalt oder durch Bedrohung mit einer strafbaren Handlung verhindert, sich an den Ort der Versammlung zu begeben oder zu stimmen, wird mit Zuchthaus bis zu fünf Jahren oder mit Festungshaft von gleicher Dauer bestraft.

Sind mildernde Umstände vorhanden, so tritt Festungshaft bis zu zwei Jahren ein.

§ 107. Wer einen Deutschen durch Gewalt oder durch Bedrohung mit einer strafbaren Handlung verhindert, in Ausübung seiner staatsbürgerlichen Rechte zu wählen oder zu stimmen, wird mit Gefängnis nicht unter sechs Monaten oder mit Festungshaft bis zu fünf Jahren bestraft.

Der Versuch ist strafbar.

§ 107a. Wer nichtverbotene Versammlungen, Aufzüge oder Kundgebungen mit Gewalt oder durch Bedrohung mit einem Verbrechen verhindert oder sprengt, wird mit Gefängnis, neben dem auf Geldstrafe erkannt werden kann, bestraft.

Wer in nichtverbotenen Versammlungen oder bei nichtverbotenen Aufzügen oder Kundgebungen Gewalttätigkeiten in der Absicht begeht, die Versammlung, den Aufzug oder die Kundgebung zu sprengen, wird mit Gefängnis und mit Geldstrafe oder mit einer dieser Strafen bestraft.

§ 108. Wer in einer öffentlichen Angelegenheit mit der Sammlung von Wahl- oder Stimmzetteln oder -zeichen oder mit der Führung der Beurkundungsverhandlung beauftragt, ein unrichtiges Ergebnis der Wahlhandlung vorsätzlich herbeiführt oder das Ergebnis verfälscht, wird mit Gefängnis von einer Woche bis zu drei Jahren bestraft.

Wird die Handlung von jemand begangen, welcher nicht mit der Sammlung der Zettel oder Zeichen oder einer anderen Verrichtung bei dem Wahlgeschäfte beauftragt ist, so tritt Gefängnisstrafe bis zu zwei Jahren ein.

Auch kann auf Verlust der bürgerlichen Ehrenrechte erkannt werden.

§ 109. Wer in einer öffentlichen Angelegenheit eine Wahlstimme kauft oder verkauft, wird mit Gefängnis von einem Monat bis zu zwei Jahren bestraft; auch kann auf Verlust der bürgerlichen Ehrenrechte erkannt werden.

6. Abschnitt: Widerstand gegen die Staatsgewalt

§ 110. Wer öffentlich vor einer Menschenmenge, oder wer durch Verbreitung oder öffentlichen Anschlag oder öffentliche Ausstellung von Schriften oder anderen Darstellungen zum Ungehorsam gegen Gesetze oder rechtsgültige Verordnungen oder gegen die von der Obrigkeit innerhalb ihrer Zuständigkeit getroffenen Anordnungen auffordert, wird mit Geldstrafe oder mit Gefängnis bis zu zwei Jahren bestraft.

§ 111. Wer auf die vorbezeichnete Weise zur Begehung einer strafbaren Handlung auffordert, ist gleich dem Anstifter zu bestrafen, wenn die Aufforderung die strafbare Handlung oder einen strafbaren Versuch derselben zur Folge gehabt hat.

Ist die Aufforderung ohne Erfolg geblieben, so tritt Geldstrafe oder Gefängnisstrafe bis zu einem Jahr ein. Die Strafe darf jedoch, der Art oder dem Maße nach, keine schwerere sein, als die auf die Handlung selbst angedrohte.

§ 112. Wer eine Person des Soldatenstandes, sei es des Heeres, der Kriegsmarine oder der Luftwaffe, auffordert oder anreizt, dem Befehle des Oberen nicht Gehorsam zu leisten, wer insbesondere eine Person, welche zum Beurlaubtenstande gehört, auffordert oder anreizt, der Einberufung zum Dienste nicht zu folgen, wird mit Gefängnis bis zu zwei Jahren bestraft.

Anmerkung zu §§ 112, 140—143: Gemäß § 6, Abs. II, der Kriegssonderstrafrechtsverordnung vom 17. August 1938 (RGBl. I. S. 1455) sind im Kriege die §§ 112, 140—143 StGB. nicht anzuwenden; sie werden ersetzt durch § 5 der zit. VO.

§ 113. Wer einem Beamten, welcher zur Vollstreckung von Gesetzen, von Befehlen und Anordnungen der Verwaltungsbehörden oder von Urteilen und Verfügungen der Gerichte berufen ist, in der rechtmäßigen Ausübung seines Amtes durch Gewalt oder durch Bedrohung mit Gewalt Widerstand leistet, oder wer einen solchen Beamten während der rechtmäßigen Ausübung seines Amtes tätlich angreift, wird mit Gefängnis von vierzehn Tagen bis zu zwei Jahren bestraft.

Sind mildernde Umstände vorhanden, so tritt Gefängnisstrafe bis zu einem Jahre oder Geldstrafe ein.

Dieselben Strafvorschriften treten ein, wenn die Handlung gegen Personen, welche zur Unterstützung des Beamten zugezogen waren, oder gegen Mannschaften der bewaffneten Macht, oder gegen Mannschaften einer Gemeinde-, Schutz- oder Bürgerwehr in Ausübung des Dienstes begangen wird.

Anmerkung zu § 113. — Entsprechende Anwendung: JW. 1937. S. 1790 — Rechtmäßigkeit der Amtsausübung als Bedingung der Strafbarkeit: E. 72, S. 300.

§ 114. Wer es unternimmt, durch Gewalt oder Drohung eine Behörde oder einen Beamten zur Vornahme oder Unterlassung einer Amtshandlung zu nötigen, wird mit Gefängnis nicht unter drei Monaten bestraft.

Sind mildernde Umstände vorhanden, so tritt Gefängnisstrafe bis zu zwei Jahren oder Geldstrafe ein.

§ 115. Wer an einer öffentlichen Zusammenrottung, bei welcher eine der in den §§ 113 und 114 bezeichneten Handlungen mit vereinten Kräften begangen wird, teilnimmt, wird wegen Aufruhrs mit Gefängnis nicht unter sechs Monaten bestraft.

Die Rädelsführer, sowie diejenigen Aufrührer, welche eine der in den §§ 113 und 114 bezeichneten Handlungen begehen, werden mit Zuchthaus bis zu zehn Jahren bestraft; auch kann auf Zulässigkeit von Polizeiaufsicht erkannt werden. Sind mildernde Umstände vorhanden, so tritt Gefängnisstrafe nicht unter sechs Monaten ein.

§ 116. Wird eine auf öffentlichen Wegen, Straßen oder Plätzen versammelte Menschenmenge von dem zuständigen Beamten oder Befehlshaber der bewaffneten Macht aufgefordert, sich zu entfernen, so wird jeder der Versammelten, welcher nach der dritten Aufforderung sich nicht entfernt, wegen Auflaufs mit Gefängnis bis zu drei Monaten oder mit Geldstrafe bestraft.

Ist bei einem Auflaufe gegen die Beamten oder die bewaffnete Macht mit vereinten Kräften tätlicher Widerstand geleistet oder Gewalt verübt worden, so treten gegen diejenigen, welche an diesen Handlungen teilgenommen haben, die Strafen des Aufruhrs ein.

§ 117. Wer einem Forst-, Jagd- oder Fischereibeamten, dem Eigentümer eines Waldes oder eines Fischgewässers, einem Forst- oder Fischereiberechtigten, einem Jagd- oder Fischereiausübungsberechtigten, oder einem von diesen bestellten Aufseher in der rechtmäßigen Ausübung seines Amtes oder Rechtes durch Gewalt oder durch Bedrohung mit Gewalt Widerstand leistet, oder wer eine dieser Personen während der Ausübung ihres Amtes oder Rechtes tätlich angreift, wird mit Gefängnis von vierzehn Tagen bis zu drei Jahren bestraft.

Ist der Widerstand oder der Angriff unter Drohung mit Schießgewehr, Äxten oder anderen gefährlichen Werkzeugen erfolgt, oder mit Gewalt an der Person begangen worden, so tritt Gefängnisstrafe nicht unter drei Monaten ein.

Sind mildernde Umstände vorhanden, so tritt in den Fällen des Absatz 1 Gefängnisstrafe bis zu einem Jahr, in den Fällen des Absatz 2 Gefängnisstrafe nicht unter einem Monat ein.

§ 118. Ist durch den Widerstand oder den Angriff eine Körperverletzung dessen, gegen welchen die Handlung begangen ist, verursacht worden, so ist auf Zuchthaus bis zu zehn Jahren zu erkennen.

Sind mildernde Umstände vorhanden, so tritt Gefängnisstrafe nicht unter drei Monaten ein.

§ 119. Wenn eine der in den §§ 117 und 118 bezeichneten Handlungen von mehreren gemeinschaftlich begangen worden ist, so kann die Strafe bis um die Hälfte des angedrohten Höchstbetrages, die Gefängnisstrafe jedoch nicht über fünf Jahre, erhöht werden.

§ 120. Wer einen Gefangenen aus der Gefangenenanstalt oder aus der Gewalt der bewaffneten Macht, des Beamten oder desjenigen, unter dessen Beaufsichtigung, Begleitung oder Bewachung er sich befindet, vorsätzlich befreit oder ihm zur Selbstbefreiung vorsätzlich behilflich ist, wird mit Gefängnis bis zu drei Jahren bestraft.

Der Versuch ist strafbar.

Anmerkung zu § 120. — Begriff des Gefangenen: E. 73, S. 347.

§ 121. Wer vorsätzlich einen Gefangenen, mit dessen Beaufsichtigung oder Begleitung er beauftragt ist, entweichen läßt oder dessen Befreiung befördert, wird mit Gefängnis bis zu drei Jahren bestraft.

Ist die Entweichung durch Fahrlässigkeit befördert worden, so tritt Gefängnisstrafe bis zu drei Monaten oder Geldstrafe ein.

§ 122. Gefangene, welche sich zusammenrotten und mit vereinten Kräften die Anstaltsbeamten oder die mit der Beaufsichtigung Beauftragten angreifen, denselben Widerstand leisten oder es unternehmen, sie zu Handlungen oder Unterlassungen zu nötigen, werden wegen Meuterei mit Gefängnis nicht unter sechs Monaten bestraft.

Gleiche Strafe tritt ein, wenn Gefangene sich zusammenrotten und mit vereinten Kräften einen gewaltsamen Ausbruch unternehmen.

Diejenigen Meuterer, welche Gewalttätigkeiten gegen die Anstaltsbeamten oder die mit der Beaufsichtigung Beauftragten verüben, werden mit Zuchthaus bis zu zehn Jahren bestraft; auch kann auf Zulässigkeit von Polizeiaufsicht erkannt werden.

§ 122 a. In den Fällen der §§ 120 bis 122 steht einem Gefangenen gleich, wer in Sicherungsverwahrung oder in einem Arbeitshaus untergebracht ist.

§ 122 b. Wer, abgesehen von den Fällen der §§ 120, 121, 122 a, vorsätzlich jemand, der auf behördliche Anordnung in einer Anstalt untergebracht ist, aus der Verwahrung befreit oder ihm das Entweichen erleichtert, wird mit Gefängnis bis zu zwei Jahren oder mit Geldstrafe bestraft.

Der Versuch ist strafbar.

Die Strafverfolgung tritt nur auf Antrag der Behörde ein, welche die Verwahrung bewirkt hat.

7. Abschnitt: Verbrechen und Vergehen wider die öffentliche Ordnung

§ 123. Wer in die Wohnung, in die Geschäftsräume oder in das befriedete Besitztum eines anderen oder in abgeschlossene Räume, welche zum öffentlichen Dienste oder Verkehre bestimmt sind, widerrechtlich eindringt, oder wer, wenn er ohne Befugnis darin verweilt, auf die Aufforderung des Berechtigten sich nicht entfernt, wird wegen Hausfriedensbruchs mit Geldstrafe oder mit Gefängnis bis zu drei Monaten bestraft.

Ist die Handlung von einer mit Waffen versehenen Person oder von mehreren gemeinschaftlich begangen worden, so tritt Geldstrafe oder Gefängnisstrafe bis zu einem Jahre ein.

Die Verfolgung tritt nur auf Antrag ein. Die Zurücknahme des Antrags ist zulässig.

Anmerkung zu § 123. — Entsprechende Anwendung: DJ. 1938, S. 1125.

§ 124. Wenn sich eine Menschenmenge öffentlich zusammenrottet und in der Absicht, Gewalttätigkeiten gegen Personen oder Sachen mit vereinten Kräften zu begehen, in die Wohnung, in die Geschäftsräume oder in das befriedete Besitztum eines anderen oder in abgeschlossene Räume, welche zum öffentlichen Dienst bestimmt sind, widerrechtlich eindringt, so wird jeder, welcher an diesen Handlungen teilnimmt, mit Gefängnis von einem Monat bis zu zwei Jahren bestraft.

§ 125. Wenn sich eine Menschenmenge öffentlich zusammenrottet und mit vereinten Kräften gegen Personen oder Sachen Gewalttätigkeiten begeht, so wird jeder, welcher an dieser Zusammenrottung teilnimmt, wegen Landfriedensbruches mit Gefängnis nicht unter drei Monaten bestraft.

Die Rädelsführer, sowie diejenigen, welche Gewalttätigkeiten gegen Personen begangen oder Sachen geplündert, vernichtet oder zerstört haben, werden mit Zuchthaus bis zu zehn Jahren bestraft; auch kann auf Zulässigkeit von Polizeiaufsicht erkannt werden.

Sind mildernde Umstände vorhanden, so tritt Gefängnisstrafe nicht unter sechs Monaten ein.

§ 126. Wer durch Androhung eines gemeingefährlichen Verbrechens den öffentlichen Frieden stört, wird mit Gefängnis bis zu einem Jahre bestraft.

§ 127. Wer unbefugterweise einen bewaffneten Haufen bildet oder befehligt oder eine Mannschaft, von der er weiß, daß sie ohne gesetzliche Befugnis gesammelt ist, mit Waffen oder Kriegsbedürfnissen versieht, wird mit Gefängnis bis zu zwei Jahren bestraft.

Wer sich einem solchen bewaffneten Haufen anschließt, wird mit Gefängnis bis zu einem Jahre bestraft.

§ 128. Die Teilnahme an einer Verbindung, deren Dasein, Verfassung oder Zweck vor der Staatsregierung geheim gehalten werden soll, oder in welcher gegen unbekannte Obere Gehorsam oder gegen bekannte Obere unbedingter Gehorsam versprochen wird, ist an den Mitgliedern mit Gefängnis bis zu sechs Monaten, an den Stiftern und Vorstehern der Verbindung mit Gefängnis von einem Monat bis zu einem Jahre zu bestrafen.

Gegen Beamte kann auf Verlust der Fähigkeit zur Bekleidung öffentlicher Ämter auf die Dauer von einem bis zu fünf Jahren erkannt werden.

§ 129. Die Teilnahme an einer Verbindung, zu deren Zwecken oder Beschäftigung gehört, Maßregeln der Verwaltung oder die Vollziehung von Gesetzen durch ungesetzliche Mittel zu verhindern oder zu entkräften, ist an den Mitgliedern mit Gefängnis bis zu einem Jahre, an den Stiftern und Vorstehern der Verbindung mit Gefängnis von drei Monaten bis zu zwei Jahren zu bestrafen.

Gegen Beamte kann auf Verlust der Fähigkeit zur Bekleidung öffentlicher Ämter auf die Dauer von einem bis zu fünf Jahren erkannt werden.

§ 130. Wer in einer den öffentlichen Frieden gefährdenden Weise verschiedene Klassen der Bevölkerung zu Gewalttätigkeiten gegeneinander öffentlich anreizt, wird mit Geldstrafe oder mit Gefängnis bis zu zwei Jahren bestraft.

§ 130 a. Ein Geistlicher oder anderer Religionsdiener, welcher in Ausübung oder in Veranlassung der Ausübung seines Berufes öffentlich vor einer Menschenmenge, oder welcher in einer Kirche oder an einem anderen zu religiösen Versammlungen bestimmten Orte vor mehreren Angelegenheiten des Staats in einer den öffentlichen Frieden gefährdenden Weise zum Gegenstande einer Verkündigung oder Erörterung macht, wird mit Gefängnis oder Festungshaft bis zu zwei Jahren bestraft.

Gleiche Strafe trifft denjenigen Geistlichen oder anderen Religionsdiener, welcher in Ausübung oder in Veranlassung der Ausübung seines Berufes Schriftstücke ausgibt oder verbreitet, in welchen Angelegenheiten des Staats in einer den öffentlichen Frieden gefährdenden Weise zum Gegenstande einer Verkündigung oder Erörterung gemacht sind.

§ 131. Wer erdichtete oder entstellte Tatsachen, wissend, daß sie erdichtet oder entstellt sind, öffentlich behauptet oder verbreitet, um dadurch Staatseinrichtungen oder Anordnungen der Obrigkeit verächtlich zu machen, wird mit Geldstrafe oder mit Gefängnis bis zu zwei Jahren bestraft.

§ 132. Wer unbefugt sich mit Ausübung eines öffentlichen Amtes befaßt oder eine Handlung vornimmt, welche nur kraft eines öffentlichen Amtes vorgenommen werden darf, wird mit Gefängnis bis zu einem Jahr oder mit Geldstrafe bestraft.

Anmerkung zu § 132. — JW. 1938, S. 2130.

§ 132 a. Wer unbefugt inländische oder ausländische Uniformen, Amtskleidungen oder Amtsabzeichen trägt, wird, soweit nicht besondere Vorschriften etwas anderes bestimmen, mit Gefängnis bis zu einem Jahre und mit Geldstrafe oder mit einer dieser Strafen bestraft.

Ebenso wird bestraft, wer unbefugt eine Berufstracht oder ein Berufsabzeichen für Betätigung in der Kranken- oder Wohlfahrtspflege trägt, die im Inland staatlich anerkannt sind.

Den in Abs. 1, 2 genannten Uniformen, Kleidungen, Trachten oder Abzeichen stehen solche gleich, die ihnen zum Verwechseln ähnlich sind.

Die Vorschriften der Abs. 1 bis 3 gelten auch für Amtskleidungen und Amtsabzeichen der Religionsgesellschaften des öffentlichen Rechts sowie für Berufstrachten und Berufsabzeichen der von ihnen anerkannten religiösen Genossenschaften.

§ 133. Wer eine Urkunde, ein Register, Akten oder einen sonstigen Gegenstand, welche sich zur amtlichen Aufbewahrung an einem dazu bestimmten Orte befinden, oder welche einem Beamten oder einem Dritten amtlich übergeben worden sind, vorsätzlich vernichtet, beiseite schafft oder beschädigt, wird mit Gefängnis bestraft.

Ist die Handlung in gewinnsüchtiger Absicht begangen, so tritt Gefängnisstrafe nicht unter drei Monaten ein; auch kann auf Verlust der bürgerlichen Ehrenrechte erkannt werden.

Anmerkung zu § 133. — Entsprechende Anwendung: E. 72, S. 172; JW. 1939, S. 92; DStR., 6. Bd., S. 109.

§ 134. Wer öffentlich angeschlagene Bekanntmachungen, Verordnungen, Befehle oder Anzeigen von Behörden oder Beamten böswillig abreißt, beschädigt oder verunstaltet, wird mit Geldstrafe oder mit Gefängnis bis zu sechs Monaten bestraft.

§ 134 a. Wer öffentlich das Reich oder eines der Länder, ihre Verfassung, ihre Farben oder Flaggen oder die deutsche Wehrmacht beschimpft oder böswillig und mit Überlegung verächtlich macht, wird mit Gefängnis bestraft.

§ 134 b. Wer öffentlich die NSDAP, ihre Gliederungen, ihre Hoheitszeichen, ihre Standarten oder Fahnen, ihre Abzeichen oder Auszeichnungen beschimpft oder böswillig und mit Überlegung verächtlich macht, wird mit Gefängnis bestraft.

Die Tat wird nur auf Anordnung des Reichsministers der Justiz verfolgt, der die Anordnung im Einvernehmen mit dem Stellvertreter des Führers trifft.

§ 135. Wer ein öffentliches Zeichen der Autorität des Reichs oder ein Hoheitszeichen eines deutschen Landes böswillig wegnimmt, zerstört oder beschädigt oder beschimpfenden Unfug daran verübt, wird mit Geldstrafe oder mit Gefängnis bis zu zwei Jahren bestraft.

§ 136. Wer unbefugt ein amtliches Siegel, welches von einer Behörde oder einem Beamten angelegt ist, um Sachen zu verschließen, zu bezeichnen oder in Beschlag zu nehmen, vorsätzlich erbricht, ablöst oder beschädigt oder den durch ein solches Siegel bewirkten amtlichen Verschluß aufhebt, wird mit Gefängnis bis zu sechs Monaten oder mit Geldstrafe bestraft.

§ 137. Wer Sachen, welche durch die zuständigen Behörden oder Beamten gepfändet oder in Beschlag genommen worden sind, vorsätzlich beiseite schafft, zerstört oder in anderer Weise der Verstrickung ganz oder teilweise entzieht, wird mit Gefängnis bis zu einem Jahre oder mit Geldstrafe bestraft.

§ 138. Wer als Zeuge, Geschworener oder Schöffe berufen, eine unwahre Tatsache als Entschuldigung vorschützt, wird mit Gefängnis bis zu zwei Monaten bestraft.

Dasselbe gilt von einem Sachverständigen, welcher zum Erscheinen gesetzlich verpflichtet ist.

Die auf das Nichterscheinen gesetzten Ordnungsstrafen werden durch vorstehende Strafbestimmungen nicht ausgeschlossen.

§ 139. Wer von dem Vorhaben eines Hochverrats oder Landesverrats, einer Wehrmittelbeschädigung, eines Verbrechens wider das Leben, eines Münzverbrechens, eines

Raubes, Menschenraubes oder gemeingefährlichen Verbrechens glaubhafte Kenntnis erhält und es unterläßt, der Behörde oder dem Bedrohten hiervon zur rechten Zeit Anzeige zu machen, wird mit Gefängnis bestraft. Ist die Tat nicht versucht worden, so kann von Strafe abgesehen werden.

In besonders schweren Fällen kann auf Zuchthaus und, wenn die geplante Tat mit dem Tode bedroht ist, auch auf lebenslanges Zuchthaus oder auf Todesstrafe erkannt werden.

Anmerkung zu § 139. — Entsprechende Anwendung: E. 71, S. 385. — Verhältnis zur Beihilfe: E. 73, S. 52. — Glaubhafte Kenntnis: DStR., 2. Bd., S. 155.

§ 139 a. Wer sich nach einem Verkehrsunfall der Feststellung seiner Person, seines Fahrzeugs oder der Art seiner Beteiligung an dem Unfall vorsätzlich durch Flucht entzieht, obwohl nach den Umständen in Frage kommt, daß sein Verhalten zur Verursachung des Unfalls beigetragen hat, wird mit Gefängnis bis zu zwei Jahren oder mit Haft und mit Geldstrafe oder mit einer dieser Strafen bestraft.

Der Versuch ist strafbar.

In besonders schweren Fällen ist die Strafe Gefängnis nicht unter sechs Monaten oder Zuchthaus.

§ 140. Ein Wehrpflichtiger, der vor Erfüllung der aktiven Dienstpflicht mit dem Vorsatz, sich der Erfüllung der Wehrpflicht zu entziehen, ohne Erlaubnis entweder das Reichsgebiet verläßt oder sich nach Erreichung des wehrpflichtigen Alters außerhalb des Reichsgebiets aufhält, wird mit Gefängnis nicht unter einem Monat bestraft. Daneben ist auf Verlust der Fähigkeit zur Bekleidung öffentlicher Ämter auf die Dauer von einem bis zu fünf Jahren zu erkennen. Zugleich kann auf Geldstrafe erkannt werden.

Der Versuch ist frafbar.

Anmerkung zu § 140. — Entsprechende Anwendung: JW. 1938, S. 2332.

§ 140 a. Ein Wehrpflichtiger des Beurlaubtenstandes, der nach Erfüllung der aktiven Dienstpflicht ohne Erlaubnis auswandert, wird mit Gefängnis bis zu sechs Monaten oder mit Haft oder mit Geldstrafe bestraft.

Der Versuch ist strafbar.

§ 140 b. Ein Wehrpflichtiger, der im Widerspruch zu einer vom Führer und Reichskanzler für die Zeit eines Krieges oder einer Kriegsgefahr erlassenen und öffentlich bekanntgemachten Anordnung das Reichsgebiet verläßt, oder sich außerhalb des Reichsgebiets aufhält, wird mit Gefängnis nicht unter einem Monat bestraft. Daneben ist auf Verlust der Fähigkeit zur Bekleidung öffentlicher Ämter auf die Dauer von einem bis zu fünf Jahren zu erkennen; an die Stelle dieser Strafe kann die Aberkennung der bürgerlichen Ehrenrechte treten. Zugleich kann auf Geldstrafe erkannt werden.

Der Versuch ist strafbar.

§ 141. Wer einen deutschen Soldaten zur Fahnflucht verleitet oder die Fahnenflucht eines deutschen Soldaten erleichtert, wird mit Gefängnis nicht unter drei Monaten bestraft.

Der Versuch ist strafbar.

In besonders schweren Fällen ist die Strafe Zuchthaus bis zu zehn Jahren.

§ 141 a. Wer einen Deutschen zum Heeresdienst einer ausländischen Macht anwirbt oder ihren Werbern oder dem ausländischen Heeresdienst zuführt, wird mit Gefängnis nicht unter drei Monaten bestraft.

Der Versuch ist strafbar.

In besonders schweren Fällen ist die Strafe Zuchthaus bis zu zehn Jahren.

§ 142. Wer sich vorsätzlich durch Selbstverstümmelung oder auf andere Weise zur Erfüllung der Wehrpflicht untauglich macht oder durch einen anderen untauglich machen läßt, wird mit Gefängnis nicht unter einem Jahr bestraft.

Tritt die Untauglichkeit nur zeitweise oder nicht für alle Waffengattungen ein, so ist die Strafe Gefängnis nicht unter drei Monaten.

Entsprechend wird, soweit nicht die Tat in anderen Vorschriften mit schwererer Strafe bedroht ist, bestraft, wer einen anderen zur Erfüllung der Wehrpflicht untauglich macht.

Der Versuch ist strafbar.

Neben der Strafe ist auf Verlust der Fähigkeit zur Bekleidung öffentlicher Ämter auf die Dauer von einem bis zu fünf Jahren zu erkennen; an Stelle dieser Strafe kann auf Verlust der bürgerlichen Ehrenrechte erkannt werden.

§ 143. Wer mit dem Vorsatz, sich oder einen anderen der Erfüllung der Wehrpflicht ganz, teilweise oder zeitweise zu entziehen, auf Täuschung berechnete Mittel anwendet oder anwenden läßt, wird mit Gefängnis bestraft. Daneben kann auf Verlust der Fähigkeit zur Bekleidung öffentlicher Ämter auf die Dauer von einem bis zu fünf Jahren oder auf Verlust der bürgerlichen Ehrenrechte erkannt werden.

Der Versuch ist strafbar.

§ 143 a. Ersetzt durch § 1 der VO. zur Ergänzung der Strafvorschriften zum Schutz der Wehrkraft des deutschen Volkes vom 25. XI. 1939 (RGBl. I, S. 2319), abgedruckt auf Seite 298 ff.

§ 144. Wer es sich zum Geschäfte macht, Deutsche unter Vorspiegelung falscher Tatsachen oder wissentlich mit unbegründeten Angaben oder durch andere auf Täuschung berechnete Mittel zur Auswanderung zu verleiten, wird mit Gefängnis von einem Monat bis zu zwei Jahren bestraft.

§ 145. Wer die vom Führer und Reichskanzler

zur Verhütung des Zusammenstoßens der Schiffe auf See,

über das Verhalten der Schiffer nach einem Zusammenstoße von Schiffen auf See, oder

in Betreff der Not- und Lotsensignale für Schiffe auf See und auf den Küstengewässern

erlassenen Verordnungen übertritt, wird mit Geldstrafe bestraft.

§ 145 a. Wer im Inlande Schuldverschreibungen auf den Inhaber, in denen die Zahlung einer bestimmten Geldsumme versprochen wird, ohne die erforderliche staatliche Genehmigung ausstellt und in den Verkehr bringt, wird mit einer Geldstrafe bestraft, die dem fünften Teile des Nennwerts der ausgegebenen Schuldverschreibungen gleichkommen kann, mindestens aber drei Reichsmark beträgt.

§ 145 b außer Kraft durch Tierschutzgesetz vom 1. II. 1934.

§ 145 c. Wer einen Beruf oder ein Gewerbe ausübt oder ausüben läßt, solange ihm dies nach § 142 untersagt ist, wird mit Gefängnis bis zu zwei Jahren und mit Geldstrafe oder mit einer dieser Strafen bestraft.

8. Abschnitt: Münzverbrechen und Münzvergehen

§ 146. Wer inländisches oder ausländisches Metallgeld oder Papiergeld nachmacht, um das nachgemachte Geld als echtes zu gebrauchen oder sonst in Verkehr zu bringen, oder wer in gleicher Absicht echtem Gelde durch Veränderung an demselben den Schein eines höheren Werts oder verrufenem Gelde durch Veränderung an demselben das Ansehen eines noch geltenden gibt, wird mit Zuchthaus nicht unter zwei Jahren bestraft; auch ist Polizeiaufsicht zulässig.

Sind mildernde Umstände vorhanden, so tritt Gefängnisstrafe ein.

§ 147. Dieselben Strafbestimmungen finden auf denjenigen Anwendung, welcher das von ihm auch ohne die vorbezeichnete Absicht nachgemachte oder verfälschte Geld als echtes in Verkehr bringt, sowie auf denjenigen, welcher nachgemachtes oder verfälschtes Geld sich verschafft und solches entweder in Verkehr bringt oder zum Zwecke der Verbreitung aus dem Auslande einführt.

§ 148. Wer nachgemachtes oder verfälschtes Geld als echtes empfängt und nach erkannter Unechtheit als echtes in Verkehr bringt, wird mit Gefängnis bis zu drei Monaten oder mit Geldstrafe bestraft.

Der Versuch ist strafbar.

§ 149. Dem Papiergelde werden gleich geachtet die auf den Inhaber lautenden Schuldverschreibungen, Banknoten, Aktien oder deren Stelle vertretende Interimsscheine oder Quittungen, sowie die zu diesen Papieren gehörenden Zins-, Gewinnanteils- oder Erneuerungsscheine, welche von dem Reich, einem Lande oder fremden Staate oder von einer zur Ausgabe solcher Papiere berechtigten Gemeinde, Korporation, Gesellschaft oder Privatperson ausgestellt sind.

§ 150. Wer echte, zum Umlauf bestimmte Metallgeldstücke durch Beschneidung, Abfeilen oder auf andere Art verringert und als vollgültig in Verkehr bringt, oder wer solche verringerte Münzen gewohnheitsmäßig oder im Einverständnisse mit dem, welcher sie verringert hat, als vollgültig in Verkehr bringt, wird mit Gefängnis bestraft, neben welchem auf Geldstrafe, sowie auf Verlust der bürgerlichen Ehrenrechte erkannt werden kann.

Der Versuch ist strafbar.

§ 151. Wer Stempel, Siegel, Stiche, Platten oder andere zur Anfertigung von Metallgeld, Papiergeld oder dem letzteren gleichgeachteten Papieren dienliche Formen zum Zwecke eines Münzverbrechens angeschafft oder angefertigt hat, wird mit Gefängnis bis zu zwei Jahren bestraft.

§ 152. Auf die Einziehung des nachgemachten oder verfälschten Geldes, sowie der im § 151 bezeichneten Gegenstände ist zu erkennen, auch wenn die Verfolgung oder Verurteilung einer bestimmten Person nicht stattfindet.

9. Abschnitt: **Meineid**

§ 153. Wer einen ihm zugeschobenen, zurückgeschobenen oder auferlegten Eid wissentlich falsch schwört, wird mit Zuchthaus bis zu zehn Jahren bestraft. Die gleiche Strafe trifft den, der als Partei wissentlich eine falsche Aussage mit einem Eide bekräftigt.

§ 154. Gleiche Strafe trifft denjenigen, welcher vor einer zur Abnahme von Eiden zuständigen Behörde wissentlich ein falsches Zeugnis oder ein falsches Gutachten mit einem Eide bekräftigt oder den vor seiner Vernehmung geleisteten Eid wissentlich durch ein falsches Zeugnis oder ein falsches Gutachten verletzt.

Ist das falsche Zeugnis oder Gutachten in einer Strafsache zum Nachteile eines Angeschuldigten abgegeben und dieser zum Tode, zu Zuchthaus oder zu einer anderen mehr als fünf Jahre betragenden Freiheitsstrafe verurteilt worden, so tritt Zuchthausstrafe nicht unter drei Jahren ein.

§ 155. Der Ableistung eines Eides wird gleich geachtet, wenn

1. ein Mitglied einer Religionsgesellschaft, welcher das Gesetz den Gebrauch gewisser Beteuerungsformeln an Stelle des Eides gestattet, eine Erklärung unter der Beteuerungsformel seiner Religionsgesellschaft abgibt;
2. derjenige, welcher als Partei, Zeuge oder Sachverständiger einen Eid geleistet hat, in gleicher Eigenschaft eine Versicherung unter Berufung auf den bereits früher in derselben Angelegenheit geleisteten Eid abgibt, oder ein Sachverständiger, welcher als solcher ein für allemal vereidet ist, eine Versicherung auf den von ihm geleisteten Eid abgibt;
3. ein Beamter eine amtliche Versicherung unter Berufung auf seinen Diensteid abgibt.

§ 156. Wer vor einer zur Abnahme einer Versicherung an Eides Statt zuständigen Behörde eine solche Versicherung wissentlich falsch abgibt oder unter Berufung auf eine solche Versicherung wissentlich falsch aussagt, wird mit Gefängnis von einem Monat bis zu drei Jahren bestraft.

§ 157. Hat ein Zeuge oder Sachverständiger sich eines Meineides (§§ 154; 155) oder einer falschen Versicherung an Eides Statt schuldig gemacht, so ist die an sich verwirkte Strafe auf die Hälfte bis ein Viertel zu ermäßigen, wenn

1. die Angabe der Wahrheit gegen ihn selbst eine Verfolgung wegen eines Verbrechens oder Vergehens nach sich ziehen konnte, oder
2. der Aussagende die falsche Aussage zugunsten einer Person, rücksichtlich welcher er die Aussage ablehnen durfte, erstattet hat, ohne über sein Recht, die Aussage ablehnen zu dürfen, belehrt worden zu sein.

Ist hiernach Zuchthausstrafe unter einem Jahre verwirkt, so ist dieselbe nach Maßgabe des § 21 in Gefängnisstrafe zu verwandeln.

Anmerkung zu § 157. — Bei Meineid nach § 153 ausgeschlossen: E. 74, S. 44. — Auch wenn Angekl. irrtümlich annimmt, die Tat begangen zu haben: E. 69, S. 41.

§ 158. Gleiche Strafermäßigung tritt ein, wenn derjenige, welcher sich eines Meineides oder einer falschen Versicherung an Eides Statt schuldig gemacht hat, bevor eine Anzeige gegen ihn erfolgt oder eine Untersuchung gegen ihn eingeleitet und bevor ein Rechtsnachteil für einen anderen aus der falschen Aussage entstanden ist, diese bei derjenigen Behörde, bei welcher er sie abgegeben hat, widerruft.

§ 159. Wer es unternimmt, einen anderen zur Begehung eines Meineides zu verleiten, wird mit Zuchthaus bis zu fünf Jahren, und wer es unternimmt, einen anderen zur wissentlichen Abgabe einer falschen Versicherung an Eides Statt zu verleiten, mit Gefängnis bis zu einem Jahre bestraft.

§ 160. Wer einen anderen zur Ableistung eines falschen Eides verleitet, wird mit Gefängnis bis zu zwei Jahren bestraft, neben welchem auf Verlust der bürgerlichen Ehrenrechte erkannt werden kann, und wer einen anderen zur Ableistung einer falschen Versicherung an Eides Statt verleitet, wird mit Gefängnis bis zu sechs Monaten bestraft.

Der Versuch ist strafbar.

§ 161. Bei jeder Verurteilung wegen Meineides, mit Ausnahme der Fälle in den §§ 157 und 158, ist auf Verlust der bürgerlichen Ehrenrechte und außerdem auf die dauernde Unfähigkeit des Verurteilten, als Zeuge oder Sachverständiger eidlich vernommen zu werden, zu erkennen.

In den Fällen der §§ 156 bis 159 kann neben der Gefängnisstrafe auf Verlust der bürgerlichen Ehrenrechte erkannt werden.

§ 162. Wer vorsätzlich einer durch eidliches Angelöbnis vor Gericht bestellten Sicherheit oder dem in einem Offenbarungseide gegebenen Versprechen zuwiderhandelt, wird mit Gefängnis bis zu zwei Jahren bestraft.

§ 163. Wenn eine der in den §§ 153 bis 156 bezeichneten Handlungen aus Fahrlässigkeit begangen worden ist, so tritt Gefängnisstrafe bis zu einem Jahre ein.

Straflosigkeit tritt ein, wenn der Täter, bevor eine Anzeige gegen ihn erfolgt, oder eine Untersuchung gegen ihn eingeleitet und bevor ein Rechtsnachteil für einen anderen aus der falschen Aussage entstanden ist, diese bei derjenigen Behörde, bei welcher er sie abgegeben hat, widerruft.

10. Abschnitt: **Falsche Anschuldigung**

§ 164. Wer einen anderen bei einer Behörde oder einem zur Entgegennahme von Anzeigen zuständigen Beamten oder militärischen Vorgesetzten oder öffentlich wider besseres Wissen einer strafbaren Handlung oder der Verletzung einer Amts- oder Dienstpflicht in der Absicht verdächtigt, ein behördliches Verfahren oder andere behördliche Maßnahmen gegen ihn herbeizuführen oder fortdauern zu lassen, wird wegen falscher Anschuldigung mit Gefängnis nicht unter einem Monat bestraft.

Ebenso wird bestraft, wer in gleicher Absicht bei einer der im Abs. 1 bezeichneten Stellen oder öffentlich über einen anderen wider besseres Wissen eine sonstige Behauptung tatsächlicher Art aufstellt, die geeignet ist, ein behördliches Verfahren oder andere behördliche Maßnahmen gegen ihn herbeizuführen oder fortdauern zu lassen.

Ist die Tat in der Absicht begangen, sich oder einem Dritten einen Vorteil zu verschaffen, so ist die Strafe Gefängnis nicht unter drei Monaten.

Neben der Strafe kann auf Verlust der bürgerlichen Ehrenrechte erkannt werden.

Ist die falsche Anschuldigung (Abs. 1, 2) nicht wider besseres Wissen, aber vorsätzlich oder leichtfertig begangen, so ist die Strafe Gefängnis bis zu einem Jahre oder Geldstrafe.

Solange ein infolge der gemachten Anzeige eingeleitetes Verfahren anhängig ist, soll mit dem Verfahren und mit der Entscheidung über die falsche Anschuldigung innegehalten werden.

Anmerkung zu § 164. — Entsprechende Anwendung: E. 70, S. 367; 71, S. 34, 221, 288. — Insb. bei Vortäuschung: E. 71, S. 306. — Begriff der Wissentlichkeit und Leichtfertigkeit: E. 71, S. 34.

§ 165. Wird wegen falscher Anschuldigung auf Strafe erkannt, so ist zugleich dem Verletzten die Befugnis zuzusprechen, die Verurteilung auf Kosten des Schuldigen öffentlich bekanntzumachen. Die Art der Bekanntmachung sowie die Frist zu derselben ist in dem Urteile zu bestimmen.

Dem Verletzten ist auf Kosten des Schuldigen eine Ausfertigung des Urteils zu erteilen.

11. Abschnitt: **Vergehen, welche sich auf die Religion beziehen**

§ 166. Wer dadurch, daß er öffentlich in beschimpfenden Äußerungen Gott lästert, ein Ärgernis gibt, oder wer öffentlich eine der christlichen Kirchen oder eine andere mit Korporationsrechten innerhalb des Reichsgebietes bestehende Religionsgesellschaft oder ihre Einrichtungen oder Gebräuche beschimpft, ingleichen wer in einer Kirche oder in einem anderen zu religiösen Versammlungen bestimmten Orte beschimpfenden Unfug verübt, wird mit Gefängnis bis zu drei Jahren bestraft.

§ 167. Wer durch eine Tätigkeit oder Drohung jemand hindert, den Gottesdienst einer im Staate bestehenden Religionsgesellschaft auszuüben, ingleichen wer in einer Kirche oder in einem anderen zu religiösen Versammlungen bestimmten Orte durch Erregung von Lärm oder Unordnung den Gottesdienst oder einzelne gottesdienstliche Verrichtungen einer im Staate bestehenden Religionsgesellschaft vorsätzlich verhindert oder stört, wird mit Gefängnis bis zu drei Jahren bestraft.

§ 168. Wer unbefugt eine Leiche aus dem Gewahrsam der dazu berechtigten Person wegnimmt, ingleichen wer unbefugt ein Grab zerstört oder beschädigt, oder wer an einem Grabe beschimpfenden Unfug verübt, wird mit Gefängnis bis zu zwei Jahren bestraft; auch kann auf Verlust der bürgerlichen Ehrenrechte erkannt werden.

Anmerkung zu § 168. — Entsprechende Anwendung: E. 71, S. 323.

12. Abschnitt: **Verbrechen und Vergehen in Beziehung auf den Personenstand**

§ 169. Wer ein Kind unterschiebt oder vorsätzlich verwechselt, oder wer auf andere Weise den Personenstand eines anderen vorsätzlich verändert oder unterdrückt, wird mit Gefängnis bis zu drei Jahren und, wenn die Handlung in gewinnsüchtiger Absicht begangen wurde, mit Zuchthaus bis zu zehn Jahren bestraft.

Der Versuch ist strafbar.

Anmerkung zu § 169. — Begriff Personenstandsunterdrückung: E. 70, S. 18.

§ 170. Wer bei Eingehung einer Ehe dem anderen Teile ein gesetzliches Ehehindernis arglistig verschweigt, oder wer den anderen Teil zur Eheschließung arglistig mittels einer solchen Täuschung verleitet, welche den Getäuschten berechtigt, die Gültigkeit der Ehe anzufechten, wird, wenn aus einem dieser Gründe die Ehe aufgelöst worden ist, mit Gefängnis nicht unter drei Monaten bestraft.

Die Verfolgung tritt nur auf Antrag des getäuschten Teils ein.

13. Abschnitt: Verbrechen und Vergehen wider die Sittlichkeit

§ 171. Ein Ehegatte, welcher eine neue Ehe eingeht, bevor seine Ehe aufgelöst oder für nichtig erklärt worden ist, ingleichen eine unverheiratete Person, welche mit einem Ehegatten, wissend, daß er verheiratet ist, eine Ehe eingeht, wird mit Zuchthaus bis zu fünf Jahren bestraft.

Sind mildernde Umstände vorhanden, so tritt Gefängnisstrafe nicht unter sechs Monaten ein.

Die Verjährung der Strafverfolgung beginnt mit dem Tage, an welchem eine der beiden Ehen aufgelöst oder für nichtig erklärt worden ist.

§ 172. Der Ehebruch wird, wenn wegen desselben die Ehe geschieden ist, an dem schuldigen Ehegatten, sowie dessen Mitschuldigen mit Gefängnis bis zu sechs Monaten bestraft.

Die Verfolgung tritt nur auf Antrag ein.

Anmerkung zu § 172. — Beischlaf, nicht anderweitiger ehewidriger Verkehr: E. 70, S. 173.

§ 173. Der Beischlaf zwischen Verwandten auf- und absteigender Linie wird an den ersteren mit Zuchthaus bis zu fünf Jahren, an den letzteren mit Gefängnis bis zu zwei Jahren bestraft.

Der Beischlaf zwischen Verschwägerten auf- und absteigender Linie, sowie zwischen Geschwistern wird mit Gefängnis bis zu zwei Jahren bestraft.

Neben der Gefängnisstrafe kann auf Verlust der bürgerlichen Ehrenrechte erkannt werden.

Verwandte und Verschwägerte absteigender Linie bleiben straflos, wenn sie das achtzehnte Lebensjahr nicht vollendet haben.

Anmerkung zu § 173. — Entsprechende Anwendung: E. 71, S. 196; DStR., 6. Bd., S. 168. — Wenn zur Zeit der Tat die Ehe, auf der die Schwägerschaft beruht, nicht mehr besteht, tritt keine Bestrafung ein. VO. z. D. d. G. über familienrechtliche Vorschriften vom 23. 4. 1938, RGBl. I, S. 417, § 4.

§ 174. Mit Zuchthaus bis zu fünf Jahren werden bestraft:

1. Vormünder, welche mit ihren Pflegebefohlenen, Adoptiv- und Pflegeeltern, welche mit ihren Kindern, Geistliche, Lehrer und Erzieher, welche mit ihren minderjährigen Schülern oder Zöglingen unzüchtige Handlungen vornehmen;
2. Beamte, die mit Personen, gegen welche sie eine Untersuchung zu führen haben, oder welche ihrer Obhut anvertraut sind, unzüchtige Handlungen vornehmen:
3. Beamte, Ärzte oder andere Medizinalpersonen, welche in Gefängnissen oder in öffentlichen, zur Pflege von Kranken, Armen oder anderen Hilflosen bestimmten Anstalten beschäftigt oder angestellt sind, wenn sie mit den in das Gefängnis oder in die Anstalt aufgenommenen Personen unzüchtige Handlungen vornehmen.

Sind mildernde Umstände vorhanden, so tritt Gefängnisstrafe nicht unter sechs Monaten ein.

Anmerkung zu § 174. — Entsprechende Anwendung: E. 71, S. 196. — Begriff der unzüchtigen Handlung: HRR. 1936, 1387. — Begriff der Abhängigkeit: E. 71, S. 9. — Begriff des Erziehers: E. 72, S. 392, 394.

§ 175. Ein Mann, der mit einem anderen Mann Unzucht treibt oder sich von ihm zur Unzucht mißbrauchen läßt, wird mit Gefängnis bestraft.

Bei einem Beteiligten, der zur Zeit der Tat noch nicht einundzwanzig Jahre alt war, kann das Gericht in besonders leichten Fällen von Strafe absehen.

Anmerkung zu § 175. — Entsprechende Anwendung: E. 72, S. 50, 352. — Anderer Mann: E. 73, S. 78. — Unzucht treiben: DStR., 6. Bd., S. 50. — Beischlafsähnlichkeit: E. 71, S. 281.

§ 175 a. Mit Zuchthaus bis zu zehn Jahren, bei mildernden Umständen mit Gefängnis nicht unter drei Monaten wird bestraft:

1. ein Mann, der einen anderen Mann mit Gewalt oder durch Drohung mit gegenwärtiger Gefahr für Leib oder Leben nötigt, mit ihm Unzucht zu treiben oder sich von ihm zur Unzucht mißbrauchen zu lassen;
2. ein Mann, der einen anderen Mann unter Mißbrauch einer durch ein Dienst-, Arbeits- oder Unterordnungsverhältnis begründeten Abhängigkeit bestimmt, mit ihm Unzucht zu treiben oder sich von ihm zur Unzucht mißbrauchen zu lassen;
3. ein Mann über einundzwanzig Jahre, der eine männliche Person unter einundzwanzig Jahren verführt, mit ihm Unzucht zu treiben oder sich von ihm zur Unzucht mißbrauchen zu lassen;
4. ein Mann, der gewerbsmäßig mit Männern Unzucht treibt oder von Männern sich zur Unzucht mißbrauchen läßt oder sich dazu anbietet.

Anmerkung zu § 175 a. — Abgrenzung zu § 183: E. 74, S. 77. — Verführung: JW. 1938, S. 3104. — Abgrenzung zu § 176, Z. 3: JW. 1937, S. 2386.

§ 175 b. Die widernatürliche Unzucht, welche von Menschen mit Tieren begangen wird, ist mit Gefängnis zu bestrafen; auch kann auf Verlust der bürgerlichen Ehrenrechte erkannt werden.

Anmerkung zu 175 b. — Begriff: E. 71, S. 350. — Anwendungsfall: E. 73, S. 88.

§ 176. Mit Zuchthaus bis zu zehn Jahren wird bestraft, wer

1. mit Gewalt unzüchtige Handlungen an einer Frauensperson vornimmt oder dieselbe durch Drohung mit gegenwärtiger Gefahr für Leib oder Leben zur Duldung unzüchtiger Handlungen nötigt;
2. eine in einem willenlosen oder bewußtlosen Zustande befindliche oder eine geisteskranke Frauensperson zum außerehelichen Beischlafe mißbraucht, oder
3. mit Personen unter vierzehn Jahren unzüchtige Handlungen vornimmt oder dieselben zur Verübung oder Duldung unzüchtiger Handlungen verleitet.

Sind mildernde Umstände vorhanden, so tritt Gefängnisstrafe nicht unter sechs Monaten ein.

Anmerkung zu § 176. — Entsprechende Anwendung Ziffer 2: E. 73, S. 271. — Anwendung: DStR., 2. Bd., S. 492.

§ 177. Mit Zuchthaus wird bestraft, wer durch Gewalt oder durch Drohung mit gegenwärtiger Gefahr für Leib oder Leben eine Frauensperson zur Duldung des außerehelichen Beischlafs nötigt, oder wer eine Frauensperson zum außerehelichen Beischlaf mißbraucht, nachdem er sie zu diesem Zwecke in einen willenlosen oder bewußtlosen Zustand versetzt hat.

Sind mildernde Umstände vorhanden, so tritt Gefängnisstrafe nicht unter einem Jahre ein.

Anmerkung zu § 177. — Entsprechende Anwendung: E. 71, S. 109; 73. S. 358. — Begriff des Beischlafes: E. 71, S. 129. — Mittäterschaft: E. 71, S. 350, 353.

§ 178. Ist durch eine der in den §§ 176 und 177 bezeichneten Handlungen der Tod der verletzten Person verursacht worden, so tritt Zuchthausstrafe nicht unter zehn Jahren oder lebenslängliche Zuchthausstrafe ein.

§ 179. Wer eine Frauensperson zur Gestattung des Beischlafes dadurch verleitet, daß er eine Trauung vorspiegelt, oder einen anderen Irrtum in ihr erregt oder benutzt, in welchem sie den Beischlaf für einen ehelichen hielt, wird mit Zuchthaus bis zu fünf Jahren bestraft.

Sind mildernde Umstände vorhanden, so tritt Gefängnisstrafe nicht unter sechs Monaten ein.

Die Verfolgung tritt nur auf Antrag ein.

Anmerkung zu § 179. — Entsprechende Anwendung: E. 73, S. 358.

§ 180. Wer gewohnheitsmäßig oder aus Eigennutz durch seine Vermittlung oder durch Gewährung oder Verschaffung von Gelegenheit der Unzucht Vorschub leistet, wird wegen Kuppelei mit Gefängnis nicht unter einem Monat bestraft; auch kann zugleich auf Geldstrafe, auf Verlust der bürgerlichen Ehrenrechte, sowie auf Zulässigkeit von Polizeiaufsicht erkannt werden. Sind mildernde Umstände vorhanden, so kann die Gefängnisstrafe bis auf einen Tag ermäßigt werden.

Als Kuppelei gilt insbesondere die Unterhaltung eines Bordells oder eines bordellartigen Betriebs.

Wer einer Person, die das achtzehnte Lebensjahr vollendet hat, Wohnung gewährt, wird auf Grund des Abs. 1 nur dann bestraft, wenn damit ein Ausbeuten der Person, der die Wohnung gewährt ist, oder ein Anwerben oder ein Anhalten dieser Person zur Unzucht verbunden ist.

§ 181. Die Kuppelei ist, selbst wenn sie weder gewohnheitsmäßig noch aus Eigennutz betrieben wird, mit Zuchthaus bis zu fünf Jahren zu bestrafen, wenn

1. um der Unzucht Vorschub zu leisten, hinterlistige Kunstgriffe angewendet werden, oder
2. der Schuldige zu der verkuppelten Person in dem Verhältnisse des Ehemanns zur Ehefrau, von Eltern zu Kindern, von Vormündern zu Pflegebefohlenen, von Geistlichen, Lehrern oder Erziehern zu den von ihnen zu unterrichtenden oder zu erziehenden Personen steht.

Neben der Zuchthausstrafe ist der Verlust der bürgerlichen Ehrenrechte auszusprechen; auch kann zugleich auf Geldstrafe sowie auf Zulässigkeit von Polizeiaufsicht erkannt werden.

Sind im Falle des Abs. 1 Nr. 2 mildernde Umstände vorhanden, so tritt Gefängnisstrafe ein, neben welcher auf Geldstrafe erkannt werden kann.

Anmerkung zu § 181. — Grundsätzlich: DStR., 6. Bd., S. 213; DR. 1939, S. 1310. — Beischlaf zwischen Verlobten als Unzucht: E. 71, S. 13.

§ 181 a. Eine männliche Person, welche von einer Frauensperson, die gewerbsmäßig Unzucht treibt, unter Ausbeutung ihres unsittlichen Erwerbes ganz oder teilweise den Lebensunterhalt bezieht, oder welche einer solchen Frauensperson gewohnheitsmäßig oder aus Eigennutz in bezug auf die Ausübung des unzüchtigen Gewerbes Schutz gewährt oder sonst förderlich ist (Zuhälter), wird mit Zuchthaus bis zu fünf Jahren bestraft.

Bei mildernden Umständen ist die Strafe Gefängnis nicht unter drei Monaten.

Neben der Strafe kann auf die Zulässigkeit von Polizeiaufsicht erkannt werden.

Anmerkung zu § 181 a. — Entsprechende Anwendung: E. 72, S. 49. — Ausbeuten: JW. 1938, S. 1159; DR. 1939, S. 1507. — Persönliche Beziehung: E. 72, S. 49. — Tätertyp: E. 73, S. 183 ff.

§ 182. Wer ein unbescholtenes Mädchen, welches das sechzehnte Lebensjahr nicht vollendet hat, zum Beischlaf verführt, wird mit Gefängnis bis zu einem Jahre bestraft.

Die Verfolgung tritt nur auf Antrag der Eltern oder des Vormundes der Verführten ein.

§ 183. Wer durch eine unzüchtige Handlung öffentlich ein Ärgernis gibt, wird mit Gefängnis bis zu zwei Jahren oder mit Geldstrafe bestraft.

Neben der Gefängnisstrafe kann auf Verlust der bürgerlichen Ehrenrechte erkannt werden.

Anmerkung zu § 183. — Entsprechende Anwendung: E. 72, S. 63; 73, S. 385. — Öffentlichkeit: E. 73, S. 90. JW. 1938, S. 1160.

§ 184. Mit Gefängnis bis zu einem Jahr und mit Geldstrafe oder mit einer dieser Strafen wird bestraft, wer

1. unzüchtige Schriften, Abbildungen oder Darstellungen feilhält, verkauft, verteilt, an Orten, welche dem Publikum zugänglich sind, ausstellt oder anschlägt oder sonst verbreitet, sie zum Zwecke der Verbreitung herstellt oder zu demselben Zwecke vorrätig hält, ankündigt oder anpreist;

2. unzüchtige Schriften, Abbildungen oder Darstellungen einer Person unter sechzehn Jahren gegen Entgelt überläßt oder anbietet;

3. Gegenstände, die zu unzüchtigem Gebrauche bestimmt sind, an Orten, welche dem Publikum zugänglich sind, ausstellt oder solche Gegenstände dem Publikum ankündigt oder anpreist;

3a wer in einer Sitte oder Anstand verletzenden Weise Mittel, Gegenstände oder Verfahren, die zur Verhütung von Geschlechtskrankheiten dienen, öffentlich ankündigt, anpreist oder solche Mittel oder Gegenstände an einem dem Publikum zugänglichen Orte ausstellt;

4. öffentliche Ankündigungen erläßt, welche dazu bestimmt sind, unzüchtigen Verkehr herbeizuführen.

Neben der Gefängnisstrafe kann auf Verlust der bürgerlichen Ehrenrechte sowie auf Zulässigkeit von Polizeiaufsicht erkannt werden.

Anmerkung zu § 184. — Entsprechende Anwendung: E. 71, S. 347.

§ 184 a. Wer Schriften, Abbildungen oder Darstellungen, welche, ohne unzüchtig zu sein, das Schamgefühl gröblich verletzen, einer Person unter sechzehn Jahren gegen Entgelt überläßt oder anbietet, wird mit Gefängnis bis zu sechs Monaten oder mit Geldstrafe bestraft.

§ 184 b. Mit Geldstrafe oder mit Gefängnis bis zu sechs Monaten wird bestraft, wer aus Gerichtsverhandlungen, für welche wegen Gefährdung der Sittlichkeit die Öffentlichkeit ausgeschlossen war, oder aus den diesen Verhandlungen zugrunde liegenden amtlichen Schriftstücken öffentlich Mitteilung macht, welche geeignet sind, Ärgernis zu erregen.

14. Abschnitt: **Beleidigung**

§ 185. Die Beleidigung wird mit Geldstrafe oder mit Haft oder mit Gefängnis bis zu einem Jahre und, wenn die Beleidigung mittels einer Tätlichkeit begangen wird, mit Geldstrafe oder mit Gefängnis bis zu zwei Jahren bestraft.

Anmerkung zu § 185. — Geschlechtsverkehr mit minderjährigem Mädchen als Beleidigung des Vaters: E. 70, S. 245; DStR. 6. Bd., S. 105. — Beleidigung von Personengesamtheiten: E. 70, S. 140. — Verhältnis von Sittlichkeitsdelikten und Beleidigung: E. 73, S. 211.

§ 186. Wer in Beziehung auf einen anderen eine Tatsache behauptet oder verbreitet, welche denselben verächtlich zu machen oder in der öffentlichen Meinung herabzuwürdigen geeignet ist, wird, wenn nicht diese Tatsache erweislich wahr ist, wegen Beleidigung mit Geldstrafe oder mit Haft oder mit Gefängnis bis zu einem Jahre und, wenn die Beleidigung öffentlich oder durch Verbreitung von Schriften, Abbildungen oder Darstellungen begangen ist, mit Geldstrafe oder mit Gefängnis bis zu zwei Jahren bestraft.

§ 187. Wer wider besseres Wissen in Beziehung auf einen anderen eine unwahre Tatsache behauptet oder verbreitet, welche denselben verächtlich zu machen oder in der öffentlichen Meinung herabzuwürdigen oder dessen Kredit zu gefährden geeignet ist, wird wegen verleumderischer Beleidigung mit Gefängnis bis zu zwei Jahren und, wenn die Verleumdung öffentlich oder durch Verbreitung von Schriften, Abbildungen oder Darstellungen begangen ist, mit Gefängnis nicht unter einem Monat bestraft.

Sind mildernde Umstände vorhanden, so kann die Strafe bis auf einen Tag Gefängnis ermäßigt, oder auf Geldstrafe erkannt werden.

§ 188. In den Fällen der §§ 186 und 187 kann auf Verlangen des Beleidigten, wenn die Beleidigung nachteilige Folgen für die Vermögensverhältnisse, den Erwerb oder das Fortkommen des Beleidigten mit sich bringt, neben der Strafe auf eine an den Beleidigten zu erlegende Buße erkannt werden.

Eine erkannte Buße schließt die Geltendmachung eines weiteren Entschädigungsanspruches aus.

§ 189. Wer das Andenken eines Verstorbenen dadurch beschimpft, daß er wider besseres Wissen eine unwahre Tatsache behauptet oder verbreitet, welche denselben bei seinen Lebzeiten verächtlich zu machen oder in der öffentlichen Meinung herabzuwürdigen geeignet gewesen wäre, wird mit Gefängnis bis zu sechs Monaten bestraft.

Sind mildernde Umstände vorhanden, so kann auf Geldstrafe erkannt werden.

Die Verfolgung tritt nur auf Antrag der Eltern, der Kinder oder des Ehegatten des Verstorbenen ein.

§ 190. Ist die behauptete oder verbreitete Tatsache eine strafbare Handlung, so ist der Beweis der Wahrheit als erbracht anzusehen, wenn der Beleidigte wegen dieser Handlung rechtskräftig verurteilt worden ist. Der Beweis der Wahrheit ist dagegen ausgeschlossen, wenn der Beleidigte wegen dieser Handlung vor der Behauptung oder Verbreitung rechtskräftig freigesprochen worden ist.

§ 191. Ist wegen der strafbaren Handlung zum Zwecke der Herbeiführung eines Strafverfahrens bei der Behörde Anzeige gemacht, so ist bis zu dem Beschlusse, daß die Eröffnung der Untersuchung nicht stattfinde, oder bis zur Beendigung der eingeleiteten Untersuchung mit dem Verfahren und der Entscheidung über die Beleidigung innezuhalten.

§ 192. Der Beweis der Wahrheit der behaupteten oder verbreiteten Tatsache schließt die Bestrafung nach Vorschrift des § 185 nicht aus, wenn das Vorhandensein einer Beleidigung aus der Form der Behauptung oder Verbreitung oder aus den Umständen, unter welchen sie geschah, hervorgeht.

§ 193. Tadelnde Urteile über wissenschaftliche, künstlerische oder gewerbliche Leistungen, ingleichen Äußerungen, welche zur Ausführung oder Verteidigung von Rechten oder zur Wahrnehmung berechtigter Interessen gemacht werden, sowie Vorhaltungen und Rügen der Vorgesetzten gegen ihre Untergebenen, dienstliche Anzeigen oder Urteile von seiten eines Beamten und ähnliche Fälle sind nur insofern strafbar, als das Vorhandensein einer Beleidigung aus der Form der Äußerung oder aus den Umständen, unter welchen sie geschah, hervorgeht.

§ 194. Die Verfolgung einer Beleidigung tritt nur auf Antrag ein. Die Zurücknahme des Antrages (§§ 185 bis 193) ist zulässig.

§ 195. Ist eine Ehefrau beleidigt worden, so hat sowohl sie als ihr Ehemann das Recht, auf Bestrafung anzutragen.

§ 196. Wenn die Beleidigung gegen eine Behörde, einen Beamten, einen Religionsdiener oder ein Mitglied der bewaffneten Macht, während sie in der Ausübung ihres Berufes begriffen sind, oder in Beziehung auf ihren Beruf begangen ist, so haben außer den unmittelbar Beteiligten auch deren amtliche Vorgesetzte das Recht, den Strafantrag zu stellen.

§ 197. Eines Antrages bedarf es nicht, wenn die Beleidigung gegen eine gesetzgebende Versammlung des Reichs oder gegen eine andere politische Körperschaft begangen worden ist. Dieselbe darf jedoch nur mit Ermächtigung der beleidigten Körperschaft verfolgt werden.

§ 198. Ist bei wechselseitigen Beleidigungen von einem Teile auf Bestrafung angetragen worden, so ist der andere Teil bei Verlust seines Rechts verpflichtet, den Antrag auf Bestrafung spätestens vor Schluß der Verhandlung in erster Instanz zu stellen, hierzu aber auch dann berechtigt, wenn zu jenem Zeitpunkte die dreimonatliche Frist bereits abgelaufen ist.

§ 199. Wenn eine Beleidigung auf der Stelle erwidert wird, so kann der Richter beide Beleidiger oder einen derselben für straffrei erklären.

§ 200. Wird wegen einer öffentlich oder durch Verbreitung von Schriften, Darstellungen oder Abbildungen begangenen Beleidigung auf Strafe erkannt, so ist zugleich dem Beleidigten die Befugnis zuzusprechen, die Verurteilung auf Kosten des Schuldigen öffentlich bekanntzumachen. Die Art der Bekanntmachung, sowie die Frist zu derselben ist in dem Urteile zu bestimmen.

Erfolgte die Beleidigung in einer Zeitung oder Zeitschrift, so ist der verfügende Teil des Urteils auf Antrag des Beleidigten durch die öffentlichen Blätter bekanntzumachen, und zwar wenn möglich durch dieselbe Zeitung oder Zeitschrift und in demselben Teile und mit derselben Schrift, wie der Abdruck der Beleidigung geschehen.

Dem Beleidigten ist auf Kosten des Schuldigen eine Ausfertigung des Urteils zu erteilen.

15. Abschnitt: **Zweikampf**

§ 201. Die Herausforderung zum Zweikampf mit tödlichen Waffen, sowie die Annahme einer solchen Herausforderung wird mit Festungshaft bis zu sechs Monaten bestraft.

§ 202. Festungshaft von zwei Monaten bis zu zwei Jahren tritt ein, wenn bei der Herausforderung die Absicht, daß einer von beiden Teilen das Leben verlieren soll, entweder ausgesprochen ist oder aus der gewählten Art des Zweikampfes erhellt.

§ 203. Diejenigen, welche den Auftrag zu einer Herausforderung übernehmen und ausrichten (Kartellträger), werden mit Festungshaft bis zu sechs Monaten bestraft.

§ 204. Die Strafe der Herausforderung und der Annahme derselben, sowie die Strafe der Kartellträger fällt weg, wenn die Parteien den Zweikampf vor dessen Beginn freiwillig aufgegeben haben.

§ 205. Der Zweikampf wird mit Festungshaft von drei Monaten bis zu fünf Jahren bestraft.

§ 206. Wer seinen Gegner im Zweikampf tötet, wird mit Festungshaft nicht unter zwei Jahren, und wenn der Zweikampf ein solcher war, welcher den Tod des einen von beiden herbeiführen sollte, mit Festungshaft nicht unter drei Jahren bestraft.

§ 207. Ist eine Tötung oder Körperverletzung mittels vorsätzlicher Übertretung der vereinbarten oder hergebrachten Regeln des Zweikampfes bewirkt worden, so ist der Übertreter, sofern nicht nach den vorhergehenden Bestimmungen eine härtere Strafe verwirkt ist, nach den allgemeinen Vorschriften über das Verbrechen der Tötung oder der Körperverletzung zu bestrafen.

§ 208. Hat der Zweikampf ohne Sekundanten stattgefunden, so kann die verwirkte Strafe bis um die Hälfte, jedoch nicht über fünfzehn Jahre erhöht werden.

§ 209. Kartellträger, welche ernstlich bemüht gewesen sind, den Zweikampf zu verhindern, Sekundanten, sowie zum Zweikampf zugezogene Zeugen, Ärzte und Wundärzte sind straflos.

§ 210. Wer einen anderen zum Zweikampf mit einem Dritten absichtlich, insonderheit durch Bezeigung oder Androhung von Verachtung anreizt, wird, falls der Zweikampf stattgefunden hat, mit Gefängnis nicht unter drei Monaten bestraft.

§ 210 a. Der Zweikampf mit Schlägern unter Vorkehrungen, die bestimmt und geeignet sind, gegen Lebensgefahr zu schützen, sowie die Herausforderung zu einem solchen Zweikampf und deren Annahme sind straflos.

16. Abschnitt: **Verbrechen und Vergehen wider das Leben**

§ 211. Wer vorsätzlich einen Menschen tötet, wird, wenn er die Tötung mit Überlegung ausgeführt hat, wegen Mordes mit dem Tode bestraft.

Anmerkung zu § 211. — Überlegung und Umfang des Vorsatzes: DStR., 6. Bd., S. 177. -- Überlegung. E. 70, S. 257.

§ 212. Wer vorsätzlich einen Menschen tötet, wird wenn er die Tötung nicht mit Überlegung ausgeführt hat, wegen Totschlages mit Zuchthaus nicht unter fünf Jahren bestraft.

§ 213. War der Totschläger ohne eigene Schuld durch eine ihm oder einem Angehörigen zugefügte Mißhandlung oder schwere Beleidigung von dem Getöteten zum Zorne gereizt und hierdurch auf der Stelle zur Tat hingerissen worden, oder sind andere mildernde Umstände vorhanden, so tritt Gefängnisstrafe nicht unter sechs Monaten ein.

Anmerkung zu § 213. — Anwendungsfall: JW. 1938, S. 1316.

§ 214. Wer bei Unternehmung einer strafbaren Handlung um ein der Ausführung derselben entgegentretendes Hindernis zu beseitigen, oder um sich der Ergreifung auf frischer Tat zu entziehen, vorsätzlich einen Menschen tötet, wird mit Zuchthaus nicht unter zehn Jahren oder mit lebenslänglichem Zuchthaus bestraft.

§ 215. Der Totschlag an einem Verwandten aufsteigender Linie wird mit Zuchthaus nicht unter zehn Jahren oder mit lebenslänglichem Zuchthaus bestraft.

§ 216. Ist jemand durch das ausdrückliche und ernstliche Verlangen des Getöteten zur Tötung bestimmt worden, so ist auf Gefängnis nicht unter drei Jahren zu erkennen.

Anmerkung zu § 216. — Fähigkeit zum ausdrücklichen Verlangen: E. 72, S. 399; JW. 1939, S. 32.

§ 217. Eine Mutter, welche ihr uneheliches Kind in oder gleich nach der Geburt vorsätzlich tötet, wird mit Zuchthaus nicht unter drei Jahren bestraft.

Sind mildernde Umstände vorhanden, so tritt Gefängnisstrafe nicht unter zwei Jahren ein.

§ 218. Eine Frau, die ihre Frucht im Mutterleib oder durch Abtreibung tötet oder die Tötung durch einen anderen zuläßt, wird mit Gefängnis bestraft.

Ebenso wird ein anderer bestraft, der eine Frucht im Mutterleib oder durch Abtreibung tötet.

Der Versuch ist strafbar.

Wer die im Abs. 2 bezeichnete Tat ohne Einwilligung der Schwangeren oder gewerbsmäßig begeht, wird mit Zuchthaus bestraft. Ebenso wird bestraft, wer einer Schwangeren ein Mittel oder Werkzeug zur Abtreibung der Frucht gewerbsmäßig verschafft. Sind mildernde Umstände vorhanden, so tritt Gefängnisstrafe nicht unter drei Monaten ein.

Anmerkung zu § 218. — Für den Sudetengau vgl. Erbgesundheitsgesetz in der Fassung vom 25. Juni 1935, RGBl. I, S. 773, §§ 10 a und 14. — Täterschaft und Beihilfe: DR. 1940, S. 495. — Durch Beihilfe zum Selbstmord: DR. 1940, S. 26.

§ 219. Wer zu Zwecken der Abtreibung Mittel, Gegenstände oder Verfahren öffentlich ankündigt oder anpreist oder solche Mittel oder Gegenstände an einem allgemein zugänglichen Orte ausstellt, wird mit Gefängnis bis zu zwei Jahren oder mit Geldstrafe bestraft.

Die Vorschrift des Abs. 1 findet keine Anwendung, wenn Mittel, Gegenstände oder Verfahren, die zu ärztlich gebotenen Unterbrechungen der Schwangerschaft dienen, Ärzten oder Personen, die mit solchen Mitteln oder Gegenständen erlaubterweise Handel treiben, oder in ärztlichen oder pharmazeutischen Fachzeitschriften angekündigt oder angepriesen werden.

§ 220. Wer öffentlich seine eigenen oder fremde Dienste zur Vornahme oder Förderung von Abtreibungen anbietet, wird mit Gefängnis bis zu zwei Jahren oder mit Geldstrafe bestraft.

§ 221. Wer eine wegen jugendlichen Alters, Gebrechlichkeit oder Krankheit hilflose Person aussetzt, oder wer eine solche Person, wenn dieselbe unter seiner Obhut steht oder wenn er für die Unterbringung, Fortschaffung oder Aufnahme derselben zu sorgen hat, in hilfloser Lage vorsätzlich verläßt, wird mit Gefängnis nicht unter drei Monaten bestraft.

Wird die Handlung von leiblichen Eltern gegen ihr Kind begangen, so tritt Gefängnisstrafe nicht unter sechs Monaten ein.

Ist durch die Handlung eine schwere Körperverletzung der ausgesetzten oder verlassenen Person verursacht worden, so tritt Zuchthausstrafe bis zu zehn Jahren und, wenn durch die Handlung der Tod verursacht worden ist, Zuchthausstrafe nicht unter drei Jahren ein.

§ 222. Wer durch Fahrlässigkeit den Tod eines Menschen verursacht, wird mit Gefängnis bestraft.

Anmerkung zu § 222. — Bei Heilbehandlung: E. 74, S. 60. — Voraussehbarkeit: E. 73, S. 370; HRR. 1936, S. 639. — Verursachen: HRR. 1939, S. 395, 469.

17. Abschnitt: **Körperverletzung**

§ 223. Wer vorsätzlich einen anderen körperlich mißhandelt oder an der Gesundheit beschädigt, wird wegen Körperverletzung mit Gefängnis bis zu drei Jahren oder mit Geldstrafe bestraft.

Ist die Handlung gegen Verwandte aufsteigender Linie begangen, so ist auf Gefängnis nicht unter einem Monat zu erkennen.

Anmerkung zu § 223. — Züchtigungsrecht: E. 73, S. 257.

§ 223 a. Ist die Körperverletzung mittels einer Waffe, insbesondere eines Messers oder eines anderen gefährlichen Werkzeuges, oder mittels eines hinterlistigen Überfalls, oder von mehreren gemeinschaftlich, oder mittels einer das Leben gefährdenden Behandlung begangen, so tritt Gefängnisstrafe nicht unter zwei Monaten ein.

§ 223 b. Wer Kinder, Jugendliche oder wegen Gebrechlichkeit oder Krankheit Wehrlose, die seiner Fürsorge oder Obhut unterstehen oder seinem Hausstand angehören oder die von dem Fürsorgepflichtigen seiner Gewalt überlassen worden oder durch ein Dienst- oder Arbeitsverhältnis von ihm abhängig sind, quält oder roh mißhandelt oder wer durch böswillige Vernachlässigung seiner Pflicht, für sie zu sorgen, sie an der Gesundheit schädigt, wird mit Gefängnis nicht unter drei Monaten bestraft.

In besonders schweren Fällen ist die Strafe Zuchthaus bis zu fünf Jahren.

Anmerkung zu § 223 b. — Böswilligkeit: E. 72, S. 118.

§ 224. Hat die Körperverletzung zur Folge, daß der Verletzte ein wichtiges Glied des Körpers, das Sehvermögen auf einem oder beiden Augen, das Gehör, die Sprache oder die Zeugungsfähigkeit verliert, oder in erheblicher Weise dauernd entstellt wird, oder in Siechtum, Lähmung oder Geisteskrankheit verfällt, so ist auf Zuchthaus bis zu fünf Jahren oder Gefängnis nicht unter einem Jahre zu erkennen.

§ 225. War eine der vorbezeichneten Folgen beabsichtigt und eingetreten, so ist auf Zuchthaus von zwei bis zu zehn Jahren zu erkennen.

§ 226. Ist durch die Körperverletzung der Tod des Verletzten verursacht worden, so ist auf Zuchthaus nicht unter drei Jahren oder Gefängnis nicht unter drei Jahren zu erkennen.

§ 226 a. Wer eine Körperverletzung mit Einwilligung des Verletzten vornimmt, handelt nur dann rechtswidrig, wenn die Tat trotz der Einwilligung gegen die guten Sitten verstößt.

Anmerkung zu § 226 a. — Grundsätzlich zur Rechtfertigung durch Einwilligung: E. 25, S. 375. — Zu „gute Sitten": E. 74, S. 91.

§ 227. Ist durch eine Schlägerei oder durch einen von mehreren gemachten Angriff der Tod eines Menschen oder eine schwere Körperverletzung (§ 224) verursacht worden, so ist jeder, welcher sich an der Schlägerei oder dem Angriffe beteiligt hat, schon wegen dieser Beteiligung mit Gefängnis bis zu drei Jahren zu bestrafen, falls er nicht ohne sein Verschulden hineingezogen worden ist.

Ist eine der vorbezeichneten Folgen mehreren Verletzungen zuzuschreiben, welche dieselbe nicht einzeln, sondern nur durch ihr Zusammentreffen verursacht haben, so ist jeder, welchem eine dieser Verletzungen zur Last fällt, mit Zuchthaus bis zu fünf Jahren zu bestrafen.

Anmerkung zu § 227. — Begriff: HRR. 1939, 262.

§ 228. Sind mildernde Umstände vorhanden, so ist in den Fällen des § 223 a auf Gefängnis bis zu drei Jahren oder Geldstrafe, in den Fällen der §§ 224 und 227 Abs. 2 auf Gefängnis nicht unter einem Monat, und im Falle des § 226 auf Gefängnis nicht unter drei Monaten zu erkennen.

§ 229. Wer vorsätzlich einem anderen, um dessen Gesundheit zu beschädigen, Gift oder andere Stoffe beibringt, welche die Gesundheit zu zerstören geeignet sind, wird mit Zuchthaus bis zu zehn Jahren bestraft.

Ist durch die Handlung eine schwere Körperverletzung verursacht worden, so ist auf Zuchthaus nicht unter fünf Jahren und, wenn durch die Handlung der Tod verursacht worden, auf Zuchthaus nicht unter zehn Jahren oder auf lebenslängliches Zuchthaus zu erkennen.

§ 230. Wer durch Fahrlässigkeit die Körperverletzung eines anderen verursacht, wird mit Geldstrafe oder mit Gefängnis bis zu drei Jahren bestraft.

§ 231. In allen Fällen der Körperverletzung kann auf Verlangen des Verletzten neben der Strafe auf eine an denselben zu erlegende Buße erkannt werden.

Eine erkannte Buße schließt die Geltendmachung eines weiteren Entschädigungsanspruches aus.

Für diese Buße haften die zu derselben Verurteilten als Gesamtschuldner.

§ 232. Die Verfolgung leichter vorsätzlicher sowie aller durch Fahrlässigkeit verursachter Körperverletzungen (§§ 223, 230) tritt nur auf Antrag ein, es sei denn, daß die Strafverfolgungsbehörde wegen des besonderen öffentlichen Interesses an der Strafverfolgung ein Einschreiten von Amts wegen für geboten erachtet.

Ist das Vergehen gegen einen Angehörigen verübt, so ist die Zurücknahme des Antrages zulässig.

Die in den §§ 195, 196 und 198 enthaltenen Vorschriften finden auch hier Anwendung.

§ 233. Wenn leichte Körperverletzungen mit solchen, Beleidigungen mit leichten Körperverletzungen oder letztere mit ersteren auf der Stelle erwidert werden, so kann der Richter für beide Angeschuldigte, oder für einen derselben eine der Art oder dem Maße nach mildere oder überhaupt keine Strafe eintreten lassen.

18. Abschnitt: **Verbrechen und Vergehen wider die persönliche Freiheit**

§ 234. Wer sich eines Menschen durch List, Drohung oder Gewalt bemächtigt, um ihn in hilfloser Lage auszusetzen oder in Sklaverei, Leibeigenschaft oder in auswärtige Kriegs- oder Schiffsdienste zu bringen, wird wegen Menschenraubes mit Zuchthaus bestraft.

§ 235. Wer eine minderjährige Person durch List, Drohung oder Gewalt ihren Eltern, ihrem Vormund oder ihrem Pfleger entzieht, wird mit Gefängnis bestraft.

Sind mildernde Umstände vorhanden, so kann auf Geldstrafe erkannt werden.

Geschieht die Handlung in der Absicht, die Person zum Betteln oder zu gewinnsüchtigen oder unsittlichen Zwecken oder Beschäftigungen zu gebrauchen, so tritt Zuchthaus bis zu zehn Jahren ein.

Anmerkung zu § 235. — Umfang des Entziehens: HRR. 1936, 77.

§ 236. Wer eine Frauensperson wider ihren Willen durch List, Drohung oder Gewalt entführt, um sie zur Unzucht zu bringen, wird mit Zuchthaus bis zu zehn Jahren und, wenn die Entführung begangen wurde, um die Entführte zur Ehe zu bringen, mit Gefängnis bestraft.

Die Verfolgung tritt nur auf Antrag ein.

§ 237. Wer eine minderjährige, unverehelichte Frauensperson mit ihrem Willen, jedoch ohne Einwilligung ihrer Eltern, ihres Vormundes oder ihres Pflegers entführt, um sie zur Unzucht oder zur Ehe zu bringen, wird mit Gefängnis bestraft.

Die Verfolgung tritt nur auf Antrag ein.

§ 238. Hat der Entführer die Entführte geheiratet, so findet die Verfolgung nur statt, nachdem die Ehe für nichtig erklärt worden ist.

§ 239. Wer vorsätzlich und widerrechtlich einen Menschen einsperrt oder auf andere Weise des Gebrauches der persönlichen Freiheit beraubt, wird mit Gefängnis oder mit Geldstrafe bestraft.

Wenn die Freiheitsentziehung über eine Woche gedauert hat, oder wenn eine schwere Körperverletzung des der Freiheit Beraubten durch die Freiheitsentziehung oder die ihm während derselben widerfahrene Behandlung verursacht worden ist, so ist auf Zuchthaus bis zu zehn Jahren zu erkennen. Sind mildernde Umstände vorhanden, so tritt Gefängnisstrafe nicht unter einem Monat ein.

Ist der Tod des der Freiheit Beraubten durch die Freiheitsentziehung oder die ihm während derselben widerfahrene Behandlung verursacht worden, so ist auf Zuchthaus nicht unter drei Jahren zu erkennen. Sind mildernde Umstände vorhanden, so tritt Gefängnisstrafe nicht unter drei Monaten ein.

§ 239 a. Wer in Erpressungsabsicht ein fremdes Kind durch List, Drohung oder Gewalt entführt, oder sonst der Freiheit beraubt, wird mit dem Tode bestraft.

Kind im Sinne dieser Vorschrift ist der Minderjährige unter 18 Jahren.

§ 240. Wer einen anderen widerrechtlich durch Gewalt oder Bedrohung mit einem Verbrechen oder Vergehen zu einer Handlung, Duldung oder Unterlassung nötigt, wird mit Gefängnis bis zu einem Jahre oder mit Geldstrafe bestraft.

Der Versuch ist strafbar.

Anmerkung zu § 240. — Ehemann zwingt seine Frau mit Gewalt zum Beischlaf: E. 71, S. 110.

§ 241. Wer einen anderen mit der Begehung eines Verbrechens bedroht, wird mit Gefängnis bis zu sechs Monaten oder mit Geldstrafe bestraft.

19. Abschnitt: **Diebstahl und Unterschlagung**

§ 242. Wer eine fremde bewegliche Sache einem anderen in der Absicht wegnimmt, dieselbe sich rechtswidrig zuzueignen, wird wegen Diebstahls mit Gefängnis bestraft.

Der Versuch ist strafbar.

Anmerkung zu § 242. — Sache im Reichsgau Sudetenland und im Protektorat m. R. auf ABGB. zu bestimmen.

§ 243. Auf Zuchthaus bis zu zehn Jahren ist zu erkennen, wenn

1. aus einem zum Gottesdienste bestimmten Gebäude Gegenstände gestohlen werden, welche dem Gottesdienste gewidmet sind;
2. aus einem Gebäude oder umschlossenen Raume mittels Einbruchs, Einsteigens oder Erbrechens von Behältnissen gestohlen wird;
3. der Diebstahl dadurch bewirkt wird, daß zur Eröffnung eines Gebäudes oder der Zugänge eines umschlossenen Raumes, oder zur Eröffnung der im Innern befindlichen Türen oder Behältnisse falsche Schlüssel oder andere zur ordnungsmäßigen Eröffnung nicht bestimmte Werkzeuge angewendet werden;
4. auf einem öffentlichen Wege, einer Straße, einem öffentlichen Platze, einer Wasserstraße oder einer Eisenbahn, oder in einem Postgebäude oder dem dazu ge-

hörigen Hofraume, oder auf einem Eisenbahnhofe eine zum Reisegepäck oder zu anderen Gegenständen der Beförderung gehörende Sache mittels Abschneidens oder Ablösens der Befestigungs- oder Verwahrungsmittel, oder durch Anwendung falscher Schlüssel oder oder anderer zur ordnungsmäßigen Eröffnung nicht bestimmter Werkzeuge gestohlen wird;

5. der Dieb oder einer der Teilnehmer am Diebstahle bei Begehung der Tat Waffen bei sich führt;

6. zu dem Diebstahle mehrere mitwirken, welche sich zur fortgesetzten Begehung von Raub oder Diebstahl verbunden haben, oder

7. der Diebstahl zur Nachtzeit in einem bewohnten Gebäude, in welches sich der Täter in diebischer Absicht eingeschlichen, oder in welchem er sich in gleicher Absicht verborgen hatte, begangen wird, auch wenn zur Zeit des Diebstahls Bewohner in dem Gebäude nicht anwesend sind. Einem bewohnten Gebäude werden der zu einem bewohnten Gebäude gehörige, umschlossene Raum und die in einem solchen befindlichen Gebäude jeder Art, sowie Schiffe, welche bewohnt werden, gleich geachtet.

Sind mildernde Umstände vorhanden, so tritt Gefängnisstrafe nicht unter drei Monaten ein.

Anmerkung zu § 243. — Entsprechende Anwendung zu Z. 2: E. 70, S. 360; DStR. 6. Bd., S. 216.

§ 244. Wer im Inlande als Dieb, Räuber oder gleich einem Räuber oder als Hehler bestraft worden ist, darauf abermals eine dieser Handlungen begangen hat, und wegen derselben bestraft worden ist, wird, wenn er einen einfachen Diebstahl (§ 242) begeht, mit Zuchthaus bis zu zehn Jahren, wenn er einen schweren Diebstahl (§ 243) begeht, mit Zuchthaus nicht unter zwei Jahren bestraft.

Sind mildernde Umstände vorhanden, so tritt beim einfachen Diebstahl Gefängnisstrafe nicht unter drei Monaten, beim schweren Diebstahl Gefängnisstrafe nicht unter einem Jahr ein.

§ 245. Die Bestimmungen des § 244 finden Anwendung, auch wenn die früheren Strafen nur teilweise verbüßt oder ganz oder teilweise erlassen sind, bleiben jedoch ausgeschlossen, wenn seit der Verbüßung oder dem Erlasse der letzten Strafe bis zur Begehung des neuen Diebstahls zehn Jahre verflossen sind.

§ 245 a. Wer Diebeswerkzeug in Besitz oder Gewahrsam hat oder von einem anderen für sich verwahren läßt, nachdem er wegen schweren Diebstahls, Diebstahls im Rückfall, Raubes, gewerbs- oder gewohnheitsmäßiger Hehlerei oder Hehlerei im Rückfall (§§ 243 bis 245, 249 bis 252, 260, 261) rechtskräftig verurteilt worden ist, wird mit Gefängnis nicht unter drei Monaten bestraft, sofern sich nicht aus den Umständen ergibt, daß das Werkzeug nicht zur Verwendung bei strafbaren Handlungen bestimmt ist.

Wer Diebeswerkzeug für einen anderen in Verwahrung nimmt oder einem anderen überläßt, obwohl er weiß oder den Umständen nach annehmen muß, daß das Werkzeug zur Verwendung bei strafbaren Handlungen bestimmt ist, wird, sofern die Tat nicht nach anderen Vorschriften mit schwererer Strafe bedroht ist, mit Gefängnis bestraft.

Das Diebeswerkzeug ist einzuziehen, auch wenn es dem Täter nicht gehört.

In den Fällen des Abs. 1 kommt eine frühere Verurteilung nicht in Betracht, wenn zwischen dem Eintritt ihrer Rechtskraft und der Tat des Abs. 1 mehr als fünf Jahre verstrichen sind. In die Frist wird die Zeit nicht eingerechnet, in der der Täter eine Freiheitsstrafe verbüßt oder auf behördliche Anordnung in einer Anstalt verwahrt wird. Eine ausländische Verurteilung steht einer inländischen gleich, wenn die geahndete Tat nach deutschem Recht ein Verbrechen der im Abs. 1 genannten Art wäre.

Anmerkung zu § 245 a. — Begriff des Diebswerkzeuges: DStR., 2. Bd., S. 43.

§ 246. Wer eine fremde bewegliche Sache, die er in Besitz oder Gewahrsam hat, sich rechtswidrig zueignet, wird wegen Unterschlagung mit Gefängnis bis zu drei Jahren und, wenn die Sache ihm anvertraut ist, mit Gefängnis bis zu fünf Jahren bestraft.

Sind mildernde Umstände vorhanden, so kann auf Geldstrafe erkannt werden.

Der Versuch ist strafbar.

§ 247. Wer einen Diebstahl oder eine Unterschlagung gegen Angehörige, Vormünder oder Erzieher begeht, oder wer einer Person, zu der er im Lehrlingsverhältnisse steht, oder in deren häuslicher Gemeinschaft er als Gesinde sich befindet, Sachen von unbedeutendem Werte stiehlt oder unterschlägt, ist nur auf Antrag zu verfolgen. Die Zurücknahme des Antrages ist zulässig.

Ein Diebstahl oder eine Unterschlagung, welche von Verwandten aufsteigender Linie gegen Verwandte absteigender Linie oder von einem Ehegatten gegen den anderen begangen worden ist, bleibt straflos.

Diese Bestimmungen finden auf Teilnehmer oder Begünstiger, welche nicht in einem der vorbezeichneten persönlichen Verhältnisse stehen, keine Anwendung.

§ 248. Neben der wegen Diebstahls oder Unterschlagung erkannten Gefängnisstrafe kann auf Verlust der bürgerlichen Ehrenrechte, und neben der wegen Diebstahls erkannten Zuchthausstrafe auf Zulässigkeit von Polizeiaufsicht erkannt werden.

§ 248 a. Wer aus Not geringwertige Gegenstände entwendet oder unterschlägt, wird mit Geldstrafe oder mit Gefängnis bis zu drei Monaten bestraft.

Die Verfolgung tritt nur auf Antrag ein. Die Zurücknahme des Antrages ist zulässig.

Wer die Tat gegen einen Verwandten absteigender Linie oder gegen seinen Ehegatten begeht, bleibt straflos.

20. Abschnitt: **Raub und Erpressung**

§ 249. Wer mit Gewalt gegen eine Person oder unter Anwendung von Drohungen mit gegenwärtiger Gefahr für Leib und Leben eine fremde bewegliche Sache einem anderen in der Absicht wegnimmt, sich dieselbe rechtswidrig zuzueignen, wird wegen Raubes mit Zuchthaus bestraft.

Sind mildernde Umstände vorhanden, so tritt Gefängnisstrafe nicht unter sechs Monaten ein.

Anmerkung zu § 249. — Entsprechende Anwendung: E. 72, S. 349.

§ 250. Auf Zuchthaus nicht unter fünf Jahren ist zu erkennen, wenn

1. der Räuber oder einer der Teilnehmer am Raube bei Begehung der Tat Waffen bei sich führt;
2. zu dem Raube mehrere mitwirken, welche sich zur fortgesetzten Begehung von Raub oder Diebstahl verbunden haben;
3. der Raub auf einem öffentlichen Wege, einer Straße, einer Eisenbahn, einem öffentlichen Platze, auf offener See oder einer Wasserstraße begangen wird;
4. der Raub zur Nachtzeit in einem bewohnten Gebäude (§ 243 Nr. 7) begangen wird, in welches sich der Täter zur Begehung eines Raubes oder Diebstahls eingeschlichen oder sich gewaltsam Eingang verschafft oder in welchem er sich in gleicher Absicht verborgen hatte, oder
5. der Räuber bereits einmal als Räuber oder gleich einem Räuber im Inlande bestraft worden ist. Die im § 245 enthaltenen Vorschriften finden auch hier Anwendung.

Sind mildernde Umstände vorhanden, so tritt Gefängnisstrafe nicht unter einem Jahre ein.

§ 251. Mit Zuchthaus nicht unter zehn Jahren oder mit lebenslänglichem Zuchthaus wird der Räuber bestraft, wenn bei dem Raube ein Mensch gemartert, oder durch die gegen ihn verübte Gewalt eine schwere Körperverletzung oder der Tod desselben verursacht worden ist.

§ 252. Wer, bei einem Diebstahle auf frischer Tat betroffen, gegen eine Person Gewalt verübt oder Drohungen mit gegenwärtiger Gefahr für Leib und Leben anwendet, um sich im Besitze des gestohlenen Gutes zu erhalten, ist gleich einem Räuber zu bestrafen.

§ 253. Wer, um sich oder einem Dritten einen rechtswidrigen Vermögensvorteil zu verschaffen, einen anderen durch Gewalt oder Drohung zu einer Handlung, Duldung oder Unterlassung nötigt, ist wegen Erpressung mit Gefängnis nicht unter einem Monat zu bestrafen.

Der Versuch ist strafbar.

Anmerkung zu § 253. — Erlaubtes, aber schikanöses Tun: E. 72, S. 75.

§ 254. Wird die Erpressung durch Bedrohung mit Mord, mit Brandstiftung oder mit Verursachung einer Überschwemmung begangen, so ist auf Zuchthaus bis zu fünf Jahren zu erkennen.

§ 255. Wird die Erpressung durch Gewalt gegen eine Person oder unter Anwendung von Drohungen mit gegenwärtiger Gefahr für Leib oder Leben begangen, so ist der Täter gleich einem Räuber zu bestrafen.

§ 256. Neben der wegen Erpressung erkannten Gefängnisstrafe kann auf Verlust der bürgerlichen Ehrenrechte und neben der wegen Raubes oder Erpressung erkannten Zuchthausstrafe auf Zulässigkeit von Polizeiaufsicht erkannt werden.

21. Abschnitt: **Begünstigung und Hehlerei**

§ 257. Wer nach Begehung eines Verbrechens oder Vergehens dem Täter oder Teilnehmer wissentlich Beistand leistet, um denselben der Bestrafung zu entziehen oder um ihm die Vorteile des Verbrechens oder Vergehens zu sichern, ist wegen Begünstigung mit Geldstrafe oder mit Gefängnis bis zu einem Jahre und, wenn er diesen Beistand seines Vorteils wegen leistet, mit Gefängnis zu bestrafen. Die Strafe darf jedoch, der Art oder dem Maße nach, keine schwerere sein, als die auf die Handlung selbst angedrohte.

Die Begünstigung ist straflos, wenn dieselbe dem Täter oder Teilnehmer von einem Angehörigen gewährt worden ist, um ihn der Bestrafung zu entziehen.

Die Begünstigung ist als Beihilfe zu bestrafen, wenn sie vor Begehung der Tat zugesagt worden ist. Diese Bestimmung findet auch auf Angehörige Anwendung.

Anmerkung zu § 257. — Straflosigkeit der Selbstbegünstigung: E. 70, S. 20; 71, S. 280. — Durch Vorgesetzten: E. 73, S. 265. — Begünstigung und Begehung einer neuen Tat: E. 72, S. 20.

§ 257 a. Wer, abgesehen von den Fällen der §§ 120, 121, 122 a, 122 b, vorsätzlich die Vollstreckung einer gegen einen anderen rechtskräftig angeordneten Maßregel der Sicherung und Besserung ganz oder zum Teil vereitelt, wird mit Gefängnis bis zu zwei Jahren oder mit Geldstrafe bestraft.

Der Versuch ist strafbar.

Wird die Tat zugunsten eines Angehörigen begangen, so tritt Straffreiheit ein.

§ 258. Wer seines Vorteils wegen sich einer Begünstigung schuldig macht, wird als Hehler bestraft, wenn der Begünstigte

1. einen einfachen Diebstahl oder eine Unterschlagung begangen hat, mit Gefängnis,
2. einen schweren Diebstahl, einen Raub oder ein dem Raube gleich zu bestrafendes Verbrechen begangen hat, mit Zuchthaus bis zu fünf Jahren.

Sind mildernde Umstände vorhanden, so tritt Gefängnisstrafe nicht unter drei Monaten ein.

Diese Strafvorschriften finden auch dann Anwendung, wenn der Hehler ein Angehöriger ist.

§ 259. Wer seines Vorteils wegen Sachen, von denen er weiß oder den Umständen nach annehmen muß, daß sie mittels einer strafbaren Handlung erlangt sind, verheimlicht, ankauft, zum Pfande nimmt oder sonst an sich bringt oder zu deren Absatz bei anderen mitwirkt, wird als Hehler mit Gefängnis bestraft.

Anmerkung zu § 259. — Entsprechende Anwendung: E. 72, S. 146; 73, S. 151; JW. 1938, S. 1161; DStR., 4. Bd., S. 361, 432. — Durch wirtschaftliche Verwertung: E. 72, S. 87. — Nachträgliche Feststellung strafbaren Erwerbes: E. 72, S. 380.

§ 260. Wer die Hehlerei gewerbs- oder gewohnheitsmäßig betreibt, wird mit Zuchthaus bis zu zehn Jahren bestraft.

§ 261. Wer im Inland wegen Hehlerei einmal und wegen darauf begangener Hehlerei zum zweiten Male bestraft worden ist, wird, wenn sich die abermals begangene Hehlerei auf einen schweren Diebstahl, einen Raub oder ein dem Raube gleich zu bestrafendes Verbrechen bezieht, mit Zuchthaus nicht unter zwei Jahren bestraft. Sind mildernde Umstände vorhanden so tritt Gefängnisstrafe nicht unter einem Jahre ein.

Bezieht sich die Hehlerei auf eine andere strafbare Handlung, so ist auf Zuchthaus bis zu zehn Jahren zu erkennen Sind mildernde Umstände vorhanden, so tritt Gefängnisstrafe nicht unter drei Monaten ein.

Die in dem § 245 enthaltenen Vorschriften finden auch hier Anwendung.

§ 262. Neben der wegen Hehlerei erkannten Gefängnisstrafe kann auf Verlust der bürgerlichen Ehrenrechte und neben jeder Verurteilung wegen Hehlerei auf Zulässigkeit von Polizeiaufsicht erkannt werden.

22. Abschnitt: **Betrug und Untreue**

§ 263. Wer in der Absicht, sich oder einem Dritten einen rechtswidrigen Vermögensvorteil zu verschaffen, das Vermögen eines anderen dadurch schädigt, daß er durch Vorspiegelung falscher oder durch Entstellung oder Unterdrückung wahrer Tatsachen einen Irrtum erregt oder unterhält, wird wegen Betruges mit Gefängnis bestraft, neben welchem auf Geldstrafe, sowie auf Verlust der bürgerlichen Ehrenrechte erkannt werden kann.

Sind mildernde Umstände vorhanden, so kann ausschließlich auf die Geldstrafe erkannt werden.

Der Versuch ist strafbar.

In besonders schweren Fällen tritt an die Stelle der Gefängnisstrafe Zuchthaus bis zu zehn Jahren. Ein besonders schwerer Fall liegt insbesondere dann vor, wenn die Tat das Wohl des Volkes geschädigt oder einen anderen besonders großen Schaden zur Folge gehabt oder der Täter besonders arglistig gehandelt hat.

Wer einen Betrug gegen Angehörige, Vormünder oder Erzieher begeht, ist nur auf Antrag zu verfolgen. Die Zurücknahme des Antrages ist zulässig.

Anmerkung zu § 263. — Trotz Vollwertigkeit: HRR. 1939, 396. — Vermögensgefährdung als Vollendung: HRR. 1939, 397. — Prozeßbetrug: E. 72, S. 113; DStR., 2. Bd., 116. — Bewußtsein der Nachteiligkeit der Vermögensverfügung schließt Betrug nicht aus· E. 70, S. 255. — Begriff des bes. schweren Falls: E. 68, S. 218 ff.

§ 264. Wer im Inlande wegen Betruges einmal und wegen darauf begangenen Betruges zum zweiten Male bestraft worden ist, wird wegen abermals begangenen Betruges mit Zuchthaus bis zu zehn Jahren und zugleich mit Geldstrafe bestraft.

Sind mildernde Umstände vorhanden, so tritt Gefängnisstrafe nicht unter drei Monaten ein, neben welcher zugleich auf Geldstrafe erkannt werden kann.

Die im § 245 enthaltenen Vorschriften finden auch hier Anwendung.

§ 264 a. Wer aus Not sich oder einem Dritten geringwertige Gegenstände zum Schaden eines anderen durch Täuschung (§ 263 Abs. 1) verschafft, wird mit Geldstrafe oder mit Gefängnis bis zu drei Monaten bestraft.

Der Versuch ist strafbar.

Die Verfolgung tritt nur auf Antrag ein. Die Zurücknahme des Antrages ist zulässig.

Wer die Tat gegen einen Verwandten absteigender Linie oder gegen seinen Ehegatten begeht, bleibt straflos.

§ 265. Wer in betrügerischer Absicht eine gegen Feuersgefahr versicherte Sache in Brand setzt, oder ein Schiff, welches als solches oder in seiner Ladung oder in seinem Frachtlohn versichert ist, sinken oder stranden macht, wird mit Zuchthaus bis zu zehn Jahren und zugleich mit Geldstrafe bestraft.

Sind mildernde Umstände vorhanden, so tritt Gefängnisstrafe nicht unter sechs Monaten ein, neben welcher auf Geldstrafe erkannt werden kann.

§ 265 a. Wer die Leistung eines Automaten, die Beförderung durch ein Verkehrsmittel oder den Zutritt zu einer Veranstaltung oder einer Einrichtung in der Absicht erschleicht, das Entgelt nicht zu entrichten, wird, soweit die Tat nicht nach anderen Vorschriften mit schwererer Strafe bedroht ist, mit Gefängnis bis zu einem Jahr oder mit Geldstrafe bestraft.

Der Versuch ist strafbar.

§ 266. Wer vorsätzlich die ihm durch Gesetz, behördlichen Auftrag oder Rechtsgeschäft eingeräumte Befugnis, über fremdes Vermögen zu verfügen oder einen anderen zu verpflichten, mißbraucht oder die ihm kraft Gesetzes, behördlichen Auftrags, Rechtsgeschäfts oder eines Treuverhältnisses obliegende Pflicht, fremde Vermögensinteressen wahrzunehmen, verletzt und dadurch dem, dessen Vermögensinteressen er zu betreuen hat, Nachteil zufügt, wird wegen Untreue mit Gefängnis und mit Geldstrafe bestraft. Daneben kann auf Verlust der bürgerlichen Ehrenrechte erkannt werden.

In besonders schweren Fällen tritt an die Stelle der Gefängnisstrafe Zuchthaus bis zu zehn Jahren. Ein besonders schwerer Fall liegt insbesondere dann vor, wenn die Tat das Wohl des Volkes geschädigt oder einen anderen besonders großen Schaden zur Folge gehabt oder der Täter besonders arglistig gehandelt hat.

Anmerkung zu § 266. — Begriff: DStR., 2. Bd., S. 44; 6. Bd., S. 52. — Treuverhältnis tatsächlicher Art: E. 70, S. 7. — Treuverhältnis und Verfügungsgewalt: HRR. 1939, 355. — Bedeutung als Bindeglied zwischen anderen Delikten: E. 72, S. 193. — Strafantrag, bei Ehegatten: JW. 1936, S. 2100. Inzwischen auch bei weiteren Anverwandten im Sinne wie § 263, Abs. 5. — Besonders schwerer Fall: E. 73, S. 172.

23. Abschnitt: **Urkundenfälschung**

§ 267. Wer in rechtswidriger Absicht eine inländische oder ausländische öffentliche Urkunde oder eine solche Privaturkunde, welche zum Beweise von Rechten oder Rechtsverhältnissen von Erheblichkeit ist, verfälscht oder fälschlich anfertigt und von derselben zum Zwecke einer Täuschung

Gebrauch macht, wird wegen Urkundenfälschung mit Gefängnis bestraft.

Anmerkung zu § 267. — Fälschliche Anfertigung: JW. 1939, S. 226.

§ 268. Eine Urkundenfälschung, welche in der Absicht begangen wird, sich oder einem anderen einen Vermögensvorteil zu verschaffen oder einem anderen Schaden zuzufügen, wird bestraft, wenn

1. die Urkunde eine Privaturkunde ist, mit Zuchthaus bis zu fünf Jahren, neben welchem auf Geldstrafe erkannt werden kann;
2. die Urkunde eine öffentliche ist, mit Zuchthaus bis zu zehn Jahren, neben welchem auf Geldstrafe erkannt werden kann.

Sind mildernde Umstände vorhanden, so tritt Gefängnisstrafe ein, welche bei der Fälschung einer Privaturkunde nicht unter einer Woche, bei der Fälschung einer öffentlichen Urkunde nicht unter drei Monaten betragen soll. Neben der Gefängnisstrafe kann zugleich auf Geldstrafe erkannt werden.

§ 269. Der fälschlichen Anfertigung einer Urkunde wird es gleich geachtet, wenn jemand einem mit der Unterschrift eines anderen versehenen Papiere ohne dessen Willen oder dessen Anordnungen zuwider durch Ausfüllung einen urkundlichen Inhalt gibt.

§ 270. Der Urkundenfälschung wird es gleich geachtet, wenn jemand von einer falschen oder verfälschten Urkunde, wissend, daß sie falsch oder verfälscht ist, zum Zwecke einer Täuschung Gebrauch macht.

§ 271. Wer vorsätzlich bewirkt, daß Erklärungen, Verhandlungen oder Tatsachen, welche für Rechte oder Rechtsverhältnisse von Erheblichkeit sind, in öffentlichen Urkunden, Büchern oder Registern als abgegeben oder geschehen beurkundet werden, während sie überhaupt nicht oder in anderer Weise oder von einer Person in einer ihr nicht zustehenden Eigenschaft oder von einer anderen Person abgegeben oder geschehen sind, wird mit Gefängnis bis zu sechs Monaten oder mit Geldstrafe bestraft.

Anmerkung zu § 271. — Entsprechende Anwendung: JW. 1938, S. 2898; DStR., 6. Bd., S. 107; E. 72, S. 201.

§ 272. Wer die vorbezeichnete Handlung in der Absicht begeht, sich oder einem anderen einen Vermögensvorteil zu verschaffen oder einem anderen Schaden zuzufügen, wird mit Zuchthaus bis zu zehn Jahren bestraft, neben welchem auf Geldstrafe erkannt werden kann.

Sind mildernde Umstände vorhanden, so tritt Gefängnisstrafe ein, neben welcher auf Geldstrafe erkannt werden kann.

§ 273. Wer wissentlich von einer falschen Beurkundung der im § 271 bezeichneten Art zum Zwecke einer Täuschung Gebrauch macht, wird nach Vorschrift jenes Paragraphen und, wenn die Absicht dahin gerichtet war, sich oder einem anderen einen Vermögensvorteil zu verschaffen oder einem anderen Schaden zuzufügen, nach Vorschrift des § 272 bestraft.

§ 274. Mit Gefängnis, neben welchem auf Geldstrafe erkannt werden kann, wird bestraft, wer

1. eine Urkunde, welche ihm entweder überhaupt nicht oder nicht ausschließlich gehört, in der Absicht, einem anderen Nachteile zuzufügen, vernichtet, beschädigt oder unterdrückt, oder
2. einen Grenzstein oder ein anderes zur Bezeichnung einer Grenze oder eines Wasserstandes bestimmtes Merkmal in der Absicht, einem anderen Nachteil zuzufügen, wegnimmt, vernichtet, unkenntlich macht, verrückt oder fälschlich setzt.

§ 275. Mit Gefängnis nicht unter drei Monaten wird bestraft, wer

1. wissentlich von falschem oder gefälschtem Stempelpapier, von falschen oder gefälschten Stempelmarken, Stempelblanketten, Stempelabdrücken, Post- oder Telegraphen-Freimarken oder gestempelten Briefkuverts Gebrauch macht,
2. unechtes Stempelpapier, unechte Stempelmarken, Stempelblankette oder Stempelabdrücke für Spielkarten,

Pässe oder sonstige Drucksachen oder Schriftstücke, ingleichen wer unechte Post- oder Telegraphen-Freimarken oder gestempelte Briefkuverts in der Absicht anfertigt, sie als echt zu verwenden, oder

3. echtes Stempelpapier, echte Stempelmarken, Stempelblankette, Stempelabdrücke, Post- oder Telegraphen-Freimarken oder gestempelte Briefkuverts in der Absicht verfälscht, sie zu einem höheren Werte zu verwenden.

§ 276. Wer wissentlich schon einmal zu stempelpflichtigen Urkunden, Schriftstücken oder Formularen verwendetes Stempelpapier oder schon einmal verwendete Stempelmarken oder Stempelblankette, ingleichen Stempelabdrücke, welche zum Zeichen stattgehabter Versteuerung gedient haben, zu stempelpflichtigen Schriftstücken verwendet, wird, außer der Strafe, welche durch die Entziehung der Stempelsteuer begründet ist, mit Geldstrafe bestraft.

Gleiche Strafe trifft denjenigen, welcher wissentlich schon einmal verwendete Post- oder Telegraphenwertzeichen nach gänzlicher oder teilweiser Entfernung des Entwertungszeichens zur Frankierung benutzt. Neben dieser Strafe ist die etwa wegen Entziehung der Post- und Telegraphengebühren begründete Strafe verwirkt.

§ 277. Wer unter der ihm nicht zustehenden Bezeichnung als Arzt oder als eine andere approbierte Medizinalperson oder unberechtigt unter dem Namen solcher Personen ein Zeugnis über seinen oder eines andern Gesundheitszustand ausstellt oder ein derartiges echtes Zeugnis verfälscht, und davon zur Täuschung von Behörden oder Versicherungsgesellschaften Gebrauch macht, wird mit Gefängnis bis zu einem Jahr bestraft.

§ 278. Ärzte und andere approbierte Medizinalpersonen, welche ein unrichtiges Zeugnis über den Gesundheitszustand eines Menschen zum Gebrauche bei einer Behörde oder Versicherungsgesellschaft wider besseres Wissen ausstellen, werden mit Gefängnis von einem Monat bis zu zwei Jahren bestraft.

§ 279. Wer, um eine Behörde oder eine Versicherungsgesellschaft über seinen oder eines anderen Gesundheitszustand zu täuschen, von einem Zeugnisse der in den §§ 277 und 278 bezeichneten Art Gebrauch macht, wird mit Gefängnis bis zu einem Jahre bestraft.

§ 280. Neben einer nach Vorschrift der §§ 267, 274, 275, 277 bis 279 erkannnten Gefängnisstrafe kann auf Verlust der bürgerlichen Ehrenrechte erkannt werden.

24. Abschnitt: **Bankrott**

§§ 281 bis 283 sind ersetzt durch §§ 239 bis 244 der Konkursordnung in der Fassung vom 17. V. 1898, sie ist im Reichsgau Sudetenland und im Protektorat bisher nicht angeführt.

25. Abschnitt: **Strafbarer Eigennutz und Verletzung fremder Geheimnisse**

§ 284. Wer ohne behördliche Erlaubnis öffentlich ein Glücksspiel veranstaltet oder hält oder die Einrichtungen hierzu bereitstellt, wird mit Gefängnis bis zu zwei Jahren und mit Geldstrafe oder mit Geldstrafe bestraft.

Als öffentlich veranstaltet gelten auch Glücksspiele in Vereinen oder geschlossenen Gesellschaften, in denen Glücksspiele gewohnheitsmäßig veranstaltet werden.

§ 284 a. Wer sich an einem öffentlichen Glücksspiel (§ 284) beteiligt, wird mit Gefängnis bis zu sechs Monaten und mit Geldstrafe oder mit Geldstrafe bestraft.

§ 284 b. In den Fällen der §§ 284, 284 a sind die Spieleinrichtungen und das auf dem Spieltisch oder in der Bank befindliche Geld einzuziehen, sofern sie dem Täter oder einem Teilnehmer gehören. Andernfalls können die Gegenstände eingezogen werden.

§ 285. Wer aus dem Glücksspiel ein Gewerbe macht, wird mit Gefängnis und mit Geldstrafe, bei mildernden Umständen mit Gefängnis bis zu einem Jahre und mit Geldstrafe oder mit Geldstrafe bestraft.

§ 285 a. In den Fällen der §§ 284, 284 a und 285 kann neben Gefängnis auf Verlust der bürgerlichen Ehrenrechte und auf die Zulässigkeit von Polizeiaufsicht erkannt werden.

Neben der Strafe kann angeordnet werden, daß die Verurteilung auf Kosten des Schuldigen öffentlich bekanntzumachen ist.

§ 286. Wer ohne obrigkeitliche Erlaubnis öffentliche Lotterien veranstaltet, wird mit Gefängnis bis zu zwei Jahren oder mit Geldstrafe bestraft.

Den Lotterien sind öffentlich veranstaltete Ausspielungen beweglicher oder unbeweglicher Sachen gleich zu achten.

§ 287. Außer Kraft getreten.

§ 288. Wer bei einer ihm drohenden Zwangsvollstrekkung in der Absicht, die Befriedigung des Gläubigers zu vereiteln, Bestandteile seines Vermögens veräußert oder beiseite schafft, wird mit Gefängnis bis zu zwei Jahren oder mit Geldstrafe bestraft.

Die Verfolgung tritt nur auf Antrag des Gläubigers ein.

§ 289. Wer seine eigene bewegliche Sache, oder eine fremde bewegliche Sache zugunsten des Eigentümers derselben, dem Nutznießer, Pfandgläubiger oder demjenigen, welchem an der Sache ein Gebrauchs- oder Zurückhaltungsrecht zusteht, in rechtswidriger Absicht wegnimmt, wird mit Gefängnis bis zu drei Jahren oder mit Geldstrafe bestraft.

Neben der Gefängnisstrafe kann auf Verlust der bürgerlichen Ehrenrechte erkannt werden.

Der Versuch ist strafbar.

Die Verfolgung tritt nur auf Antrag ein.

Die Bestimmungen des § 247 Abs. 2 und 3 finden auch hier Anwendung.

§ 290. Öffentliche Pfandleiher, welche die von ihnen in Pfand genommenen Gegenstände unbefugt in Gebrauch nehmen, werden mit Gefängnis bis zu einem Jahre, neben welchem auf Geldstrafe erkannt werden kann, bestraft.

§ 291. Wer die bei den Übungen der Artillerie verschossene Munition, oder wer Bleikugeln aus den Kugelfängen der Schießstände der Truppen sich widerrechtlich zueignet, wird mit Gefängnis bis zu einem Jahre oder mit Geldstrafe bestraft.

§ 292. Wer unter Verletzung fremden Jagdrechts dem Wilde nachstellt, es fängt, erlegt oder sich zueignet, oder eine Sache, die dem Jagdrecht unterliegt, sich zueignet, beschädigt oder zerstört, wird mit Gefängnis bestraft.

In besonders schweren Fällen. insbesondere wenn die Tat zur Nachtzeit, in der Schonzeit, unter Anwendung von Schlingen oder in anderer nicht waidmännischer Weise oder von mehreren mit Schußwaffen ausgerüsteten Tätern gemeinsam begangen wird, ist auf Gefängnis nicht unter drei Monaten zu erkennen.

Wer die Tat gewerbs- oder gewohnheitsmäßig begeht, wird mit Gefängnis nicht unter drei Monaten, in besonders schweren Fällen mit Zuchthaus bis zu fünf Jahren bestraft.

§ 293. Wer unter Verletzung fremden Fischereirechts fischt oder eine Sache, die dem Fischereirecht unterliegt, sich zueignet, beschädigt oder zerstört, wird mit Gefängnis bis zu zwei Jahren oder mit Geldstrafe bestraft.

In besonders schweren Fällen, insbesondere, wenn die Tat zur Nachtzeit, in der Schonzeit oder unter Anwendung schädlicher oder explosiver Stoffe begangen wird, ist auf Gefängnis nicht unter einem Monat zu erkennen.

Wer die Tat gewerbs- oder gewohnheitsmäßig begeht, wird mit Gefängnis nicht unter drei Monaten bestraft.

§ 294. In den Fällen des § 292 Abs. 1 und des § 293 Abs. 1 wird die Tat nur auf Antrag des Verletzten verfolgt, wenn sie von einem Angehörigen oder an einem Orte begangen worden ist, wo der Täter die Jagd oder die Fischerei in beschränktem Umfang ausüben durfte.

§ 295. Jagd- oder Fischereigeräte, Hunde oder andere Tiere, die der Täter oder ein Teilnehmer zur Jagd oder Fischerei bei sich geführt oder verwendet hat, sind einzuziehen, auch wenn sie keinem von ihnen gehören.

Von der Einziehung kann abgesehen werden, wenn die Sache ohne Schuld des Eigentümers zur Tat benutzt worden ist oder die Einziehung eine unbillige Härte für den Betroffenen bedeuten würde.

§ 296. Wer Jagdgerät oder Fischereigerät in Besitz oder Gewahrsam hat oder von einem anderen für sich verwahren läßt, nachdem er wegen gewerbs- oder gewohnheitsmäßiger Wilderei (§ 292 Abs. 3, § 293 Abs. 3) oder mehr als einmal wegen Wilderei (§ 292 Abs. 1, 2, § 293 Abs. 1, 2) rechtskräftig verurteilt worden ist, wird mit Gefängnis bestraft, sofern sich nicht aus den Umständen ergibt, daß das Gerät nicht zur Verwendung bei der Wilderei bestimmt ist.

Wer Jagd- oder Fischereigerät für einen anderen in Verwahrung nimmt oder einem anderen überläßt, obwohl er weiß oder den Umständen nach annehmen muß, daß das Gerät zur Verwendung bei der Wilderei bestimmt ist, wird, sofern die Tat nicht nach anderen Vorschriften mit schwererer Strafe bedroht ist, mit Gefängnis bis zu zwei Jahren bestraft.

Das Jagd- oder Fischereigerät ist einzuziehen, auch wenn es dem Täter nicht gehört.

§ 245 a Abs. 4 gilt entsprechend.

§ 296 a. Ausländer, welche in deutschen Küstengewässern unbefugt fischen, werden mit Geld- oder Gefängnisstrafe bis zu sechs Monaten bestraft.

Neben der Geld- oder Gefängnisstrafe ist auf Einziehung der Fanggeräte, welche der Täter bei dem unbefugten Fischen bei sich getragen hat, ingleichen der in dem Fahrzeug enthaltenen Fische zu erkennen, ohne Unterschied, ob die Fanggeräte und Fische dem Verurteilten gehören oder nicht.

§ 297. Ein Reisender oder Schiffsmann, welcher ohne Vorwissen des Schiffers, ingleichen ein Schiffer, welcher ohne Vorwissen des Reeders Gegenstände an Bord nimmt, welche das Schiff oder die Ladung gefährden, indem sie die Beschlagnahme oder Einziehung des Schiffes oder der Ladung veranlassen können, wird mit Geldstrafe oder mit Gefängnis bis zu zwei Jahren bestraft.

§ 298. Ein Schiffsmann, welcher mit der Heuer entläuft, oder sich verborgen hält, um sich dem übernommenen Dienste zu entziehen, wird, ohne Unterschied, ob das Vergehen im

Inlande oder im Auslande begangen worden ist, mit Gefängnis bis zu einem Jahre bestraft.

§ 299. Wer einen verschlossenen Brief oder eine andere verschlossene Urkunde, die nicht zu seiner Kenntnisnahme bestimmt ist, vorsätzlich und unbefugterweise eröffnet, wird mit Geldstrafe oder mit Gefängnis bis zu drei Monaten bestraft.

Die Verfolgung tritt nur auf Antrag ein.

§ 300. Rechtsanwälte, Notare, Verteidiger in Strafsachen, Wundärzte, Hebammen, sowie die Gehilfen dieser Personen werden, wenn sie unbefugt Privatgeheimnisse offenbaren, die ihnen kraft ihres Amtes, Standes oder Gewerbes anvertraut sind, mit Geldstrafe oder mit Gefängnis bis zu drei Monaten bestraft.

Die Verfolgung tritt nur auf Antrag ein.

Anmerkung zu § 300. — Hinsichtlich der Ärzte im Sudetengau außer Kraft gesetzt durch Reichsärzteordnung vom 13. 12. 1935, eing. am 1. 4. 1939. SudVBl. S. 715,

§ 301. Wer in gewinnsüchtiger Absicht und unter Benutzung des Leichtsinns oder der Unerfahrenheit eines Minderjährigen sich von demselben Schuldscheine, Wechsel, Empfangsbekenntnisse, Bürgschaftsinstrumente oder eine andere, eine Verpflichtung enthaltende Urkunde ausstellen oder auch nur mündlich ein Zahlungsversprechen erteilen läßt, wird mit Gefängnis bis zu sechs Monaten oder mit Geldstrafe bestraft.

Die Verfolgung tritt nur auf Antrag ein.

§ 302. Wer in gewinnsüchtiger Absicht unter Benutzung des Leichtsinns oder der Unerfahrenheit eines Minderjährigen sich von demselben unter Verpfändung der Ehre, auf Ehrenwort, eidlich oder unter ähnlichen Versicherungen oder Beteuerungen die Zahlung einer Geldsumme oder die Erfüllung einer anderen, auf Gewährung geldwerter Sachen gerichteten Verpflichtung aus einem Rechtsgeschäfte versprechen läßt, wird mit Gefängnis bis zu einem Jahre oder mit Geldstrafe bestraft.

Neben der Gefängnisstrafe kann auf Verlust der bürgerlichen Ehrenrechte erkannt werden.

Dieselbe Strafe trifft denjenigen, welcher sich eine Forderung, von der er weiß, daß deren Berichtigung ein Minderjähriger in der vorbezeichneten Weise versprochen hat, abtreten läßt.

Die Verfolgung tritt nur auf Antrag ein.

§ 302 a. Wer unter Ausbeutung der Notlage, des Leichtsinns oder der Unerfahrenheit eines anderen mit Bezug auf ein Darlehen oder auf die Stundung einer Geldforderung oder auf ein anderes zweiseitiges Rechtsgeschäft, welches denselben wirtschaftlichen Zwecken dienen soll, sich oder einem Dritten Vermögensvorteile versprechen oder gewähren läßt, welche den üblichen Zinsfuß dergestalt überschreiten, daß nach den Umständen des Falles die Vermögensvorteile in auffälligem Mißverhältnis zu der Leistung stehen, wird wegen Wuchers mit Gefängnis bis zu sechs Monaten und zugleich mit Geldstrafe bestraft. Auch kann auf Verlust der bürgerlichen Ehrenrechte erkannt werden.

§ 302 b. Wer sich oder einem Dritten die wucherlichen Vermögensvorteile (§ 302 a) verschleiert oder wechselmäßig oder unter Verpfändung der Ehre, auf Ehrenwort, eidlich oder unter ähnlichen Versicherungen oder Beteuerungen versprechen läßt, wird mit Gefängnis bis zu einem Jahre und zugleich mit Geldstrafe bestraft. Auch kann auf Verlust der bürgerlichen Ehrenrechte erkannt werden.

§ 302 c. Dieselben Strafen (§§ 302 a, 302 b) treffen denjenigen, welcher mit Kenntnis des Sachverhalts eine Forderung der vorbezeichneten Art erwirbt und entweder dieselbe weiter veräußert oder die wucherlichen Vermögensvorteile geltend macht.

§ 302 d. Wer den Wucher (§§ 302 a bis 302 c) gewerbs- oder gewohnheitsmäßig betreibt, wird mit Gefängnis nicht unter drei Monaten und zugleich mit Geldstrafe bestraft. Auch ist auf Verlust der bürgerlichen Ehrenrechte zu erkennen.

§ 302 e. Dieselbe Strafe (§ 302 d) trifft denjenigen, welcher mit Bezug auf ein Rechtsgeschäft anderer als der im § 302 a bezeichneten Art gewerbs- oder gewohnheitsmäßig unter

Ausbeutung der Notlage, des Leichtsinns oder der Unerfahrenheit eines anderen sich oder einem Dritten Vermögensvorteile versprechen oder gewähren läßt, welche den Wert der Leistung dergestalt überschreiten, daß nach den Umständen des Falles die Vermögensvorteile in auffälligem Mißverhältnis zu der Leistung stehen.

26. Abschnitt: **Sachbeschädigung**

§ 303. Wer vorsätzlich und rechtswidrig eine fremde Sache beschädigt oder zerstört, wird mit Geldstrafe oder mit Gefängnis bis zu zwei Jahren bestraft.

Der Versuch ist strafbar.

Die Verfolgung tritt nur auf Antrag ein.

Ist das Vergehen gegen einen Angehörigen verübt, so ist die Zurücknahme des Antrages zulässig.

§ 304. Wer vorsätzlich und rechtswidrig Gegenstände der Verehrung einer im Staate bestehenden Religionsgesellschaft, oder Sachen, die dem Gottesdienste gewidmet sind, oder Grabmäler, öffentliche Denkmäler, Gegenstände der Kunst, der Wissenschaft oder des Gewerbes, welche in öffentlichen Sammlungen aufbewahrt werden oder öffentlich aufgestellt sind, oder Gegenstände, welche zum öffentlichen Nutzen oder zur Verschönerung öffentlicher Wege, Plätze oder Anlagen dienen, beschädigt oder zerstört, wird mit Gefängnis bis zu drei Jahren oder mit Geldstrafe bestraft.

Neben der Gefängnisstrafe kann auf Verlust der bürgerlichen Ehrenrechte erkannt werden.

Der Versuch ist strafbar.

Anmerkung zu § 304. — Entsprechende Anwendung: E. 72, S. 1.

§ 305. Wer vorsätzlich und rechtswidrig ein Gebäude, ein Schiff, eine Brücke, einen Damm, eine gebaute Straße, eine Eisenbahn oder ein anderes Bauwerk, welche fremdes Eigentum sind, ganz oder teilweise zerstört, wird mit Gefängnis nicht unter einem Monat bestraft.

Der Versuch ist strafbar.

27. Abschnitt: Gemeingefährliche Verbrechen und Vergehen

§ 306. Wegen Brandstiftung wird mit Zuchthaus bestraft, wer vorsätzlich in Brand setzt:

1. ein zu gottesdienstlichen Versammlungen bestimmtes Gebäude,
2. ein Gebäude, ein Schiff oder eine Hütte, welche zur Wohnung von Menschen dienen, oder
3. eine Räumlichkeit, welche zeitweise zum Aufenthalt von Menschen dient, und zwar zu einer Zeit, während welcher Menschen in derselben sich aufzuhalten pflegen.

§ 307. Die Brandstiftung (§ 306) wird mit Zuchthaus nicht unter zehn Jahren oder mit lebenslänglichem Zuchthaus bestraft, wenn,

1. der Brand den Tod eines Menschen dadurch verursacht hat, daß dieser zur Zeit der Tat in einer der in Brand gesetzten Räumlichkeiten sich befand,
2. die Brandstiftung in der Absicht begangen worden ist, um unter Begünstigung derselben Mord oder Raub zu begehen oder einen Aufruhr zu erregen, oder
3. der Brandstifter, um das Löschen des Feuers zu verhindern oder zu erschweren, Löschgerätschaften entfernt oder unbrauchbar gemacht hat.

§ 308. Wegen Brandstiftung wird mit Zuchthaus bis zu zehn Jahren bestraft, wer vorsätzlich Gebäude, Schiffe, Hütten, Bergwerke, Magazine, Warenvorräte, welche auf dazu bestimmten öffentlichen Plätzen lagern, Vorräte von landwirtschaftlichen Erzeugnissen oder von Bau- oder Brennmaterialien, Früchte auf dem Felde, Waldungen oder Torfmoore in Brand setzt, wenn diese Gegenstände entweder fremdes Eigentum sind, oder zwar dem Brandstifter eigentümlich gehören, jedoch ihrer Beschaffenheit und Lage nach geeignet sind, das Feuer einer der im § 306, Nr. 1 bis 3 bezeichneten Räumlichkeiten oder einem der vorstehend bezeichneten fremden Gegenstände mitzuteilen.

Sind mildernde Umstände vorhanden, so tritt Gefängnisstrafe nicht unter sechs Monaten ein.

§ 309. Wer durch Fahrlässigkeit einen Brand der in den §§ 306 und 308 bezeichneten Art herbeiführt, wird mit Gefängnis bis zu einem Jahre oder mit Geldstrafe und, wenn durch den Brand der Tod eines Menschen verursacht worden ist, mit Gefängnis von einem Monat bis zu drei Jahren bestraft.

§ 310. Hat der Täter den Brand, bevor derselbe entdeckt und ein weiterer als der durch die bloße Inbrandsetzung bewirkte Schade entstanden war, wieder gelöscht, so wird er nicht wegen Brandstiftung bestraft.

§ 310 a. Wer Wald-, Heide- oder Moorflächen durch verbotenes Rauchen oder Anzünden von Feuer, durch ungenügende Beaufsichtigung angezündeten Feuers, durch Fortwerfen brennender oder glimmender Gegenstände oder in sonstiger Weise in Brandgefahr bringt, wird mit Gefängnis bis zu drei Monaten und mit Geldstrafe oder mit einer dieser Strafen bestraft.

§ 311. Die gänzliche oder teilweise Zerstörung einer Sache durch Gebrauch von Pulver oder anderen explodierenden Stoffen ist der Inbrandsetzung der Sache gleichzuachten.

§ 312. Wer mit gemeiner Gefahr für Menschenleben vorsätzlich eine Überschwemmung herbeiführt, wird mit Zuchthaus nicht unter drei Jahren und, wenn durch die Überschwemmung der Tod eines Menschen verursacht worden ist, mit Zuchthaus nicht unter zehn Jahren oder mit lebenslänglichem Zuchthaus bestraft.

§ 313. Wer mit gemeiner Gefahr für das Eigentum vorsätzlich eine Überschwemmung herbeiführt, wird mit Zuchthaus bestraft.

Ist jedoch die Absicht des Täters nur auf Schutz seines Eigentums gerichtet gewesen, so ist auf Gefängnis nicht unter einem Jahre zu erkennen.

§ 314. Wer eine Überschwemmung mit gemeiner Gefahr für Leben oder Eigentum durch Fahrlässigkeit herbeiführt, wird mit Gefängnis bis zu einem Jahre und, wenn durch die Überschwemmung der Tod eines Menschen verursacht worden ist, mit Gefängnis von einem Monat bis zu drei Jahren bestraft.

§ 315. Wer die Sicherheit des Betriebes einer Eisenbahn oder Schwebebahn, der Schiffahrt oder der Luftfahrt durch Beschädigen, Zerstören oder Beseitigen von Anlagen oder Beförderungsmitteln, durch Bereiten von Hindernissen, durch falsche Zeichen oder Signale oder durch ähnliche Eingriffe oder durch eine an Gefährlichkeit einem solchen Eingriff gleichkommende pflichtwidrige Unterlassung beeinträchtigt und dadurch eine Gemeingefahr herbeiführt, wird mit Zuchthaus bis zu zehn Jahren bestraft. In besonders schweren Fällen ist auf Zuchthaus nicht unter 5 Jahren oder auf lebenslanges Zuchthaus oder auf Todesstrafe zu erkennen.

Wer auf solche Weise die Sicherheit des Betriebes einer Straßenbahn beeinträchtigt und dadurch eine Gemeingefahr herbeiführt, wird mit Gefängnis bestraft. Der Versuch ist strafbar. In besonders schweren Fällen ist die Strafe Zuchthaus bis zu zehn Jahren.

Gemeingefahr bedeutet eine Gefahr für Leib oder Leben, sei es auch nur eines einzelnen Menschen, oder für bedeutende Sachwerte, die in fremdem Eigentum stehen oder deren Vernichtung gegen das Gemeinwohl verstößt.

§ 316. Wer fahrlässig eine der in § 315 Abs. 1 bezeichneten Taten begeht, wird mit Gefängnis nicht unter einem Monat bestraft.

Wer fahrlässig eine der in § 315 Abs. 2 bezeichneten Taten begeht, wird mit Gefängnis bis zu drei Jahren oder mit Geldstrafe bestraft.

§ 317. Wer vorsätzlich oder rechtswidrig den Betrieb einer zu öffentlichen Zwecken dienenden Telegraphenanlage dadurch verhindert oder gefährdet, daß er Teile oder Zubehörungen derselben beschädigt oder Veränderungen daran vornimmt, wird mit Gefängnis von einem Monat bis zu drei Jahren bestraft.

§ 318. Wer fahrlässigerweise durch eine der vorbezeichneten Handlungen den Betrieb einer zu öffentlichen Zwecken dienenden Telegraphenanlage verhindert oder gefährdet, wird mit Gefängnis bis zu einem Jahre oder mit Geldstrafe bestraft.

Gleiche Strafe trifft die zur Beaufsichtigung und Bedienung der Telegraphenanlagen und ihrer Zubehörungen angestellten Personen, wenn sie durch Vernachlässigung der ihnen obliegenden Pflichten den Betrieb verhindern oder gefährden.

§ 318 a. Die Vorschriften in den §§ 317 und 318 finden gleichmäßig Anwendung auf die Verhinderung oder Gefährdung des Betriebes der zu öffentlichen Zwecken dienenden Rohrpostanlagen.

Unter Telegraphenanlagen im Sinne der §§ 317 und 318 sind Fernsprechanlagen mitbegriffen.

§§ 319, 320 gestrichen.

§ 321. Wer vorsätzlich Wasserleitungen, Schleusen, Wehre, Deiche, Dämme oder andere Wasserbauten, oder Brücken, Fähren, Wege oder Schutzwehre, oder dem Bergwerksbetriebe dienende Vorrichtungen zur Wasserhaltung, zur Weiterführung oder zum Ein- und Ausfahren der Arbeiter zerstört oder beschädigt und durch eine dieser Handlungen Gefahr für das Leben oder die Gesundheit anderer herbeiführt, wird mit Gefängnis nicht unter drei Monaten bestraft.

Ist durch eine dieser Handlungen eine schwere Körperverletzung verursacht worden, so tritt Zuchthausstrafe bis zu fünf Jahren und, wenn der Tod eines Menschen verursacht worden ist, Zuchthausstrafe nicht unter fünf Jahren ein

§§ 322, 323 gestrichen.

§ 324. Wer vorsätzlich Brunnen- oder Wasserbehälter, welche zum Gebrauche anderer dienen, oder Gegenstände, welche zum öffentlichen Verkaufe oder Verbrauche bestimmt sind, vergiftet oder denselben Stoffe beimischt, von denen ihm bekannt ist, daß sie die menschliche Gesundheit zu zerstören geeignet sind, ingleichen wer solche vergiftete oder mit gefährlichen Stoffen vermischte Sachen wissentlich und mit Verschweigung dieser Eigenschaft verkauft, feilhält oder sonst in Verkehr bringt, wird mit Zuchthaus bis zu zehn

Jahren und, wenn durch die Handlung der Tod eines Menschen verursacht worden ist, mit Zuchthaus nicht unter zehn Jahren oder mit lebenslänglichem Zuchthaus bestraft.

§ 325. Neben der nach den Vorschriften der §§ 306 bis 308, 311 bis 313, 315, 321 bis 324 erkannten Zuchthausstrafe kann auf Zulässigkeit von Polizeiaufsicht erkannt werden.

§ 326. Ist eine der in den §§ 321 bis 324 bezeichneten Handlungen aus Fahrlässigkeit begangen worden, so ist, wenn durch die Handlung ein Schaden verursacht worden ist, auf Gefängnis bis zu einem Jahre und, wenn der Tod eines Menschen verursacht worden ist, auf Gefängnis von einem Monat bis zu drei Jahren zu erkennen.

§ 327. Wer die Absperrungs- oder Aufsichtsmaßregeln oder Einfuhrverbote, welche von der zuständigen Behörde zur Verhütung des Einführens oder Verbreitens einer ansteckenden Krankheit angeordnet worden sind, wissentlich verletzt, wird mit Gefängnis bis zu zwei Jahren oder mit Geldstrafe bestraft.

Ist infolge dieser Verletzung ein Mensch von der ansteckenden Krankheit ergriffen worden, so tritt Gefängnisstrafe von drei Monaten bis zu drei Jahren ein.

§ 328. Wer die Absperrungs- oder Aufsichtsmaßregeln oder Einfuhrverbote, welche von der zuständigen Behörde zur Verhütung des Einführens oder Verbreitens von Viehseuchen angeordnet worden sind, wissentlich verletzt, wird mit Gefängnis bis zu einem Jahre oder mit Geldstrafe bestraft.

Ist infolge dieser Verletzung Vieh von der Seuche ergriffen worden, so tritt Gefängnisstrafe von einem Monat bis zu zwei Jahren ein.

§ 329. Außer Kraft.

§ 330. Wer bei der Leitung oder Ausführung eines Baues wider die allgemein anerkannten Regeln der Baukunst dergestalt handelt, daß hieraus für andere Gefahr entsteht, wird mit Geldstrafe oder mit Gefängnis bis zu einem Jahre bestraft.

§ 330 a. Wer sich vorsätzlich oder fahrlässig durch den Genuß geistiger Getränke oder durch andere berauschende Mittel in einen die Zurechnungsfähigkeit (§ 51 Abs. 1) ausschließenden Rausch versetzt, wird mit Gefängnis bis zu zwei Jahren oder mit Geldstrafe bestraft, wenn er in diesem Zustand eine mit Strafe bedrohte Handlung begeht.

Die Strafe darf jedoch nach Art und Maß nicht schwerer sein als die für die vorsätzliche Begehung der Handlung angedrohte Strafe.

Die Verfolgung tritt nur auf Antrag ein, wenn die begangene Handlung nur auf Antrag verfolgt wird.

Anmerkung zu § 330 a. — Rauschtat innerer Tatseite: E. 73, S. 11; DStR., 3. Bd., S. 53. — Zurechnungsunfähigkeit durch andere Gründe mitverursacht: E. 70, S 85; 73, S. 133. — Vergehen, auch wenn Rauschtat Übertretung: E. 70, S. 42. — Wahlfeststellung: E. 70, S. 42, 85. — Abgrenzung zur actio libera in causa: E. 70, S. 85 ff.

§ 330 b. Wer wissentlich einer Person, die in einer Trinkerheilanstalt oder einer Erziehungsanstalt untergebracht ist, ohne Erlaubnis des Leiters der Anstalt geistige Getränke oder andere berauschende Mittel verschafft, wird mit Gefängnis bis zu drei Monaten oder mit Geldstrafe bestraft.

§ 330 c. Wer bei Unglücksfällen oder gemeiner Gefahr oder Not nicht Hilfe leistet, obwohl dies nach gesunden Volksempfinden seine Pflicht ist, insbesondere wer der polizeilichen Aufforderung zur Hilfeleistung nicht nachkommt, obwohl er der Aufforderung ohne erhebliche eigene Gefahr und ohne Verletzung anderer wichtiger Pflichten genügen kann, wird mit Gefängnis bis zu zwei Jahren oder mit Geldstrafe bestraft.

Anmerkung zu § 330 c. — Begriff des Unglücksfalls: E. 71, S 187. — Verweigerung der Verwendung des Fernsprechers bei U. DStR., 6. Bd., S. 217.

28. Abschnitt: Verbrechen und Vergehen im Amte

§ 331. Ein Beamter, welcher für eine in sein Amt einschlagende, an sich nicht pflichtwidrige Handlung Geschenke oder andere Vorteile annimmt, fordert oder sich versprechen läßt, wird mit Geldstrafe oder mit Gefängnis bis zu sechs Monaten bestraft.

Anmerkung zu § 331. — Entsprechende Anwendung: E. 71, S. 390.

§ 332. Ein Beamter, welcher für eine Handlung, die eine Verletzung einer Amts- oder Dienstpflicht enthält, Geschenke oder andere Vorteile annimmt, fordert oder sich versprechen läßt, wird wegen Bestechung mit Zuchthaus bis zu fünf Jahren bestraft.

Sind mildernde Umstände vorhanden, so tritt Gefängnisstrafe ein.

§ 333. Wer einem Beamten oder einem Mitgliede der bewaffneten Macht Geschenke oder andere Vorteile anbietet, verspricht oder gewährt, um ihn zu einer Handlung, die eine Verletzung einer Amts- oder Dienstpflicht enthält, zu bestimmen, wird wegen Bestechung mit Gefängnis bestraft; auch kann auf Verlust der bürgerlichen Ehrenrechte erkannt werden.

Sind mildernde Umstände vorhanden, so kann auf Geldstrafe erkannt werden.

§ 334. Ein Richter, Schiedsrichter, Beisitzer einer Arbeitsgerichtsbehörde, Geschworener oder Schöffe, welcher Geschenke oder andere Vorteile fordert, annimmt oder sich versprechen läßt, um eine Rechtssache, deren Leitung oder Entscheidung ihm obliegt, zugunsten oder zum Nachteile eines Beteiligten zu leiten oder zu entscheiden, wird mit Zuchthaus bestraft.

Derjenige, welcher einem Richter, Schiedsrichter, Beisitzer einer Arbeitsgerichtsbehörde, Geschworenen oder Schöffen zu dem vorbezeichneten Zwecke Geschenke oder andere Vorteile anbietet, verspricht oder gewährt, wird mit Zuchthaus bestraft. Sind mildernde Umstände vorhanden, so tritt Gefängnisstrafe ein.

§ 335. In den Fällen der §§ 331 bis 334 ist im Urteile das Empfangene oder der Wert desselben für dem Staate verfallen zu erklären.

§ 336. Ein Beamter oder Schiedsrichter, welcher sich bei der Leitung oder Entscheidung einer Rechtssache vorsätzlich zugunsten oder zum Nachteile einer Partei einer Beugung des Rechts schuldig macht, wird mit Zuchthaus bis zu fünf Jahren bestraft.

§ 337 ersetzt durch § 67 des Personenstandsgesetzes vom 3. XI. 1937 (RGBl. I, S. 1146).

§ 338. Ein Religionsdiener oder Personenstandsbeamter, welcher, wissend, daß eine Person verheiratet ist, eine neue Ehe derselben schließt, wird mit Zuchthaus bis zu fünf Jahren bestraft.

§ 339. Ein Beamter, welcher durch Mißbrauch seiner Amtsgewalt oder durch Androhung eines bestimmten Mißbrauchs derselben jemand zu einer Handlung, Duldung oder Unterlassung widerrechtlich nötigt, wird mit Gefängnis bestraft.

Der Versuch ist strafbar.

In den Fällen der §§ 106, 107, 167 und 253 tritt die daselbst angedrohte Strafe ein, wenn die Handlung von einem Beamten, wenn auch ohne Gewalt oder Drohung, aber durch Mißbrauch seiner Amtsgewalt oder Androhung eines bestimmten Mißbrauchs derselben begangen ist.

§ 340. Ein Beamter, welcher in Ausübung oder in Veranlassung der Ausübung seines Amtes vorsätzlich eine Körperverletzung begeht oder begehen läßt, wird mit Gefängnis nicht unter drei Monaten bestraft. Sind mildernde Umstände vorhanden, so kann die Strafe bis auf einen Tag Gefängnis ermäßigt oder auf Geldstrafe erkannt werden.

Ist die Körperverletzung eine schwere, so ist auf Zuchthaus nicht unter zwei Jahren zu erkennen. Sind mildernde Umstände vorhanden, so tritt Gefängnisstrafe nicht unter drei Monaten ein.

§ 341. Ein Beamter, welcher vorsätzlich, ohne hierzu berechtigt zu sein, eine Verhaftung oder vorläufige Ergreifung und Festnahme oder Zwangsgestellung vornimmt oder vornehmen läßt, oder die Dauer einer Freiheitsentziehung verlängert, wird nach Vorschrift des § 239, jedoch mindestens mit Gefängnis von drei Monaten bestraft.

§ 342. Ein Beamter, der in Ausübung oder in Veranlassung der Ausübung seines Amtes einen Hausfriedensbruch (§ 123) begeht, wird mit Gefängnis bis zu einem Jahre oder mit Geldstrafe bestraft.

§ 343. Ein Beamter, welcher in einer Untersuchung Zwangsmittel anwendet oder anwenden läßt, um Geständnisse oder Aussagen zu erpressen, wird mit Zuchthaus bis zu fünf Jahren bestraft.

§ 344. Ein Beamter, welcher vorsätzlich zum Nachteile einer Person, deren Unschuld ihm bekannt ist, die Eröffnung oder Fortsetzung einer Untersuchung beantragt oder beschließt, wird mit Zuchthaus bestraft.

§ 345. Ein Beamter, der vorsätzlich eine Strafe oder eine Maßregel der Sicherung und Besserung vollstreckt, die nicht zu vollstrecken ist, wird mit Zuchthaus bestraft.

Ist die Handlung aus Fahrlässigkeit begangen, so tritt Gefängnisstrafe oder Festungshaft bis zu einem Jahre oder Geldstrafe ein.

§ 346. Ein Beamter, der vermöge seines Amtes zur Mitwirkung bei einem Strafverfahren oder bei der Vollstreckung einer Strafe oder einer Maßregel der Sicherung und Besserung berufen ist und wissentlich jemand der im Gesetz vorgesehenen Strafe oder Maßregel entzieht, wird mit Zuchthaus bis zu fünf Jahren bestraft.

Sind mildernde Umstände vorhanden, so tritt Gefängnisstrafe nicht unter einem Monat ein.

Anmerkung zu § 346. — Entziehung als Selbstbegünstigung straflos, wenn Beamter an der Straftat beteiligt: E. 70, S. 251.

§ 347. Ein Beamter, welcher einen Gefangenen, dessen Beaufsichtigung, Begleitung oder Bewachung ihm anvertraut ist, vorsätzlich entweichen läßt oder dessen Befreiung vorsätzlich bewirkt oder befördert, wird mit Zuchthaus bis zu fünf Jahren bestraft. Sind mildernde Umstände vorhanden, so tritt Gefängnisstrafe nicht unter einem Monat ein.

Ist die Entweichung durch Fahrlässigkeit befördert oder erleichtert worden, so tritt Gefängnisstrafe bis zu sechs Monaten oder Geldstrafe ein.

Einem Gefangenen steht gleich, wer in Sicherungsverwahrung oder in einem Arbeitshaus untergebracht ist.

§ 348. Ein Beamter, welcher, zur Aufnahme öffentlicher Urkunden befugt, innerhalb seiner Zuständigkeit vorsätzlich eine rechtlich erhebliche Tatsache falsch beurkundet oder in öffentliche Register oder Bücher falsch einträgt, wird mit Gefängnis nicht unter einem Monat bestraft.

Dieselbe Strafe trifft einen Beamten, welcher eine ihm amtlich anvertraute oder zugängliche Urkunde vorsätzlich vernichtet, beiseiteschafft, beschädigt oder verfälscht.

§ 349. Wird eine der im § 348 bezeichneten Handlungen in der Absicht begangen, sich oder einem anderen einen Vermögensvorteil zu verschaffen oder einem anderen Schaden zuzufügen, so ist auf Zuchthaus bis zu zehn Jahren und zugleich auf Geldstrafe zu erkennen.

§ 350. Ein Beamter, welcher Gelder oder andere Sachen, die er in amtlicher Eigenschaft empfangen oder in Gewahrsam hat, unterschlägt, wird mit Gefängnis nicht unter drei Monaten bestraft; auch kann auf Verlust der bürgerlichen Ehrenrechte erkannt werden.

Der Versuch ist strafbar.

§ 351. Hat der Beamte in Beziehung auf die Unterschlagung die zur Eintragung oder Kontrolle der Einnahmen oder Ausgaben bestimmten Rechnungen, Register oder Bücher unrichtig geführt, verfälscht oder unterdrückt, oder unrichtige Abschlüsse oder Auszüge aus diesen Rechnungen, Registern oder Büchern, oder unrichtige Belege zu denselben vorgelegt, oder ist in Beziehung auf die Unterschlagung auf Fässern, Beuteln oder Paketen der Geldinhalt fälschlich bezeichnet, so ist auf Zuchthaus bis zu zehn Jahren zu erkennen.

Sind mildernde Umstände vorhanden, so tritt Gefängnisstrafe nicht unter sechs Monaten ein.

Anmerkung zu § 351. — Entsprechende Anwendung: DStR., 5. Bd., S. 431.

§ 352. Ein Beamter, Anwalt oder sonstiger Rechtsbeistand, welcher Gebühren oder andere Vergütungen für amtliche Verrichtungen zu seinem Vorteile zu erheben hat, wird, wenn er Gebühren oder Vergütungen erhebt, von denen er weiß, daß der Zahlende sie überhaupt nicht oder nur in geringerem Betrage verschuldet, mit Geldstrafe oder mit Gefängnis bis zu einem Jahre bestraft.

Der Versuch ist strafbar.

§ 353. Ein Beamter, welcher Steuern, Gebühren oder andere Abgaben für eine öffentliche Kasse zu erheben hat, wird, wenn er Abgaben, von denen er weiß, daß der Zahlende sie überhaupt nicht oder nur in geringerem Betrage verschuldet, erhebt und das rechtswidrig Erhobene ganz oder zum Teil nicht zur Kasse bringt, mit Gefängnis nicht unter drei Monaten bestraft.

Gleiche Strafe trifft den Beamten, welcher bei amtlichen Ausgaben an Geld oder Naturalien dem Empfänger vorsätzlich und rechtswidrig Abzüge macht und die Ausgaben als vollständig geleistet in Rechnung stellt.

§ 353 a. Ein Beamter im Dienste des Auswärtigen Amtes des Deutschen Reiches, welcher die Amtsverschwiegenheit dadurch verletzt, daß er ihm amtlich anvertraute oder zugängliche Schriftstücke oder eine ihm von seinem Vorgesetzten erteilte Anweisung oder deren Inhalt anderen widerrechtlich mitteilt, wird, sofern nicht nach anderen Bestimmungen eine schwerere Strafe verwirkt ist, mit Gefängnis oder mit Geldstrafe bestraft.

Gleiche Strafe trifft einen mit einer auswärtigen Mission betrauten oder bei einer solchen beschäftigten Beamten, welcher den ihm durch seinen Vorgesetzten amtlich erteilten Anweisungen vorsätzlich zuwiderhandelt oder welcher in der Absicht, seinen Vorgesetzten in dessen amtlichen Handlungen irre zu leiten, demselben erdichtete oder entstellte Tatsachen berichtet.

§ 353 b. Ein Beamter oder früherer Beamter, der unbefugt ein ihm bei Ausübung seines Amtes anvertrautes oder zugänglich gewordenes Geheimnis offenbart und dadurch wichtige öffentliche Interessen gefährdet, wird mit Gefängnis, in besonders schweren Fällen mit Zuchthaus bis zu zehn Jahren bestraft; hat der Täter mit der eingetretenen Gefährdung fahrlässig nicht gerechnet, so ist auf Gefängnis bis zu zwei Jahren oder auf Geldstrafe zu erkennen.

Einem Beamten steht eine für eine Behörde tätige Person gleich, die auf die gewissenhafte Erfüllung ihrer Dienstpflicht durch Handschlag oder zur Verschwiegenheit besonders verpflichtet worden ist.

Der Versuch ist strafbar.

Die Tat wird nur mit Zustimmung der dem Täter vorgesetzten Behörde, und, wenn er nicht mehr in seinem Amt oder seiner Stellung ist, mit Zustimmung der letzten vorgesetzten Behörde verfolgt. Die Verfolgung von Personen, die zur Verschwiegenheit besonders verpflichtet worden sind, tritt nur auf Anordnung des Reichsministers der Justiz ein.

§ 353 c. Wer, abgesehen von dem Fall des § 353 b, unbefugt ein amtliches Schriftstück, das als geheim oder vertraulich bezeichnet worden ist, oder dessen wesentlichen Inhalt ganz oder zum Teil einem anderen mitteilt und dadurch wichtige öffentliche Interessen gefährdet, wird mit Gefängnis bestraft.

Ebenso wird bestraft, wer unbefugt einem anderen eine Mitteilung weitergibt, zu deren Geheimhaltung er von einer zuständigen Stelle besonders verpflichtet worden ist, und dadurch wichtige öffentliche Interessen gefährdet.

In besonders schweren Fällen ist die Strafe Zuchthaus bis zu zehn Jahren.

Hat der Täter mit der eingetretenen Gefährdung fahrlässig nicht gerechnet, so ist auf Gefängnis bis zu zwei Jahren oder auf Geldstrafe zu erkennen.

Der Versuch ist strafbar.

Die Tat wird nur auf Anordnung des Reichsministers der Justiz verfolgt.

§ 354. Ein Postbeamter, welcher die der Post anvertrauten Briefe oder Pakete in anderen als den im Gesetze vorgesehenen Fällen öffnet oder unterdrückt, oder einem anderen wissentlich eine solche Handlung gestattet, oder ihm dabei wissentlich Hilfe leistet, wird mit Gefängnis nicht unter drei Monaten bestraft.

§ 355. Telegraphenbeamte oder andere mit der Beaufsichtigung und Bedienung einer zu öffentlichen Zwecken dienenden Telegraphenanstalt betraute Personen, welche die einer Telegraphenanstalt anvertrauten Depeschen verfälschen oder in anderen als in den im Gesetze vorgesehenen Fällen öffnen oder unterdrücken, oder von ihrem Inhalt Dritte rechtswidrig benachrichtigen oder einem anderen wissentlich eine solche Handlung gestatten oder ihm dabei wissentlich Hilfe leisten, werden mit Gefängnis bestraft.

Den einer Telegraphenanstalt anvertrauten Depeschen werden Nachrichten gleichgeachtet, die durch eine zu öffentlichen Zwecken dienende Fernsprechanlage vermittelt werden.

§ 356. Ein Anwalt oder ein anderer Rechtsbeistand, welcher bei den ihm vermöge seiner amtlichen Eigenschaft anvertrauten Angelegenheiten in derselben Rechtssache beiden Parteien durch Rat oder Beistand pflichtwidrig dient, wird mit Gefängnis nicht unter drei Monaten bestraft.

Handelt derselbe im Einverständnisse mit der Gegenpartei zum Nachteile seiner Partei, so tritt Zuchthausstrafe bis zu fünf Jahren ein.

§ 357. Ein Amtsvorgesetzter, welcher seine Untergebenen zu einer strafbaren Handlung im Amte vorsätzlich verleitet oder zu verleiten unternimmt, oder eine solche strafbare Handlung seiner Untergebenen wissentlich geschehen läßt, hat die auf diese strafbare Handlung angedrohte Strafe verwirkt.

Dieselbe Bestimmung findet auf einen Beamten Anwendung, welchem eine Aufsicht oder Kontrolle über die Amtsgeschäfte eines anderen Beamten übertragen ist, sofern die von diesem letzteren Beamten begangene strafbare Handlung die zur Aufsicht oder Kontrolle gehörenden Geschäfte betrifft.

§ 358. Neben der nach Vorschrift der §§ 331, 339 bis 341, 352 bis 355 und 357 erkannten Gefängnisstrafe kann auf Verlust der Fähigkeit zur Bekleidung öffentlicher Ämter auf die Dauer von einem bis zu fünf Jahren erkannt werden.

§ 359. Unter Beamten im Sinne dieses Strafgesetzes sind zu verstehen alle im Dienste des Reichs oder in unmittelbarem oder mittelbarem Dienste eines deutschen Landes auf Lebenszeit, auf Zeit oder nur vorläufig angestellte Personen, ohne Unterschied, ob sie einen Diensteid geleistet haben oder nicht, ingleichen Notare, nicht aber Anwälte.

Anmerkung zu § 359. — Entsprechende Anwendung: DStR., 5. Bd., S. 60. — Begriffsbestimmung: E. 70, S. 234; 71, S. 145; 390; 72, S. 362; 73, S. 109, 282.

29. Abschnitt: **Übertretungen**

§ 360. Mit Geldstrafe bis zu einhundertfünfzig Reichsmark oder mit Haft wird bestraft:

1. gestrichen;
2. wer außerhalb seines Gewerbebetriebes heimlich oder wider das Verbot der Behörde Vorräte von Waffen oder Schießbedarf aufsammelt;
3. gestrichen;
4. wer ohne schriftlichen Auftrag einer Behörde Stempel, Siegel, Stiche, Platten oder andere Formen, welche zur Anfertigung von Metall- oder Papiergeld, oder von solchen Papieren, welche nach § 149 dem Papiergelde gleich geachtet werden, oder von Stempelpapier, Stempelmarken, Stempelblanketten, Stempelabdrücken, Post- oder Telegraphenwertzeichen, öffentlichen Bescheinigungen oder Beglaubigungen dienen können, anfertigt oder an einen anderen als die Behörde verabfolgt;
5. wer ohne schriftlichen Auftrag einer Behörde den Abdruck der in Nr. 4 genannten Stempel, Siegel, Stiche, Platten oder Formen, oder einen Druck von Formularen zu den daselbst bezeichneten öffentlichen Papieren, Beglaubigungen oder Bescheinigungen unternimmt, oder Abdrücke an einen anderen als die Behörde verabfolgt;

6. wer Waren-Empfehlungskarten, Ankündigungen oder andere Drucksachen oder Abbildungen, welche in der Form oder Verzierung dem Papiergelde oder den dem Papiergelde nach § 149 gleichgeachteten Papieren ähnlich sind, anfertigt oder verbreitet, oder wer Stempel, Stiche, Platten oder andere Formen, welche zur Anfertigung von solchen Drucksachen oder Abbildungen dienen können, anfertigt;
7. wer ohne ausdrückliche Ermächtigung der zuständigen Behörde das Wappen des Reichs oder eines Landes oder den Reichsadler oder den entsprechenden Teil eines Landeswappens führt oder gebraucht oder wer unbefugt eine Dienstflagge des Reichs oder eines Landes gebraucht; den Wappen, Wappenteilen und Flaggen stehen solche gleich, die ihnen zum Verwechseln ähnlich sind;
8. wer gegenüber einer zuständigen Behörde oder einem zuständigen Beamten über seinen Namen, seinen Stand, seinen Beruf, sein Gewerbe, seinen Wohnort, seine Wohnung oder seine Staatsangehörigkeit eine unrichtige Angabe macht, oder die Angabe verweigert;
9. wer gesetzlichen Bestimmungen zuwider ohne Genehmigung der Staatsbehörde Aussteuer-, Sterbe- oder Witwenkassen, Versicherungsanstalten oder andere dergleichen Gesellschaften oder Anstalten errichtet, welche bestimmt sind, gegen Zahlung eines Einkaufsgeldes oder gegen Leistung von Geldbeiträgen beim Eintritte gewisser Bedingungen oder Fristen, Zahlungen an Kapital oder Rente zu leisten;
10. gestrichen;
11. wer ungebührlicherweise ruhestörenden Lärm erregt oder wer groben Unfug verübt;
12. wer als Pfandleiher oder Rückkaufshändler bei Ausübung seines Gewerbes den darüber erlassenen Anordnungen zuwiderhandelt, insbesondere den durch Landesgesetz oder Anordnung der zuständigen Behörde bestimmten Zinsfuß überschreitet;

13. außer Kraft;

14. außer Kraft.

In den Fällen der Nummer 2, 4, 5, 6 kann neben Geldstrafe oder Haft auf Einziehung der Vorräte von Waffen oder Schießbedarf, der Stempel, Siegel, Stiche, Platten oder anderen Formen, der Abdrücke oder Abbildungen erkannt werden, ohne Unterschied, ob sie dem Verurteilten gehören oder nicht.

Anmerkung zum 29. Abschnitt. — Grundsätzliche Unzulässigkeit der Analogie bei Übertretungen: DStR. 6 Bd., S. 216.

§ 361. Mit Haft wird bestraft:

1. wer, nachdem er unter Polizeiaufsicht gestellt worden ist, den infolge derselben ihm auferlegten Beschränkungen zuwiderhandelt;
2. außer Kraft;
3. wer als Landstreicher umherzieht;
4. wer bettelt oder Kinder zum Betteln anleitet oder ausschickt; oder Personen, welche seiner Gewalt und Aufsicht untergeben sind und zu seiner Hausgenossenschaft gehören, vom Betteln abzuhalten unterläßt;
5. wer sich dem Spiel, Trunk oder Müßiggang dergestalt hingibt, daß er in einen Zustand gerät, in welchem zu seinem Unterhalte oder zum Unterhalte derjenigen, zu deren Ernährung er verpflichtet ist, durch Vermittlung der Behörde fremde Hilfe in Anspruch genommen werden muß;
6. wer öffentlich in auffälliger Weise oder in einer Weise, die geeignet ist, einzelne oder die Allgemeinheit zu belästigen, zur Unzucht auffordert oder sich dazu anbietet;

6a. wer gewohnheitsmäßig zum Erwerbe Unzucht treibt und diesem Erwerbe in der Nähe von Kirchen oder in einer Wohnung nachgeht, in der Kinder oder jugendliche Personen zwischen drei und achtzehn Jahren wohnen;

6b. wer gewohnheitsmäßig zum Erwerbe Unzucht treibt und diesem Erwerbe in der Nähe von Schulen oder anderen zum Besuch durch Kinder oder Jugendliche bestimmten Örtlichkeiten oder in einem Hause, in dem Kinder oder jugendliche Personen zwischen drei und achtzehn Jahren wohnen, in einer diese Minderjährigen sittlich gefährdenden Weise nachgeht;

6c. wer gewohnheitsmäßig zum Erwerbe Unzucht treibt und diesem Erwerbe in einer Gemeinde mit weniger als zwanzigtausend Einwohnern nachgeht, in der die Ausübung der Unzucht zum Erwerbe durch eine zum Schutz der Jugend oder des öffentlichen Anstandes erlassene Anordnung der obersten Landesbehörde verboten ist;

7. wer, wenn er aus öffentlichen Armenmitteln eine Unterstützung empfängt, sich aus Arbeitsscheu weigert, die ihm von der Behörde angewiesene, seinen Kräften angemessene Arbeit zu verrichten;

8. wer nach Verlust seines bisherigen Unterkommens binnen der ihm von der zuständigen Behörde bestimmten Frist sich kein anderweitiges Unterkommen verschafft hat und auch nicht nachweisen kann, daß er solches der von ihm angewandten Bemühungen ungeachtet nicht vermocht habe;

9. wer Kinder oder andere unter seiner Gewalt stehende Personen, welche seiner Aufsicht untergeben sind und zu seiner Hausgenossenschaft gehören, von der Begehung von Diebstählen, sowie von der Begehung strafbarer Verletzungen der Zoll- und Steuergesetze, oder der Gesetze zum Schutze der Forste, der Feldfrüchte, der Jagd oder der Fischerei abzuhalten unterläßt. Die Vorschriften dieser Gesetze über die Haftbarkeit für die den Täter treffenden Geldstrafen oder anderen Geldleistungen werden hierdurch nicht berührt;

10. wer, obschon er in der Lage ist, diejenigen, zu deren Ernährung er verpflichtet ist, zu unterhalten, sich der Unterhaltspflicht trotz der Aufforderung der zuständigen Behörde derart entzieht, daß durch Vermittlung der Behörde fremde Hilfe in Anspruch genommen werden muß.

In den Fällen der Nr. 9 und 10 kann statt der Haft auf Geldstrafe bis zu einhundertfünfzig Reichsmark erkannt werden.

§ 362. Die nach Vorschrift des § 361 Nr. 3 bis 8 Verurteilten können zu Arbeiten, welche ihren Fähigkeiten und Verhältnissen angemessen sind, innerhalb und, sofern sie von anderen freien Arbeitern getrennt gehalten werden, auch außerhalb der Strafanstalt angehalten werden.

§ 363. Wer, um Behörden oder Privatpersonen zum Zwecke seines besseren Fortkommens oder des besseren Fortkommens eines anderen zu täuschen, Pässe, Militärabschiede, Wanderbücher oder sonstige Legitimationspapiere, Dienst- oder Arbeitsbücher oder sonstige auf Grund besonderer Vorschriften auszustellende Zeugnisse, sowie Führungs- oder Fähigkeitszeugnisse falsch anfertigt oder verfälscht, oder wissentlich von einer solchen falschen oder verfälschten Urkunde Gebrauch macht, wird mit Haft oder mit Geldstrafe bis zu einhundertfünfzig Reichsmark bestraft.

Gleiche Strafe trifft denjenigen, welcher zu demselben Zwecke von solchen für einen anderen ausgestellten echten Urkunden, als ob sie für ihn ausgestellt seien, Gebrauch macht, oder welcher solche für ihn ausgestellte Urkunden einem anderen zu dem gedachten Zwecke überläßt.

§ 364. Mit Geldstrafe bis zu einhundertfünfzig Reichsmark wird bestraft, wer wissentlich schon einmal verwendetes Stempelpapier nach gänzlicher oder teilweiser Entfernung der darauf gesetzten Schriftzeichen oder schon einmal verwendete Stempelmarken, Stempelblankette oder ausgeschnittene oder sonst abgetrennte Stempelabdrücke der im § 276 bezeichneten Art veräußert oder feilhält.

Gleiche Strafe trifft denjenigen, welcher wissentlich schon einmal verwendete Post- oder Telegraphenwertzeichen nach gänzlicher oder teilweiser Entfernung des Entwertungszeichens veräußert oder feilhält.

§ 365 außer Kraft getreten.

§ 366. Mit Geldstrafe bis zu einhundertfünfzig Reichsmark oder mit Haft bis zu vierzehn Tagen wird bestraft:

1. wer den gegen die Störung der Feier der Sonn- und Festtage erlassenen Anordnungen zuwiderhandelt;
2. wer in Städten oder Dörfern übermäßig schnell fährt oder reitet, oder auf öffentlichen Straßen oder Plätzen der Städte oder Dörfer mit gemeiner Gefahr Pferde einfährt oder zureitet;
3. wer auf öffentlichen Wegen, Straßen, Plätzen oder Wasserstraßen das Vorbeifahren anderer mutwillig verhindert;
4. wer in Städten mit Schlitten ohne feste Deichsel oder ohne Geläute oder Schelle fährt;
5. wer Tiere in Städten oder Dörfern, auf öffentlichen Wegen, Straßen oder Plätzen oder an anderen Orten, wo sie durch Ausreißen, Schlagen oder auf andere Weise Schaden anrichten können, mit Vernachlässigung der erforderlichen Sicherheitsmaßregeln stehen läßt oder führt;
6. wer Hunde auf Menschen hetzt;
7. wer Steine oder andere harte Körper oder Unrat auf Menschen, auf Pferde oder andere Zug- oder Lasttiere, gegen fremde Häuser, Gebäude oder Einschließungen, oder in Gärten oder eingeschlossene Räume wirft;
8. wer nach einer öffentlichen Straße oder Wasserstraße, oder nach Orten hinaus, wo Menschen zu verkehren pflegen, Sachen, durch deren Umstürzen oder Herabfallen jemand beschädigt werden kann, ohne gehörige Befestigung aufstellt oder aufhängt, oder Sachen auf eine Weise ausgießt oder auswirft, daß dadurch jemand beschädigt oder verunreinigt werden kann;
9. wer auf öffentlichen Wegen, Straßen, Plätzen oder Wasserstraßen Gegenstände, durch welche der freie Verkehr gehindert wird, aufstellt, hinlegt oder liegen läßt;
10. wer die zur Erhaltung der Sicherheit, Bequemlichkeit, Reinlichkeit und Ruhe auf den öffentlichen Wegen, Straßen, Plätzen oder Wasserstraßen erlassenen Polizeiverordnungen übertritt.

§ 366 a. Wer die zum Schutze der Dünen und der Fluß- und Meeresufer, sowie der auf denselben vorhandenen Anpflanzungen und Anlagen erlassenen Polizei-Verordnungen übertritt, wird mit Geldstrafe bis zu einhundertfünfzig Reichsmark oder mit Haft bestraft.

§ 367. Mit Geldstrafe bis zu einhundertfünfzig Reichsmark oder mit Haft wird bestraft:

1. wer ohne Vorwissen der Behörde einen Leichnam beerdigt oder beiseite schafft, oder wer unbefugt einen Teil einer Leiche aus dem Gewahrsam der dazu berechtigten Personen wegnimmt;
2. wer den polizeilichen Anordnungen über vorzeitige Beerdigungen entgegenhandelt;
3. wer ohne polizeiliche Erlaubnis Gift oder Arzneien, soweit der Handel mit denselben nicht freigegeben ist, zubereitet, feilhält, verkauft oder sonst an andere überläßt;
4. wer ohne die vorgeschriebene Erlaubnis Schießpulver oder andere explodierende Stoffe oder Feuerwerke zubereitet;
5. wer bei der Aufbewahrung oder bei der Beförderung von Giftwaren, Schießpulver oder Feuerwerken, oder bei der Aufbewahrung, Beförderung, Verausgabung oder Verwendung von Sprengstoffen oder anderen explodierenden Stoffen, oder bei Ausübung der Befugnis zur Zubereitung oder Feilhaltung dieser Gegenstände, sowie der Arzneien die deshalb ergangenen Verordnungen nicht befolgt;

5a. wer bei Versendung oder bei Beförderung von leicht entzündlichen oder ätzenden Gegenständen durch die Post die deshalb ergangenen Verordnungen nicht befolgt;

6. wer Waren, Materialien oder andere Vorräte, welche sich leicht von selbst entzünden oder leicht Feuer fangen, an Orten oder in Behältnissen aufbewahrt, wo ihre Entzündung gefährlich werden kann, oder wer Stoffe, die nicht ohne Gefahr einer Entzündung beieinander liegen können, ohne Absonderung aufbewahrt;
7. aufgehoben;

8. wer ohne polizeiliche Erlaubnis an bewohnten oder von Menschen besuchten Orten Selbstgeschosse, Schlageisen oder Fußangeln legt oder an solchen Orten mit Feuergewehr oder anderem Schießwerkzeuge schießt, oder Feuerwerkskörper abbrennt;
9. sachlich außer Kraft getreten:
Im Sudetengau durch Waffengesetz vom 18. III. 1938 (RGBl. I, 265), im Protektorat durch VO. über den Waffenbesitz im Protektorat Böhmen-Mähren vom 1. VIII. 1939, VBlRProt. S. 62;
10. wer bei einer Schlägerei, in welche er nicht ohne sein Verschulden hineingezogen worden ist, oder bei einem Angriff sich einer Waffe, insbesondere eines Messers oder eines anderen gefährlichen Werkzeuges bedient;
11. wer ohne polizeiliche Erlaubnis gefährliche wilde Tiere hält, oder wilde oder bösartige Tiere frei umherlaufen läßt, oder in Ansehung ihrer die erforderlichen Vorsichtsmaßregeln zur Verhütung von Beschädigungen unterläßt;
12. wer auf öffentlichen Straßen, Wegen oder Plätzen, auf Höfen, in Häusern und überhaupt an Orten, an welchen Menschen verkehren, Brunnen, Keller, Gruben, Öffnungen oder Abhänge dergestalt unverdeckt oder unverwahrt läßt, daß daraus Gefahr für andere entstehen kann;
13. wer trotz der polizeilichen Aufforderung es unterläßt, Gebäude, welche dem Einsturz drohen, auszubessern oder niederzureißen;
14. wer Bauten oder Ausbesserungen von Gebäuden, Brunnen, Brücken, Schleusen oder anderen Bauwerken vornimmt, ohne die von der Polizei angeordneten oder sonst erforderlichen Sicherungsmaßregeln zu treffen;
15. wer als Bauherr, Baumeister oder Bauhandwerker einen Bau oder eine Ausbesserung, wozu die polizeiliche Genehmigung erforderlich ist, ohne diese Genehmigung oder mit eigenmächtiger Abweichung von dem durch die Behörde genehmigten Bauplane ausführt oder ausführen läßt;

16. wer den über das Abhalten von öffentlichen Versteigerungen und über das Verabfolgen geistiger Getränke vor und bei öffentlichen Versteigerungen erlassenen polizeilichen Anordnungen zuwiderhandelt.

In den Fällen der Nrn. 8, 9 kann neben der Geldstrafe oder der Haft auf die Einziehung der Selbstgeschosse, Schlageisen oder Fußangeln, sowie der verbotenen Waffen erkannt werden, ohne Unterschied, ob sie dem Verurteilten gehören oder nicht.

§ 368. Mit Geldstrafe bis zu einhundertfünfzig Reichsmark oder mit Haft bis zu vierzehn Tagen wird bestraft:

1. wer den polizeilichen Anordnungen über die Schließung der Weinberge zuwiderhandelt;
2. wer das durch gesetzliche oder polizeiliche Anordnungen gebotene Raupen unterläßt;
3. wer ohne polizeiliche Erlaubnis eine neue Feuerstätte errichtet oder eine bereits vorhandene an einen anderen Ort verlegt;
4. wer es unterläßt, dafür zu sorgen, daß die Feuerstätten in seinem Hause in baulichem und brandsicherem Zustande unterhalten, oder daß die Schornsteine zur rechten Zeit gereinigt werden;
5. wer Scheunen, Ställe, Böden oder andere Räume, welche zur Aufbewahrung feuerfangender Sachen dienen, mit unverwahrtem Feuer oder Licht betritt, oder sich denselben mit unverwahrtem Feuer oder Licht nähert;
6. wer in gefährlicher Nähe von Gebäuden oder feuerfangenden Sachen Feuer anzündet;
7. wer in gefährlicher Nähe von Gebäuden oder feuerfangenden Sachen mit Feuergewehr schießt oder Feuerwerke abbrennt;
8. wer die polizeilich vorgeschriebenen Feuerlöschgerätschaften überhaupt nicht oder nicht in brauchbarem Zustande hält oder andere feuerpolizeiliche Anordnungen nicht befolgt;
9. wer unbefugt über Gärten oder Weinberge, oder vor beendeter Ernte über Wiesen oder bestellte Äcker, oder

über solche Äcker, Wiesen, Weiden oder Schonungen, welche mit einer Einfriedung versehen sind, oder deren Betreten durch Warnungszeichen untersagt ist, oder auf einem durch Warnungszeichen geschlossenen Privatwege geht, fährt, reitet oder Vieh treibt;

10. wer zur Jagd ausgerüstet unbefugt ein fremdes Jagdgebiet außerhalb der zum allgemeinen Gebrauch bestimmten Wege betritt;

10 a wer sich mit gebrauchsfertigem Fischereigerät unbefugt auf fremden Fischgewässern oder außerhalb der zum allgemeinen Gebrauch bestimmten Wege an fremden Fischgewässern aufhält.

§ 369. Mit Geldstrafe bis zu einhundertfünfzig Reichsmark oder mit Haft bis zu vier Wochen werden bestraft:

1. Personen, welche ohne obrigkeitliche Anweisung oder ohne Genehmigung des Inhabers einer Wohnung Schlüssel zu Zimmern oder Behältnissen in der letzteren anfertigen oder Schlösser an denselben öffnen, ohne Genehmigung des Hausbesitzers oder seines Stellvertreters einen Hausschlüssel anfertigen, oder ohne Erlaubnis der Polizeibehörde Nachschlüssel oder Dietriche verabfolgen;
2. außer Kraft;
3. Gewerbetreibende, welche in Feuer arbeiten, wenn sie die Vorschriften nicht befolgen, welche von der Polizeibehörde wegen Anlegung und Verwahrung ihrer Feuerstätten, sowie wegen der Art und der Zeit, sich des Feuers zu bedienen, erlassen sind.

§ 370. Mit Geldstrafe bis zu einhundertfünfzig Reichsmark oder mit Haft wird bestraft:

1. wer unbefugt ein fremdes Grundstück, einen öffentlichen oder Privatweg oder einen Grenzrain durch Abgraben oder Abpflügen verringert;
2. wer unbefugt von öffentlichen oder Privatwegen Erde, Steine oder Rasen, oder aus Grundstücken, welche einem anderen gehören, Erde, Lehm, Sand, Grand oder Mergel gräbt, Plaggen oder Bülten haut, Rasen, Steine, Mineralien, zu deren Gewinnung es einer Ver-

leihung, einer Konzession oder einer Erlaubnis der Behörde nicht bedarf, oder ähnliche Gegenstände wegnimmt;

3. wer von einem zum Dienststande gehörenden Unteroffizier oder Gemeinen der Wehrmacht ohne die schriftliche Erlaubnis des vorgesetzten Kommandeurs Montierungs- oder Armaturstücke kauft oder zum Pfande nimmt;
4. gestrichen;
5. wer Nahrungs- oder Genußmittel oder andere Gegenstände des hauswirtschaftlichen Verbrauchs in geringer Menge oder von unbedeutendem Werte zum alsbaldigen Verbrauch entwendet oder unterschlägt.

Wer die Tat gegen einen Verwandten absteigender Linie oder gegen seinen Ehegatten begeht, bleibt straflos;

6. wer Getreide oder andere zur Fütterung des Viehes bestimmte oder geeignete Gegenstände wider Willen des Eigentümers wegnimmt, um dessen Vieh damit zu füttern.

In den Fällen der Nr. 5 und 6 tritt die Verfolgung nur auf Antrag ein. Die Zurücknahme des Antrages ist zulässig.

III. Deutsche strafrechtliche Nebengesetze.

1. Gesetz gegen den verbrecherischen und gemeingefährlichen Gebrauch von Sprengstoffen

vom 9. VI. 1884 (RGBl. S. 61).

§ 1. Die Herstellung, der Vertrieb und der Besitz von Sprengstoffen sowie die Einführung derselben aus dem Auslande ist unbeschadet der bestehenden sonstigen Beschränkungen nur mit polizeilicher Genehmigung zulässig.

Wer sich mit der Herstellung oder dem Vertriebe von Sprengstoffen befaßt, hat ein Register zu führen, aus welchem die Mengen der hergestellten, aus dem Auslande eingeführten oder sonst zum Zweck des Vertriebes angeschafften Sprengstoffe sowie die Bezugsquellen und der Verbleib derselben ersichtlich sein müssen. Dieses Register ist der zuständigen Behörde auf Erfordern jederzeit vorzulegen.

Auf Sprengstoffe, welche vorzugsweise als Schießmittel gebraucht werden, finden vorbehaltlich abweichender landesrechtlicher Vorschriften die Bestimmungen des ersten und des zweiten Absatzes keine Anwendung. Die Bezeichnung dieser Stoffe erfolgt durch Beschluß der Reichsregierung.

Insoweit Sprengstoffe zum eigenen Gebrauch durch Reichs- oder Landesbehörden von der zuständigen Verwaltung hergestellt, besessen, eingeführt oder vertrieben werden, bleiben die Vorschriften des ersten und zweiten Absatzes ebenfalls ausgeschlossen.

§ 2. Die Zentralbehörden der Länder erlassen die zur Ausführung der Vorschriften in dem § 1 Abs. 1 und 2, sowie in dem § 15 erforderlichen näheren Anordnungen und bestimmen die Behörden, welche über die Gesuche um Gestattung der Herstellung, des Vertriebes, des Besitzes und der Einführung von Sprengstoffen Entscheidung zu treffen haben.

§ 3. Gegen die versagende Verfügung ist nur die Beschwerde an die Aufsichtsbehörde innerhalb 14 Tagen zulässig. Dieselbe hat keine aufschiebende Wirkung.

§ 4. Die Erteilung der nach § 1 Abs. 1 erforderlichen Erlaubnis erfolgt in widerruflicher Weise. Wegen der Beschwerde gegen die Zurücknahme gilt die Vorschrift des § 3 des gegenwärtigen Gesetzes.

§ 5. Wer vorsätzlich durch Anwendung von Sprengstoffen Gefahr für das Eigentum, die Gesundheit oder das Leben eines anderen herbeiführt, wird mit Zuchthaus bestraft.

Ist durch die Handlung eine schwere Körperverletzung verursacht worden, so tritt Zuchthausstrafe nicht unter fünf Jahren, und wenn der Tod eines Menschen verursacht worden ist, Zuchthausstrafe nicht unter zehn Jahren oder lebenslängliche Zuchthausstrafe ein.

Ist durch die Handlung der Tod eines Menschen herbeigeführt worden und hat der Täter einen solchen Erfolg voraussehen können, so ist auf Todesstrafe zu erkennen.

§ 6. Haben mehrere die Ausführungen einer oder mehrerer nach § 5 zu ahndender strafbarer Handlungen verabredet oder sich zur fortgesetzten Begehung derartiger, wenn auch im einzelnen noch nicht bestimmter Handlungen verbunden, so werden dieselben, auch ohne daß der Entschluß der Verübung des Verbrechens durch Handlungen, welche einen Anfang der Ausführung enthalten, betätigt worden ist, mit Zuchthaus nicht unter fünf Jahren bestraft.

§ 7. Wer Sprengstoffe herstellt, anschafft, bestellt oder in seinem Besitze hat, in der Absicht, durch Anwendung derselben Gefahr für das Eigentum, die Gesundheit oder das Leben eines anderen entweder selbst herbeizuführen oder andere Personen zur Begehung dieses Verbrechens in den Stand zu setzen, wird mit Zuchthaus bis zu zehn Jahren bestraft.

Der gleichen Strafe verfällt, wer Sprengstoffe, wissend, daß dieselben zur Begehung eines in dem § 5 vorgesehenen Verbrechens bestimmt sind, an andere Personen überläßt.

§ 8. Wer Sprengstoffe herstellt, anschafft, bestellt, wissentlich in seinem Besitze hat oder an andere Personen überläßt unter Umständen, welche nicht erweisen, daß dies zu einem erlaubten Zweck geschieht, wird mit Zuchthausstrafe bis zu fünf Jahren oder mit Gefängnis nicht unter einem Jahre bestraft. Diese Bestimmung findet auf die gemäß § 1 Abs. 3 von der Reichsregierung bezeichneten Stoffe nicht Anwendung.

§ 9. Wer der Vorschrift in dem ersten Absatz des § 1 zuwider es unternimmt, ohne polizeiliche Ermächtigung Sprengstoffe herzustellen, vom Auslande einzuführen, feilzuhalten, zu verkaufen oder sonst an andere zu überlassen, oder wer im Besitze derartiger Stoffe betroffen wird, ohne polizeiliche Erlaubnis hierzu nachweisen zu können, ist mit Gefängnis von drei Monaten bis zu zwei Jahren zu bestrafen.

Gleicher Strafe verfällt, wer die Vorschriften des § 1 Abs. 2 die von den Zentralbehörden in Gemäßheit des § 2 getroffenen Anordnungen oder die bereits bestehenden oder noch zu erlassenden sonstigen polizeilichen Bestimmungen über den Verkehr mit Sprengstoffen, auf welche § 1 Abs. 1 Anwendung findet, übertritt.

§ 10. Wer öffentlich vor einer Menschenmenge oder wer durch Verbreitung oder öffentlichen Anschlag oder öffentliche Ausstellung von Schriften oder anderen Darstellungen, oder wer in Schriften oder anderen Darstellungen zur Begehung einer der in den §§ 5 und 6 bezeichneten strafbaren Handlungen oder zur Teilnahme an denselben auffordert, wird mit Zuchthaus bestraft.

Gleiche Strafe trifft denjenigen, welcher auf die vorbezeichnete Weise zur Begehung der im Abs. 1 gedachten strafbaren Handlungen insbesondere dadurch anreizt oder verleitet, daß er dieselben anpreist oder als etwas Rühmliches darstellt.

§ 11. In den Fällen der §§ 5, 6, 7, 8 und 10 kann auf Zulässigkeit von Polizeiaufsicht erkannt werden. In den Fällen der §§ 5, 6, 7, 8 und in dem Falle einer Anwendung der Strafvorschriften des § 9 ist auf Einziehung der zur Zubereitung der Sprengstoffe gebrauchten oder bestimmten Gegenstände, sowie der im Besitze des Verurteilten vorgefundenen Vorräte von Sprengstoffen zu erkennen, ohne Unterschied, ob dieselben dem Verurteilten gehören oder nicht.

§ 12. Überholt durch Verordnung über den Geltungsbereich des Strafrechtes vom 6. V. 1940 (RGBl. I, S. 754), vgl. § 4 Abs. 3, Z. 3 StGB. s. S. 50.

§ 13. Der in dem § 139 des Strafgesetzbuchs für das Deutsche Reich angedrohten Strafe verfällt, wer von dem Vorhaben eines im § 5 vorgesehenen Verbrechens oder von einer im § 6 vorgesehenen Verabredung oder von dem Tatbestande eines im § 7 des gegenwärtigen Gesetzes unter Strafe gestellten Verbrechens in glaubhafter Weise Kenntnis erhält und es unterläßt, der durch das Verbrechen bedrohten Person oder der Behörde rechtzeitig Anzeige zu machen.

§§ 14 und 15 überholt.

2. Gesetz betreffend die Bestrafung der Entziehung elektrischer Arbeit vom 9. April 1900

(RGBl. S. 228.)

§ 1. Wer einer elektrischen Anlage oder Einrichtung fremde elektrische Arbeit mittels eines Leiters entzieht, der zur ordnungsmäßigen Entnahme von Arbeit aus der Anlage oder Einrichtung nicht bestimmt ist, wird, wenn er die Handlung in der Absicht begeht, die elektrische Arbeit sich rechtswidrig zuzueignen, mit Gefängnis und mit Geldstrafe oder mit einer dieser Strafen bestraft.

Neben der Gefängnisstrafe kann auf Verlust der bürgerlichen Ehrenrechte erkannt werden.

Der Versuch ist strafbar.

§ 2. Wird die im § 1 bezeichnete Handlung in der Absicht begangen, einem anderen rechtswidrig Schaden zuzufügen, so ist auf Geldstrafe oder auf Gefängnis bis zu zwei Jahren zu erkennen.

Die Verfolgung tritt nur auf Antrag ein.

3. Verordnung gegen unbefugten Gebrauch von Kraftfahrzeugen und Fahrrädern vom 20. Oktober 1932

(RGBl. I, S. 496.)

§ 1. Wer ein Kraftfahrzeug oder ein Fahrrad gegen den Willen des Berechtigten in Gebrauch nimmt, wird, sofern die Tat nicht nach anderen Vorschriften mit schwererer Strafe bedroht ist, mit Gefängnis bis zu drei Jahren bestraft.

Der Versuch ist strafbar.

Die Verfolgung tritt nur auf Antrag ein. Die Zurücknahme des Antrags ist zulässig.

Wer die Tat gegen seinen Ehegatten oder gegen einen Verwandten absteigender Linie begeht, ist straffrei.

Kraftfahrzeuge im Sinne dieser VO. sind die Fahrzeuge, die durch Maschinenkraft bewegt werden. Lastkraftfahrzeuge nur insoweit, als sie nicht an Bahngleise gebunden sind.

§ 2. Diese Verordnung tritt am 1. XI. 1932 in Kraft.

4. Gesetz zur Abwehr politischer Gewalttaten vom 4. April 1933

(RGBl. I, S. 162.)

§ 1. Mit dem Tode oder mit lebenslangem Zuchthaus oder mit Zuchthaus bis zu 15 Jahren kann, soweit bisher mildere Strafen angedroht sind, bestraft werden:

1. wer ein Verbrechen gegen § 5 Abs. 1, 2 des Gesetzes gegen den verbrecherischen und gemeingefährlichen Gebrauch von Sprengstoffen vom 9. VI. 1884 (RGBl. S. 61) begeht;
2. wer ein öffentlichen Zwecken dienendes Bauwerk in Brand setzt oder sprengt (§§ 306 bis 308, 311 des Strafgesetzbuchs) oder wer eine Inbrandsetzung oder Sprengung in der Absicht begeht, in der Bevölkerung Angst oder Schrecken zu erregen;
3. wer ein Verbrechen gegen § 229 Abs. 2, §§ 312, 324 des Strafgesetzbuchs (Giftbeibringung, Überschwemmung, gemeingefährliche Vergiftung) begeht.

§ 2. Für die im § 1 bezeichneten Verbrechen sowie für Verbrechen gegen § 5 Abs. 3, §§ 6 bis 8 des Gesetzes gegen den verbrecherischen und gemeingefährlichen Gebrauch von Sprengstoffen sind die nach der Verordnung der Reichsregierung vom 21. III. 1933 (RGBl. I, S. 136) gebildeten Sondergerichte zuständig, soweit nicht die Zuständigkeit des Volksgerichtshofs oder der Oberlandesgerichte begründet ist.

5. Gesetz zur Gewährleistung des Rechtsfriedens vom 13. Oktober 1933

(RGBl. I, S. 723.)

§ 1. (1) Mit dem Tode oder, soweit nicht bisher eine schwerere Strafe angedroht ist, mit lebenslangem Zuchthaus oder mit Zuchthaus bis zu fünfzehn Jahren wird bestraft:

1. wer es unternimmt, einen Richter oder einen Staatsanwalt oder einen mit Aufgaben der politischen, Kriminal-, Bahn-, Forst-, Zoll-, Schutz- oder Sicher-

heitspolizei oder des Vollzugs von Strafen oder Maßregeln der Sicherung und Besserung betrauten Beamten oder einen Angehörigen der Wehrmacht oder der Sturmabteilungen oder der Schutzstaffeln der NSDAP, einen Amtswalter der NSDAP oder einen Angehörigen des Nationalsozialistischen Fliegerkorps, aus politischen Beweggründen oder wegen ihrer amtlichen oder dienstlichen Tätigkeit zu töten, oder wer zu einer solchen Tötung auffordert, sich erbietet, ein solches Erbieten annimmt oder eine solche Tötung mit einem anderen verabredet;

2. wer es unternimmt, einen Schöffen oder Geschworenen wegen seiner Tätigkeit als Schöffe oder Geschworener oder einen Zeugen oder Sachverständigen wegen einer von ihm in Erfüllung seiner Zeugen- oder Sachverständigenpflicht gemachten Bekundung zu töten, oder wer zu einer solchen Tötung auffordert, sich erbietet, ein solches Erbieten annimmt oder eine solche Tötung mit einem anderen verabredet.

(2) Die Vorschriften des § 86 a des Strafgesetzbuches über Einziehung und Unbrauchbarmachung finden entsprechende Anwendung.

§ 2. Mit Zuchthaus bis zu fünf Jahren wird bestraft, wer es unternimmt, in das Inland in der Absicht der Verbreitung zu staatsgefährdenden Zwecken eine Druckschrift einzuführen, durch die der äußere Tatbestand

1. eines nach dem Gesetz gegen die Neubildung von Parteien vom 14. VII. 1933 (RGBl. I, S. 479) strafbaren Verbrechens oder
2. einer nach den §§ 110 bis 112 des Strafgesetzbuchs strafbaren Aufforderung oder Anreizung oder
3. einer nach § 3 der VO. des Reichspräsidenten zur Abwehr heimtückischer Angriffe gegen die Regierung der nationalen Erhebung vom 21. III. 1933 (RGBl. I, S. 135) strafbaren Lügenmeldung.

(Jetzt § 1 des Heimtückegesetzes s. S. 174.)

begründet wird.

§ 3. Für die in den §§ 1 und 2 bezeichneten Straftaten sind die nach der VO. der Reichsregierung vom 21. III. 1933 (RGBl. I, S. 136) gebildeten Sondergerichte zuständig, soweit nicht die Zuständigkeit des Volksgerichtshofs oder der Oberlandesgerichte begründet ist.

Allgemeine Verfügung des Reichsjustizministers vom 15. Juni 1939 (1080—II a [14] 402) — „Deutsche Justiz", S. 1041 — über die Anwendung des Gesetzes zur Gewährleistung des Rechtsfriedens im Protektorat Böhmen und Mähren

Auf Grund des § 32 der Verordnung über die Ausübung der Strafgerichtsbarkeit im Protektorat Böhmen und Mähren vom 14. April 1939 (RGBl. I, S. 754) bestimme ich, daß § 1 des Gesetzes zur Gewährleistung des Rechtsfriedens vom 13. Oktober 1933 (RGBl. I, S. 723) von den deutschen Gerichten auch anzuwenden ist, wenn sich die Tat gegen einen für die Aufrechterhaltung der inneren Sicherheit und Ordnung tätigen Beamten richtet, der im Dienste einer Protektoratsbehörde steht.

6. Gesetz gegen heimtückische Angriffe auf Staat und Partei und zum Schutz der Parteiuniformen vom 20. Dezember 1934

(RGBl. I, S. 1269.)

Artikel I

§ 1. (1) Wer vorsätzlich eine unwahre oder gröblich entstellte Behauptung tatsächlicher Art aufstellt oder verbreitet, die geeignet ist, das Wohl des Reiches oder das Ansehen der Reichsregierung oder das der Nationalsozialistischen Deutschen Arbeiterpartei oder ihrer Gliederungen schwer zu schädigen, wird, soweit nicht in anderen Vorschriften eine schwerere Strafe angedroht ist, mit Gefängnis bis zu zwei Jahren und, wenn er die Behauptung öffentlich aufstellt oder verbreitet, mit Gefängnis nicht unter drei Monaten bestraft.

(²) Wer die Tat grob fahrlässig begeht, wird mit Gefängnis bis zu drei Monaten oder mit Geldstrafe bestraft.

(³) Richtet sich die Tat ausschließlich gegen das Ansehen der NSDAP oder ihrer Gliederungen, so wird sie nur mit Zustimmung des Stellvertreters des Führers oder der von ihm bestimmten Stelle verfolgt.

§ 2. (¹) Wer öffentlich gehässige, hetzerische oder von niedriger Gesinnung zeugende Äußerungen über leitende Persönlichkeiten des Staates oder der NSDAP, über ihre Anordnungen oder die von ihnen geschaffenen Einrichtungen macht, die geeignet sind, das Vertrauen des Volkes zur politischen Führung zu untergraben, wird mit Gefängnis bestraft.

(²) Den öffentlichen Äußerungen stehen nichtöffentliche böswillige Äußerungen gleich, wenn der Täter damit rechnet oder damit rechnen muß, daß die Äußerung in die Öffentlichkeit dringen werde.

(³) Die Tat wird nur auf Anordnung des Reichsministers der Justiz verfolgt; richtet sich die Tat gegen eine leitende Persönlichkeit der NSDAP, so trifft der Reichsminister der Justiz die Anordnung im Einvernehmen mit dem Stellvertreter des Führers.

(⁴) Der Reichsminister der Justiz bestimmt im Einvernehmen mit dem Stellvertreter des Führers der NSDAP den Kreis der leitenden Persönlichkeiten im Sinne des Abs. 1.

§ 3. (¹) Wer bei der Begehung oder Androhung einer strafbaren Handlung eine Uniform oder ein Abzeichen der NSDAP oder ihrer Gliederungen trägt oder mit sich führt, ohne dazu als Mitglied der NSDAP oder ihrer Gliederungen berechtigt zu sein, wird mit Zuchthaus, in leichteren Fällen mit Gefängnis nicht unter sechs Monaten bestraft.

(²) Wer die Tat in der Absicht begeht, einen Aufruhr oder in der Bevölkerung Angst oder Schrecken zu erregen, oder dem Deutschen Reich außenpolitische Schwierigkeiten zu bereiten, wird mit Zuchthaus nicht unter drei Jahren oder mit lebenslänglichem Zuchthaus bestraft. In besonders schweren Fällen kann auf Todesstrafe erkannt werden.

(3) Nach diesen Vorschriften kann ein Deutscher auch dann verfolgt werden, wenn er die Tat im Ausland begangen hat.

§ 4. (1) Wer seines Vorteils wegen oder in der Absicht, einen politischen Zweck zu erreichen, sich als Mitglied der NSDAP oder ihrer Gliederungen ausgibt, ohne es zu sein, wird mit Gefängnis bis zu einem Jahr und mit Geldstrafe oder mit einer dieser Strafen bestraft.

(2) Die Tat wird nur mit Zustimmung des Stellvertreters des Führers oder der von ihm bestimmten Stelle verfolgt.

§ 5. (1) Wer parteiamtliche Uniformen, Uniformteile, Gewebe, Fahnen oder Abzeichen der NSDAP, ihrer Gliederungen oder der ihr angeschlossenen Verbände ohne Erlaubnis des Reichsschatzmeisters der NSDAP gewerbsmäßig herstellt, vorrätig hält, feilhält oder sonst in Verkehr bringt, wird mit Gefängnis bis zu zwei Jahren bestraft. Für welche Uniformteile und Gewebe es der Erlaubnis bedarf, bestimmt der Reichsschatzmeister der NSDAP im Einvernehmen mit dem Reichswirtschaftsminister durch eine im RGBl. zu veröffentlichende Bekanntmachung.

(2) Wer parteiamtliche Uniformen und Abzeichen im Besitz hat, ohne dazu als Mitglied der NSDAP, ihrer Gliederungen oder der ihr angeschlossenen Verbände oder aus einem anderen Grunde befugt zu sein, wird mit Gefängnis bis zu einem Jahr, und, wenn er diese Gegenstände trägt, mit Gefängnis nicht unter einem Monat bestraft.

(3) Den parteiamtlichen Uniformen, Uniformteilen und Abzeichen stehen solche Uniformen, Uniformteile und Abzeichen gleich, die ihnen zum Verwechseln ähnlich sind.

(4) Neben der Strafe ist auf Einziehung der Uniformen, Uniformteile, Gewebe, Fahnen oder Abzeichen, auf die sich die strafbare Handlung bezieht, zu erkennen. Kann keine bestimmte Person verfolgt oder verurteilt werden, so ist auf Einziehung selbständig zu erkennen, wenn im übrigen die Voraussetzungen hierfür vorliegen.

(5) Die eingezogenen Gegenstände sind dem Reichsschatzmeister der NSDAP oder der von ihm bestimmten Stelle zur Verwertung zu überweisen.

(6) Die Verfolgung der Tat und die selbständige Einziehung (Abs. 4 Satz 2) findet nur mit Zustimmung des Stellvertreters des Führers oder der von ihm bestimmten Stelle statt.

§ 6. Im Sinne dieser Vorschriften gilt nicht als Mitglied der NSDAP, ihrer Gliederungen oder der ihr angeschlossenen Verbände, wer die Mitgliedschaft erschlichen hat.

§ 7. Der Stellvertreter des Führers erläßt im Einvernehmen mit den Reichsministern der Justiz und des Innern die zur Ausführung und Ergänzung der §§ 1 bis 6 erforderlichen Vorschriften.

Artikel II

§ 8. (1) Die Vorschriften dieses Gesetzes mit Ausnahme des § 5, Abs. 1, gelten sinngemäß für den Reichsluftschutzbund, das Nationalsozialistische Fliegerkorps, den Freiwilligen Arbeitsdienst und die Technische Nothilfe.

(2) Die zur Ausführung und Ergänzung dieser Bestimmung erforderlichen Vorschriften erläßt der Reichsminister der Justiz, und zwar soweit es sich um den Reichsluftschutzbund und das Nationalsozialistische Fliegerkorps handelt, im Einvernehmen mit dem Reichsminister der Luftfahrt, und, soweit es sich um den Freiwilligen Arbeitsdienst und die Technische Nothilfe handelt, im Einvernehmen mit dem Reichsminister des Innern.

Artikel III

§ 9. § 5 Abs. 1 tritt am 1. II. 1935 in Kraft. Die übrigen Vorschriften treten am Tage nach der Verkündung in Kraft; gleichzeitig treten die Verordnung zur Abwehr heimtückischer Angriffe gegen die Regierung der nationalsozialistischen Erhebung vom 21. III. 1933 (RGBl. I, S. 135) sowie Art. 4 des Gesetzes über die Reichsluftfahrtverwaltung vom 15. XII. 1933 (RGBl. I, S. 1077) außer Kraft.

7. Gesetz gegen den Straßenraub durch Autofallen vom 22. VI. 1938
(RGBl. I, S. 651)

Das Gesetz wurde im Sudetengau bereits durch VO. v. 23. XII. 1938 (RGBl. I, S. 1929) eingeführt.

Wer in räuberischer Absicht eine Autofalle stellt, wird mit dem Tode bestraft.

Dieses Gesetz tritt mit Wirkung vom 1. I. 1936 in Kraft.

Drittes Kapitel.

Das für das Sudetenland und die deutschen Staatsangehörigen im Protektorat Böhmen und Mähren fortgeltende tschechische Strafrecht.

I. Vorbemerkungen.

Nach der VO. über die Einführung des deutschen Strafrechts, der deutschen Gerichtsverfassung und anderer Gesetze in den sudetendeutschen Gebieten vom 16. I. 1939 (§ 17) und nach der VO. über die Ausübung der deutschen Strafgerichtsbarkeit im Protektorat Böhmen und Mähren vom 14. IV. 1939 (§ 25) bleiben Teile des bisher in diesen Gebieten geltenden Strafrechtes in Kraft, soweit das neu eingeführte deutsche Strafrecht keine gleichen oder entsprechenden Vorschriften enthält.

Diese Bestimmung betrifft lediglich die Frage der Fortgeltung von Vorschriften des besonderen Teiles des tschechischen Strafgesetzes und seiner Nebengesetze. Die Bestimmungen des allgemeinen Teils finden auch fernerhin auf Taten Anwendung, die nach dem fortgeltenden Strafrecht zu beurteilen sind (§ 10 bzw. § 7). Allerdings ist es fraglich, ob der Art. IV des Kundmachungspatentes in Kraft geblieben ist, der in der üblichen Formulierung das Analogieverbot enthält. Da nach § 25 der Einführungsverordnung vom 14. IV. 1939 alle Bestimmungen des tschechischen

Gesetzes außer Kraft treten, die den in der Einführungsverordnung enthaltenen Vorschriften entgegenstehen, so ist die Ansicht nicht unbegründet, daß auch aus den sonst aufrechterhaltenen Bestimmungen jene außer Kraft treten, die mit den Grundsätzen unvereinbar sind, die durch die Vorschriften der Einführungsverordnung Geltung für die deutschen Staatsangehörigen erlangt haben.

Der Gesetzgeber hat nur die oben wiedergegebene allgemeine Regel erlassen, ohne im einzelnen Feststellungen über die Fortgeltung von Gesetzen als Ganzes oder von Vorschriften dieser Gesetze zu erlassen. Die in den Einführungsverordnungen aufgestellte Regel gilt jedoch nicht nur für die, in diesen eingeführten reichsdeutschen Gesetzen, sondern auch für alle Reichsgesetze, die später und in Zukunft eingeführt werden. Insoweit sie Vorschriften enthalten, treten die gleichen oder entsprechenden Vorschriften des, bis dahin noch in Kraft gebliebenen tschechischen Strafrechtes außer Kraft.

Die ausdrückliche Anerkennung der Fortgeltung von Teilen des tschechischen Rechtes durch die beiden Einführungsverordnungen führt dazu, daß es sich bei den in Kraft gebliebenen Vorschriften nicht um eine Art Landesrecht mit örtlich beschränktem Anwendungsbereich handelt, sondern daß dieses die Stellung von Reichsrecht mit örtlich begrenztem Geltungsbereich erhält. Taten deutscher Staatsangehöriger, die im Sudetengau oder bzw. im Protektorat begangen werden, müssen im gesamten Gebiet des Großdeutschen Reiches unter Berücksichtigung dieses, in Kraft gebliebenen Teils des tschechischen Rechtes abgeurteilt werden. Bei der Anwendung ergeben sich dieselben Fragen, wie wir sie bereits bei der Handhabung des in der Ostmark geltenden Strafrechts kennengelernt haben. Die Herausgeber haben daher in diesem Teil der Textausgabe zuerst die Fortgeltung des tschechischen Strafgesetzes und dann die Fortgeltung der Nebengesetze überprüft. Bei den strafrechtlichen Nebengesetzen mußte dabei zwischen der Lage im Sudetengau und im Protektorat Böhmen und Mähren unterschieden werden, da im ersteren die Zahl der eingeführten reichsrechtlichen Vorschriften, die weitere Bestimmungen des tschechischen Rechtes außer Kraft gesetzt haben, unverhältnismäßig größer ist. Bei der Zusammenstellung der in Kraft gebliebenen Vorschriften ist bei den Nebengesetzen auf Vollständigkeit kein Gewicht gelegt worden. Es sind vielmehr nur jene herausgestellt worden, die auch in Zukunft noch von Bedeutung sein können.

Zur Erleichterung des Verständnisses der Anwendung des tschechischen Strafrechtes durch Richter des Altreiches ist bei der Einführung zur Textveröffentlichung eine Gegenüberstellung von deutschem und tschechischem Recht vorgenommen worden.

Bei der nachfolgenden Zusammenstellung wurde von der Fassung der §§ 17, Abs. 1 bzw. 25, Abs. 1, ausgegangen. Dabei wurden folgende Grundsätze zugrunde gelegt:

1. Die Wortfassung der Einführungsverordnungen weist darauf hin, daß auch eine entsprechende Anwendung des deutschen Rechtes nach § 2 StGB. die unmittelbare Anwendung des tschechischen Rechts ausschließt und die betreffende Bestimmung als außer Kraft getreten anzusehen ist.

2. Beide Einführungsverordnungen stellen nicht auf Rechtsgebiete ab, wie dies in § 2 des Einführungsgesetzes zum Strafgesetzbuch vom Jahre 1871 durch den Ausdruck „Marterie" geschehen ist, als die Frage der Fortgeltung der Landrechte nach Einführung des Reichsstrafgesetzbuches geregelt wurde. Die beiden Verordnungen sollten offenbar gerade durch den Ausdruck „Vorschriften" eine engere Auswahl gegenüber der „Marterie" kennzeichnen und damit auf die einzelnen Bestimmungen des Gesetzes abstellen. Hätten die Verordnungen von ganzen Rechtsgebieten ausgehen, also über das Gebiet des einzelnen Tatbestandes hinausgehen wollen, und die Strafbestimmungen nach dem Schutzobjekt, auf das sie sich beziehen, zusammenfassen wollen, so hätte einfach die Formulierung des Einführungsgesetzes zum Strafgesetzbuch übernommen werden können. Die vom § 2 des Einführungsgesetzes vorgenommene Abgrenzung hat in der Praxis Schwierigkeiten verursacht, da bei Regelung eines Rechtsgebietes durch das Strafgesetzbuch eine

Ergänzung durch Landesvorschriften immer auch dann ausgeschlossen war, wenn das Strafgesetzbuch zwar die Marterie als solche zum Gegenstand seiner Gesetzgebung gemacht hatte, sich aber trotzdem in der Reichsgesetzgebung keine dem Landesrecht entsprechende Einzelvorschrift fand. Mit der Wortfassung der Einführungsverordnungen sollte doch wohl gerade dieser Nachteil vermieden und zum Ausdruck gebracht werden, daß, wenn auch ein durch das unmittelbare Schutzobjekt zusammengefaßte Rechtsgebiet Gegenstand der reichsrechtlichen Regelung ist, dies nicht ausschließt, daß einzelne Vorschriften aus demselben Rechtsgebiet des tschechischen Rechtes in Kraft bleiben, wenn das Reichsrecht keine gleichen oder entsprechenden Vorschriften enthält. Die Nichtregelung einer bestimmten Frage in einem Rechtsgebiet, das Gegenstand der deutschen Strafgesetzgebung ist, schließt also die Fortgeltung einer Bestimmung des tschechischen Rechtes, das diese Einzelfrage behandelt, nicht aus.

3. Die Formulierung „gleiche oder entsprechende Vorschriften" darf nicht dazu verleiten, an der Wortfassung der Tatbestände kleben zu bleiben. Die Gleichartigkeit wird nicht dadurch ausgeschlossen, daß

a) Mischtatbestände in dem anderen Recht in Einzeltatbestände zerlegt oder umgekehrt Einzeltatbestände zu Mischtatbeständen zusammengefaßt sind,
b) verschiedene Begehungsformen nicht übereinstimmen,
c) ein Grunddelikt durch Hinzutreten von neuen Tatbestandelementen qualifiziert oder privilegiert wird, es sei denn, daß dadurch ein völlig neues Delikt mit einem selbständigen Grundgedanken geworden ist.

4. Bei der Klärung der Frage, ob eine gleiche oder entsprechende Vorschrift vorliegt, ist vielmehr auf den Grundgedanken des Gesetzes im Sinne des § 2 StGB. zurückzugehen. Ist der Grundgedanke derselbe, dann ist zu prüfen, ob der Unrechtsgehalt beider Tatbestände dem Grundgedanken in einem annähernd gleichen Umfang Ausdruck verleiht. Ist der Unrechtsgehalt im deutschen Strafrecht gleich oder umfassender zum Ausdruck gekommen, so ist die

Vorschrift des tschechischen Rechtes außer Kraft getreten. Ist jedoch bei gleichen Grundgedanken der Umfang des Unrechtsgehaltes in der Vorschrift des deutschen Rechtes wesentlich geringer, so bleibt die tschechische Bestimmung insoweit in Kraft, als die deutsche sie nicht zu umfassen vermag. Insoweit enthält das deutsche Strafgesetzbuch keine gleiche oder entsprechende Vorschrift.

II. Einführung in das tschechische Strafrecht. Unterschiede zwischen dem allgemeinen Teil des tschechischen und dem des deutschen Strafrechtes.

Einleitung

Als tschechisches Strafrecht ist jenes zu verstehen, das während des Bestandes der tschechoslowakischen Republik Geltung hatte und auch heute noch im Protektorat Böhmen und Mähren für die Personen gilt, die nicht deutsche Staatsangehörige sind. Es ist im allgemeinen das österreichische Strafrecht, bestehend aus dem Strafgesetze über Verbrechen, Vergehen und Übertretungen vom 27. V. 1852 Nr. 117 RGBl. [1]) und zahlreichen österreichischen Novellen und Nebengesetzen, die nach Errichtung der tschechoslowakischen Republik von dieser rezipiert worden sind; dazu kommen mannigfache Novellen und Nebengesetze, die in der Republik erlassen wurden. Das Strafgesetz besteht aus dem ersten Teil von den Verbrechen und dem zweiten Teil von den Vergehen und Übertretungen. In beiden Teilen kann wieder ein allgemeiner Teil von dem besonderen unterschieden werden; ersterer bringt die allgemeinen Lehren, letzterer die einzelnen Tatbestände.

1. Die Dreiteilung der strafbaren Handlungen.

Das Strafgesetz teilt die Straftaten in Verbrechen, Vergehen und Übertretungen ein, wobei es bei jedem Tat-

[1]) Dieses Strafgesetz, das als Kodex des tschechischen Strafrechtes bezeichnet werden kann, wird im folgenden abgekürzt mit StG. Dagegen wird der Kodex des deutsches Strafgesetzes, das Strafgesetzbuch des Deutschen Reiches vom 15. V. 1871 in der Fassung vom 26. II. 1876, RGBl. Nr. 40, mit StGB. abgekürzt.

bestand anführt, zu welcher Kategorie er gehört. Der Einteilungsgrund ist die verschiedene Schwere der Tat: Verbrechen sind die schwersten Delikte, sie können nur vorsätzlich begangen werden, werden mit den schwersten Strafen (Todesstrafe, Kerker) bedroht, mit jeder Verurteilung wegen Verbrechens sind bestimmte Ehrenfolgen verbunden. Vergehen sind Delikte leichterer Art, aber immerhin schwerer als die Übertretungen. Vergehen und Übertretungen können auch fahrlässig begangen werden, sie werden mit Arrest- oder Geldstrafe bestraft. Verbrechen und Vergehen gehören vor die Gerichtshöfe erster Instanz, die Übertretungen vor die Bezirksgerichte.

Das deutsche Strafgesetzbuch ist auch auf der Dreiteilung der Delikte aufgebaut, doch ist hier für die Einteilung maßgebend die Art der Strafe, welche für die einzelne Handlung angedroht ist. Das deutsche Strafgesetzbuch führt bei den einzelnen Tatbeständen nicht an, ob es sich um Verbrechen, Vergehen oder Übertretungen handelt; dies ist vielmehr erst aus der angedrohten Strafe zu erkennen. Das Gebiet der Vergehen ist im deutschen Strafgesetzbuch viel umfassender, ihre Strafen sind viel höher als im tschechischen Strafrecht; das Grunddelikt ist bei zahlreichen Delikten ein Vergehen.

2. Örtliches und zeitliches Geltungsgebiet.

a) Nach dem tschechischen Strafgesetz wird der Inländer wegen jeder Tat, die er im Inland oder Ausland begangen hat, nach dem inländischen Gesetze behandelt (Nationalitätsprinzip); eine Auslieferung oder ein Vollzug ausländischer Urteile findet nicht statt. Wenn der Täter wegen der im Ausland verübten Tat bereits abgestraft worden ist, so wird bei Verbrechen die erlittene Strafe eingerechnet, bei Vergehen und Übertretungen aber findet eine weitere Verfolgung nicht statt (§§ 36 und 235 StG.).

Auch nach dem deutschen Strafrecht wird der Inländer, der deutsche Staatsangehörige, für seine Taten nach dem deutschen Strafrecht bestraft, mag die Tat im Inland oder Ausland begangen worden sein. Doch entfällt die Bestrafung für eine im Ausland begangene Tat des Inländers, die nach dem Rechte des Tatortes straflos ist, wenn die Tat nach dem gesunden Empfinden des deutschen Volkes wegen der besonderen Verhältnisse am Tatorte kein strafwürdiges Unrecht ist.

Ein Ausländer, der im Inland ein Verbrechen beging, oder im Ausland ein Verbrechen gegen den Staat oder das Verbrechen der Fälschung inländischer öffentlicher Kreditpapiere oder Münzen verübt hat, wird im tschechischen Recht nach dem inländischen Gesetz bestraft (Territorialitäts- bzw. Schutzprinzip); wegen anderer im Auslande begangener Verbrechen wird der Ausländer im Inland nur bestraft, wenn der fremde Staat die Verfolgung nicht übernimmt (Weltrechtsprinzip). Wegen im Auslande von Ausländern begangener Vergehen und Übertretungen findet weder eine Auslieferung noch eine Bestrafung statt (§§ 37, 38, 234 StG.).

Gemäß dem StGB. gilt das deutsche Strafrecht auch für die Taten der Ausländer, die sie im Inland begangen haben (§ 3 StGB.). Ebenso gilt das deutsche Strafrecht für besonders schwere, im Gesetze aufgezählte Straftaten, welche die Ausländer im Ausland verübt haben; für die anderen, von ihnen im Ausland verübten Straftaten gilt das deutsche Strafrecht nur unter gewissen, im Gesetze näher angeführten Voraussetzungen (§ 4 StGB.). Im Gegensatz zum tschechischen Rechte macht das deutsche Recht keinen Unterschied zwischen Vergehen und Übertretungen.

b) Aus Art. IX des Kundmachungspatentes zum StG. ergibt sich, daß das Strafrecht zur Zeit der Tat maßgebend ist, wobei aber das frühere Recht entscheidend ist, wenn dieses milder war. Nach dem deutschen Recht (§ 2a StGB.) ist entscheidend das Strafrecht zur Zeit der Tat; wenn aber zur Zeit der Entscheidung ein milderes Strafrecht gilt, so kann (aber nicht muß) dieses angewendet werden. Nach dem deutschen Rechte ist aber auch die Zurückwirkung eines strengeren Gesetzes zulässig, aber nur in den Fällen, in denen es besonders angeordnet wurde, z. B. im Gesetz über den erpresserischen Kindesraub.

3. Analogieverbot.

Gemäß Art. IV des Kundmachungspatentes zum StG. kann nur dasjenige als Verbrechen, Vergehen oder Übertretung behandelt werden, was im Gesetze als solches erklärt worden ist.

Damit ist die Analogie ausgeschlossen (nullum crimen sine lege). Im Gegensatz dazu läßt das deutsche Recht unter gewissen Voraussetzungen die Rechtsschöpfung durch den Richter zu (§ 2 StGB). Dem tschechischen Strafrecht ist auch die Verurteilung kraft Wahlfeststellung nach § 2b StGB. fremd.

4. Zurechnungsfähigkeit.

Nach dem tschechischen Strafrecht ist Zurechnungsfähigkeit nicht vorhanden bei mangelndem Alter und bei Geistesstörungen.

Unmündige, d. s. Personen unter 14 Jahren sind strafrechtlich nicht verantwortlich. Jugendliche, d. s. Personen, die zur Zeit der Tat schon 14 Jahre, aber noch nicht 18 Jahre alt waren, sind bereits strafbar, außer bei einer starken Zurückgebliebenheit in der Entwicklung. Doch wird die Straftat der Jugendlichen immer nur als Verfehlung bezeichnet, an Stelle der Todes- oder Freiheitsstrafen tritt Verschließung ohne Verschärfungen, die Strafsätze der zeitlichen Freiheits- und der Geldstrafen werden bedeutend herabgesetzt (im allgemeinen auf die Hälfte des normalen Satzes), an Stelle der Todes- oder lebenslänglichen Freiheitsstrafe tritt Verschließung von 1 bis 10 Jahren. Das Gericht kann unter gewissen Voraussetzungen von der Bestrafung absehen, die Anwendungsmöglichkeit der bedingten Verurteilung ist erweitert, Nebenstrafen sind ausgeschlossen, Schutzaufsicht und Fürsorgeerziehung sind für zuläßig erklärt. Vom erreichten 18. Lebensjahr an ist der Täter strafrechtlich voll verantwortlich (§§ 1 bis 9 des Gesetzes vom 11. III. 1931, Slg. Nr. 48 über die Jugendstrafgerichtsbarkeit). Das tschechische Jugendstrafgerichtsbarkeitsgesetz kommt aber im Sudetenland und bei den deutschen Gerichten des Protektorates auch dann nicht mehr zur Anwendung, wenn sich ein deutscher Jugendlicher gegen eine noch weiter in Kraft bleibende tschechische strafrechtliche Bestimmung verging, da das deutsche JGG. im Sudetenland und für die deutschen Gerichte im Protektorat bereits eingeführt wurde.

Die Bestimmungen des deutschen JGG. (Gesetz vom 16. II. 1922, RGBl. I, S. 135) sind im großen und ganzen die gleichen. Die hauptsächlichsten Unterschiede bestehen darin, daß im deutschen Gesetze die allgemeine Bezeichnung der Straftaten (Verbrechen, Vergehen, Übertretung) beibehalten wird, daß es auch als normale Strafen Gefängnis und Haft zuläßt und daß nach dem deutschen Rechte das Gericht die Anordnung der Erziehungsmaßregeln auch dem Vormundschaftsgericht überlassen kann, während nach dem tschechischen Recht nur das erkennende Gericht darüber entscheiden darf. Das deutsche Gesetz enthält noch Bestimmungen über den Strafaufschub, was im tschechischen Gesetze nicht notwendig ist, da dort die bedingte Verurteilung allgemein eingeführt ist.

Das tschechische Recht (§ 2 a, b StG.) schließt die Zurechnungsfähigkeit aus, wenn der Täter dauernd oder vorübergehend geisteskrank ist, im letzteren Falle, wenn er die Tat verübte, als die Verrückung andauerte, ferner, wenn er die Tat in voller Berauschung beging. Das deutsche Recht (§ 51 StGB.) stellt auf das biologisch begründete Unterscheidungsvermögen hinsichtlich der Unerlaubtheit der Tat und auf das Hemmungsvermögen ab und führt außerdem noch die „verminderte Zurechnungsfähigkeit" ein, die dem tschechischen Rechte fremd ist und nach diesem höchstens als Milderungsumstand bei der Strafzumessung gewertet werden könnte.

5. Die Schuld.

Das tschechische Recht steht grundsätzlich auf dem Standpunkt der Zweiteilung der Schuldformen in Vorsatz und Fahrlässigkeit. Vorsatz liegt nach § 1 StG. vor, wenn der Täter vor oder bei der Tat das Übel, das mit dem Verbrechen verbunden ist, bedacht und beschlossen hat. Das

Gesetz vertritt die Willenstheorie. Außer dieser Art von Vorsatz, dem direkten Vorsatz kennt das Gesetz noch den indirekten Vorsatz, der nach § 1 StG. dann vorliegt, wenn aus einer anderen bösen Absicht etwas unternommen wurde, wodurch das entstandene Übel gemeiniglich erfolgt oder leicht erfolgen kann; er ist keine allgemeine Schuldform, sondern tritt nur beim Totschlag nach § 140 StG. und bei der schweren Körperverletzung nach § 152 StG. in Erscheinung. Der bedingte Vorsatz (dolus eventualis) findet in der Rechtsprechung Anerkennung. Der Begriff der Fahrlässigkeit wird im § 335 StG. entwickelt. Die neuere tschechische Gesetzgebung hat unter Anlehnung an die Lehre von der Dreiteilung der Schuldformen (Absicht, Wesentlichkeit, Fahrlässigkeit) in zwei Gesetzen (Geschlechtskrankheitengesetz, Republikschutzgesetz) die Schuldform „Wissentlichkeit" verwendet, wodurch vermeintliche Schwierigkeiten mit dem bedingten Vorsatz ausgeschlossen werden sollten. Auch in ihren Entwürfen versuchte sie die Dreiteilung der Schuldformen durchzuführen.

Das deutsche Strafgesetzbuch gibt keine Begriffbestimmung der strafrechtlichen Schuld, sondern überläßt deren Feststellung der Wissenschaft und Rechtsprechung, was naturgemäß von Nachteil ist. Auch die deutsche Wissenschaft und Rechtsprechung vertritt die Zweiteilung der Schuldformen in Vorsatz und Fahrlässigkeit und anerkennt den bedingten Vorsatz.

6. Schuldausschließungsgründe. (Notwehr, Notstand)

Nach § 2g StG. wird die Tat als Verbrechen nicht zugerechnet, wenn sie in gerechter Notwehr oder durch unwiderstehlichen Zwang erfolgte. Der Begriff der Notwehr ist in beiden Gesetzen ungefähr der gleiche, nur daß im deutschen Rechte (§ 53 StGB.) die geschützten Rechtsgüter nicht aufgezählt sind und Notwehrexzeß nicht bestraft wird, während das tschechische Recht eine Aufzählung der geschützten Rechtsgüter enthält und den Notwehrexzeß als Vergehen bzw. Übertretung der gerechten Notwehr nach

§§ 2g, 335 bzw. 431 StG. bestraft. Der Begriff „Notstand" wird im tschechischen Recht aus der Fassung des § 2 StG. „wenn die Tat durch unwiderstehlichen Zwang erfolgte", abgeleitet, da in einem solchen Falle dem Täter ein rechtsmäßiges Verhalten nicht zugemutet werden kann. Im deutschen Rechte ist der Begriff des Notstandes eindeutig umschrieben. Das tschechische Recht kennt aber keine strenge Unterscheidung zwischen Unrechts- und Schuldausschließungsgründen, wie sie in der deutschen Rechtssprechung durchgeführt ist.

7. Irrtum, Kausalzusammenhang.

Gemäß § 2 e StG. wird der böse Vorsatz ausgeschlossen, wenn ein solcher Irrtum unterlief, der ein Verbrechen in der Handlung nicht erkennen ließ. Ob es sich da um Tat- oder Rechtsirrtum handelt, wird nicht weiter dargetan. Der Tatirrtum ist jedenfalls in diese Gesetzesstelle einzureihen. Nach der Judikatur des Obersten Gerichtes gehört dazu aber auch der Rechtsirrtum, soweit er außerstrafrechtliche Bestimmungen betrifft, was übrigens auch aus den §§ 3, 233 StG. hervorgeht, in denen ausgesprochen wird, daß Unkenntnis des Strafgesetzes nicht entschuldigt. Ähnlich regelt den Irrtum § 59 StGB. und die reichsgerichtliche Auslegung des Irrtums entspricht der obenangeführten oberstgerichtlichen Auslegung des § 2 StG.

Der aberratio ictus wird in § 134 StG. geregelt; trotz aberratio liegt vollendeter Mord vor. Eine solche Regelung erfolgte im deutschen Rechte nicht, weshalb diesfalles versuchter Mord in Tateinheit mit fahrlässiger Tötung angenommen wird. Aus der Stilisierung des § 134 StG. ergibt sich auch, daß das tschechische Recht in Hinsicht des Kausalzusammenhanges auf dem Standpunkt der Äquivalenz-(Bedingungs)-Theorie steht. Das StGB. regelt das Problem nicht ausdrücklich, das Reichsgericht aber vertritt in ständiger Rechtsspechung ebenfalls die Bedingungstheorie, nur gelegentlich kommen Anklänge an die Adäquanztheorie vor.

8. Der Versuch.

Versuch liegt nach § 8 StG. vor, wenn der Täter eine zur wirklichen Ausübung führende Handlung unternommen hat, wobei die Vollbringung der Straftat nur wegen Unvermögenheit, Dazwischenkunft eines fremden Hindernisses oder durch Zufall unterblieben ist. Versuch, nicht Vorbereitungshandlung liegt vor, wenn die Absicht des Täters in der Außenwelt deutlich erkennen läßt, daß er die Straftat verüben will. Fahrlässig verübte Handlungen lassen keinen Versuch zu. Versuch wird nicht nur bei Verbrechen, sondern auch bei Vergehen und Übertretungen bestraft; die versuchte Straftat wird mit derselben Strafe geahndet, wie die vollbrachte (ausgenommen den Fall, in dem für die vollendete Tat die Todesstrafe oder lebenslänglicher Kerker angedroht ist), jedoch ist der Umstand, daß es beim Versuch geblieben ist, ein Milderungsgrund (§§ 47a, 264g StG.).

Dagegen liegt Versuch nach § 43 StGB. erst vor, wenn der Täter bereits eine Handlung setzte, die einen Anfang der Ausführung enthält, so daß nach dem deutschen Recht der Beginn des strafbaren Versuches weiter hinausgeschoben ist; ferner wird nach dem deutschen Recht der Versuch nur bei Verbrechen immer bestraft, bei Vergehen lediglich in den vom Gesetze ausdrücklich bestimmten Fällen und bei Übertretungen wird er überhaupt nicht bestraft; endlich kann nach deutschem Recht das versuchte Delikt milder bestraft werden als das vollendete (§ 44 StGB. und § 4 der VO. gegen Gewaltverbrecher vom 5. XII. 1939 [RGBl. I, S. 2378]).

Bei Versuch mit absolut untauglichen Mitteln vertritt das tschechische Oberste Gericht den objektiven Standpunkt, d. h. es verneint die Strafbarkeit, das Reichsgericht dagegen den subjektiven Standpunkt, d. h. es erklärt jenen Versuch als strafbar.

Nach der Rechtssprechung des vormaligen österreichischen Obersten Gerichtshofes wird der Täter bei freiwilligem Rücktritt, d. h. wenn er aus freien Stücken, von Reue erfaßt, den Eintritt des Verbrechenserfolges freiwillig verhindert, straflos. Diese Rechtsanschauung findet in der Fassung des § 8 StG. ihre Begründung. Im deutschen Strafgesetzbuch aber (§ 46) ist die Straflosigkeit des Rücktrittes vom Versuch ausdrücklich festgelegt.

9. Arten der Mitwirkung bei einer Straftat.

Das tschechische Recht kennt folgende Arten der Mitwirkung an einer Straftat: Täterschaft, Mitschuld, Teilnahme.

Die Mitschuld zerfällt in die Anstiftung und Beihilfe. § 5 StG. bestimmt, daß auch derjenige des Verbrechens schuldig wird, der durch Befehl, Anraten, Unterricht, Lob, die Übeltat eingeleitet, vorsätzlich veranlaßt (Anstiftung) oder zu ihrer Ausübung durch absichtliche Herbeischaffung der Mittel, Hintanhaltung der Hindernisse oder auf was immer für eine Art Vorschub gegeben, Hilfe geleistet, zu ihrer sicheren Vollstreckung beigetragen hat (Beihilfe). Die Mitschuld ist kein bloßes Akzessorium der Haupttat; für die Strafbarkeit der Mitschuld kommt es nur darauf an, ob bezüglich der Haupttat der objektive Tatbestand festgestellt ist; ist dies der Fall, hat das Gericht vollkommene Freiheit in der Beurteilung der objektiven Grundlagen der Mitschuld (J. M. Slg. 130). Teilnahme nach § 5 Abs. 1 letzter Satz StG. liegt vor, wenn sich jemand vor der Tat mit dem Täter über die nach vollbrachter Tat zu leistende Hilfe und Beistand oder über einen Anteil an Gewinn und Vorteil einverstanden hat. Sie ist somit eine Abart der Beihilfe.

Durch die Nichtverantwortlichkeit des Täters wird die Verantwortlichkeit der Mitschuldigen und Teilnehmer nicht beseitigt (§ 5 Abs. 2 StG.).

Anstiftung, Beihilfe und Teilnahme werden in gleicher Weise bestraft, wie die Tat selbst; jedoch ist Anstiftung für den Täter ein erschwerender Umstand (§§ 44 d, e, 263 f, k StG.), für den Verführten ein mildernder Umstand (§§ 46 c, 264 c StG.).

Mitschuld und Teilnahme sind nur dann strafbar, wenn der unmittelbare Täter wenigstens den Versuch zur Tat unternommen hat (Slg. OG. 730/22).

Ist aber die Anstiftung erfolglos geblieben, dann kann der Anstifter wegen eines selbständigen Deliktes, nämlich wegen versuchter Verleitung nach § 9 StG. in Verbindung mit dem Delikte, zu dem er anzustiften versuchte, verantwortlich gemacht werden.

Das tschechische Strafgesetz stellt auch unter Strafe, wenn jemand dem Täter nach vollbrachter Tat Hilfe leistet oder Anteil am Gewinn der Tat nimmt, ohne daß dies vor der Tat mit dem Täter vereinbart gewesen wäre. Es ist dies die Hilfeleistung nach verübtem Verbrechen nach § 6 StG. Diese aber ist nicht wie Mitschuld und Teilnahme eine allgemeine Form der Mitwirkung an einem Verbrechen, sondern eine besondere Straftat in jenen Fällen, wie sie im besonderen Teil angeführt sind. Dies sind die Vorschubleistung bei jeder Art von Straftaten nach den §§ 214, 217, 307 StG. (Verhehlung eines Verbrechers bzw. Hilfeleistung zur Entweichung eines wegen Verbrechen Verhafteten), das Verbrechen oder die Übertretung der Teilnehmung am Diebstahl oder an Veruntreuung nach §§ 185, 464 StG. und das Verbrechen der Teilnehmung am Raub nach § 196 StG. (Verhehlung, Ansichbringung oder Verhandlung einer gestohlenen, veruntreuten oder geraubten Sache).

Das deutsche Strafgesetzbuch teilt, der Doktrin folgend, die Mitwirkung an einer Straftat in Täterschaft und Teilnahme ein; letztere zerfällt in Anstiftungen und Beihilfe. Der Begriff der Anstiftung nach § 48 und der Beihilfe nach § 49 StGB. decken sich mit der Mitschuld (Anstiftung und Beihilfe) und Teilnahme nach § 5 StG. Nach dem deutschen Recht wird Beihilfe nur bestraft bei Verbrechen und Vergehen, nicht aber auch bei Übertretungen, nach tschechischem Recht aber wird sie auch bei Übertretungen bestraft. Anstiftung dagegen wird in beiden Rechten bei allen drei Deliktsarten bestraft. Nach deutschem Recht wird der Anstifter gestraft wie der Täter, der Gehilfe dagegen kann milder bestraft werden, und zwar so wie beim Versuch. Nach dem tschechischen Recht werden Anstifter und Gehilfe wie der Täter bestraft, nur ist die Anstiftung für die Strafbemessung ein erschwerender Umstand.

§ 49a StGB. (der sogenannte Duchesne-Paragraph), welcher die versuchte Aufforderung, das Sicherbieten zu einem Verbrechen und die Annahme eines solchen Erbietens bestraft, findet lediglich bezüglich des ersten Teiles im § 9 StG. (versuchte Verleitung zu einem Verbrechen) sein Gegenstück.

10. Die Konkurrenz.

Das Zusammentreffen mehrerer Delikte wird in den §§ 34, 35 und 267 StG. geregelt. Dabei wird nicht unterschieden zwischen Ideal- und Realkonkurrenz. Das Problem wird durch das Absorptionsprinzip gelöst, das darin besteht, daß die Aburteilung nach jener Tat zu erfolgen hat, auf welche die schärfere Strafe gesetzt ist, wobei jedoch auf die übrigen Verbrechen Bedacht genommen werden muß. Das Kumulierungsprinzip findet im Falle § 35, Abs. 2 StG. Anwendung, demzufolge bei Zusammentreffen von Todes- und Freiheitsstrafen mit Geldstrafen oder mit der Strafe des Verfalls von Waren und Verlust von Rechten nebst der sonstigen Strafe auch die erwähnten Strafen zu verhängen sind. Weiter bestimmt § 265 der tschechischen StPO., daß auch dann, wenn der Angeklagte bereits wegen einer Tat abgeurteilt wurde und nachher eine vor Fällung jenes Strafurteils begangene Tat hervorkommt, die oberste Grenze des strengeren Strafgesetzes nicht überschritten werden, sohin nur eine entsprechende Zusatzstrafe verhängt werden darf; das Gericht kann daher von einer weiteren Strafe absehen, wenn es auch bei gemeinschaftlicher Aburteilung beider Delikte eine strengere Strafe als im ersten Urteil nicht verhängt hätte.

Das deutsche Strafgesetzbuch (§§ 73 bis 79) regelt die Ideal- und Realkonkurrenz getrennt. Für die Idealkonkurrenz gilt das reine Absorptionsprinzip, d. h. es kommt nur dasjenige Gesetz in Anwendung, das die schwerste Strafe androht. Für die Realkonkurrenz gilt normalerweise das Absorptionsprinzip (§ 74 I, StGB.), wobei durch Erhöhung der verwirkten schwersten Strafe eine Gesamtstrafe gebildet wird; dagegen gilt in den Fällen der §§ 75 bis 78

StGB. das Kumulierungsprinzip. Der Bestimmung des obgenannten § 265 StPO. entspricht § 79 StGB.

11. Die Privatanklage- und Ermächtigungsdelikte.

Im tschechischen Recht sind die Delikte in der übergroßen Mehrzahl Offizialdelikte, d. h. sie werden von Amts wegen verfolgt. Daneben gibt es eine Reihe von Privatanklagedelikten, das sind solche Delikte, die nur auf Grund einer Privatanklage verfolgt werden. Daher gehören die Straftaten nach den §§ 1 bis 4 des Gesetzes vom 28. VI. 1933, Nr. 108 Slg. zum Schutz der Ehre, der Verwandtendiebstahl nach § 463, die Übertretung nach § 525, Ehebruch nach § 502, die Übertretung nach dem § 505 StG., Verletzung des Brief- und Schriftgeheimnisses durch eine Privatperson nach § 1 des Gesetzes vom 6. IV. 1870 RGBl. Nr. 42, die Übertretungen nach §§ 25, 26, 32, 33 und die Vergehen nach § 26 bis 31 des Gesetzes über den unlauteren Wettbewerb und andere. Weiter kennt das tschechische Gesetz sogenannte Ermächtigungsdelikte, deren Wesen darin besteht, daß sie zwar von Amts wegen verfolgt werden, aber nur auf Grund einer Ermächtigung. Es sind dies die Fälle, in denen eine Ehrenbeleidigung gegen eine gesetzgebende Körperschaft, die Regierung, ein Gericht, öffentliche Behörden oder gegen die Wehrmacht begangen wurde. Die Ermächtigung wird vom Präsidium der bezüglichen Körperschaft bzw. von der Regierung oder den vorgesetzten Stellen erteilt.

Nach dem deutschen Recht tritt bei einer Anzahl von leichteren Delikten Strafverfolgung nur ein, wenn der Verletzte einen Strafantrag gestellt hat (§§ 61 ff. StGB.). Hierher gehören nicht nur Beleidigungen und Ehebruch, sondern unter anderem auch vorsätzliche leichte und fahrlässige Körperverletzungen, einfache Sachbeschädigung, Entführung und Verleitung zur Gestattung des Beischlafs; diese Delikte werden Antragsdelikte genannt. Daneben kennt das deutsche Recht noch die sogenannten Privatklagedelikte, es sind dies Delikte, welche der Verletzte ohne vorherige Anrufung der Staatsanwaltschaft durch Privatklage verfolgen kann. Sie sind im § 374 der deutschen StPO. aufgezählt. Die Staatsanwaltschaft erhebt wegen dieser Delikte die öffentliche Anklage nur dann, wenn dies im öffentlichen Interesse liegt. Die Begriffe Antragsdelikte und Privatklagedelikte decken sich nicht, da ein Antragsdelikt nicht notwendig Privatklagedelikt sein muß und umgekehrt. Die Einrichtung des Strafantrags im erwähnten Sinn ist dem tschechischen Rechte fremd; sie wird in der Doktrin mit Recht vielfach angefeindet.

12. Die bedingte Verurteilung und bedingte Entlassung.

Durch das Gesetz vom 19. X. 1919 Nr. 562 Slg. wurde allgemein die bedingte Verurteilung eingeführt, deren Wesen darin besteht, daß das Gericht unter gewissen Voraussetzungen den Vollzug einer Geldstrafe oder einer ein Jahr nicht übersteigenden Freiheitsstrafe auf eine gewisse Zeit aufschieben kann und der Verurteilte im Falle Bewährung während der Probezeit als nicht bestraft zu gelten hat; im Jugendstrafgerichtsbarkeitsgesetz wurden zu Gunsten der Jugendlichen Ausnahmsbestimmungen erlassen. Nach der Rechtssprechung des Obersten Gerichtes ist die bedingte Verurteilung immer zu gewähren, wenn die Voraussetzungen in der Person des Täters erfüllt sind und es darf auf die Bedürfnisse der Generalprävention keine Rücksicht genommen werden, was in der Praxis zu einer vom Gesetzgeber offenbar nicht gewollten und auch bedenklichen übermäßigen Anwendung der bedingten Verurteilung geführt hat. Das gleiche Gesetz führte die bedingte Entlassung ein, der zufolge der Sträfling unter gewissen Voraussetzungen nach Ablauf eines Teiles der verhängten Strafe entlassen werden kann, wobei im Falle der Bewährung während der Probezeit die Strafe als verbüßt zu betrachten ist.

Das deutsche Recht hat als eine, der bedingten Verurteilung ähnliche Einrichtung die Aussetzung der Strafvollstreckung nach § 10 des Jugendgerichtsgesetzes; im übrigen aber kennt das deutsche Recht nur die sogenannte bedingte Begnadigung, wie sie in der Gnadenordnung geregelt worden ist. Der bedingten Entlassung entspricht die vorläufige Entlassung nach den §§ 23 bis 26 StGB.

Da gemäß der bezüglichen Einführungsbestimmungen im Sudetenland und für die deutschen Staatsangehörigen im Protektorate für Straftaten, die weiterhin nach dem tschechischen Rechte zu beurteilen sind, auch die allgemeinen Vorschriften dieses Rechtes angewendet werden müssen, entstand die Frage, ob in solchen Fällen auch das tschechische Gesetz über die bedingte Verurteilung Geltung habe. In dieser Richtung sei auf AV. d. RM. d. J. vom 3. III. 1939 (4000 Su—III a B 279), abgedruckt in der „Deutschen Justiz" vom Jahre 1939, S. 426, verwiesen, die feststellt, daß mit 1. III. 1939 das Gesetz über die bedingte Verurteilung und Entlassung im Sudetenland außer Kraft getreten sei, soweit das deutsche Strafrecht zur Anwendung gelange. Soweit aber die Tat nach dem bisherigen Rechte zu beurteilen ist, sei das erwähnte Gesetz nach wie vor anwendbar. Aber die Staatsanwaltschaften werden in der AV. ersucht, bei Gericht keine Anträge auf Anwendung dieses Gesetzes zu stellen, sondern in geeigneten Fällen darauf hinzuwirken, daß sie als Gnadensachen nach der Gnadenordnung behandelt werden.

13. Strafen, erschwerende und mildernde Umstände, außerordentliches Strafmilderungsrecht, Strafumwandlungsrecht.

Das tschechische Strafrecht kennt als Strafarten die Todesstrafe, Freiheitsstrafen, Geldstrafen und Ehrenstrafen. Die Todesstrafe wird beim Mord, räuberischem Totschlag, einigen Verbrechen, wenn dadurch der Tod verursacht wurde, sowie bei einigen Verbrechen im Standrechtsverfahren verhängt. Sie wird durch den Strang vollzogen und sie ist ausgeschlossen gegen Personen, die zur Zeit der Tat noch nicht 20 Jahre alt waren. Bei wichtigen mildernden Umständen kann an ihrer Stelle lebenslänglicher schwerer Kerker oder schwerer Kerker von 15 bis 30 Jahren verhängt werden. Freiheitsstrafen sind Kerker, Arrest, Verschließung und Staatsgefängnis. Der Kerker kann einfacher oder schwerer, lebenslänglicher oder zeitiger sein. Bei zeitigem Kerker (6 Monate bis 20 Jahre) sind die gewöhnlichen Strafsätze 6 Monate bis 1 Jahr, 1 bis 5 Jahre, 5 bis 10 Jahre, 10 bis 20 Jahre. Kerker wird bei Verbrechen verhängt. Arrest zerfällt in einfachen, strengen und Hausarrest. Er wird bei Vergehen und Übertretungen verhängt. Die kürzeste Dauer ist 24 Stunden, die längste 6 Monate, im Falle der §§ 335, 337 StG. drei Jahre. Verschließung ist die Freiheitsstrafe für Jugendliche. Staatsgefängnis kann an Stelle des Kerkers bei politischen Verbrechen treten. Die Geldstrafe wird bei Vergehen und Übertretungen verhängt, wobei normalerweise der niedrigste Satz 50 K, der höchste 5000 K beträgt. Bei den einzelnen Delikten wird die zeitige Freiheitsstrafe oder Geldstrafe in Form von Strafrahmen (z. B. schwerer Kerker von 6 Monaten bis 1 Jahr oder Geldstrafe von 250 K bis 5000 K) angeführt; innerhalb dieses Strafrahmens muß der Richter die Strafe festsetzen. Gemäß der §§ 19, 253 StG. können die zeitige Kerkerstrafe und die Arreststrafe durch Fasten, hartes Lager, Einzelhaft und Dunkelzelle verschärft werden. Wenn die Gerichte des Sudetenlands oder die deutschen Gerichte des Protektorats noch tschechisches Strafrecht, soweit es in Kraft geblieben ist, anwenden müssen, dann dürfen sie auf diese Verschärfungen nicht erkennen (§ 10 Abs. 2 der VO. vom 16. I. 1939 [RGBl. I, S. 38], bzw. § 7 Abs. 2 der VO. vom 15. IV. 1939 [RGBl. I, S. 754]). Als Ehrenstrafe kennt das tschechische Recht den Verweis.

Bei Zumessung der Strafe muß der Richter im Einzelfall auf die Erschwerungsumstände und Milderungsumstände Bedacht nehmen, je nachdem, ob die einen oder die anderen überwiegen (§ 48, 265 Strafgesetz). Diese sind wohl nur demonstrativ, aber eingehend, bezüglich der Verbrechen in den §§ 43 bis 47 bezüglich der Vergehen und Übertretungen in den §§ 263 und 264 StG. angeführt.

Der Richter kann aber auch unter Umständen unter die niedrigste Grenze des Strafrahmens herabgehen oder eine leichtere Strafart zumessen (außerordentliches Milderungsrecht). Voraussetzung ist, daß mehrere, und zwar solche Milderungsumstände zusammentreffen, die mit Grund die Besserung des Täters erwarten lassen. Die außerordentliche Strafmilderung ist zulässig bei Verbrechen, wenn die Strafe nach dem Gesetze nicht über 5 Jahre zu dauern hätte, ferner bei Vergehen und Übertretungen allgemein; ihr Wesen besteht darin, daß statt schwerem Kerker einfacher und statt strengem Arrest einfacher verhängt und daß die Strafe auch unter den geringsten Strafsatz herabgesetzt werden kann (§§ 54, 266 StG.). Wenn eine lebenslängliche oder zeitige Kerkerstrafe von über 5 Jahren zu bemessen wäre, so kann gemäß § 338 StPO. bei Zusammentreffen sehr wichtiger und überwiegender Milderungsumstände auf drei bzw. 1 Jahr Kerker herabgegangen werden.

Endlich kennt das tschechische Recht das sogenannte Strafumwandlungsrecht. Wenn der schuldlosen Familie des Täters durch die längere Dauer der Strafe in ihrem Erwerbungsstand ein wichtiger Schaden entstehen würde, kann bei Verbrechen, die mit Kerker nicht über 5 Jahren bedroht sind, die Strafdauer selbst unter 6 Monaten abgekürzt werden, jedoch muß sie durch Verschärfungen ersetzt werden (§ 55 StG.). Bei Vergehen und Übertretungen kann im Hinblick auf die Vermögensumstände des Täters oder seiner Familie eine Geldstrafe in eine Arreststrafe umgewandelt werden, ferner kann, wenn durch eine längere Haftdauer die Erwerbung des Sträflings oder seiner Familie in Verfall oder Unordnung geraten könnte, die Dauer der Strafzeit unter den gesetzlich geringsten Strafsatz bei entsprechender Verschärfung herabgesetzt werden (§ 260 StG.). Die Gerichte des Sudetenlands und die deutschen Gerichte des Protektorats dürfen in den erwähnten Fällen, in denen sie noch gültiges tschechisches Strafrecht anwenden müssen, vom Strafumwandlungsrecht nach den §§ 55 und 260 StG. nicht Gebrauch machen, da, wie bereits hervorgehoben wurde, auf die Strafverschärfungen durch die deutschen Gerichte nicht mehr erkannt werden darf, wodurch aber die Strafumwandlung unmöglich gemacht wird. Nichteinbringliche Geldstrafen müssen in Ersatzarreststrafen umgewandelt werden, wobei entsprechend der Vermögenslage des Täters für je 10 bis 100 K Geldstrafe ein Tag Freiheitsstrafe aufzuerlegen ist; die Ersatzfreiheitsstrafe muß bereits im Urteil bemessen werden (§ 8 des Gesetzes Nr. 31/29 Slg., § 366 StPO.).

Gemäß der §§ 55 a, 266 a StG. ist die vor der Urteilverkündigung erlittene Verwahrungshaft (auch die polizeiliche) und die Untersuchungshaft auf die Freiheits- und Geldstrafe einzurechnen, soweit sie der Verurteilte nicht verschuldet hat (Strafanrechnung).

Das tschechische Strafrecht enthält im allgemeinen Teil keine Bestimmungen über die sichernden Maßnahmen, doch können als solche die Stellung unter Polizeiaufsicht und Übergabe in die Zwangsarbeitsanstalten gemäß dem Gesetz Nr. 108/73 RGBl und die Schutzaufsicht und Fürsorgeerziehung nach dem Jugendstrafgerichtsbarkeitsgesetz angesprochen werden.

Im deutschen Strafrecht wird die Todesstrafe durch Enthauptung vollzogen, die Freiheitsstrafen haben eine andere Bezeichnung (Zuchthaus, Festungshaft, Gefängnis, Haft). Auch im deutschen Strafgesetzbuch sind den Delikttatbeständen Strafrahmen angefügt, aber nicht immer ausdrücklich, sondern oft in der Form, daß als Strafe nur Gefängnis, Haft oder Geldstrafe angedroht ist, wonach dann das gesetzliche Ausmaß (1 bis 15 Jahre Zuchthaus, 1 Tag bis 5 Jahre Gefängnis, 1 Tag bis 6 Wochen Haft, 3 RM. bis 10.000 RM. Geldstrafe bei Verbrechen und Vergehen 1 RM. bis 150 RM. Geldstrafe bei Übertretungen) als Strafrahmen zu verstehen ist. Das deutsche Recht enthält keine Aufzählung der erschwerenden oder mildernden Umstände, das außerordentliche Milderungsrecht und das Strafumwandlungrecht sind ihm fremd. Es enthält dagegen bei zahlreichen Delikten die Bestimmung, daß im Falle des Vorhandenseins mildernder Umstände eine geringere Strafe einzutreten hat; was als mildernde Umstände zu betrachten sind, das zu bestimmen überläßt das Gesetz dem Richter. § 20 a StGB. setzt für die Gewohnheitsverbrecher allgemein strengere Strafen fest, § 27 a StGB. normiert Erhöhung der Geldstrafen bei Handeln aus Gewinnsucht. Diesen Bestimmungen wie auch den Bestimmungen der §§ 27c, 28 StGB. entspricht im tschechischen Recht kein Gegenstück. Gemäß § 60 StGB. kann (aber nicht muß) die Untersuchungshaft oder einstweilige Unterbringung bei Fällung des Urteils ganz oder teilweise auf die erkannte Strafe angerechnet werden.

14. Ehrenfolgen der Bestrafung.

Gemäß § 26 StG. und der Rechtsfolgennovelle vom 15. XI. 1867 Nr. 131 RGBl. treten bei Verurteilung wegen Verbrechens überhaupt, dann bei Verurteilung wegen Übertretung des Diebstahles, der Veruntreuung und Teilnahme daran und des Betruges von selbst mit der Verurteilung folgende Ehrenfolgen ein:

Der dauernde Verlust von öffentlichen Titeln, Orden, akademischen Graden, der öffentlichen Ämter, der Advokatur, des Notariats und der Pensionen, ferner die Unfähigkeit, diese Rechte wieder zu erlangen, welche Unfähigkeit zeitlich beschränkt ist, und zwar bei politischen Delikten auf die Strafdauer, sonst je nach der Schwere des Deliktes auf die Dauer von 3, 5 oder 10 Jahren nach der Strafverbüßung.

Gemäß § 3 des Gesetzes vom 31. I. 1919 Nr. 75 Slg. tritt bei Verurteilung wegen der erwähnten Delikte der Verlust des Gemeindewahlrechtes ein, wenn die Handlung aus niedrigen und unehrenhaften Beweggründen begangen worden ist. Der Verlust tritt nicht von selbst ein, sondern muß durch das Gericht ausgesprochen werden; der Verlust des Wahlrechtes hört bei Verbrechen 3 Jahre, bei Vergehen und Übertretungen 1 Jahr vom Tage der Strafbeendigung an gerechnet auf.

Auch das deutsche Strafrecht kennt Ehrenfolgen, die mit der Verurteilung von selbst eintreten, nämlich die Unfähigkeit zum Dienste in der Wehrmacht und zum Bekleiden öffentlicher Ämter bei Verurteilung zu Zuchthaus (§ 31 StGB.), aber im Gegensatz zum tschechischen Recht ist diese Unfähigkeit eine dauernde. Weiter kennt das deutsche Strafrecht die Einrichtung des Verlustes der bürgerlichen Ehrenrechte nach § 32 StGB., der aber nicht von selbst eintritt, sondern vom Gericht ausgesprochen werden muß (Aberkennung der bürgerlichen Ehrenrechte); sie bewirkt den dauernden Verlust öffentlicher Ämter, Würden, Orden usw. (§ 33 StGB.) und die vorübergehende Unfähigkeit (für die Dauer des Ehrenverlustes), öffentliche Ämter, Würden, Orden usw. zu erlangen, politische Rechte auszuüben, Vormund zu sein usw. (§ 34 StGB.).

Das Gesetz vom 14. VI. 1928 Nr. 111 Slg. über die Tilgung der Verurteilung läßt unter gewissen Voraussetzungen eine Rehabilitation des Verurteilten zu. Ihr entspricht etwa die Straftilgung nach dem Straftilgungsgesetz vom 9. IV. 1920.

15. Die Verjährung.

Das Strafgesetz führt als Erlöschungsarten der Delikte neben dem Tod des Täters, ausgestandener Strafe und Erlassung derselben noch die Verjährung an (§§ 227 bis 232, §§ 531 und 532 StG.). Es kennt nur die sogenannte Strafverfolgungsverjährung, die dann eintritt, wenn der Täter von der Tat keinen Nutzen mehr in Händen hat, den Schaden nach Kräften gutgemacht hat, nicht ins Ausland geflohen ist und er in der zur Verjährung bestimmten Zeit kein Verbrechen und bei Übertretungen und Vergehen auch kein Vergehen und keine Übertretung begangen hat. Die Verjährungsfrist ist verschieden nach der Höhe der Strafe, die auf das Delikt gesetzt ist. Ein Verbrechen, worauf die Todesstrafe gesetzt ist, verjährt überhaupt nicht; hier hat Ablauf von 20 Jahren nach Verübung der Tat nur die Wirkung, daß nunmehr lediglich auf Kerker zwischen 10 und 20 Jahren erkannt werden darf. Die Verjährung wird unterbrochen, wenn während der Verjährungsfrist gegen den Täter eine richterliche Verfolgungshandlung vorgenommen worden ist. Das Jugendstrafgerichtsbarkeitsgesetz (§ 27) hat im Verfahren für Jugendliche auch die Verjährung des Strafvollzuges eingeführt.

Demgegenüber kennt das deutsche Recht allgemein nicht nur die Strafverfolgungs-, sondern auch die Strafvollstreckungsverjährung (§ 66 bis 72 StGB.). Einzige Voraussetzung ist Zeitablauf, weitere Bedingungen werden nicht gestellt. Auch die Strafverfolgung eines mit der Todesstrafe bedrohten Verbrechens kann verjähren. Unter gewissen Voraussetzungen tritt Ruhen der Verjährung ein (§§ 69, 71 StGB.); auch das deutsche Recht kennt die Unterbrechung der Verjährung. Im tschechischen Recht wurde das Ruhen der Strafverfolgungsverjährung in Nebengesetzen z. B. im Gesetz zum Schutz der Ehre und das Ruhen der Strafvollstreckungsverjährung im Gesetz über die Jugendstrafgerichtsbarkeit eingeführt.

16. Marginalrubriken.

Das tschechische Strafgesetz enthält bei den einzelnen Paragraphen Marginalrubriken, das deutsche Strafgesetzbuch aber nicht. Wenn gleichwohl bei letzterem in einigen Gesetzesausgaben solche vorkommen, so haben sie keinen offiziellen Charakter, sondern wurden sie von den Herausgebern der Übersichtlichkeit halber beigefügt.

III. Strafgesetz über Verbrechen, Vergehen und Übertretungen.

Vom 27. Mai 1852.

RGBl. Nr. 117.

Erster Teil

Von den Verbrechen.

Erstes Hauptstück. Von Verbrechen überhaupt.

Böser Vorsatz.

§ 1. Zu einem Verbrechen wird böser Vorsatz erfordert. Böser Vorsatz aber fällt nicht nur dann zur Schuld, wenn vor oder bei der Unternehmung oder Unterlassung das Übel, welches mit dem Verbrechen verbunden ist, geradezu bedacht und beschlossen; sondern auch, wenn aus einer anderen bösen Absicht etwas unternommen oder unterlassen worden, woraus das Übel, welches dadurch entstanden ist, gemeiniglich erfolgt, oder doch leicht erfolgen kann.

Anmerkung zu § 1. — 1. Der zum Verbrechen erforderliche Vorsatz setzt einerseits eine Vorstellungstätigkeit, andererseits eine Willenstätigkeit voraus (Slg. OG. 4162/31). — 2. Der ursächliche Zusammenhang zwischen Tat und Erfolg muß nach § 1, Satz 2, stets objektiv beurteilt werden (Slg. OG. 1424/22). — 3. Das im § 1 aufgestellte Erfordernis des bösen Vorsatzes besteht nur für die Deliktsmerkmale, nicht auch für die erschwerenden Umstände, die, soweit das Gericht bei den einzelnen Delikten nicht anders verfügt, auch dann zugerechnet werden, wenn sie nur kulpos oder zufällig eintraten (Wien, Slg. 613/84). — 4. Dolus eventualis liegt vor, wenn der Täter auf gut Glück gehandelt hat (Slg. OG. 97/19).

Gründe, die den bösen Vorsatz ausschließen.

§ 2. Daher wird die Handlung oder Unterlassung nicht als Verbrechen zugerechnet:

a) wenn der Täter des Gebrauches der Vernunft ganz beraubt ist;

b) wenn die Tat bei abwechselnder Sinnenverrückung zu der Zeit, da die Verrückung dauerte; oder

c) in einer ohne Absicht auf das Verbrechen zugezogenen vollen Berauschung (§§ 236 und 523) oder einer anderen Sinnenverwirrung, in welcher der Täter sich seiner Handlung nicht bewußt war, begangen worden;

d) aufgehoben durch § 71 des Ges. über die Jugendstrafgerichtsbarkeit; siehe §§ 1 ff. dieses Ges.

e) wenn ein solcher Irrtum mit unterlief, der ein Verbrechen in der Handlung nicht erkennen ließ;

f) wenn das Übel aus Zufall, Nachlässigkeit oder Unwissenheit der Folgen der Handlung entstanden ist;

g) wenn die Tat durch unwiderstehlichen Zwang oder in Ausübung gerechter Notwehr erfolgte.

Gerechte Notwehr ist aber nur dann anzunehmen, wenn sich aus der Beschaffenheit der Personen, der Zeit, des Ortes, der Art des Angriffes oder aus anderen Umständen mit Grund schließen läßt, daß sich der Täter nur der nötigen Verteidigung bedient habe, um einen rechtswidrigen Angriff auf Leben, Freiheit oder Vermögen von sich oder anderen abzuwehren; — oder daß er nur aus Bestürzung, Furcht oder Schrecken die Grenzen einer solchen Verteidigung überschritten habe. — Eine solche Überschreitung kann jedoch nach Beschaffenheit der Umstände als eine strafbare Handlung aus Fahrlässigkeit nach Maßgabe der Bestimmungen des zweiten Teiles dieses Strafgesetzes geahndet werden (§§ 335 und 431).

Unbegründete Entschuldigungsursachen.

§ 3. Mit der Unwissenheit des gegenwärtigen Gesetzes über Verbrechen kann sich niemand entschuldigen.

§ 4. Das Verbrechen entsteht aus der Bosheit des Täters, nicht aus der Beschaffenheit desjenigen, an dem es verübt wird. Verbrechen werden also auch an Übeltätern, Unsinnigen, Kindern, Schlafenden, auch an solchen Personen begangen, die ihren Schaden selbst verlangen, oder zu demselben einwilligen.

Mitschuldige und Teilnehmer an Verbrechen.

§ 5. Nicht der unmittelbare Täter allein wird des Verbrechens schuldig, sondern auch jeder, der durch Befehl, Anraten, Unterricht, Lob die Übeltat eingeleitet, vorsätzlich veranlaßt, zu ihrer Ausübung durch absichtliche Herbeischaffung der Mittel, Hintanhaltung der Hindernisse, oder auf was immer für eine Art, Vorschub gegeben, Hilfe geleistet, zu ihrer sicheren Vollstreckung beigetragen; auch wer nur vorläufig sich mit dem Täter über die nach vollbrachter Tat ihm zu leistende Hilfe und Beistand, oder über einen Anteil an Gewinn und Vorteil einverstanden hat.

Entschuldigungsumstände, welche die Strafbarkeit eines Verbrechens für den Täter oder für einen der Mitschuldigen oder Teilnehmer nur vermöge persönlicher Verhältnisse desselben aufheben, sind auf die übrigen Mitschuldigen und Teilnehmer nicht auszudehnen.

Anmerkung zu § 5. — 1. Mitschuld nach § 5 ist kein bloßes Akzessorium der Haupttat; für die Strafbarkeit der Mitschuld kommt es nur darauf an, ob bezüglich der Haupttat der objektive Tatbestand festgestellt ist. Ist dies der Fall, hat das Gericht vollkommen freie Hand in der Beurteilung der Mitschuld (JM., Slg. 130). — 2. Anstiftung, intellektuelle Beihilfe und Teilnahme können nur dann zugerechnet werden, wenn der unmittelbare Täter wenigstens eine zur Ausübung führende Handlung unternommen hat. Anderenfalls handelt es sich um versuchte Verleitung nach § 9 StG. (Slg. OG. 730/22).

Hilfeleistung nach verübtem Verbrechen.

§ 6. Wer ohne vorläufiges Einverständnis, nur erst nach begangenem Verbrechen dem Täter mit Hilfe und Beistand beförderlich ist, oder von dem ihm bekannt gewordenen Verbrechen Gewinn und Vorteil zieht, macht sich zwar nicht eben desselben, wohl aber eines besonderen Verbrechens schuldig, wie solches in der Folge dieses Gesetzbuches bestimmt werden wird.

Besondere Bestimmungen über die Zurechnung bei Verbrechen durch Druckschriften.

§ 7. Wurde ein Verbrechen durch den Inhalt einer Druckschrift begangen, so sind der Verfasser, der Übersetzer, der Herausgeber, der Verleger oder Vertriebsbesorger, Buchhändler, Drucker, bei periodischen Druckschriften auch der verantwortliche Redakteur, wie überhaupt alle Personen, die bei der Drucklegung oder Verbreitung der strafbaren Druckschrift mitgewirkt haben, desselben Verbrechens schuldig, wenn die allgemeinen Bestimmungen der §§ 1, 5, 6, 8, 9, 10 und 11 auf sie in Anwendung kommen.

Versuch des Verbrechens.

§ 8. Zu einem Verbrechen ist nicht nötig, daß die Tat wirklich ausgeführt werde. Schon der Versuch einer Übeltat ist das Verbrechen, sobald der Bösgesinnte eine zur wirklichen Ausübung führende Handlung unternommen hat; die Vollbringung des Verbrechens aber nur wegen Unvermögenheit, wegen Dazwischenkunft eines fremden Hindernisses oder durch Zufall unterblieben ist.

Es ist daher in allen Fällen, wo das Gesetz nicht besondere Ausnahmen anordnet, jede für ein Verbrechen überhaupt gegebene Bestimmung auch auf das versuchte Verbrechen anzuwenden, und der Versuch einer Übeltat, unter Anwendung des § 47, lit. a, mit derselben Strafe zu ahnden, welche auf das vollbrachte Verbrechen verhängt ist.

Anmerkung zu § 8. — 1. Kulpose und mit dolus indirectus verübte Handlungen lassen keinen Versuch zu (Wien, Slg. 115/76. — 2. Versuch, nicht Vorbereitungshandlung liegt vor, wenn sich die Absicht des Täters in der Außenwelt in erkennbarer Weise kundgibt, einen Erfolg herbeizuführen, dessen vorsätzliche Herbeiführung das Gesetz als Verbrechen bestraft (Slg. OG. 2101/25). — 3. Bei Anwendung relativ untauglicher Mittel liegt strafbarer Versuch vor (Slg. OG. 3820/30).

§ 9. Wer jemanden zu einem Verbrechen auffordert, aneifert oder zu verleiten sucht, ist dann, wenn seine Einwirkung ohne Erfolg geblieben war, der versuchten Verleitung zu jenem Verbrechen schuldig, und zu derjenigen Strafe zu verurteilen, welche auf den Versuch dieses Verbrechens zu verhängen wäre.

Anmerkung zu § 9: — 1. Versuchte Verleitung ist keine Mitwirkung an einer fremden strafbaren Handlung, sondern eine selbständige, allgemeine Form strafbarer Tätigkeit, auf die sich die allgemeinen Vorschriften des Strafgesetzes beziehen. Das Verbrechen ist schon mit der erfolglosen Einwirkung auf die Sinne einer anderen Person in verbrecherischer Absicht begangen. Ihrem Wesen nach ist die versuchte Verleitung nichts anderes als eine Anstiftung nach § 5, die erfolglos geblieben ist (Slg. OG. 3085/28). — 2. Daß sich der Verleitete zur Tat verleiten ließ, wird nicht gefordert (Wien, Slg. 4031/13).

§ 10. Bei Verbrechen, die durch Druckschriften begangen werden, beginnt die Strafbarkeit der Handlung für den Verfasser, Übersetzer, Herausgeber, Redakteur und Verleger (§ 7) mit der Übergabe des zu vervielfältigenden Werkes zur Drucklegung; für die übrigen Schuldigen aber mit dem Anfange ihrer Mitwirkung.

§ 11. Über Gedanken oder innerliches Vorhaben, wenn keine äußere böse Handlung unternommen, oder nicht etwas, was die Gesetze vorschreiben, unterlassen worden, kann niemand zur Rede gestellt werden.

Zweites Hauptstück. Von Bestrafung der Verbrechen überhaupt.

Die §§ 12 bis 31 sind durch die Einführungsverordnungen außer Kraft getreten. (s. S. 17 ff., 25 ff.)

Beschränkung der richterlichen Willkür in Ausmessung der Strafe.

§ 32. Die Strafe muß genau nach dem Gesetz bestimmt, und darf weder schärfer noch gelinder ausgemessen werden, als das Gesetz nach der vorliegenden Beschaffenheit des Verbrechens und des Täters vorschreibt.

§ 33. Auch kann in der Regel (§§ 52, 54 und 55) keine andere Strafart über den Verbrecher verhängt werden, als welche in dem gegenwärtigen Gesetze bestimmt ist. Noch kann die verwirkte Strafe gegen eine Ausgleichung zwischen dem Verbrecher und dem Beschädigten aufgehoben werden (§§ 187 und 188).

Vom Zusammentreffen mehrerer Verbrechen.

§ 34. Hat ein Verbrecher mehrere Verbrechen begangen, welche Gegenstand der nämlichen Untersuchung und Aburteilung sind, so ist er nach jenem, auf welches die schärfere Strafe gesetzt ist, jedoch mit Bedacht auf die übrigen Verbrechen zu bestrafen.

Oder von Verbrechen mit Vergehen oder Übertretungen.

§ 35. Diese Vorschrift muß auch in dem Falle beobachtet werden, wenn Verbrechen mit Vergehen oder Übertretungen zusammentreffen.

Ebenso ist in dem Falle, wenn auch nur auf eine dieser zusammentreffenden strafbaren Handlungen in diesem oder in einem anderen Gesetze eine Geldstrafe, oder eine der im § 240 lit. b) und c), bestimmten Strafen festgesetzt ist, nebst der sonstigen gesetzlichen jedenfalls auch diese besondere Strafe gegen den Schuldigen zu verhängen.

Von Verbrechen der Untertanen im Auslande.

§ 36. Wegen Verbrechen, die ein (Untertan der Tschechoslowakischen Republik) im Auslande begangen hat, ist er bei seiner Betretung im Inlande nie an das Ausland auszuliefern, sondern ohne Rücksicht auf die Gesetze des Landes, wo das Verbrechen begangen worden, nach diesem Strafgesetze zu behandeln.

Ist er jedoch für diese Handlung bereits im Auslande gestraft worden, so ist die erlittene Strafe in die nach diesem Strafgesetze zu verhängende einzurechnen.

In keinem Falle sind Urteile ausländischer Strafbehörden im Inlande zu vollziehen.

Von Verbrechen der Fremden

a) im Inlande

§ 37. Auch über einen Fremden, der im (tschechoslowakischen Staatsgebiet) ein Verbrechen begeht, ist nur nach gegenwärtigem Gesetze das Urteil zu fällen (§ 41).

b) im Auslande;

§ 38. Hat ein Fremder im Auslande das Verbrechen des Hochverrates in Beziehung auf den (tschechoslowakischen Staat) oder das Verbrechen der Verfälschung öffentlicher Kreditpapiere oder Münzen (§§106 bis 121) begangen, so ist derselbe gleich einem Eingeborenen nach diesem Gesetze zu behandeln.

§ 39. Hat aber ein Fremder im Auslande ein anderes als die im vorstehenden Paragraph bezeichneten Verbrechen begangen, so ist er bei seiner Betretung im Inlande zwar immer in Verhaft zu nehmen; man hat sich aber sogleich mit demjenigen Staate, wo er das Verbrechen begangen hat, über die Auslieferung desselben in Vernehmen zu setzen.

§ 40. Sollte der auswärtige Staat die Übernehmung verweigern, so ist gegen den ausländischen Verbrecher in der Regel nach Vorschrift des gegenwärtigen Strafgesetzes vorzugehen. Wenn aber nach dem Strafgesetze des Ortes, wo er die Tat begangen hat, die Behandlung gelinder ausfiele, ist er nach diesem gelinderen Gesetze zu behandeln. Dem Strafurteile muß noch die Verweisung nach vollendeter Strafzeit angehängt werden.

§ 41. Bestehen über die gegenseitige Auslieferung von Verbrechern mit auswärtigen Staaten besondere Verträge, so ist in Gemäßheit derselben vorzugehen.

Anmerkung zu §§ 36—41: 1. Siehe nunmehr Art. III, Abs. 2, der VO. über den Geltungsbereich des deutschen Strafenrechtes v. 6. V. 1940 (RGBl. I, S. 754), VBlRProt. D. 210.

2. Siehe ferner VO. über die Einführung des deutschen Auslieferungsrechtes im Protektorate Böhmen und Mähren v. 8. IV. 1940 (RGBl. I, S. 608), VBlRProt. S. 193.

Recht der Entschädigung gegen den Verbrecher.

§ 42. Die Strafe des Verbrechers ändert nichts an dem Rechte derjenigen, welche durch das Verbrechen beleidigt oder beschädigt worden sind, und welchen dafür Genugtuung oder Entschädigung von dem Verbrecher, seinen Erben oder aus seinem Vermögen gebührt.

Drittes Hauptstück. Von erschwerenden Umständen
Allgemeiner Maßstab der Erschwerungsumstände.

§ 43. Im allgemeinen ist das Verbrechen desto größer, je reifer die Überlegung, je geflissentlicher die Vorbereitung, womit das Verbrechen unternommen wird, je größer der dadurch verursachte Schade, oder die damit verbundene Gefahr ist, je weniger Vorsicht dawider gebraucht werden kann, oder je mehr Pflichten dadurch verletzt werden.

Besondere Erschwerungsumstände.

§ 44. Besondere Erschwerungsumstände sind:

a) wenn mehrere Verbrechen verschiedener Art begangen;
b) wenn eben dasselbe Verbrechen wiederholt;
c) wenn der Verbrecher schon wegen eines gleichen Verbrechens gestraft worden;
d) wenn er andere zum Verbrechen verführt hat;
e) wenn er der Urheber, Anstifter, Rädelsführer eines von mehreren Personen begangenen Verbrechens gewesen ist.

§ 45. Auch ist es ein erschwerender Umstand, wenn der Beschuldigte in der Untersuchung den Richter durch Erdichtung falscher Umstände zu hintergehen sucht, nicht das bloße Leugnen.

Viertes Hauptstück. Von Milderungsumständen.

Milderungsgründe:

a) aus der Beschaffenheit des Täters;

§ 46. Milderungsumstände, welche auf die Person des Täters Beziehung haben, sind:

a) wenn der Täter in einem Alter unter zwanzig Jahren, wenn er schwach an Verstand, oder seine Erziehung sehr vernachlässigt worden ist;

b) wenn er vor dem Verbrechen eines untadelhaften Wandels gewesen;

c) wenn er auf Antrieb eines Dritten, aus Furcht oder Gehorsam das Verbrechen begangen hat;

d) wenn er in einer aus dem gewöhnlichen Menschengefühle entstandenen heftigen Gemütsbewegung sich zu dem Verbrechen hat hinreißen lassen;

e) wenn er mehr durch die ihm aus fremder Nachlässigkeit aufgestoßene Gelegenheit zum Verbrechen angelockt worden ist, als sich mit vorausgefaßter Absicht dazu bestimmt hat;

f) wenn er von drückender Armut sich zu dem Verbrechen hat verleiten lassen;

g) wenn er den verursachten Schaden gutzumachen, oder die weiteren üblen Folgen zu verhindern, mit tätigem Eifer sich bestrebt hat;

h) wenn er, da er leicht entfliehen oder unentdeckt hätte bleiben können, sich selbst angegeben und das Verbrechen bekannt;

i) wenn er andere, verborgen gewesene Verbrechen entdeckt und zu ihrer Einbringung Gelegenheit und Mittel an die Hand gegeben hat.

k) ersetzt durch § 55 a StG.

b) Aus der Beschaffenheit der Tat;

§ 47. Milderungsumstände in Rücksicht auf die Beschaffenheit der Tat sind:

a) wenn es bei dem Versuche geblieben ist, nach Maß, als der Versuch noch vor der Vollbringung des Verbrechens entfernt gewesen;

b) wenn das Verbrechen mit freiwilliger Enthaltung von Zufügung größeren Schadens, wozu die Gelegenheit offen stand, verübt worden;

c) wenn der aus dem Verbrechen entstandene Schade gering ist, oder wenn der Beschädigte vollkommenen Ersatz oder Genugtuung erhält.

Fünftes Hauptstück. Von Anwendung der Erschwerungs- und Milderungsumstände bei Bestimmung der Strafe und von der Anrechnung der Untersuchungshaft.

Allgemeine Vorschrift in der Beurteilung der Erschwerungs- und Milderungsumstände.

§ 48. Auf Erschwerungsumstände ist nur insoferne Rücksicht zu nehmen, als dagegen nicht Milderungsumstände, und ebenso auf Milderungsumstände, insoferne dagegen keine Erschwerungsumstände vorkommen. Nach Maß, als die einen oder die anderen überwiegend sind, muß davon zur Verschärfung oder Verringerung der Strafe Anwendung gemacht werden.

§§ 49 bis 51 außer Kraft durch Einführungsverordnungen. (s. S. 17 ff., 25.)

Anwendung der Milderungsgründe

a) bei der Todesstrafe.

§ 52. Wenn bei Verbrechen, worauf Todesstrafe verhängt ist, Milderungsumstände eintreten, so wird zwar der Richter das Urteil nach dem Gesetze schöpfen, sich aber weiters nach den über das Verfahren erlassenen Vorschriften zu benehmen haben. Wenn jedoch der Verbrecher zur Zeit des begangenen Verbrechens das Alter von zwanzig Jahren noch nicht zurückgelegt hat, so ist anstatt der Todes- oder lebenslanger Kerkerstrafe auf schweren Kerker zwischen zehn und zwanzig Jahren zu erkennen.

b) in anderen Fällen.

§ 53. In allen anderen Fällen wird zur Regel festgestellt, daß wegen Milderungsumständen weder die Art der Strafe noch die gesetzliche Dauer verändert werden kann, sondern die Strafzeit nur innerhalb des Raumes, den die Gesetze gestatten, zu verkürzen ist.

Außerordentliches Milderungsrecht.

§ 54. Bei Verbrechen, für welche die Strafzeit nicht über fünf Jahre bestimmt ist, kann sowohl der Kerker in einen gelinderen Grad verändert, als die gesetzliche Dauer selbst unter sechs Monate verkürzt werden, in dem Falle, daß mehrere, und zwar solche Milderungsumstände zusammentreffen, welche mit Grund die Besserung des Verbrechers erwarten lassen.

§ 55 außer Kraft durch Einführungsverordnungen. (s. S. 17 ff., 25 ff.)

Anrechnung der Untersuchungshaft auf die Strafe.

§ 55 a. Die Verwahrungshaft und Untersuchungshaft, die der Verurteilte vor der Verkündigung des Urteils erster Instanz erlitten hat, ist auf Freiheitsstrafen und Geldstrafen anzurechnen, soweit der Verurteilte sie nicht verschuldet hat.

Sechstes Hauptstück. Von den verschiedenen Gattungen der Verbrechen.

Einteilung der Verbrechen.

§ 56. Die Verbrechen greifen entweder die gemeinschaftliche Sicherheit unmittelbar in dem Bande des Staates, in den öffentlichen Vorkehrungen, oder dem öffentlichen Zutrauen an, oder sie verletzen die Sicherheit einzelner Menschen, an der Person, dem Vermögen, der Freiheit, oder anderen Rechten.

Besondere Gattungen von Verbrechen.

§ 57. (Aufzählung der besonderen Gattungen von Verbrechen.)

Siebentes Hauptstück.

§§ 58 bis 67 Verbrechen des Hochverrates u. a.

Diese wurden durch das Gesetz vom 19. III. 1923, Slg. Nr. 50 zum Schutz der Republik aufgehoben bzw. ersetzt. Heute gelten an deren Stelle die §§ 80 bis 93a, 94, 105 bis 107, 120, 130, 130 a, 131 StGB. und das Heimtückegesetz.

Achtes Hauptstück. Von dem Aufstande und Aufruhre.

Verbrechen des Aufstandes nach § 68 StG. wird ersetzt durch § 115 StGB. Aufruhr.

Verbrechen des Aufruhres nach § 73 StG. wird ersetzt durch § 116 StGB. Auflauf.

Neuntes Hauptstück. Von öffentlicher Gewalttätigkeit.

a) Verbrechen der öffentlichen Gewalttätigkeit nach den §§ 76, 78 StG. werden ersetzt durch § 114 StGB. Beamtennötigung.

b) Verbrechen der öffentlichen Gewalttätigkeit nach § 80 StG. wird ersetzt durch § 110 StGB. Aufforderung zum Ungehorsam gegen die Gesetze und durch § 111 StGB. Aufforderung zu strafbaren Handlungen.

c) Verbrechen der öffentlichen Gewalttätigkeit nach § 81 StG. wird ersetzt durch § 114 StGB. Beamtennötigung. Es ist dies der einfache Fall der Beamtennötigung, während die Verbrechen nach den §§ 76 und 78 StG. besondere Fälle der Beamtennötigung darstellen. Die Bestimmung des § 114 StGB. schützt sowohl die einzelnen Beamten als auch die Behörden, wozu der weite Strafrahmen ausreichende Möglichkeiten bietet.

d) Verbrechen der öffentlichen Gewalttätigkeit nach § 83 StG. Landfriedensbruch und Hausfriedensbruch wird ersetzt durch § 125 StGB. Landfriedensbruch und die §§ 123, 124 StGB. Hausfriedensbruch.

e) Verbrechen der öffentlichen Gewalttätigkeit durch boshafte Beschädigung fremden Eigentums.

§ 85. Fünfter Fall. Andere boshafte Beschädigungen eines fremden Eigentums sind als Verbrechen öffentlicher Gewalttätigkeit anzusehen, wenn entweder:

a) ...

b) daraus eine Gefahr für das Leben, die Gesundheit, körperliche Sicherheit von Menschen, oder in größerer Ausdehnung für fremdes Eigentum entstehen kann; oder

c) ...

Anmerkung zu §§ 85, 86. — Das Wesen des Verbrechens der boshaften Beschädigung fremden Eigentums nach § 85 b StG. besteht darin, daß der Täter vorsätzlicherweise fremdes Eigentum beschädigt, wodurch eine Gefahr für Leib und Leben von Menschen oder in größerer Ausdehnung für fremdes Eigentum entstehen kann, wobei der Täter im Bewußtsein dieser Gefahr den Willen hat, diese herbeizuführen. Gemeingefährlichkeit der Sachbeschädigung ist nicht notwendig, es genügt vielmehr die Gefährdung nur eines Menschen, bzw. die Gefährdung fremden Eigentums in größerem Ausmaß. Einzelgefährdungsdelikte in diesem Sinne kennt das deutsche Strafrecht nicht, sondern nur die Gemeingefährdungsdelikte, nämlich die gemeingefährlichen Verbrechen und Vergehen nach den §§ 306 ff. StGB., welche auf dem Begriff der Gemeingefährdung aufgebaut sind, d. h. auf der Herbeiführung eines Zustandes, in welchem ein nicht individuell bestimmter und begrenzter Personenkreis, bzw. ein nicht individuell bestimmter und begrenzter Kreis von Sachen als gefährdet erscheint (siehe von Liszt-Eb. Schmid, Lehrbuch des deutschen Strafrechtes, 1927, S. 707). Daraus ergibt sich die Folgerung, daß die Bestimmung des § 85 b StG., die im Rechtsleben jener Gebiete, in denen das Strafgesetz vom Jahre 1852 Geltung hat, immer eine bedeutsame Rolle spielte, auch weiterhin in Kraft bleibt. § 303 StGB. richtet sich lediglich gegen die bloße Sachbeschädigung.

Strafe.

§ 86. Die Strafe dieses Verbrechens ist im Falle der lit. a) des vorigen Paragraphen schwerer Kerker von sechs Monaten bis zu einem Jahre; im Falle der lit. b) und c) aber schwerer Kerker von einem bis zu fünf und nach der Größe der Bosheit und Gefahr auch bis zu zehn Jahren.

Wenn aber aus der Beschädigung wirklich ein Unfall für die Gesundheit, körperliche Sicherheit, oder in größerer Ausdehnung für das Eigentum anderer entstanden ist, so sollen die Schuldigen mit schwerem Kerker von zehn bis zu zwanzig

Jahren, bei besonders erschwerenden Umständen mit lebenslangem schweren Kerker bestraft werden. Hatte endlich eine solche Beschädigung den Tod eines Menschen zur Folge, und konnte dieses von dem Täter vorhergesehen werden, so soll derselbe mit dem Tode bestraft werden.

Verbrechen der öffentlichen Gewalttätigkeit nach § 85 c StG. wird ersetzt durch § 305 StGB. Zerstörung von Bauwerken und durch § 315 StGB. vorsätzliche Gefährdung des Transportverkehres.

f) Verbrechen der öffentlichen Gewalttätigkeit durch boshafte Handlungen oder Unterlassungen unter besonders gefährlichen Verhältnissen.

§ 87. Sechster Fall. Eben dieses Verbrechens macht sich auch derjenige schuldig, welcher durch was immer für eine andere aus Bosheit unternommene Handlung oder durch die geflissentliche Außerachtlassung der ihm bei dem Betriebe von Eisenbahnen oder von den im § 85 lit. c bezeichneten Werken oder Unternehmungen obliegenden Verpflichtung eine der im § 85 lit. b bezeichneten Gefahren herbeiführt.

Strafe.

§ 88. Die Strafe dieses Verbrechens ist schwerer Kerker von einem bis zu fünf Jahren, nach der Größe der Bosheit und Gefahr auch bis zu zehn Jahren. — Tritt jedoch einer der im § 86 erwähnten weiteren Erschwerungsumstände ein, so sind die hierfür ebenda festgesetzten höheren Strafen in Anwendung zu bringen.

Anmerkung zu §§ 87, 88. — Auch die Bestimmung des § 87 StG. Verbrechen der öffentlichen Gewalttätigkeit durch boshafte Handlungen oder Unterlassungen unter besonders gefährlichen Umständen (daher auch § 88 StG., der die Strafe festsetzt), bleibt weiterhin in Kraft, da sie lediglich auf die Einzelgefährdung abgestellt ist und, wie bereits erwähnt wurde, das deutsche Strafrecht die Einzelgefährdungsdelikte nicht kennt. Auf Sachbeschädigungen findet § 87 StG. keine Anwendung; diese fallen unter § 85 b StG. (Slg. OG. 3126/28).

g) Verbrechen der öffentlichen Gewalttätigkeit durch boshafte Beschädigungen oder Störungen im Staatstelegraphen nach § 89 StG. wird ersetzt durch § 317 StGB. vorsätzliche Gefährdung des Telegraphenbetriebes.

h) Verbrechen der öffentlichen Gewalttätigkeit durch Menschenraub nach § 90 StG. wird ersetzt durch § 234 StGB. Menschenraub, wobei der deutsche Begriff enger gefaßt ist.

i) Verbrechen der öffentlichen Gewalttätigkeit durch unbefugte Einschränkung der persönlichen Freiheit eines Menschen nach § 93 StG. wird ersetzt durch § 239 StGB. Freiheitsberaubung.

k) Verbrechen der öffentlichen Gewalttätigkeit durch Behandlung eines Menschen als Sklaven nach § 95 StG. wird ersetzt durch § 234 StGB. Menschenraub.

l) Verbrechen der öffentlichen Gewalttätigkeit durch Entführung nach § 96 StG. wird ersetzt durch § 236 StGB. Entführung.

m) Verbrechen der öffentlichen Gewalttätigkeit durch Entführung nach § 96 StG. wird ersetzt durch § 236 StGB. Entführung.

n) Verbrechen der öffentlichen Gewalttätigkeit durch Erpressung nach § 98 StG. wird ersetzt durch § 253 StGB. einfache Erpressung und § 254 StGB. schwere Erpressung.

o) Verbrechen der öffentlichen Gewalttätigkeit durch gefährliche Drohung nach § 99 StG. wird ersetzt durch § 241 StGB. Bedrohung.

Zehntes Hauptstück. Von dem Mißbrauche der Amtsgewalt.

Verbrechen des Mißbrauches der Amtsgewalt nach § 101 StG. wird ersetzt durch § 339 StGB. Nötigung im Amte und die §§ 340 bis 349 StGB.

Verbrechen der Geschenkannahme in Amtssachen nach § 104 StG. wird ersetzt durch § 331 StGB. einfache passive Bestechung und § 332 StGB. schwere passive Bestechung.

Verbrechen der Verleitung zum Mißbrauch der Amtsgewalt nach § 105 StG. wird ersetzt durch § 333 StGB. aktive Bestechung.

Elftes und zwölftes Hauptstück.

§§ 106 bis 121, Verbrechen der Verfälschung der öffentlichen Kreditpapiere, Verbrechen der Münzenfälschung.

Diese Paragraphe wurden durch das Gesetz vom 22. Mai 1919 Nr. 269 Slg. betreffend Fälschung von Geld und Wertpapiere ersetzt. Nunmehr wird dieses Gesetz durch die §§ 146 bis 152 StGB. Münzenverbrechen und Münzenvergehen ersetzt.

Dreizehntes Hauptstück: Von der Religionsstörung.

Verbrechen der Religionsstörung nach § 122 StG. wird ersetzt durch § 166 StGB. Religionsbeschimpfung.

Vierzehntes Hauptstück. Von der Notzucht, Schändung und anderen schweren Unzuchtsfällen.

Verbrechen der Notzucht nach § 125 StG. wird ersetzt durch § 177 StGB. Notzucht.

Verbrechen der Notzucht nach § 127 StG. wird ersetzt durch § 176 I Zahl 2 und 3 StGB. Nötigung zur Unzucht.

Schändung.

§ 128. Wer einen Knaben oder ein Mädchen unter vierzehn Jahren, oder eine im Zustande der Wehr- oder Bewußtlosigkeit befindliche Person zur Befriedigung seiner Lüste auf eine andere als die im § 127 bezeichnete Weise geschlechtlich mißbraucht, begeht, wenn diese Handlung nicht das im § 129, lit. b, bezeichnete Verbrechen bildet, das Verbrechen der Schändung, und soll mit schwerem Kerker von einem bis zu fünf Jahren, bei sehr erschwerenden Umständen bis zu zehn, und wenn eine der im § 126 erwähnten Folgen eintritt, bis zu zwanzig Jahren bestraft werden.

Anmerkung: § 128 StG. bestraft die Schändung, d. i. den geschlechtlichen Mißbrauch zur Befriedigung der Lüste in anderer Weise als durch außerehelichen Beischlaf mit Knaben und Mädchen unter 14 Jahren. In dieser Richtung wird diese gesetzliche Bestimmung ersetzt durch § 176 I Zahl 3 StGB. § 128 StG. bestraft aber auch die Schändung einer im Zustande der Wehr- und

Bewußtlosigkeit befindlichen Person. In dieser Richtung enthält das deutsche Strafrecht keine entsprechende Bestimmung, da nur der Beischlaf mit Gewalt (§ 177 StGB.) oder der außereheliche Beischlaf an einer willenslosen, bewußtlosen oder geisteskranken Frauensperson (§ 176 I Z. 2 StGB.) mit Strafe bedroht wird. Unzüchtige Handlungen, die nicht Beischlaf sind und an einer wehr- oder bewußtlosen Person begangen werden, könnten lediglich als Beleidigung nach § 185 StGB. bestraft werden. Da sohin das deutsche Strafrecht eine gleiche oder entsprechende Bestimmung nicht enthält, muß § 128 StG., soweit er die Schändung einer wehr- oder bewußtlosen Person betrifft, als weitergeltend erachtet werden.

Verbrechen der Unzucht wider die Natur.

§ 129. Als Verbrechen werden auch nachstehende Arten der Unzucht bestraft:

I. Unzucht wider die Natur, das ist,

a) . . . .

b) mit Personen desselben Geschlechtes.

Strafe.

§ 130. Die Strafe ist schwerer Kerker von einem bis zu fünf Jahren.

Wenn sich aber im Falle der lit. b eines der im § 125 erwähnten Mittel bedient wurde, so ist die Strafe von fünf bis zu zehn Jahren, und wenn einer der Umstände des § 126 eintritt, auch die dort bestimmte Strafe zu verhängen.

Anmerkung zu § 129 I b 130. — Soweit § 129 StG. die Unzucht mit Tieren bestraft, wird er ersetzt durch § 175 b StGB. Soweit diese Gesetzesstelle die Unzucht zwischen Männern bestraft, wird sie durch die §§ 175, 175 a StGB. ersetzt. Jedoch enthält das deutsche Strafrecht keine Bestimmung über die Bestrafung der Unzucht zwischen Frauen (lesbische Liebe). In Hinblick auf die Bestimmung des § 17, Abs. 1 der VO. vom 16. Jänner 1939 (RGBl. I, S. 38), bzw. die Bestimmung des § 25, Abs. 1 der VO. vom 14. April 1939 (RGBl. I, S. 754), daß die alten Strafrechtsvorschriften in Kraft bleiben, soweit die neu eingeführten Gesetze keine gleichen oder entsprechenden Strafvorschriften enthalten, muß angenommen werden, daß die Strafbestimmung des § 129 StGB. hinsichtlich der Unzucht zwischen Frauen weiter in Kraft bleibt. Schmidt (Reichenberg) vertritt zwar im Aufsatze „Deutsche Strafgerichtsbarkeit im Protektorat“ in Nr. 21 vom Jahre 1939 der Zeitschrift „Prager Archiv für Gesetzgebung und Rechtsprechung“ die gegenteilige Ansicht. Er meint, daß man bei Ermittlung der Strafvorschriften, die weiter in Kraft bleiben, stets ein bestimmtes Rechtsgebiet betrachten und dann fragen müsse, ob dieses Rechtsgebiet schon durch gleiche oder entsprechende neue Vorschriften geregelt sei. Das Rechtsgebiet der Sittlichkeitsdelikte sei im deutschen Strafgesetzbuch enthalten und erschöpfend geregelt, weshalb es verfehlt wäre, die Strafvorschrift über die widernatürliche Unzucht zwischen Frauen als weiterhin geltend zu betrachten. Dem aber muß entgegengehalten werden, daß, wie oben schon hervorgehoben wurde, die bezüglichen Einführungsbestimmungen auf den Begriff der Strafvorschriften abstellen, die weiterhin in Kraft bleiben sollen und nicht auf die Materie, wie dies das Einführungsgesetz zum deutschen Strafgesetzbuch getan hat, weshalb die Argumentierung mit den Rechtsgebieten nicht stichhältig erscheint. Außerdem wäre es zumindest für das Protektorat kriminalpolitisch unhaltbar, daß im gleichen Lebensraume bei der einen Gruppe der Bevölkerung, den deutschen Staatsangehörigen, die Unzucht zwischen den Frauen straflos, bei der anderen Gruppe, den nichtdeutschen Staatsangehörigen aber strafbar wäre, besonders wenn es sich ereignen würde, daß die eine Täterin eine deutsche Staatsangehörige, die andere aber Staatsangehörige des Protektorates ist.

Verbrechen der Blutschande nach § 131 StG. wird ersetzt durch § 173 StGB. Blutschande.

Verbrechen der Verführung zur Unzucht nach § 132 III StG. wird ersetzt durch § 174 StGB., Unzucht mit Abhängigen.

Verbrechen der Kuppelei nach § 132 IV StG. wird ersetzt durch § 180 StGB. Kuppelei.

Fünfzehntes Hauptstück. Von dem Morde und Totschlage.

Verbrechen des Mordes nach § 134 StG. wird ersetzt durch § 211 StGB. Mord bzw. § 212 StGB. Totschlag.

Verbrechen des Kindesmordes nach § 139 StG. wird ersetzt durch § 217 StGB. Kindesmord.

Verbrechen des Totschlages nach § 140 StG. wird ersetzt durch § 226 StGB. Körperverletzung mit Todesfolgen.

Verbrechen des räuberischen Totschlages nach § 141 StG. wird ersetzt durch § 251 StGB. Raub mit tödlichem Ausgang.

Verbrechen der Tötung bei einer Schlägerei nach § 143 StG. wird ersetzt durch § 227 StGB. Raufhandel.

Sechzehntes Hauptstück. Von Abtreibung der Leibesfrucht.

Verbrechen der Abtreibung nach § 144 StG. wird ersetzt durch § 218 StGB. Abtreibung.

Siebzehntes Hauptstück. Von Weglegung eines Kindes.

Verbrechen der Kindesweglegung nach § 149 StG. wird ersetzt durch § 221 StGB. Aussetzung.

Achtzehntes Hauptstück. Von dem Verbrechen der schweren körperlichen Beschädigung.

Verbrechen der schweren körperlichen Beschädigung nach § 152 St. wird ersetzt durch § 223 StGB. vorsätzliche leichte Körperverletzung.

Verbrechen der schweren Körperbeschädigung nach § 155 a StG. wird ersetzt durch § 223 a StGB. gefährliche Körperverletzung.

Verbrechen der schweren körperlichen Beschädigung nach § 156 StG. wird ersetzt durch § 224 StGB. schwere Körperverletzung.

Verbrechen der schweren körperlichen Beschädigung bei einer Rauferei nach § 157 StG. wird ersetzt durch § 227 StGB. Raufhandel.

Neunzehntes Hauptstück. Von dem Zweikampfe.

Verbrechen des Zweikampfes nach § 158 St. wird ersetzt durch § 201 StGB. Zweikampf.

Zwanzigstes Hauptstück. Von der Brandlegung.

Verbrechen der Brandlegung nach § 166 StG. wird ersetzt durch § 308 StGB. Brandstiftung.

Verbrechen nach § 170 StG. wird ersetzt durch § 265 StGB. Versicherungsbetrug.

Einundzwanzigstes Hauptstück. Von dem Diebstahle und der Veruntreuung.

Verbrechen des Diebstahls nach §§ 171, 173 ff. StG. wird ersetzt durch die §§ 242, ff. StGB. Diebstahl.

Verbrechen der Veruntreuung nach § 183 StG. wird ersetzt durch § 246 StGB. Unterschlagung.

Verbrechen der Amtsveruntreuung nach § 181 StG. wird ersetzt durch § 350 StGB. Amtsunterschlagung, § 351 StGB. schwere Amtsunterschlagung.

Verbrechen der Teilnehmung am Diebstahl oder an Veruntreuung nach § 185 StG. wird ersetzt durch § 259 StGB. Sachhehlerei.

Zweiundzwanzigstes Hauptstück. Von dem Raube.

Verbrechen des Raubes nach § 190 StG. wird ersetzt durch §§ 249 StGB. Raub und das Gesetz gegen Straßenraub durch Autofallen.

Dreiundzwanzigstes Hauptstück. Vom Betruge, der betrügerischen Krida und der Schädigung fremder Gläubiger.

Betrug.

§ 197. Wer durch listige Vorstellungen oder Handlungen einen anderen in Irrtum führt, durch welchen jemand, sei es der Staat, eine Gemeinde oder andere Person, an seinem Eigentume oder anderen Rechten, Schaden leiden soll; oder wer in dieser Absicht und auf die eben erwähnte Art eines anderen Irrtum oder Unwissenheit benützt, begeht einen Betrug; er mag sich hiezu durch Eigennutz, Leidenschaft, durch die Absicht, jemanden gesetzwidrig zu begünstigen, oder sonst durch was immer für eine Nebenabsicht haben verleiten lassen.

Umstände, wodurch der Betrug zum Verbrechen wird.

§ 198. Der Betrug wird zum Verbrechen, entweder aus der Beschaffenheit der Tat oder aus dem Betrage des Schadens.

a) Die Beschaffenheit der Tat.

§ 199. Unter den Bedingungen des § 197 wird der Betrug schon aus der Beschaffenheit der Tat zum Verbrechen:

a) wenn sich in eigener Sache bei Gericht zu einem falschen Eide erboten, oder wirklich ein falscher Eid geschworen wird, oder wenn sich um ein falsches Zeugnis, so vor Gericht abgelegt werden soll, beworben, oder wenn ein falsches Zeugnis gerichtlich angeboten oder abgelegt wurde, wenn dasselbe auch nicht zugleich die Anerbietung oder Ablegung eines Eides in sich begreift;

Anmerkung zu 199 a. — Gemäß § 199 a StG. wird bestraft: 1. Wer sich in eigener Sache bei Gericht zu einem falschen Eide erbietet; 2. wer in eigener Sache bei Gericht einen falschen Eid geschworen hat; 3. wer sich um ein falsches Zeugnis, das vor Gericht abgelegt werden soll, beworben hat; 4. wer ein falsches Zeugnis gerichtlich angeboten hat; 5. wer ein falsches Zeugnis gerichtlich abgelegt hat, wobei es bedeutungslos ist, ob beim falschen Zeugnis nicht zugleich auch ein Eid angeboten oder abgelegt worden ist.

Das deutsche Strafgesetzbuch bestraft nur die Ableistung eines falschen Eides als Verbrechen des Meineides, und zwar als Verbrechen des Parteimeineides nach § 153 StGB. oder als Verbrechen des Zeugen- und Sachverständigenmeineides nach § 154 StGB., wenn jemand als Partei wissentlich eine falsche Aussage mit Eid bekräftigte, bezw. wenn jemand vor der zuständigen Behörde wissentlich ein falsches Zeugnis oder ein falsches Gutachten mit einem Eid bekräftigt hat oder als Falscheid nach § 163 StGB., wenn die bezeichneten Handlungen aus Fahrlässigkeit begangen werden. Daher wird § 199 a StG., wenn eine Partei in eigener Sache einen falschen Eid geschworen hat, ferner, wenn ein Zeuge vor Gericht ein falsches Zeugnis unter Eid abgelegt hat oder wenn der Sachverständige vor Gericht ein falsches Gutachten unter Eid erstattet hat, durch die §§ 154, 163 StGB. ersetzt. Im übrigen aber bleibt § 199 a StG. weiterhin in Kraft, d. h. es ist wegen Verbrechens nach § 199 a StG. auch weiterhin zu bestrafen, wer sich in eigener Sache bei Gericht zu einem falschen Eide erboten hat, wer sich um ein falsches Zeugnis, das vor Gericht abgelegt werden soll, beworben hat, wer ein falsches Zeugnis gerichtlich angeboten und wer ein falsches Zeugnis vor Gericht abgelegt hat, ohne daß die Aussagen durch Eid bekräftigt worden wären.

Das deutsche Strafgesetzbuch kennt weiter die Delikte der Verleitung zum Meineid nach § 159 StGB., bezw. zum Falscheid nach § 160 StGB. Diese Tatbestände sind dem tschechischen Strafrecht fremd. An deren Stelle tritt die versuchte Verleitung zur falschen Aussage nach den §§ 9, 199 a StG.

Verbrechen des Betruges nach § 199 b StG. wird ersetzt durch § 132 StGB.

Verbrechen des Betruges nach § 199 c StG. wird ersetzt durch § 263 StGB.

Verbrechen des Betruges nach § 199 d StG. wird ersetzt durch die §§ 267 bis 269, 274 Z. 1, 275 StGB.

Verbrechen des Betruges nach § 200 StG. wird durch § 263 StGB. ersetzt.

Verbrechen des Betruges nach § 201 StG. wird ersetzt durch §§ 263, 267 StGB.

Verbrechen nach § 201 b StG. wird ersetzt durch § 263 StGB.

Verbrechen nach § 201 c StG. wird ersetzt durch § 246 StGB. Unterschlagung.

Verbrechen nach § 201 d und 201 e StG. werden ersetzt durch § 263 StGB.

Betrügerische Krida.

§ 205 a. 1. Wer vorsätzlich die Befriedigung seiner Gläubiger oder eines Teiles dadurch vereitelt oder schmälert, daß er einen Bestandteil seines Vermögens verheimlicht, beiseite schafft, veräußert oder beschädigt, eine nicht bestehende Verpflichtung vorschützt oder anerkennt oder sonst sein Vermögen verringert, wird mit Kerker von sechs Monaten bis zu einem Jahre, bei erschwerenden Umständen aber von einem bis zu fünf Jahren bestraft.

2. Auf schweren Kerker von fünf bis zu zehn Jahren ist zu erkennen, wenn besonders erschwerende Umstände vorliegen.

Wenn der Schuldner eine Gesellschaft, Genossenschaft oder ein Verein ist, sind die Bestimmungen auf die Organe des Unternehmens anzuwenden, welche die Tat begangen haben.

Wenn die Tat von jemandem begangen wird, der die Geschäfte des Schuldners selbständig führt, so sind die Bestimmungen auch auf ihn anzuwenden.

Schädigung fremder Gläubiger.

§ 205 b. 1. Wer ohne Einverständnis mit dem Schuldner vorsätzlich einen Bestandteil von dessen Vermögen verheimlicht, beiseite schafft, veräußert oder beschädigt oder ein nicht bestehendes Recht gegen das Vermögen des Schuldners geltend macht, um dadurch zum Nachteile der Gläubiger oder eines Teiles sich, dem Schuldner oder einem Dritten einen unberechtigten Vermögensvorteil zuzuwenden, wird mit Kerker von sechs Monaten bis zu einem Jahre, bei erschwerenden Umständen aber von einem bis zu fünf Jahren bestraft.

2. Auf schweren Kerker von fünf bis zu zehn Jahren ist zu erkennen, wenn besonders erschwerende Umstände vorliegen.

Anmerkung: Die strafrechtlichen Bestimmungen des deutschen Strafrechtes über den Bankrott sind in der deutschen Konkursordnung enthalten. Da diese im Sudetenland und im Protektorat noch nicht eingeführt ist, gelten die §§ 205 a, 205 b StG. weiter.

Vierundzwanzigstes Hauptstück. Von der zweifachen Ehe.

Verbrechen der zweifachen Ehe nach § 206 StG. wird ersetzt durch § 171 StGB. Doppelehe.

Fünfundzwanzigstes Hauptstück. Von der falschen Anschuldigung.

Verbrechen der Verleumdung nach § 209 StG. wird ersetzt durch § 164 StGB. falsche Anschuldigung.

Sechsundzwanzigstes Hauptstück. Von dem Verbrechern geleisteten Vorschube.

Vorschub zu Verbrechen.

§ 211. Daß durch Zutun eben die Gattung von Verbrechen begangen werde, deren sich der unmittelbare Täter schuldig macht, ist schon in dem § 5 erklärt. Aber auch derjenige, der einem Verbrecher Vorschub leistet, wird in nachstehenden Fällenn selbst eines Verbrechens schuldig:

a) durch boshafte Unterlassung der Verhinderung.

§ 212. Erster Fall. Wenn jemand, ein Verbrechen zu hindern, aus Bosheit unterläßt, da er es doch leicht und ohne sich, seine Angehörigen (§ 216) oder diejenigen Personen, die unter seinem gesetzlichen Schutze stehen, einer Gefahr auszusetzen, hätte verhindern können.

Strafe.

§ 213. Bei dem Verbrechen der Behandlung eines Menschen als Sklaven ist eine so beschaffene Unterlassung für Mitschuld zu achten und auf die im § 95 bestimmte Art zu behandeln. Bei anderen Verbrechen soll der Schuldige mit Kerker von sechs Monaten bis auf ein Jahr; wenn aber die auf die Tat gesetzte Strafe der Tod oder lebenslanger Kerker ist, mit schwerem Kerker zwischen einem und fünf Jahren bestraft werden.

Anmerkung zu §§ 212—213. — § 212 StG. bestraft die Nichthinderung eines Verbrechens, wozu im Sinne der Rechtsprechung auch die Nichtanzeige gehört. § 212 StG. wird teilweise ersetzt durch § 139 StGB., der denjenigen mit Strafe bedroht, der von dem Vorhaben eines Hochverrats oder Landesverrats, einer Wehrmittelbeschädigung, eines Verbrechens wider das Leben, eines Münzverbrechens, eines Raubes, Menschenraubes oder gemeingefährlichen Verbrechens Kenntnis erhält und es unterläßt, der Behörde oder den Bedrohten hiervon zur rechten Zeit Anzeige zu machen. Sofern § 212 StG. durch § 139 StGB. nicht ersetzt wird, bleibt er weiterhin in Kraft. Es muß darauf hingewiesen werden, daß § 212 StG. weiter geht als § 139 StGB., indem er Hinderung und nicht nur Anzeige gebietet und dies hinsichtlich aller Arten von Verbrechen, nicht nur einiger Verbrechensarten.

Verbrechen der Verhehlung nach § 214 StG. wird ersetzt durch die §§ 257, 258 StGB., Begünstigung, persönliche Hehlerei.

Verbrechen der Hilfe zur Entweichung eines wegen Verbrechens Verhafteten nach § 217 StG. wird ersetzt durch § 121 StGB. Gefangenenbefreiung.

Siebenundzwanzigstes Hauptstück. Von Erlöschung der Verbrechen und Strafen.

Erlöschungsarten der Verbrechen.

§ 223. Das Verbrechen erlischt:

a) durch den Tod des Verbrechers;

b) durch die ausgestandene Strafe;

c) durch Erlassung derselben;

d) durch Verjährung.

d) Die Verjährung.

§ 227. Durch Verjährung erlischt Verbrechen und Strafe, wenn der Täter von dem Zeitpunkte des begangenen Verbrechens; oder in dem Falle, wenn er deshalb schon in Untersuchung gezogen worden ist, von der Zeit des Urteils, wodurch er rechtskräftig freigesprochen worden ist, an zu rechnen, in der vom gegenwärtigen Gesetze bestimmten Zeit von einem inländischen Strafgerichte nicht in die Untersuchung gezogen wurde. Die Verjährung wird daher unterbrochen, wenn gegen den Täter als Angeschuldigten eine Vorladung, ein Vorführungs- oder Verhaftsbefehl erlassen, oder ein Beschluß zur Einleitung der Untersuchung geschöpft, oder wenn er als Angeschuldigter bereits vernommen oder verhaftet, oder mittels der Nacheile oder durch Steckbriefe verfolgt worden war.

§ 228. Die Zeit der Verjährung wird

a) für Verbrechen, worauf lebenslange Kerkerstrafe gesetzt ist, auf zwanzig Jahre;
b) bei solchen, die nach dem Gesetze mit einer Strafe von zehn bis zwanzig Jahren belegt werden sollten, auf zehn Jahre, für alle übrigen Verbrechen auf fünf Jahre bestimmt.

§ 229. Die Verjährung kommt aber nur demjenigen zustatten, der

a) von dem Verbrechen keinen Nutzen mehr in Händen;
b) auch, insoweit es die Natur des Verbrechens zugibt, nach seinen Kräften Wiedererstattung geleistet;
c) sich nicht aus diesen Staaten geflüchtet, und
d) in der zur Verjährung bestimmten Zeit kein Verbrechen mehr begangen hat.

Wirkung.

§ 230. Die Wirkung der Verjährung ist: daß weder Untersuchung noch Strafe wegen eines solchen Verbrechens mehr statthaben kann.

Einschränkung der Erlöschungsart durch Verjährung.

§ 231. Bei Verbrechen, worauf die Todesstrafe verhängt ist, schützt keine Verjährung vor der Untersuchung und Bestrafung.

Wenn jedoch von der Zeit eines solchen verübten Verbrechens ein Zeitraum von zwanzig Jahren verstrichen ist, und die in den §§ 227 und 229 angeführten Bedingungen eintreten, ist nur auf schweren Kerker zwischen zehn und zwanzig Jahren zu erkennen.

§ 232. Bei einem Verbrechen, worauf im Gesetze Todes- oder lebenslange Kerkerstrafe verhängt ist, gilt hinsichtlich derjenigen Personen, welche zur Zeit, als sie daran teilgenommen haben, noch nicht das zwanzigste Jahr zurückgelegt hatten, nur die Strafdauer von zehn bis zwanzig Jahren als Maßstab der Verjährung (§ 228, lit. b).

Zweiter Teil.

Von den Vergehen und Übertretungen.

Erstes Hauptstück. Von Vergehen und Übertretungen überhaupt und deren Bestrafung.

Die Unkenntnis dieses Gesetzes entschuldigt nicht.

§ 233. Die in diesem Teile des Strafgesetzes vorkommenden Vergehen und Übertretungen sind insgesamt Handlungen oder Unterlassungen, die jeder als unerlaubt von selbst erkennen kann; oder wo der Täter die besondere Verordnung, welche übertreten worden, nach seinem Stande, seinem Gewerbe, seiner Beschäftigung, oder nach seinen Verhältnissen zu wissen verpflichtet ist. Die Unkenntnis dieses Strafgesetzes kann also rücksichtlich der in demselben vorkommenden Vergehen und Übertretungen nicht entschuldigen.

Verbindlichkeit der Ausländer.

§ 234. Auch Ausländer, die sich in der (Tschechoslowakischen Republik) aufhalten, können dieser Vergehen und Übertretungen schuldig werden, da sie verbunden sind, überhaupt die auf öffentliche Sicherheit und Ordnung sich beziehenden allgemeinen Verordnungen, und wenn sie ein Geschäft unternehmen, auch die besonderen Verordnungen, welche auf dieses Geschäft Beziehung haben, sich bekannt zu machen.

Hingegen sind Ausländer, welche in einem fremden Staate sich einer in diesem Teile des Strafgesetzes vorgesehenen strafbaren Handlung schuldig gemacht haben, deshalb weder an das Ausland auszuliefern, noch im Inlande zu bestrafen.

Von den Vergehen und Übertretungen der Inländer im Auslande.

§ 235. Wegen Vergehen und Übertretungen, die ein Inländer im Auslande begangen hat, ist er bei seiner Betretung im Inlande nie an das Ausland auszuliefern, sondern dann, wenn dieselben im Auslande nicht bestraft oder nicht nachgesehen worden, ohne Rücksicht auf die Gesetze des Landes, wo sie begangen wurden, nach diesem Strafgesetz zu behandeln.

Diese Vorschrift findet auch in denjenigen Fällen Anwendung, wenn gegen einen Inländer wegen derlei Vergehen oder Übertretungen im Auslande bereits eine Strafe zuerkannt, aber noch nicht vollzogen worden ist. In keinem Falle sind Urteile ausländischer Strafbehörden im Inlande zu vollziehen.

Anmerkung zu §§ 234, 235. — Siehe Anmerkung bei §§ 36—41.

Gesetzwidrige Handlungen an sich, auch ohne böse Absicht und erfolgten Schaden, sind Vergehen oder Übertretungen.

§ 238. Schon die gegen ein Verbot vollbrachte Handlung oder gegen ein Gebot geschehene Unterlassung ist, insoferne sie durch dieses Gesetz dafür erklärt wird, ein Vergehen oder eine Übertretung, obgleich weder eine böse Absicht dabei mit unterlaufen, noch Schaden oder Nachteil daraus erfolgt ist.

§ 239. Im allgemeinen haben die in den §§ 5 bis 11 über Verbrechen festgesetzte Bestimmungen auch auf Vergehen und Übertretungen Anwendung zu finden, insoferne nicht Abweichungen hievon im Gesetze in einzelnen Fällen insbesondere angeordnet sind, oder aus der eigentümlichen Natur des Vergehens oder der Übertretung folgen.

Zweites Hauptstück. Von den Strafen der Vergehen und Übertretungen überhaupt.

Die §§ 240 bis 260 außer Kraft durch Einführungsverordnungen. (s. S. 17 ff., 25 ff.)

§ 261. Bei besonders rücksichtswürdigen Umständen kann der Arrest des ersten Grades auch in eine den Vermögensumständen des zu Bestrafenden angemessene Geldstrafe verändert, diese Strafverwechslung aber nie von der Wahl des zu Bestrafenden abhängig gemacht werden.

Wann Hausarrest verhängt werden kann.

§ 262. Ferner kann anstatt des Arrestes des ersten Grades Hausarrest verhängt werden, wenn der zu Bestrafende von unbescholtenem Rufe ist, und durch die Entfernung von seiner Wohnung gehindert würde, seinem Amte, seinem Geschäfte oder seiner Erwerbung obzuliegen.

Erschwerende Umstände.

§ 263. Als erschwerende Umstände eines Vergehens, sowie einer Übertretung, sind anzusehen:

a) die Fortsetzung der strafbaren Handlung durch längere Zeit;

b) die Wiederholung derselben auch dann, wenn der Täter wegen eines gleichen Vergehens oder einer gleichen Übertretung schon gestraft worden ist;

c) je größer die aus der strafbaren Handlung vorherzusehende Gefahr, oder

d) der hieraus wirklich erfolgte Schade ist;

e) je wichtiger das Verhältnis zwischen dem Schuldigen und dem Beschädigten oder Beleidigten;

f) wenn Jugend oder andere ehrbare Personen verführt;

g) verderbliche Beispiele in Familien gegeben, oder

h) öffentliches Ärgernis veranlaßt worden;

i) wenn zur Vollziehung der strafbaren Handlung mehrere Zeit oder Vorbereitung nötig war, oder größere Hindernisse bei Seite geschafft werden mußten;
k) wenn der Schuldige der Anführer, oder auf andere Art der Urheber bei einer von mehreren begangenen strafbaren Handlung war;
l) wenn er mehrere Vergehen oder Übertretungen von verschiedener Art begangen hat;
m) wenn er die Untersuchung durch erdichtete Umstände hinzuhalten oder irrezuführen gesucht hat, und insbesondere
n) bei Vergehen und Übertretungen gegen die öffentliche Sittlichkeit, wenn der Schuldige eine Person von Erziehung und mehrerer Bildung ist.

Vgl. §§ 43, 44, 45 StG.

Mildernde Umstände.

§ 264. Dagegen sind als mildernde Umstände anzusehen:
a) ein der Unmündigkeit nahes Alter, schwächerer Verstand oder eine sehr vernachlässigte Erziehung;
b) früherer unbescholtener Wandel;
c) wenn der Schuldige von anderen verführt;
d) aus Furcht oder Vorurteil des Ansehens, oder
e) in einer heftigen Gemütsbewegung, oder
f) durch Notumstände veranlaßt, gehandelt;
g) wenn er, da es in seiner Gewalt stand, die strafbare Handlung zu vollenden, daraus größeren Vorteil zu ziehen, oder größeren Schaden zuzufügen, es bei dem Versuche gelassen, oder
h) sich nur geringeren Vorteil zugeeignet, oder
i) freiwillig von Zufügung größeren Schadens enthalten;
k) wenn er den Schaden nach seinen Kräften gut zu machen gesucht;
l) wenn er bei dem Verhöre aus eigenem Antriebe Umstände entdeckt hat, deren Kenntnis in den Stand setzte, einen bevorstehenden Schaden ganz abzuwenden oder zu vermindern.

Anwendung der Erschwerungs- und Milderungsumstände.

§ 265. Bei Ausmessung der Strafe ist auf die vorhandenen erschwerenden und mildernden Umstände, je nachdem die einen oder anderen überwiegend sind, Rücksicht zu nehmen, jedoch ist die Strafe in der Regel innerhalb des vom Gesetze für die einzelnen Vergehen oder Übertretungen festgesetzten Strafsatzes auszumessen, so wie auch wegen Milderungs- oder Erschwerungsumständen regelmäßig auf keine andere Strafart zu erkennen ist. Wegen Erschwerungsumständen können überdies die Bestimmungen der §§ 250, 252 und 253 zur Anwendung kommen.

Außerordentliches Milderungsrecht.

§ 266. Wenn bei einem Vergehen oder einer Übertretung mehrere, und zwar solche Milderungsumstände zusammentreffen, welche mit Grund die Besserung des Schuldigen erwarten lassen, so kann sowohl der Arrest in einen gelinderen Grad verändert, als die gesetzliche Strafe auch unter den geringsten Strafsatz herabgesetzt werden.

Anrechnung der Untersuchungshaft auf die Strafe.

§ 266 a. Die Vorschrift des § 55 a ist anzuwenden.

Von dem Zusammentreffen mehrerer Vergehen oder Übertretungen.

§ 267. Hat der Untersuchte mehrere Vergehen oder mehrere Übertretungen begangen, welche Gegenstand der nämlichen Untersuchung und Aburteilung sind, oder treffen in solcher Weise Vergehen und Übertretungen zusammen, so ist dasjenige Gesetz, welches unter diesen strafbaren Handlungen die höchste Strafe bestimmt, jedoch mit Bedacht auf die übrigen, in Anwendung zu bringen.

Ebenso ist in dem Falle, wenn auch nur auf eine dieser zusammentreffenden strafbaren Handlungen in diesem oder einem anderen Gesetze eine Geldstrafe oder eine der im § 240, lit. b) und c) bestimmten Strafen festgesetzt ist, nebst der sonstigen gesetzlichen jedenfalls auch diese besondere Strafe gegen den Schuldigen zu verhängen.

Drittes Hauptstück. Von der Bestrafung der Unmündigen.

Aufgehoben durch das Gesetz über die Jugendstrafgerichtsbarkeit vom 11. III. 1931, Slg. 48; jetzt ersetzt durch Jugendgerichtsgesetz.

Viertes Hauptstück. Von den verschiedenen Gattungen der Vergehen und Übertretungen.

Enthält die Einteilung der Vergehen und Übertretungen.

Fünftes Hauptstück. Von den Vergehen und Übertretungen gegen die öffentliche Ruhe und Ordnung.

Vergehen des Auflaufes nach § 279 ff. StG. wird ersetzt durch § 115 StGB. Aufruhr.

Übertretung der Aufforderung zu grundlosen Beschwerden Strafe.

§ 301. Wer aus was immer für einer Absicht, vorzüglich aber aus Gewinnsucht, Parteien zu mutwilligen, grundlosen, im gesetzlichen Instanzenzuge bereits abgetanen Beschwerden auffordert und verleitet oder in dieser Beziehung Gelderpressungen sich zuschulden kommen läßt, macht sich einer Übertretung schuldig und ist mit Arrest bis zu einem Monat zu bestrafen.

Anmerkung: Diese Gesetzesstelle bleibt in Kraft, da sich im deutschen Strafrechte keine gleiche oder entsprechende Strafvorschrift vorfindet.

Vergehen nach § 303 StG. wird ersetzt durch § 166 StGB.

Vergehen nach § 304 StG. überholt.

Vergehen nach § 306 StG. wird ersetzt durch § 168 StGB.

Vergehen nach § 307 StG. wird ersetzt durch die §§ 257, 258 StGB.

Übertretungen nach § 309 und § 310 StG. aufgehoben durch Artikel XI. Gesetz Slg. 140/34.

Sechstes Hauptstück. Von Übertretungen gegen öffentliche Anstalten und Vorkehrungen, welche zur gemeinschaftlichen Sicherheit gehören.

Die Übertretung der Beleidigung der öffentlichen Beamten nach § 312 StG. wird lediglich durch § 185 StGB. Beleidigung ersetzt.

Übertretung nach § 314 StG. wird ersetzt durch § 113 StGB.

Übertretung nach § 315 StG. wird ersetzt durch § 134 StGB.

Übertretung nach § 316 StG. wird ersetzt durch § 136 StGB.

Übertretung nach § 317 StG. wird ersetzt durch § 303 StGB.

Übertretung nach § 318 StG. wird ersetzt durch § 303 StGB.; sie stellt nur eine besondere Art der Sachbeschädigung dar.

Übertretung nach § 319 StG. wird ersetzt durch § 303 StG.

Übertretung nach § 320 e StG. wird ersetzt durch § 360 Z. 8 StGB.

Übertretung nach § 320 f StG. wird ersetzt durch § 267 StGB.

Übertretung nach § 320 g StG. wird ersetzt durch § 360 Z. 8 StGB.

Übertretung nach § 323 StG. wird ersetzt durch § 13 der Ausländerpolizeiverordnung vom 22. VIII. 1938 (RGBl. I, S. 1053) in der Fassung der Verordnung vom 25. IX. 1939 (RGBl. I, S. 1667). Diese Verordnung wurde durch Verordnung vom 29. V. 1939 (RGBl. I, S. 977) im Sudetenland eingeführt und sie gilt während der Dauer der Verordnung über die Behandlung von Ausländern vom 25. IX. 1939 (RGBl. I, S. 1667) mit der im § 10 dieser Verordnung angeführten Abänderung auch für das Protektorat. Übrigens ist § 323 StG. durch § 14 Abs. 2 der VO. vom 5. IX. 1939 (RGBl. I, S. 1667) außer Kraft gesetzt worden.

Übertretung nach § 324 StG.:

Diese Gesetzesstelle hat für das Sudetenland keine Gültigkeit mehr, da das deutsche Strafrecht eine strafgerichtliche Abschaffung aus einem bestimmten Orte oder Lande nicht kennt; das deutsche Recht kennt bloß eine Reichsverweisung. Das gleiche gilt auch für die deutschen Gerichte des Protektorats, wobei noch zu bemerken ist, daß es den Staats- und Gemeindebehörden des Protektorates nicht zusteht, über deutsche Staatsangehörige eine Abschaffung zu verfügen.

Vergolden oder Versilbern von Münzen und Nachbildung von Münzen oder öffentlichen Kreditpapieren ohne betrügerische Absicht.

§ 325. Wer ohne die Absicht, jemanden zu hintergehen (§[§ 106, 114, 118 und] 197), gangbare oder auch außer Kurs gesetzte (verrufene) Münzen vergoldet oder versilbert, oder Denkmünzen, Medaillen, Spielpfennige, oder was immer für geprägte Erzeugnisse; ebenso wer Adressen, Ankündigungen oder überhaupt Druckwerke in solcher Art verfertigt, daß sie bei oberflächlicher Betrachtung leicht als gangbare Münzen oder öffentliche Kreditpapiere angesehen werden können, macht sich einer Übertretung schuldig und ist mit Arrest von einem bis zu drei Monaten, und dem Verfalle aller gesetzwidrigen Erzeugnisse zu bestrafen.

Anmerkung zu § 325. — Dieser Gesetzesstelle entspricht keine gleiche oder entsprechende Strafvorschrift im deutschen Strafrecht, weshalb sie weiter in Kraft bleibt.

Übertretung nach den §§ 326, 328 StG. überholt.

Übertretung nach § 329 StG. wird ersetzt durch § 151 StGB.

Übertretung nach § 330 StG. wird ersetzt durch § 151 StGB.

Siebentes Hauptstück. Von den Übertretungen gegen die Pflichten eines öffentlichen Amtes.

Übertretung nach § 331 StG. wird ersetzt durch § 341 StGB.

Übertretung nach § 334 StG.:

Durch das Gesetz vom 10. XII. 1918 Nr. 61 Slg. wurden Adel, Orden und Titel abgeschafft und durch das Gesetz vom 10. IV. 1920 Nr. 243 Slg. wurden die Zuwiderhandlungen dagegen unter Strafe gestellt und es wurde § 334 StG. aufgehoben. Die genannten Gesetze haben im Sudetenland und für die deutschen Staatsangehörigen im Protektorat keine Geltung mehr, da das Deutsche Reich gegenüber Adel, Orden und Titel eine andere Einstellung hat. Gleichwohl kann ein Wiederaufleben des § 334 StG. nicht angenommen werden. Da aber das deutsche Ordensgesetz (Gesetz vom 1. VII. 1939 RGBl. I, S. 725) weder im Sudetenland noch im Protektorat bisher eingeführt wurde, ist das unbefugte Tragen von Orden usw. nur im Wege des § 2 StGB. nach § 132a StGB. strafbar.

Achtes Hauptstück. Von den Vergehen und Übertretungen gegen die Sicherheit des Lebens.

Vergehen bzw. Übertretungen gegen die Sicherheit des Lebens nach §§ 335, 336, 337 StG. werden ersetzt durch § 222 StGB. fahrlässige Tötung bzw. § 230 StGB. fahrlässige Körperverletzung.

Gegen das Baden in Flüssen, Teichen usw.

§ 338. Wer in Flüssen oder Teichen außer den von der Behörde dazu bestimmten Orten oder gegen ein von der Behörde erlassenes und zur öffentlichen Kenntnis gebrachtes Verbot badet, ingleichen wer zur Winterszeit außer den dazu bestimmten Strecken auf dem Eise schleift, wer endlich zur Zeit, da es wegen eintretender Gefahr verboten worden, sich dennoch über eine Eisdecke wagt, ist für diese Übertretung mit Arrest von drei Tagen bis zu einem Monate zu bestrafen.

Vorschrift für unverehelichte schwangere Frauenspersonen.

§ 339. Eine unverehelichte Frauensperson, die sich schwanger befindet, muß bei der Niederkunft eine Hebamme, einen Geburtshelfer oder sonst eine ehrbare Frau zum Beistande rufen. Wäre sie aber von der Niederkunft übereilt, oder

Beistand zu rufen verhindert worden, und sie hätte entweder eine Fehlgeburt getan, oder das lebendig geborene Kind wäre binnen vierundzwanzig Stunden, von Zeit der Geburt an, gestorben, so ist sie verbunden, einer zur Geburtshilfe berechtigten, oder wo eine solche nicht zur Hand ist, einer obrigkeitlichen Person von ihrer Niederkunft die Anzeige zu machen und derselben die unzeitige Geburt oder das tote Kind vorzuzeigen.

Vgl. § 359.

Strafe auf die Verheimlichung der Geburt.

§ 340. Die gegen diese Vorschrift geschehene Verheimlichung der Geburt wird nach Herstellung der Verheimlichenden als Übertretung mit strengem Arreste von drei bis sechs Wochen bestraft.

Anmerkung zu §§ 339, 340. — Für die §§ 338—340 StG. enthält das deutsche Strafgesetzbuch keine gleichen oder entsprechenden Bestimmungen, weshalb sie weiterhin in Kraft bleiben.

Übertretungen nach §§ 341, 342 StG. werden ersetzt durch § 222 StGB.

Unbefugte Ausübung der Arznei- und Wundarzneikunst als Gewerbe.

Strafe.

§ 343. Wer, ohne einen ärztlichen Unterricht erhalten zu haben, und ohne gesetzliche Berechtigung zur Behandlung von Kranken als Heil- oder Wundarzt, diese gewerbsmäßig ausübt, oder insbesondere sich mit der Anwendung von animalischem oder Lebensmagnetismus oder von Ätherdämpfen (Narkotisierungen) befaßt, macht sich dadurch einer Übertretung schuldig, und soll mit Arrest, nach der Länge der Zeit, in welcher er dieses unerlaubte Geschäft getrieben, und nach der Größe des Schadens, den er dadurch zugeführt hat, mit strengem Arreste von einem bis zu sechs Monaten; im Falle des aus seinem Verschulden erfolgten Todes eines Menschen aber wegen Vergehens nach § 335 bestraft werden.

Anmerkung zu § 343. — Im Sudetenland wird diese Gesetzesstelle durch § 5 des Heilpraktikergesetzes vom 17. II. 1939 (RGBl. I,

S. 251) ersetzt. Im Protektorat aber ist dieses Gesetz noch nicht eingeführt worden, daher gilt § 343 StG. für die deutschen Staatsangehörigen im Protektorat weiter.

Übertretung nach § 345 StG. wird ersetzt durch § 14 der Reichsapothekerordnung bzw. durch die §§ 222, 230 StGB.

Übertretung nach § 354 StG. wird durch die §§ 222, 230 StGB. 367 Z. 3, ersetzt.

Übertretungen nach den §§ 356 und 358 StG. werden ersetzt durch die §§ 222, 230 StGB.

Nichtanzeige verdächtiger Todesfälle oder Krankheiten von Seite der ärztlichen Personen. Strafe.

§ 359. Ärzte, Wundärzte, Apotheker, Hebammen und Totenbeschauer sind in jedem Falle, wo ihnen eine Krankheit, eine Verwundung, eine Geburt oder ein Todesfall vorkommen, bei welchem der Verdacht eines Verbrechens oder Vergehens oder überhaupt einer durch andere herbeigeführten, gewaltsamen Verletzung eintritt, verpflichtet, der Behörde davon unverzüglich die Anzeige zu machen. Die Unterlassung dieser Anzeige wird als Übertretung mit einer Geldstrafe von 100 bis 1000 K geahndet.

Anmerkung zu § 359. — Das deutsche Strafgesetzbuch enthält keine dem § 359 StG. gleiche oder entsprechende Strafvorschrift, weshalb diese Gesetzesstelle weiter in Kraft bleibt.

Übertretung nach § 360 StG. wird ersetzt durch § 230 StGB., da die Vernachlässigung mindestens eine Mißhandlung darstellt.

Die Übertretungen der §§ 361—370 StG. werden ersetzt durch § 367 Z. 3 und 5 StGB.

Übertretung nach § 370 StG. ist überholt.

Übertretung nach § 373 StG. wird ersetzt durch die §§ 222, 230 StGB.

Übertretung nach § 375 StG. ist überholt.

Die Übertretungen nach den §§ 376—378 werden ersetzt durch die §§ 222, 223 StGB.

Übertretung nach § 379 StG. ist überholt.

Übertretung nach § 380 wird, wenn keine Körperverletzung eintritt, durch § 367 Z. 14 StGB., wenn eine Körperverletzung eintritt, durch § 230 StGB., wenn der Tod eines Menschen eintritt, durch § 222 StGB. ersetzt.

Übertretung nach § 381 StG. wird ersetzt durch § 367 Z. 13 StGB.

Übertretung nach § 382 StG. wird ersetzt durch die §§ 222, 230 StGB.

Übertretung nach § 383 StG. ist überholt.

Übertretung nach § 384 StG. wird ersetzt durch die §§ 222, 230 StGB.

Übertretungen der §§ 385, 386 sind überholt.

Übertretungen der §§ 388—391 StG. werden ersetzt durch § 367 Z. 11 StGB.

Strafe wider das Anhetzen und Reizen bösartiger Haustiere.

§ 392. Kommt bei der Untersuchung einer von einem Tiere zugefügten Beschädigung hervor, daß jemand durch Anhetzen, Reizen oder was immer für absichtliches Zutun den Vorfall veranlaßt hat, so macht sich der Täter einer Übertretung schuldig, und ist mit Arrest von einer Woche, der nach Umständen zu verschärfen ist, zu bestrafen.

Anmerkung: § 392 StG. bleibt weiterhin in Kraft, da im deutschen Strafrecht keine gleichen oder entsprechenden Strafvorschriften enthalten sind, es sei denn, es handle sich um einen Fall des § 366 Z. 6 StGB.

Neuntes Hauptstück. Von den Vergehen und Übertretungen gegen die Gesundheit.

Gefährdung der Gesundheit durch übertragbare Krankheiten.

§ 393. Wer eine Handlung oder Unterlassung begeht, von der er einzusehen vermag (§ 335), daß sie die Verbreitung einer übertragbaren Krankheit und dadurch eine Gefahr für das Leben oder die Gesundheit von Menschen herbeizuführen geeignet ist, wird wegen Übertretung mit einer Geldstrafe von 50 bis 5000 K oder mit Arrest von drei Tagen bis zu drei Monaten und, wenn aus der Tat eine schwere körperliche Beschädigung oder der Tod eines Menschen erfolgte, nach § 335 bestraft.

Wird die Tat unter besonders gefährlichen Verhältnissen begangen, so sind die Strafen der §§ 337 und 432 anzuwenden.

Anmerkung: Diese Gesetzesstelle bleibt in Kraft, da es sich um einen Gefährdungstatbestand handelt. Das Deutsche Strafgesetzbuch hat keine gleiche oder entsprechende Vorschrift.

Übertretung nach § 398 StG. wird ersetzt durch § 324 und § 366 Z. 7 StGB.

Fleischverkauf von einem nicht nach Vorschrift beschauten Viehe.

Strafe.

§ 399. Wenn bei einem Gewerbe, welches zu dem Verkaufe von rohem oder auf irgendeine Art zubereitetem oder verkochtem Fleische berechtigt ist, etwas von einem nicht nach Vorschrift beschauten Viehe verkauft wird, ist die Strafe dieser Übertretung das erstemal, nebst dem Verluste des nicht beschauten Fleisches oder des daraus gelösten Geldes 250 bis 2000 K; bei der zweiten Übertretung ist die Geldstrafe zu verdoppeln; bei einem dritten Falle soll der Übertreter seines Gewerbes verlustig und zu einem Gewerbe dieser Art für immer unfähig erklärt werden.

Anmerkung: § 399 StG. wird im Sudetenland ersetzt durch § 15, Z. 3 der VO. über Schlachtvieh- und Fleischbeschau im Reichsgau Sudetenland vom 30. IV. 1940 VBl. Sud., S. 757; für die deutschen Staatsangehörigen im Protektorat bleibt er weiter in Kraft, da das StGB. keine gleiche oder entsprechende Strafvorschrift enthält und das deutsche Fleischbeschaugesetz vom 3. VI. 1900 hier nicht eingeführt ist.

Zehntes Hauptstück. Von anderen, die körperliche Sicherheit verletzenden oder bedrohenden Übertretungen.

Übertretung der leichten körperlichen Beschädigung nach § 411 StG. wird, wie § 152 StG., durch § 223 StGB. ersetzt. Das tschechische Strafgesetz teilt die körperlichen Beschädigungen nach der Schwere der Beschädigung und nach den Umständen, unter denen sie erfolgten, in Verbrechen und Übertretungen ein. Im deutschen Strafgesetzbuch dagegen besteht ein einheitliches Grunddelikt, das Vergehen der vorsätzlichen Körperverletzung nach § 223 StGB., das mit seinem weiten Strafrahmen von Gefängnis bis zu drei Jahren hinreichend Möglichkeit bietet, den verschiedenen Graden der körperlichen Verletzung gerecht zu werden. Für besonders schwere Körperverletzungen ist unter Androhung von Zuchthausstrafe ein besonderer Tatbestand geschaffen, der des Verbrechens der schweren Körperverletzung nach § 224 StGB., dem sich noch die Verbrechen nach den §§ 225, 226 StGB. anschließen. Für Körperverletzungen, die unter besonders gefährlichen Umständen zugefügt wurden, wurde der Sondertatbestand nach § 223 a StGB. aufgestellt.

Übertretung nach § 413 StG. wird ersetzt durch § 223 StGB.

Übertretungen nach den §§ 414, 417 StG. werden ersetzt durch § 223 b StGB.

Übertretung nach § 419 StG. wird ersetzt durch § 223 StGB.

Die Übertretungen nach den §§ 420, 421 StG. werden ersetzt durch § 223 StGB.

Die Bestimmungen der §§ 422 bis 425 StG. sind überholt.

Strafe gegen das Herabwerfen von den Fenstern usw., oder die Unterlassung der Befestigung des dahin Gestellten oder Gehängten.

§ 426. Wer an Straßen, vor Fenstern, Erkern oder sonst in seiner Wohnung etwas stellt oder hängt, ohne es gegen das Herabfallen zureichend gesichert zu haben, oder wer aus dem Fenster, von Erkern oder sonst von oben herab etwas wirft, wodurch die Vorübergehenden beschädigt werden können, soll wegen dieser Übertretung um 50 bis 250 K oder mit Arrest von drei Tagen bis zu einer Woche bestraft werden. Bei einer durch den Herabsturz erfolgten leichten Verwundung ist die Geldstrafe zu verdoppeln und der Arrest zu verschärfen. Ist eine schwere körperliche Beschädigung erfolgt, oder sogar jemand getötet worden, so ist die Handlung nach Maßgabe des § 335 zu ahnden.

Anmerkung zu § 426. — Wenn die Handlung oder Unterlassung eine Körperverletzung oder gar den Tod einer Person herbeiführte, so sind die Bestimmungen des § 230 bzw. § 222 StGB. anzuwenden. Für die Fälle, in denen keine Körperverletzung verursacht wurde, bleibt § 426 StG. in Kraft, soweit er nicht durch § 366, Z. 8 StGB. außer Kraft getreten ist.

Die Übertretungen nach den §§ 427 bis 430 StG. sind überholt.

Hier sei darauf hingewiesen, daß § 51 der VO. v. 27. IX. 1939 Slg. 242 (Straßenverkehrsordnung) nunmehr bestimmt, daß mit dem Inkrafttreten dieser VO. die §§ 341, 342, 422—425, 427—430, 454—457 StG. außer Kraft treten.

Handlungen und Unterlassungen gegen die körperliche Sicherheit überhaupt.

§ 431. Überhaupt lassen sich die Uebertretungen, wodurch die körperliche Sicherheit verletzt werden kann, nicht sämtlich aufzählen. Es soll daher jede der in den §§ 335 bis 337 bezeichneten Handlungen oder Unterlassungen auch dann, wenn sie keinen wirklichen Schaden herbeigeführt hat, als Übertretung mit einer Geldstrafe von 50 bis 5000 K oder mit Arrest von drei Tagen bis zu drei Monaten geahndet werden.

Anmerkung zu § 431. — Als Übertretung gegen die Sicherheit des Lebens nach § 431 StG. wird eine Handlung oder Unterlassung bestraft, durch die eine Gefahr für die körperliche Sicherheit eines Menschen herbeigeführt wird, mag auch kein wirklicher Schaden oder nur eine leichte körperliche Beschädigung verursacht worden sein. Wenn dagegen der Tod oder eine schwere körperliche Beschädigung eines Menschen herbeigeführt wurde, so wird die Handlung als Vergehen, bzw. Übertretung nach § 335 StG. bestraft. Da, wie bereits wiederholt ausgeführt wurde, das deutsche Strafrecht Einzelgefährdungsdelikte nicht kennt, die durch die erwähnten Handlungen oder Unterlassungen verursachten Körperverletzungen bzw. der Tod auf jeden Fall durch den Täter fahrlässig herbeigeführt worden ist, so wird § 335 StG., wenn der Tod eines Menschen verursacht wurde, durch § 222 StGB., wenn eine schwere körperliche Beschädigung herbeigeführt wurde, durch § 230 StGB. ersetzt und es wird § 431 StG., wenn eine leichte körperliche Schädigung herbeigeführt wurde, durch § 230 StGB.

ersetzt. Für den Fall des § 431 StG., daß durch die Handlung oder Unterlassung bloß eine Gefährdung eines Menschen herbeigeführt wurde, aber kein wirklicher Schaden (Verletzung) an einem Menschen entstanden ist, besteht im deutschen Strafrecht keine gleiche oder entsprechende Bestimmung, weshalb für diesen Fall § 431 StG. weiterhin in Kraft bleibt.

§ 432. Wenn jedoch eine bei dem Betriebe von Eisenbahnen oder von anderen im § 85 lit. c bezeichneten Werken oder Unternehmungen, oder bei dem Staatstelegraphen angestellte Person in ihrem Dienste ein Verschulden dieser Art begeht, so ist immer auf strengen Arrest von drei Tagen bis zu drei Monaten, und bei sehr erschwerenden Umständen bis auf sechs Monate zu erkennen, je nach dem Maße, als ein höherer Grad von Fahrlässigkeit erwiesen wird, eine Gefahr für mehrere Menschen entstanden ist, mehrere Verletzungen zugefügt wurden, oder sonst etwa ein größerer Schaden erfolgt ist.

Anmerkung zu § 432. — § 432 StG. wird hinsichtlich des Transportverkehrs ersetzt durch § 316 StGB., da in diesem Falle die fahrlässige Gefährdung des Betriebes genügt, die schon in der Handlung oder Unterlassung gelegen ist; hinsichtlich des Telegraphenbetriebes wird § 432 StG. ersetzt durch § 318 StGB., da in diesem Falle schon die Gefährdung eines einzelnen Menschen als Gemeingefahr bezeichnet wird. Im übrigen aber bleibt § 432 StG. weiterhin in Kraft.

Übertretung nach § 433 StG. wird ersetzt durch § 316 StGB.

Elftes Hauptstück. Von den Vergehen und Übertretungen gegen die Sicherheit des Eigentums.

Die Übertretungen nach den §§ 435 bis 439 StG. werden ersetzt durch § 369 Z. 3 StGB.

Die Übertretungen nach den §§ 440, 441 StG. werden ersetzt durch § 368 Z. 3 StGB.

Die Übertretungen nach den §§ 442 bis 444 werden ersetzt durch § 368 Z. 4 StGB.

Die Übertretungen nach den §§ 445, 446 StG. werden ersetzt durch § 367 Z. 5 StGB.

Die Übertretungen nach den §§ 447, 448 StG. werden ersetzt durch § 367 Z. 6 StGB.

Die Übertretungen nach den §§ 449 bis 452 StG. werden ersetzt durch § 365 Z. 5 StGB.

Übertretung nach § 453 StG. wird ersetzt durch § 368 Z. 6 StGB.

Die Übertretungen nach den §§ 454 bis 457 sind überholt.

Strafe auf die Verheimlichung einer entstehenden Feuersbrunst.

§ 458. Wer eine entstehende Feuersbrunst zu verheimlichen sucht, oder wenn sie bei ihm entsteht, sie anzuzeigen unterläßt, soll für diese Übertretung nach Verschiedenheit des Ortes und der größeren oder kleineren aus der Verheimlichung entstandenen Gefahr mit einer Geldstrafe von 100 bis 1000 K belegt werden.

Anmerkung: Dieser Gesetzesstelle entsprechen keine gleichen oder entsprechenden Strafvorschriften im deutschen Strafrecht, weshalb sie in Kraft bleibt.

Übertretung nach § 459 StG. wird ersetzt durch § 368 Z. 6 und 7 StGB.

Die Übertretung des Diebstahls nach § 460 StG. wird, wie die §§ 171, 173 StG., ersetzt durch § 242, weiters aber auch durch § 248 a StGB. Das tschechische Strafrecht teilt den Diebstahl in Verbrechen und Übertretungen ein, wobei die Tat als Verbrechen gilt, wenn der Wert des gestohlenen Gutes 2000 K übersteigt oder wenn die Tat unter besonders gefährlichen Umständen verübt wurde oder die gestohlene Sache eine besondere Eigenschaft hat oder eine besondere Eigenschaft beim Täter vorliegt; sonst ist die Tat lediglich eine Übertretung. Das deutsche Strafrecht dagegen kennt das eigentliche Grunddelikt, das Vergehen des Diebstahls nach § 242 StGB., das mit dem weiten Strafrahmen von Gefängnis bis zu fünf Jahren eine hinreichende Strafmöglichkeit bietet. Daneben kennt das deutsche Strafrecht den Sondertatbestand des Verbrechens des schweren Diebstahls nach § 243 StGB. und des Verbrechens des Rückfalldiebstahls nach § 244 StGB.

Die Übertretungen der minderen Veruntreuungen und Betrügereien nach § 461 StG. werden ebenso wie das Verbrechen der Veruntreuung nach § 183 StG. und des Betruges nach den §§ 197, 200 StG. ersetzt durch die §§ 246 bzw. 263 StGB.

Übertretung nach § 463 StG. wird ersetzt durch § 247 StGB.

Übertretung nach § 464 StG. wird, ebenso wie schon das Verbrechen nach § 185 StG., ersetzt durch § 259 StGB. Nach dem deutschen Strafrecht ist der Tatbestand immer lediglich ein Vergehen.

Übertretung nach § 467 StG. ist überholt.

Übertretung der boshaften Beschädigung fremden Eigentums nach § 468 StG. wird ebenso wie das Verbrechen der boshaften Beschädigung fremden Eigentums nach § 85 b StG. ersetzt durch § 303 StGB. Auch hier hat das deutsche Strafrecht ähnlich wie bei Körperverletzung, Diebstahl, Betrug und Unterschlagung im Gegensatze zum tschechischen Strafrecht ein einheitliches Grunddelikt gebildet, das Vergehen der einfachen Sachbeschädigung nach § 303 StGB., und eine Unterteilung nach dem Werte des entstandenen Schadens nicht vorgenommen.

Die Übertretungen nach den §§ 469, 470 StG. wird ersetzt durch § 369 Z. 1 StGB.

Die Übertretungen nach den §§ 471 bis 475 StG werden ersetzt durch § 360 Z. 12 StGB.

Die Übertretungen nach den §§ 476, 477 StG. werden ersetzt durch § 259 StGB.

Übertretung nach § 478 StG. ist überholt.

Die Übertretungen nach §§ 479 bis 481 StG. sind außer Kraft gesetzt.

Die Übertretung nach §§ 482 bis 484 StG. sind überholt.

Begünstigung eines Gläubigers.

§ 485. Wer vorsätzlich nach Eintritt seiner Zahlungsunfähigkeit einen Gläubiger in der Absicht begünstigt, dadurch andere Gläubiger zu benachteiligen, wird wegen Vergehens mit strengem Arrest von drei Monaten bis zu zwei Jahren bestraft.

Der Gläubiger, der die Sicherstellung oder Zahlung einer ihm zustehenden Forderung annimmt, ist nicht strafbar.

Fahrlässige Krida.

§ 486. 1. Der Schuldner mehrerer Gläubiger, der fahrlässig seine Zahlungsunfähigkeit herbeiführt, insbesondere dadurch, daß er übermäßigen Aufwand treibt, leichtsinnig oder unverhältnismäßig Kredit benützt oder gewährt, ein Vermögensstück verschleudert oder ein gewagtes Geschäft abschließt, das nicht zum ordnungsmäßigen Betriebe seines Geschäftes gehört oder das mit seinen Vermögensverhältnisse in auffallendem Widerspruche steht;

2. wer fahrlässig seine Gläubiger oder einen Teil dadurch benachteiligt, daß er in Kenntnis seiner Zahlungsunfähigkeit eine neue Schuld eingeht, eine Schuld zahlt, ein Pfand bestellt oder das Ausgleichsverfahren oder die Eröffnung des Konkurses nicht rechtzeitig beantragt,

wird wegen Vergehens mit strengem Arrest von drei Monaten bis zu einem Jahre bestraft.

3. Der Täter, der seine Geschäftsbücher verfälscht, beiseite schafft oder vernichtet, wird mit strengem Arrest von sechs Monaten bis zu drei Jahren bestraft.

Der Schuldner, der während eines Ausgleichsverfahrens Rechtshandlungen vornimmt, die ihm nach der Ausgleichsordnung erlaubt sind, ist nicht strafbar.

Mangelhafte Buchführung durch den Schuldner.

§ 486 a. Der Schuldner mehrerer Gläubiger, der entgegen einer gesetzlichen Verpflichtung seine Vermögensbilanz in der vorgeschriebenen Zeit nicht zieht oder Geschäftsbücher zu führen unterläßt oder sie so unordentlich führt, daß sie keine Uebersicht über den Vermögensstand gewähren, wird wegen Vergehens mit Arrest von einem bis zu sechs Monaten bestraft, wenn er zahlungsunfähig wird.

Umtriebe im Ausgleichsverfahren oder im Konkursverfahren.

§ 486 b. 1. Wer vorsätzlich eine nicht zu Recht bestehende Forderung oder eine Forderung in einem nicht zu Recht bestehenden Umfang oder Range geltend macht, um dadurch einen ihm nicht zustehenden Einfluß im Ausgleichsverfahren oder im Konkurse zu erlangen;

2. der Gläubiger, der vorsätzlich für die Ausübung des Stimmrechtes in einem bestimmten Sinn oder für das Unterlassen der Ausübung des Stimmrechtes für sich oder einen Dritten einen Vermögensvorteil annimmt oder sich versprechen läßt oder wer vorsätzlich einem Gläubiger zu diesem Zweck einen Vermögensvorteil gewährt oder verspricht;

3. der Gläubiger, der vorsätzlich für die Zustimmung zu einem Ausgleich im Ausgleichsverfahren oder zu einem Zwangsausgleich ohne Zustimmung der übrigen Gläubiger für sich oder einen Dritten einen Sondervorteil annimmt oder sich versprechen läßt oder wer vorsätzlich einem Gläubiger zu diesem Zweck einen Sondervorteil gewährt oder verspricht,

wird wegen Vergehens mit Arrest von drei Monaten bis zu einem Jahre bestraft.

4. Ebenso werden der Ausgleichsverwalter und das Mitglied des Beirates im Ausgleichsverfahren, der Masseverwalter und das Mitglied des Gläubigerausschusses im Konkurse bestraft, die vorsätzlich für sich oder einen dritten zum Nachteil der Gläubiger einen ihnen nicht gebührenden Vermögensvorteil annehmen oder sich versprechen lassen.

Gemeinsame Bestimmung über die Verantwortlichkeit der Leiter geschäftlicher Unternehmungen und der Bevollmächtigten.

§ 486 c. Wenn in den Fällen der §§ 485, 486, 486 a der Schuldner und im Falle des § 486 b der Gläubiger oder der Schuldner eine Gesellschaft, Genossenschaft oder ein Verein ist, sind die Bestimmungen auf die Organe des Unternehmens anzuwenden, welche die Tat begangen haben.

Wenn in den angeführten Fällen die Tat von jemandem begangen wird, der die Geschäfte des Schuldners oder des Gläubigers selbständig führt, so sind die Bestimmungen auch auf ihn anzuwenden.

Anmerkung zu §§ 485—486 c. — Die gleichen bzw. entsprechenden Strafvorschriften des deutschen Strafrechtes sind in der Konkurs-, bzw. Vergleichsordnung enthalten. Da beide im Sudetenland und im Protektorat noch nicht eingeführt wurden, gelten die §§ 485—486 c StG. weiter.

Zwölftes Hauptstück. Von Vergehen und Übertretungen gegen die Sicherheit der Ehre.

Vergehen und Übertretungen nach den §§ 487 bis 497 StG. gegen die Sicherheit der Ehre.

An Stelle dieser gesetzlichen Bestimmungen trat das Gesetz vom 28. Juni 1933, Nr. 108 Slg. über den Schutz der Ehre. Dieses Gesetz wird nunmehr ersetzt durch die Bestimmungen der §§ 185 bis 200 StGB.

Übertretung nach § 498 StG. wird im Sudetenland hinsichtlich der Ärzte durch § 13 der Reichsärzteordnung, hinsichtlich der Geburtshelfer durch § 300 StGB. ersetzt. Im Protektorat wird genannte Gesetzesstelle nur durch § 300 StGB. ersetzt, sohin auch bezüglich der Ärzte, da hier die Reichsärzteordnung noch nicht eingeführt wurde.

Übertretungen nach § 499 StG. wird im Sudetenland durch die entsprechenden Bestimmungen der Reichsapothekerordnung, im Protektorat durch § 300 StGB. ersetzt.

Dreizehntes Hauptstück. Von Vergehen und Übertretungen gegen die öffentliche Sittlichkeit.

Unzucht zwischen Verwandten und Verschwägerten.

§ 501. Unzucht zwischen voll- und halbbürtigen Geschwistern, mit den Ehegenossen der Eltern, der Kinder oder Geschwister ist als Übertretung mit ein- bis dreimonatlichem Arreste, der nach Umständen verschärft werden soll, zu bestrafen.

Diejenigen, die durch die Untersuchung als die Verführer erkannt werden, sind zum strengen Arreste von einem bis zu drei Monaten zu verurteilen. Nach vollendeter Strafzeit ist von Amts wegen Vorsorge zu treffen, daß die Gemeinschaft zwischen den Schuldigen durch ihre Absonderung aufgehoben werde.

Anmerkung: § 501 StG. bedroht mit Strafe die Unzucht (d. i. Beischlaf oder beischlafsähnliche Akte, ferner jeden Mißbrauch des Körpers einer anderen Person) zwischen Geschwistern; ferner die Unzucht mit Ehegenossen der Eltern, Kinder oder Geschwister. Hinsichtlich der Unzucht durch Beischlaf zwischen Geschwistern und mit Ehegenossen der Geschwister wird § 501 StG. ersetzt durch § 173, Abs. II StGB. Im übrigen aber, sohin bei Unzucht, ausgenommen Beischlaf, zwischen Geschwistern und mit Ehegenossen der Geschwister, ferner bei Unzucht jeder Art mit Ehegenossen der Eltern und der Kinder bleibt § 501 StG. weiter in Kraft, da diesbezüglich das deutsche Strafrecht keine gleiche oder entsprechende Strafvorschrift enthält. Doch muß beachtet werden, daß bei Unzucht mit Personen unter 14 Jahren § 176 III StGB. anzuwenden ist.

Übertretung nach § 502 StG. wird ersetzt durch § 172 StGB.

Entehrung einer minderjährigen Anverwandten durch einen Hausgenossen. Strafe.

§ 504. Ein Hausgenosse, der eine minderjährige Tochter oder eine zur Haushaltung gehörige minderjährige Anverwandte des Hausvaters oder der Hausfrau entehrt, soll für diese Übertretung nach Unterschied seines Verhältnisses zu der Familie mit strengem Arreste von einem bis zu drei Monaten bestraft werden.

Unzucht einer dienenden Frauensperson mit einem minderjährigen im Hause lebenden Sohne oder Anverwandten. Strafe.

§ 505. Gleiche Bestrafung ist zu verhängen gegen eine in einer Familie dienende Frauensperson, die einen minderjährigen Sohn oder einen im Hause lebenden minderjährigen Anverwandten zur Unzucht verleitet.

Die Untersuchung und Bestrafung dieser beiden Übertretungen findet aber nur auf Verlangen der Eltern, Anverwandten oder der Vormundschaft statt.

Anmerkung zu §§ 504, 505. — Wenn die mißbrauchten Personen unter 14 Jahre alt sind, tritt nunmehr die Bestrafung nach § 176, Z. 3 StGB. ein. Im übrigen aber bleiben beide Gesetzesstellen weiterhin in Kraft, da das deutsche Strafrecht keine gleichartigen oder entsprechenden Strafvorschriften enthält.

Entehrung unter der Zusage der Ehe.

§ 506. Die Verführung und Entehrung einer Person unter der nicht erfüllten Zusage der Ehe soll als Übertretung mit strengem Arrest von einem bis zu drei Monaten bestraft werden. Außerdem bleibt der Entehrten das Recht auf Entschädigung vorbehalten.

Anmerkung zu § 506. — Auch diese strafrechtliche Bestimmung bleibt weiter in Kraft. Denn die Verführung nach § 182 StGB. deckt sich nicht mit der Übertretung der Entehrung nach § 506 StG. Bei der ersteren ist Voraussetzung, daß das verführte Mädchen unter 16 Jahre (aber über 14 Jahre, da sonst Unzucht nach § 176, Z. 3 StGB. vorläge) alt ist, bei letzterer dagegen ist Voraussetzung, daß die Verführung auf Grund eines Eheversprechens erfolgte, das nicht erfüllt wurde.

Eingehung einer gesetzwidrigen Ehe ohne Dispensation. Strafe.

§ 507. Wer sich mit Verschweigung eines ihm bekannten gesetzlichen Ehehindernisses trauen läßt, ohne vorher die ordentliche Dispensation erhalten zu haben; oder wer sich in ein fremdes Land begibt, um daselbst eine Ehe zu schließen, die nach den Landesgesetzen nicht stattfinden konnte, ist einer Übertretung schuldig, und mit strengem Arreste von drei bis zu sechs Monaten, der Verführende aber stets strenger zu bestrafen.

Der Arrest soll noch verschärft werden, wenn einem Teile das Hindernis verheimlicht und er solchergestalt schuldlos zu einer nichtigen Ehe verleitet worden.

Anmerkung: Auch diese Gesetzesstelle bleibt mangels einer gleichen oder entsprechenden Strafvorschrift im deutschen Strafrecht weiterhin in Kraft.

Übertretungen nach § 508 StG. überholt.

Die Übertretungen nach §§ 512, 515 StG. werden ersetzt durch § 180 StG.

Übertretung nach § 516 StG. wird ersetzt durch die §§ 183, 184 StG.

Verbotene Spiele. Strafe.

§ 522. Das Spiel aller Hasard- oder reinen Glücksspiele, sowie aller derjenigen Spiele, welche durch besondere Vorschriften namentlich verboten sind, unterwirft sowohl alle Spielenden, als denjenigen, der in seiner Wohnung spielen läßt, für jeden Fall dieser Übertretung der Strafe von 100 bis 9000 K, wovon das eingebrachte Drittel dem Anzeiger zufällt, und, wäre er selbst im Falle der Strafe, auch diese ganz nachgesehen wird.

Ausländer, welche wegen dieser Übertretung in Strafe verfallen, sind (aus der Tschechoslowakischen Republik) abzuschaffen.

Anmerkung: § 522 StG. bedroht alle reinen Glücksspiele, ferner die durch besondere Vorschriften verbotenen Spiele. Hinsichtlich der ersteren, wenn sie öffentlich gespielt werden, wird § 522 StG. ersetzt durch die §§ 284—286 StGB. Hinsichtlich des nichtöffentlichen Spielens von reinen Glücksspielen und hinsichtlich des Spielens namentlich verbotener Spiele bestehen im deutschen Strafrecht keine gleichen oder entsprechenden Strafvorschriften, weshalb in dieser Richtung § 522 StG. weiterhin in Kraft bleibt.

Übertretung nach § 523 StG. wird ersetzt durch § 330 a StG.

Übertretung nach § 524 StG. ist überholt.

Übertretung nach § 525 StG. wird hinsichtlich des Diebstahls und der Veruntreuungen zwischen Verwandten ersetzt durch § 247 StGB., im übrigen aber ist diese Gesetzesstelle überholt.

Vierzehntes Hauptstück. Von Erlöschung der Vergehen und Übertretungen und ihrer Strafen. Erlöschung der Vergehen und Übertretungen und ihrer Strafen.

§ 526. Die in diesem Strafgesetze vorkommenden Vergehen und Übertretungen und ihre Strafen erlöschen durch den Tod des Schuldigen; durch die vollstreckte Strafe; durch Erlassung derselben, und durch Verjährung.

Durch die Verjährung.

§ 531. Durch die Verjährung erlischt Untersuchung und Strafe, wenn der Schuldige von dem Zeitpunkte der begangenen strafbaren Handlung oder in dem Falle, wenn er deshalb schon in Untersuchung gezogen worden ist, von der Zeit des Urteiles, wodurch er rechtskräftig freigesprochen wurde, an zu rechnen, in der vom gegenwärtigen Gesetze bestimmten Zeit von einem inländischen Strafgerichte nicht in Untersuchung gezogen worden ist. Die Verjährung wird daher unterbrochen, wenn gegen den Täter als Angeschuldigten eine Vorladung, ein Vorführungs- oder Verhaftsbefehl erlassen, oder wenn er als solcher bereits vorvernommen oder verhaftet, oder mittels der Nacheile oder durch Steckbrief verfolgt worden war.

Nebstbei darf aber der Täter, um auf die Verjährung Anspruch machen zu können:

a) aus dem Vergehen oder der Übertretung keinen Nutzen mehr in Händen haben; ferner muß er,

b) soweit es die Natur der strafbaren Handlung zugibt, Erstattung geleistet haben, welche Bedingung daher bei den Vergehen und Übertretungen gegen die Sicherheit der Ehre nicht erforderlich ist, und

c) in der zur Verjährung bestimmten Zeit weder ein Verbrechen, noch ein Vergehen oder eine Übertretung begangen haben.

Zeit der Verjährung bei Vergehen und Übertretungen.

§ 532. Die Zeit der Verjährung ist, insoweit nicht in dem Gesetze bei einzelnen Fällen eine kürzere Frist für die Geltendmachung des Klagerechtes insbesondere festgesetzt ist, bei Vergehen und Übertretungen, worauf im Gesetze als höchste Strafe Arrest des ersten Grades ohne Verschärfung, oder eine Geldstrafe bis 500 K festgesetzt ist, drei Monate, wo Arrest des ersten Grades mit Verschärfung, oder einer Geldstrafe bis 2000 K bestimmt ist, sechs Monate; bei den sämtlichen schwerer verpönten Vergehen und Übertretungen, wie auch, wo Verlust von Rechten und Befugnissen als Strafe gesetzt ist, ein volles Jahr.

IV. Tschechische strafrechtliche Nebengesetze, die weiterhin in Kraft bleiben.

A. Im Sudetenlande und für die deutschen Staatsangehörigen im Protektorat.

1. Preßgesetz vom 17. XII. 1862, RGBl. 6 vom Jahre 1863, §§ 3, 9, 11, 17, 18, 21, 22, 23, 24, 25, 30.

Dazu die Preßgesetznovelle vom 30. Mai 1924, Slg. 124, § 6, und die Preßgesetznovelle vom 10. VII. 1933, Slg. Nr. 126, § 18.

Das Reichspressegesetz wurde noch nicht eingeführt. Das im Sudetenland bereits eingeführte Schriftleitergesetz enthält keine obigen Gesetzen gleiche oder entsprechennde Strafvorschriften.

2. Gesetz vom 9. IV. 1873, RGBl. Nr. 70, über die Erwerbs- und Wirtschaftsgenossenschaften, §§ 88 und 89.

3. Gesetz vom 6. I. 1890, RGBl. Nr. 19, über den Markenschutz, geändert durch Ges. Nr. 108/1895 RGBl., Nr. 471/1919, Nr. 27/1933 Slg., §§ 95—97.

4. Patentgesetz vom 11. I. 1897, RGBl. Nr. 30 §§ 95 bis 97.

5. Gesetz vom 6. III. 1906, RGBl. Nr. 58, über die Gesellschaften mit beschränkter Haftung, §§ 121—125.

6. Gesetz vom 11. VII. 1922, Slg. Nr. 241, zur Bekämpfung der Geschlechtskrankheiten.

Im Sudetenland wird § 18 dieses Gesetzes durch die §§ 5 und 6 des Geschlechtskrankheitengesetzes vom 18. II. 1927 (RGBl. I, S. 6), § 19 durch § 14 des deutschen Geschlechtskrankheitengesetz, § 20, Z. 1 durch § 183, StGB. ersetzt. Die Bestimmung des § 20, Z. 2 wird hinsichtlich des Beischlafes mit unbescholtenen Mädchen unter 16 Jahren (aber älter als 14 Jahre) ersetzt durch § 182 I StGB. Hinsichtlich Unzuchtshandlungen außer Beischlaf mit Mädchen im Alter von 14 bis 16 Jahren bleibt § 20 Z. 2, auch weiterhin in Kraft. Unzucht eines Mannes mit Knaben im Alter von

14 bis 16 Jahren wäre schon Unzucht gegen die Natur nach § 175 StGB. § 21 wird ersetzt durch § 316 I Z. 5 StGB.

Im Protektorat Böhmen und Mähren bleiben für die deutschen Staatsangehörigen nicht nur § 20 Z. 2 in der obigen Einschränkung, sondern auch die §§ 18 und 19 des Gesetzes Nr. 241/22 Slg. weiterhin in Kraft, da hier das reichsrechtliche Geschlechtskrankheitengesetz noch nicht eingeführt worden ist.

6. Das Radiogesetz vom 20. Dezember 1923, Nr. 9 Slg. aus dem Jahre 1924.

§ 24. (1) Wer ohne Bewilligung radiotelegraphische und radiotelephonische Einrichtungen erzeugt, verkauft, aufbewahrt oder aus dem Auslande einführt, wird wegen Vergehens mit strengem Arrest von 6 Monaten bis zu einem Jahr bestraft.

(2) Hat er sich jedoch der Handlung während eines Krieges oder dann schuldig gemacht, wenn im Innern des Staates oder an seinen Grenzen Ereignisse eintreten, die in erhöhtem Maße die Integrität oder Einheitlichkeit des Staates, seine demokratisch-republikanische Form, die Verfassung, oder die öffentliche Ruhe und Ordnung bedrohen, so wird er wegen Verbrechens mit Kerker von einem bis zu fünf Jahren bestraft.

(3) Wegen solcher Handlungen kann neben der Freiheitsstrafe auch auf eine Geldstrafe erkannt werden. Diese Strafe ist für ein Vergehen von 200 bis 50.000 K und für ein Verbrechen von 1000 K bis 500.000 K zu bemessen. Auf eine solche Strafe ist zu erkennen, wenn die Handlung aus Gewinnsucht begangen wurde.

(4) entfällt.

(5) In den im 1. und 2. Absatze angeführten Fällen verfallen die radiotelegraphischen und radiotelephonischen Einrichtungen zugunsten des Staates.

(6) entfällt.

(7) Die Dauer der Ersatzstrafe für eine uneinbringliche Geldstrafe ist nach Maßgabe des Verschuldens festzustellen.

Die Ersatzstrafe ist in der gleichen Strafart wie die Hauptstrafe zu verhängen.

(8) entfällt.

(9) entfällt.

Anmerkung: § 24 dieses Gesetzes bedroht denjenigen mit Strafe, der ohne Bewilligung radiotelegraphische oder radiotelephonische Einrichtungen erzeugt, verkauft, aufbewahrt oder aus dem Auslande einführt.

Im Sudetenland wird die genannte Gesetzesstelle hinsichtlich der Funk-Sendeanlagen durch § 4. des Gesetzes gegen die Schwarzsender vom 24. XI. 1937 (RGBl. I, S. 1298) ersetzt, der Herstellung, Vertrieb und Besitz von Funksendeanlagen unter Strafe stellt, wenn hiezu die Verleihung der deutschen Reichspost nicht erteilt worden ist. Hinsichtlich der Funkempfangseinrichtungen bestehen aber keine derartigen reichsrechtlichen Bestimmungen, weshalb bezüglich dieser § 24 des Radiogesetzes im Sudetenland weiterhin in Kraft bleibt. Die Tatbestände der §§ 15 bis 19 des Fernmeldegesetzes, das ebenso wie das Schwarzsendergesetz im Sudetenland bereits eingeführt ist, haben mit § 24 des Radiogesetzes nichts gemeinsam.

Für die deutschen Staatsangehörigen im Protektorat wird § 24 des Radiogesetzes hinsichtlich der Funksendeanlagen ersetzt durch § 1 der Verordnung des Reichsprotektors in Böhmen und Mähren vom 11. X. 1939 VBlRProt., S. 190; hinsichtlich der Rundfunkempfangseinrichtungen bleiben auch für die deutschen Staatsangehörigen im Protektorat die Bestimmungen des § 24 des Radiogesetzes weiterhin in Kraft.

Abs. 2 des § 24 des Radiogesetzes muß sinngemäß zugunsten des Deutschen Reiches und seiner autoritären Staatsform angewendet werden. Abs. 7 betrifft Bestrafung durch die Verwaltungsbehörde.

Der Begriff „Einrichtung" in § 24 des zitierten Gesetzes umfaßt nicht nur eine unvollständige, zum Betriebe vorläufig nicht geeignete Einrichtung, sondern auch bloße Bestandteile der Einrichtungen (SlG. OG. 1809/24), und ist als Einrichtung auch ein nichtfunktionierender Apparat zu betrachten, der erst verbessert und ergänzt werden muß (Slg. OG. 3427/29). Zum Begriffe des Aufbewahrens wird ein heimliches Handeln (Verbergen) nicht gefordert (Slg. OG. 3427/39).

7. Urhebergesetz vom 24. XI. 1926, Slg. Nr. 218, §§ 44—61.

8. Gesetz vom 3. VII. 1924, Slg. Nr. 178 über das Bestechungswesen und gegen Verletzung des Amtsgeheimnisses, § 2.

§ 2 dieses Gesetzes bleibt in den Fällen in Kraft, in denen jemand einem öffentlichen Funktionär unberechtigte Vorteile anbietet, verspricht oder gewährt, die Handlung aber, welche der öffentliche Funktionär vornehmen soll und vornimmt, nicht pflichtwidrig ist. Darunter fallen insbesondere auch jene Fälle, in denen eine Lieferung dem Geschenkgeber auch ohne Hingabe des Geschenkes belassen worden wäre (Slg. OG. 3198/28). § 333 StGB. kommt nur in Betracht, wenn der Zweck der Handlung die Vornahme einer pflichtwidrigen Handlung des Funktionärs wäre. Der Funktionär selbst, welcher die Vorteile entgegennimmt, unterliegt der Strafbarkeit unter entsprechender Anwendung des § 331 StGB. Der § 5 des obigen Gesetzes wird durch § 353 b StGB. ersetzt.

9. Gesetz vom 14. VII. 1927 Nr. 117 Slg. betreffend die herumziehenden Zigeuner, § 13.

10. Gesetz vom 21. XII. 1932, Slg. Nr. 1 vom Jahre 1933, über die Umtriebe bei Versteigerungen, § 7.

11. Gesetz vom 9. IV. 1935 Nr. 71 Slg. über die Wirtschaftsspionage, §§ 2—11.

12. Eingehende strafrechtliche Bestimmungen enthält auch das Gesetz vom 13. V. 1936 Nr. 131 Slg. zur Verteidigung des Staates. Durch die Verordnung des Reichsprotektors in Böhmen und Mähren vom 20. VI. 1939 (VBl.-RProt. S. 64) wurde bestimmt, daß bis zum Erlaß besonderer reichsrechtlicher Normen der Inhalt des Staatsverteidigungsgesetzes als zugunsten des Deutschen Reiches im Namen des von ihm für das Protektorat Böhmen und Mähren übernommenen Schutzes als fortbestehend zu gelten habe. Es ist die Ansicht begründet, daß die strafrechtlichen Bestimmungen dieses Gesetzes zugunsten des Deutschen Reiches und im Sudetenland weiter in Kraft bleiben, soweit sie durch reichsrechtliche strafrechtliche Bestimmungen nicht ersetzt wurden. Die §§ 171, 172 nun werden ersetzt durch § 11 der ersten Durchführungsverordnung zur Notdienstverordnung vom 15. IX. 1939 (RGBl. I, S. 1775), § 173 wird ersetzt durch § 34 des Reichsleistungsgesetzes vom 1. IX. 1939, (RGBl. I, S. 1645), § 175 wird ersetzt durch § 92 a StGB., § 176 wird ersetzt durch § 141 a StGB., § 177 Abs. 2, wird ersetzt durch § 90 c StGB. Lediglich die §§ 177

Abs. 1, 179 und 180 erscheinen durch keine Bestimmung des Reichsstrafrechtes ersetzt und würden demnach in Geltung bleiben.

Die Fortgeltung dieser strafrechtlichen Bestimmungen hat in § 17 Abs. 1 der Verordnung vom 16. I. 1939 (RGBl. I, S. 35), bzw. in § 25 Abs. 1 der Verordnung vom 14. IV. 1939 (RGBl. I, S. 754) seinen Grund. Diesen strafrechtlichen Bestimmungen entsprechen keine gleichen oder entsprechenden Strafvorschriften des deutschen Strafrechtes, soweit es bisher im Sudetenland oder für die deutschen Staatsangehörigen im Protektorat eingeführt ist.

B. Tschechische strafrechtliche Nebengesetze, die für die deutschen Staatsangehörigen im Protektorat in Kraft bleiben.

1. Das Lebensmittelgesetz vom 16. I. 1896, RGBl. Nr. 89 vom Jahre 1897, §§ 9—12. Im Sudetenland gilt bereits das Lebensmittelgesetz vom 17. I. 1896, (RGBl. I, S. 18), § 9—22.

2. Margarinegesetz vom 25. X. 1901, RGBl. Nr. 26 vom Jahre 1902, §§ 15—18.

3. Tierseuchengesetz vom 6. VIII. 1909, RGBl. S. 177, §§ 64—67.

Im Sudetenland gilt bereits das Viehseuchengesetz vom 26. VI. 1909 (RGBl. I, S. 519) und das Ges. über die Beseitigung von Tierkadavern vom 17. XI. 1911 (RGBl. I, S. 248).

4. Gesetz vom 15. II. 1922, Nr. 71 Slg. über die Auswanderung, §§ 33—37, soweit nicht § 144 StGB. (Auswanderungsordnung) in Betracht kommt.

Im Sudetenland gilt bereits das Auswanderungsgesetz vom 9. VI. 1897 (RGBl. I, S. 463) und die VO. gegen Mißbräuche im Auswanderungswesen vom 14. März 1898 (RGBl. I, S. 39).

5. Das Gesetz vom 23. III. 1923, Nr. 60 Slg. über die Telegraphen, §§ 18—20.

Im Sudetenland gilt bereits das Gesetz über die Fernmeldeanlagen vom 14. I. 1928 (RGBl. I, S. 8) und das Gesetz gegen die Schwarzsender vom 24. XI. 1937 (RGBl. I, S. 1298).

6. Gesetz vom 15. VII. 1927 Slg. Nr. 111 gegen den unlauteren Wettbewerb, §§ 28—40. Im Sudetenland gilt bereits das Ges. gegen den unlauteren Wettbewerb vom 7. VI. 1909 (RGBl. I, S. 499).

7. Kartellgesetz vom 12. VII. 1933 Slg. Nr. 141, §§ 30—34. Im Sudetenland gilt bereits die Kartellverordnung vom 2. XI. 1923 (RGBl. I, S. 1067).

Die Weitergeltung dieser strafrechtlichen Bestimmungen für die deutschen Staatsangehörigen im Protektorat gründet sich auf § 25 Abs. 1 der VO. vom 14. IV. 1939 (RGBl. I, S. 754). Auch diesen strafrechtlichen Bestimmungen entsprechen keine gleichen oder entsprechenden Strafvorschriften des deutschen Strafrechtes, soweit es bisher für die deutschen Staatsangehörigen im Protektorat eingeführt ist.

C. Anhang: Außerkraftgetretene tschechische strafrechtliche Nebengesetze.

1. Die Bestimmungen des Waffenpatentes (kaiserliches Patent vom 24. X. 1852, Nr. 223 RGBl.) werden ersetzt im Sudetenland durch die §§ 1, 4, 24—27 des Waffengesetzes vom 18. III. 1938 (RGBl. I, S. 265) und durch § 4 der VO. gegen den Waffenbesitz der Juden vom 11. X. 1938 (RGBl. I, S. 1573), im Protektorat Böhmen und Mähren durch die VO. über den Waffenbesitz im Protektorat Böhmen und Mähren vom 1. VIII. 1939, VBlRProt. S. 62, erste Durchführungsverordnung dazu vom 10. X. 1938, VBlRProt. S. 219 und VO. zur Abänderung der VO. über den Waffenbesitz vom 1. VIII. 1939, VBlRProt. 5. 22 vom 6. V. 1940, VBlRProt. S. 187.

2. Gesetz vom 9. IV. 1870, RGBl. Nr. 42, zum Schutz des Brief- und Schriftengeheimnisses, wird ersetzt durch die §§ 299, 354 StGB.

3. Die Bestimmungen des Gesetzes vom 24. V. 1885 Nr. 89 RGBl. (Landstreichergesetz) werden ersetzt durch § 361, Z. 1, 3, 4, 5, 7 StGB.

4. Die Bestimmungen des Gesetzes vom 25. V. 1883, RGBl. Nr. 78 (Exekutionsvereitelungsgesetz) werden ersetzt durch die §§ 288, 289 StGB.

5. § 1 des Gesetzes vom 12. August 1928, Slg. Nr. 309, gegen die Nötigung (Terrorgesetz) wird ersetzt durch § 240 und § 339 StGB., § 4 wird ersetzt durch § 107 a StGB., § 5 erscheint also überholt.

6. § 8 des Gesetzes vom 16. XII. 1930, Slg. Nr. 4 vom Jahre 1931 zum Schutze der zur Beanspruchung des Unterhaltes berechtigten Personen wird durch § 361, I, Z. 10 StGB., ersetzt.

7. Gesetz vom 19. III. 1923, Slg. Nr. 50 zum Schutze der Republik kann unmittelbar nicht mehr angewendet werden.

Viertes Kapitel.

Reichsgesetze und andere Rechtsvorschriften des Reiches, die vor dem 10. Oktober 1938 bzw. dem 3. April 1939 bestanden haben und seither im Sudetengau oder im Protektorat Böhmen und Mähren eingeführt worden sind.

I. Einleitung.

In der 1. Verordnung zum Erlaß des Führers und Reichskanzlers über die Verwaltung der sudetendeutschen Gebiete vom 8. X. 1939 (RGBl. I, S. 1345) wird bestimmt (§ 1, Z. 2), daß vom 10. X. 1939 an neu erlassene Reichsgesetze und andere Rechtsvorschriften des Reiches auch im sudetendeutschen Gebiet gelten, es sei denn, daß ihr Inkrafttreten ausdrücklich vorbehalten worden ist. Reichsrechtliche Vorschriften, die vor diesem Zeitpunkt verkündet worden sind, müssen daher durch besondere Vorschrift für das sudetendeutsche Gebiet in Kraft gesetzt werden. Die Herausgeber waren bestrebt, in diesem Abschnitt alle Reichsgesetze und Rechtsvorschriften des Reiches, die strafrechtliche Bedeutung haben, vollständig zu erfassen, wenn auch nur jener Teil von ihnen zum Abdruck gelangen konnte, dessen Inhalt ausschließlich oder überwiegend strafrechtlicher Natur ist. Auf Strafvorschriften, die nur eine Ergänzung anderer Bestimmungen darstellen oder deren Durchsetzung sichern sollen, ist lediglich durch die Angabe der Fundstelle im Reichsgesetzblatt und im Verordnungsblatt für die sudetendeutschen Gebiete hingewiesen worden. Die Einführung der vor dem 10. X. 1938 verkündeten reichsrechtlichen Vorschriften erfolgt auf Grund des § 4 des Erlasses des Führers und Reichskanzlers über die Verwaltung des sudetendeutschen Gebietes vom 1. X. 1939 (RGBl. I, S. 1331). Auch durch die Einführung solcher Vorschriften werden gleiche und entsprechende Vorschriften der bisher im sudetendeutschen Gebiet geltenden Bestimmungen außer Kraft gesetzt.

Der Erlaß des Führers und Reichskanzlers vom 16. III. 1939 (RGBl. I, S. 485) sieht im Art. XI vor, daß Rechtsvorschriften des Reiches mit Gültigkeit für das Protektorat erlassen werden können. Die staatsrechtliche Sonderstellung des Protektorates schließt jedoch die in der Ostmark und Sudetengau angestrebte Rechtseinheit aus. Trotzdem können auf Grund dieser Bestimmung des Führererlasses auch Reichsgesetze oder andere Rechtsvorschriften des Reiches, die vor der endgültigen Regelung des Rechtsetzungsrechtes des Reiches im Protektorat Böhmen und Mähren durch die Verordnung über die Rechtsvorschriften des Reiches vom 3. IV. 1939 (RGBl. I, S. 704) verkündet wurden, im Protektorat Böhmen und Mähren eingeführt werden, wenn auch die Zahl der nachträglich eingeführten Gesetze gering bleiben wird. Neben den für das gesamte Protektorat eingeführten Vorschriften stehen dann noch jene, die nur für die deutschen Staatsangehörigen erlassen wurden und insoweit die Rechtseinheit des Großdeutschen Reiches verwirklichen sollen.

II. Reichsgesetze und andere Rechtsvorschriften, die schon vor dem 10. Oktober 1938 bestanden und seither im Sudetenland eingeführt wurden.

1. Gesetz zur Durchführung des Vierjahresplanes vom 29. X. 1936 (RGBl. I, S, 927), § 4.

Eingeführt durch VO. vom 18. X. 1938 (RGBl. I, S. 1444), Einführung bekanntgemacht am 14. XI. 1938, VBlSud. S. 165.[1])

2. Schriftleitergesetz vom 4. X. 1933 (RGBl. I, S. 713), §§ 36—43.

Eingeführt durch VO. vom 19. X. 1938 (RGBl. I, S. 1447), Einführung bekanntgemacht am 27. X. 1938, VBlSud., S. 43.

3. a) VO. über den Warenverkehr vom 4. IX. 1934 (RGBl. I, S. 816), jetzt in der Fassung vom 18. V. 1939 (RGBl. I, S. 1431), §§ 12, 13.

b) VO. über die Auskunftspflicht vom 13. VII. 1923 (RGBl. I, S. 723), § 6.

c) VO. gegen Bestechung und Geheimnisverrat nichtbeamteter Personen vom 3. V. 1917 (RGBl. S. 393) in der Fassung vom 12. II. 1920 (RGBl. S. 230).

Eingeführt durch VO. vom 19. X. 1938 (RGBl. I, S. 1560), Einführung bekanntgemacht am 9. XI. 1938 VBlSud. S. 130.

4. a) Gesetz über die Einführung eines Arbeitsbuches vom 26. II. 1935 (RGBl. I, S. 311), § 4.

b) Erste VO. zur Durchführung des Gesetzes über die Einführung eines Arbeitsbuches vom 16. V. 1939 (RGBl. I, S. 602).

---

[1]) Diese Anführungen besagen, durch welche Verordnung das bezügliche Gesetz oder die Verordnung im Reichsgesetzblatt Teil I in den sudetendeutschen Gebieten eingeführt und wann diese Einführung im Verordnungsblatt für die sudetendeutschen Gebiete, seit Mai 1939 genannt Verordnungsblatt fur den Reichsgau Sudetenland, bekanntgemacht worden ist. Mit der Bekanntmachung wurde auch der Text des Gesetzes oder der Verordnung im Verordnungsblatt oder einer Beilage dazu wiedergegeben, so daß der ganze Wortlaut der angeführten Gesetze und Verordnungen dort nachgelesen werden kann.

§ 16. Mit Gefängnis bis zu einem Jahr wird bestraft, sofern nicht nach anderen Strafgesetzen eine schwerere Strafe verwirkt ist:

1. wer wissentlich von einem für einen anderen ausgestellten Arbeitsbuch, als ob es für ihn ausgestellt wäre, Gebrauch macht,
2. wer ein für ihn ausgestelltes Arbeitsbuch einem anderen zum Gebrauch überläßt,
3. wer unbefugt mehrere Arbeitsbücher sich ausstellen läßt oder führt.

§ 17. Mit Geldstrafe bis zu einhundertfünfzig Reichsmark oder mit Haft wird bestraft, sofern nicht nach anderen Strafgesetzen eine schwerere Strafe verwirkt ist:

1. wer die vom Arbeitsamt verlangten Angaben über seine Person und sein Berufsleben (§ 3) unrichtig oder unvollständig macht,
2. wer als Unternehmer unrichtige Eintragungen in das Arbeitsbuch macht oder es unterläßt, unverzüglich die vorgeschriebenen Eintragungen in das Arbeitsbuch zu machen oder die vorgeschriebenen Anzeigen an das Arbeitsamt zu erstatten (§ 4, Abs. 3, § 6),
3. wer als Unternehmer das Arbeitsbuch oder Eintragungen in das Arbeitsbuch mit unzulässigen Merkmalen versieht (§ 7),
4. wer als Unternehmer das Arbeitsbuch dem Arbeiter oder Angestellten unbefugt vorenthält,
5. wer unbefugt Eintragungen in das Arbeitsbuch macht,
6. wer vorsätzlich ein für ihn ausgestelltes Arbeitsbuch beseitigt oder unbrauchbar macht.

Eingeführt durch VO. vom 27. X. 1938 (RGBl. I, S. 1514), Einführung bekanntgemacht am 5. XI. 1938, VBlSud. S. 121.

5. a) Ausländerwarenpreisverordnung vom 15. VII. 1937 (RGBl. I, S. 881), § 4.

b) VO. über Preisbindungen und gegen Verteuerung der Bedarfsdeckung vom 11. XII. 1934 (RGBl. I, S. 1248), § 5. VO. zur Ergänzung dieser Verordnung vom 29. III. 1935 (RGBl. I, S. 488), § 5.

Eingeführt durch VO. vom 4. XI. 1938 (RGBl. I, S. 1555), Einführung bekanntgemacht am 5. XI. 1938 VBlSud. S. 127. Die Verordnungen wurden veröffentlicht in VBlSud. S. 137 bis 139 aus 1938.

6. Reichsabgabeordnung vom 22. V. 1931 (RGBl. I, S. 161), §§ 391 ff. Bestrafung von Steuerhinterziehung, Steuerhehlerei, Steuergefährdung, Steuerzeichenfälschung, Verwendung falscher Steuerzeichen, Verletzung des Steuergeheimnisses.

Eingeführt durch die Zweite Verordnung zur Einführung steuerrechtlicher Vorschriften in den sudetendeutschen Gebieten vom 5. XI. 1938 (RGBl. I, S. 1556), Einführung bekanntgemacht am 24. XI. 1938, VBlSud. S. 209.

Hier seien auch Steuergesetze mit strafrechtlichen Bestimmungen angeführt:

a) Ges. über das Branntweinmonopol v. 8. IV. 1922 (RGBl. I, S. 405), §§ 119 ff.

Eingeführt durch VO. vom 29. XII. 1938 (RGBl. I, S. 2014), Einführung bekanntgemacht am 20. I. 1939, VBlSud. S. 192.

b) Biersteuergesetz i. d. Fassung vom 28. III. 1931 (RGBl. I, S. 110), § 19.

Eingeführt durch VO. vom 14. IX. 1939 (RGBl. I, S. 1933), Einführung bekanntgemacht am 12. X. 1939, VBlSud. S. 832.

c) Salzsteuergesetz i. d. Fassung vom 23. XII. 1938 (RGBl. I, S. 1969), § 9.

Eingeführt durch VO. vom 14. II. 1939 (RGBl. I, S. 276), Einführung bekanntgemacht am 23. II. 1939, VBlSud., S. 369.

d) Tabaksteuergesetz vom 12. IX. 1919 (RGBl. I, S. 1667).

Eingeführt durch VO. vom 10. II. 1939 (RGBl. I, S. 211), Einführung bekanntgemacht am 17. II. 1939, VBlSud., S. 324.

Neuauffassung d. Ges. vom 4. IV. 1939 (RGBl. I, S. 721), §§ 79, 80.

7. Straßenverkehrsordnung vom 13. XI. 1937 (RGBl. I, S. 1179), § 49.

Eingeführt durch VO. vom 30. XI. 1938 (RGBl. I, S. 1705), Einführung bekanntgemacht am 17. XII. 1938, VBlSud., S. 294.

8. Luftverkehrsgesetz vom 1. VIII. 1922 (RGBl. I, S. 68) in der Fassung vom 21. VIII. 1936 (RGBl. I, S. 653), § 33.

Eingeführt durch VO. vom 30. XI. 1938 (RGBl. I, S. 1714). Einführung bekanntgemacht am 14. XII. 1938, VBlSud. S. 286.

9. a) Maisgesetz vom 5. X. 1934 (RGBl. I, S. 918), § 11.

b) Gesetz über den Verkehr mit Garten- und Weinbauerzeugnissen vom 30. IX. 1936 (RGBl. I, S. 854), § 10.

c) Gesetz über den Verkehr mit Tieren und tierischen Erzeugnissen vom 23. III. 1934 (RGBl. I, S. 224), § 12.

d) Gesetz über den Verkehr mit Milcherzeugnissen vom 20. XII. 1933 (RGBl. I, S. 1093), § 11.

e) Gesetz über den Verkehr mit Eiern vom 20. XII. 1933 (RGBl. I, S. 1094), § 11.

f) VO. über den Zusammenschluß der deutschen Milchwirtschaft vom 17. IV. 1936 (RGBl. I, S. 374), § 10.

Eingeführt durch die VO. über den Verkehr mit landwirtschaftlichen Erzeugnissen in den sudetendeutschen Gebieten vom 1. XII. 1938 (RGBl. I, S. 1693), Einführung bekanntgemacht am 19. XII. 1938, VBlSud., S. 316.

10. a) VO. über die Anmeldung des Vermögens von Juden vom 26. IV. 1938 (RGBl. I, S. 414), § 8.

b) Anordnung auf Grund der VO. über die Anmeldung des Vermögens von Juden vom 26. IV. 1938 (RGBl. I, S. 415), § 11.

Eingeführt durch VO. vom 2. XII. 1938 (RGBl. I, S. 1703), Einführung bekanntgemacht am 5. XII. 1938, VBlSud., S. 262.

11. Gesetz über die Aktiengesellschaften und Kommanditgesellschaften auf Aktien (Aktiengesetz) vom 30. I. 1937 (RGBl. I, S. 107), §§ 294 bis 304.

Eingeführt durch VO. vom 3. XII. 1938 (RGBl. I, S. 1725), Einführung bekanntgemacht am 23. XII. 1938, VBlSud., S. 362.

12. Verordnung über die Bestrafung von Zuwiderhandlungen gegen die Paßvorschriften vom 6. IV. 1923 (RGBl. I, S. 249), § 1.

Eingeführt durch Verordnung vom 6. XII. 1938 (RGBl. I, S. 1726), Einführung bekanntgemacht am 17. XII. 1938, VBlSud., S. 295. Siehe § 4 der Anordnung über den Paß- und Sichtvermerkszwang vom 10. IX. 1939 (RGBl. I, S. 1739).

13. VO. über die Lohngestaltung vom 25. VI. 1938 (RGBl. I, S. 691), § 2.

Eingeführt durch VO. vom 7. XII. 1938 (RGBl. I, S. 1703), Einführung bekanntgemacht am 10. XII. 1938, VBlSud., S. 276.

14. Gesetz zum Schutz der nationalen Symbole vom 19. V. 1933 (RGBl. I, S. 285), § 9.

Eingeführt durch VO. vom 1. XII. 1938 (RGBl. I, S. 1695), Einführung bekanntgemacht am 3. XII. 1938, VBlSud., S. 260.

15. Gesetz zum Schutz des deutschen Blutes und der deutschen Ehre vom 15. IX. 1935 (RGBl. I, S. 1146), § 5.

Eingeführt durch VO. vom 27. XII. 1938 (RGBl. I, S. 1997), Einführung bekanntgemacht am 13. I. 1939, VBlSud., S. 145.

a) Gesetz zum Schutze des deutschen Blutes und der deutschen Ehre.

Vom 15. September 1935 (RGBl. I, S. 1146).

Durchdrungen von der Erkenntnis, daß die Reinheit des deutschen Blutes die Voraussetzung für den Fortbestand des deutschen Volkes ist, und beseelt von dem unbeugsamen

Willen, die deutsche Nation für alle Zukunft zu sichern, hat der Reichstag einstimmig das folgende Gesetz beschlossen, das hiermit verkündet wird:

§ 1. (1) Eheschließungen zwischen Juden und Staatsangehörigen deutschen oder artverwandten Blutes sind verboten. Trotzdem geschlossene Ehen sind nichtig, auch wenn sie zur Umgehung dieses Gesetzes im Ausland geschlossen sind.

(2) Die Nichtigkeitsklage kann nur der Staatsanwalt erheben.

§ 2. Außerehelicher Verkehr zwischen Juden und Staatsangehörigen deutschen oder artverwandten Blutes ist verboten.

§ 3. Juden dürfen weibliche Staatsangehörige deutschen oder artverwandten Blutes unter 45 Jahren in ihrem Haushalt nicht beschäftigen.

§ 4. (1) Juden ist das Hissen der Reichs- und Nationalflagge und das Zeigen der Reichsfarben verboten.

(2) Dagegen ist ihnen das Zeigen der jüdischen Farben gestattet. Die Ausübung dieser Befugnis steht unter staatlichem Schutz.

§ 5. (1) Wer dem Verbot des § 1 zuwiderhandelt, wird mit Zuchthaus bestraft.

(2) Der Mann, der dem Verbot des § 2 zuwiderhandelt, wird mit Gefängnis oder mit Zuchthaus bestraft.

(3) Wer den Bestimmungen der §§ 3 oder 4 zuwiderhandelt, wird mit Gefängnis bis zu einem Jahr und mit Geldstrafe oder mit einer dieser Strafen bestraft.

§ 6. Der Reichsminister des Innern erläßt im Einvernehmen mit dem Stellvertreter des Führers und dem Reichsminister der Justiz die zur Durchführung und Ergänzung des Gesetzes erforderlichen Rechts- und Verwaltungsvorschriften.

§ 7. Das Gesetz tritt am Tage nach der Verkündung, § 3 jedoch erst am 1. I. 1936 in Kraft.

b) Erste Verordnung zur Ausführung des Gesetzes zum Schutze des deutschen Blutes und der deutschen Ehre.
Vom 14. XI. 1935 (RGBl. I, S. 1334),

ergänzt durch VO. vom 16. II. 1940 (RGBl. I, S. 394)

Auf Grund des § 6 des Gesetzes zum Schutze des deutschen Blutes und der deutschen Ehre vom 15. IX. 1935 (RGBl. I, S. 1146) wird folgendes verordnet:

§ 1. (1) Staatsangehörige sind die deutschen Staatsangehörigen im Sinne des Reichsbürgergesetzes.

(2) Wer jüdischer Mischling ist, bestimmt § 2 Abs. 2 der Ersten Verordnung vom 14. XI. 1935 zum Reichsbürgergesetz (Reichsgesetzbl. I, S. 1333).

(3) Wer Jude ist, bestimmt § 5 der gleichen Verordnung.

§ 2. Zu den nach § 1 des Gesetzes verbotenen Eheschließungen gehören auch die Eheschließungen zwischen Juden und staatsangehörigen jüdischen Mischlingen, die nur einen volljüdischen Großelternteil haben.

§ 3. (1) Staatsangehörige jüdische Mischlinge mit zwei volljüdischen Großeltern bedürfen zur Eheschließung mit Staatsangehörigen deutschen oder artverwandten Blutes oder mit staatsangehörigen jüdischen Mischlingen, die nur einen volljüdischen Großelternteil haben, der Genehmigung des Reichsministers des Innern und des Stellvertreters des Führers oder der von ihnen bestimmten Stelle.

(2) Bei der Entscheidung sind insbesondere zu berücksichtigen die körperlichen, seelischen und charakterlichen Eigenschaften des Antragstellers, die Dauer der Ansässigkeit seiner Familie in Deutschland, seine oder seines Vaters Teilnahme am Weltkrieg und seine sonstige Familiengeschichte.

(3) Der Antrag auf Genehmigung ist bei der höheren Verwaltungsbehörde zu stellen, in deren Bezirk der Antragsteller seinen Wohnsitz oder gewöhnlichen Aufenthalt hat.

(4) Das Verfahren regelt der Reichsminister des Innern im Einvernehmen mit dem Stellvertreter des Führers.

§ 4. Eine Ehe soll nicht geschlossen werden zwischen staatsangehörigen jüdischen Mischlingen, die nur einen volljüdischen Großelternteil haben.

§ 5. Die Ehehindernisse wegen jüdischen Bluteinschlages sind durch § 1 des Gesetzes und durch §§ 2 bis 4 dieser Verordnung erschöpfend geregelt.

§ 6. Eine Ehe soll ferner nicht geschlossen werden, wenn aus ihr eine die Reinerhaltung des deutschen Blutes gefährdende Nachkommenschaft zu erwarten ist.

§ 7. Vor der Eheschließung hat jeder Verlobte durch das Ehetauglichkeitszeugnis (§ 2 des Ehegesundheitsgesetzes vom 18. X. 1935 — RGBl. I, S. 1246 —) nachzuweisen, daß kein Ehehindernis im Sinne des § 6 dieser Verordnung vorliegt. Wird das Ehetauglichkeitszeugnis versagt, so ist nur die Dienstaufsichtsbeschwerde zulässig.

§ 8. (1) Die Nichtigkeit einer entgegen dem § 1 des Gesetzes oder dem § 2 dieser Verordnung geschlossenen Ehe kann nur im Wege der Nichtigkeitsklage geltend gemacht werden.

(2) Für Ehen, die entgegen den §§ 3, 4 und 6 geschlossen worden sind, treten die Folgen des § 1 und des § 5 Abs. 1 des Gesetzes nicht ein.

§ 9. Besitzt einer der Verlobten eine fremde Staatsangehörigkeit, so ist vor einer Versagung des Aufgebotes wegen eines der im § 1 des Gesetzes oder in den §§ 2 bis 4 dieser Verordnung genannten Ehehindernisse sowie vor einer Versagung des Ehetauglichkeitszeugnisses in Fällen des § 6 die Entscheidung des Reichsministers des Innern einzuholen.

§ 10. Eine Ehe, die vor einer deutschen Konsularbehörde geschlossen ist, gilt als im Inlande geschlossen.

§ 11. (1) Außerehelicher Verkehr im Sinne des § 2 des Gesetzes ist nur der Geschlechtsverkehr. Strafbar nach § 5 Abs. 2 des Gesetzes ist auch der außereheliche Verkehr zwischen Juden und staatsangehörigen jüdischen Mischlingen, die nur einen volljüdischen Großelternteil haben.

(2) Für das Verbrechen der Rassenschande ist der Mann verantwortlich. Daher kann die beteiligte Frau auch nicht wegen Teilnahme oder Begünstigung, im Bereich des österreichischen Strafrechts auch nicht wegen Verhehlung oder falscher uneidlicher Aussage vor Gericht oder vor einer Verwaltungsbehörde (österreichisches Strafgesetz §§ 197, 199 lit. a, 214 und Artikel IX des Einführungsgesetzes zu den

Verwaltungsverfahrensgesetzen [EGVG.] vom 21. VII. 1925 — BGBl. Nr. 273) bestraft werden.

§ 12. (¹) Ein Haushalt ist jüdisch (§ 3 des Gesetzes), wenn ein jüdischer Mann Haushaltungsvorstand ist oder der Hausgemeinschaft angehört.

(²) Im Haushalt beschäftigt ist, wer im Rahmen eines Arbeitsverhältnisses in die Hausgemeinschaft aufgenommen ist, oder wer mit alltäglichen Haushaltsarbeiten oder anderen alltäglichen, mit dem Haushalt in Verbindung stehenden Arbeiten beschäftigt ist.

(³) Weibliche Staatsangehörige deutschen oder artverwandten Blutes, die beim Erlaß des Gesetzes in einem jüdischen Haushalt beschäftigt waren, können in diesem Haushalt in ihrem bisherigen Arbeitsverhältnis bleiben, wenn sie bis zum 31. Dezember 1935 das 35. Lebensjahr vollendet haben.

(⁴) Fremde Staatsangehörige, die weder ihren Wohnsitz noch ihren dauernden Aufenthalt im Inlande haben, fallen nicht unter diese Vorschrift.

§ 13. Wer dem Verbot des § 3 des Gesetzes in Verbindung mit § 12 dieser Verordnung zuwiderhandelt, ist nach § 5 Abs. 3 des Gesetzes strafbar, auch wenn er nicht Jude ist.

§ 14. Für Verbrechen gegen § 5 Abs. 1 und 2 des Gesetzes ist im ersten Rechtszuge die große Strafkammer zuständig.

§ 15. Soweit die Vorschriften des Gesetzes und seiner Ausführungsverordnungen sich auf deutsche Staatsangehörige beziehen, sind sie auch auf Staatenlose anzuwenden, die ihren Wohnsitz oder gewöhnlichen Aufenthalt im Inlande haben. Staatenlose, die ihren Wohnsitz oder gewöhnlichen Aufenthalt im Auslande haben, fallen nur dann unter diese Vorschriften, wenn sie früher die deutsche Staatsangehörigkeit besessen haben.

§ 16. (¹) Der Führer und Reichskanzler kann Befreiungen von den Vorschriften des Gesetzes und der Ausführungsverordnungen erteilen.

(²) Die Strafverfolgung eines fremden Staatsangehörigen bedarf der Zustimmung der Reichsminister der Justiz und des Innern.

§ 17. Die Verordnung tritt an dem auf die Verkündung folgenden Tage in Kraft. Den Zeitpunkt des Inkrafttretens des § 7 bestimmt der Reichsminister des Innern; bis zu diesem Zeitpunkt ist ein Ehetauglichkeitszeugnis nur in Zweifelsfällen vorzulegen.

c) Erste Verordnung zum Reichsbürgergesetz vom 14. XI. 1935 (RGBl. I, S. 1333).

(1) Jude ist, wer von mindestens drei der Rasse nach volljüdischen Großeltern abstammt. § 2 Abs. 2, Satz 2 findet Anwendung.

(2) Als Jude gilt auch der von zwei volljüdischen Großeltern abstammende staatsangehörige jüdische Mischling,

a) der beim Erlaß des Gesetzes der jüdischen Religionsgemeinschaft angehört hat oder danach in sie aufgenommen wird,
b) der beim Erlaß des Gesetzes mit einem Juden verheiratet war oder sich danach mit einem solchen verheiratet,
c) der aus einer Ehe mit einem Juden im Sinne des Absatzes 1 stammt, die nach dem Inkrafttreten des Gesetzes zum Schutze des deutschen Blutes und der deutschen Ehre vom 15. September 1935 (RGBl. I, S. 1146) geschlossen ist,
d) der aus dem außerehelichen Verkehr mit einem Juden im Sinne des Absatzes 1 stammt und nach dem 31. VII. 1936 außerehelich geboren wird.

16. Sammlungsgesetz vom 5. XI. 1934 (RGBl. I, S. 1086), § 13.

Eingeführt durch VO. vom 14. I. 1939 (RGBl. I, S. 44), Einführung bekanntgemacht am 25. I. 1939, VBlSud., S. 200.

17. Kartellgesetz vom 2. XI. 1923 (RGBl. I, S. 1067), § 18.

Eingeführt durch VO. vom 12. I. 1939 (RGBl. I, S. 28), Einführung bekanntgemacht am 23. I. 1939, VBlSud., S. 197.

18. Reichsjagdgesetz vom 3. VII. 1934 (RGBl. I, S. 549), §§ 60—62.

Eingeführt durch VO. vom 16. I. 1939 (RGBl. I, S. 45), Einführung bekanntgemacht am 25. I. 1939, VBlSud.. S. 203.

19. Zweite Verordnung über die Änderung von Familiennamen und Namen vom 17. VIII. 1938 (RGBl. I, S. 1044), § 4.

Eingeführt durch VO. vom 24. I. 1939 (RGBl. I, S. 81), Einführung bekanntgemacht am 28. I. 1939, VBl. S. 220.

20. Gesetz über den Verkehr mit Betäubungsmitteln (Opiumgesetz) vom 10. XII. 1929 (RGBl. I, S. 215), mit den späteren Änderungen, § 10.

Eingeführt durch VO. vom 28. I. 1939 (RGBl. I, S. 90), Einführung bekanntgemacht am 8. II. 1939, VBlSud., S. 255.

21. a) Arbeitszeitordnung vom 30. IV. 1938 (RGBl. I, S. 447), § 25:

§ 25. (1) Wer einer Vorschrift der Arbeitszeitordnung oder einer auf Grund der Arbeitszeitordnung ergangenen Verordnung oder Anordnung zuwiderhandelt, wird mit Geldstrafe bis zu einhundertfünfzig Reichsmark oder mit Haft bestraft.

(2) In besonders schweren Fällen ist die Strafe Gefängnis und Geldstrafe oder eine dieser Strafen.

(3) Bei einer Zuwiderhandlung gegen die auf Grund des § 9 Abs. 2 oder des § 16 Abs. 3 erlassenen Bestimmungen über die Beschäftigung bei gefährlichen Arbeiten kann das Gewerbeaufsichtsamt bis zur Herstellung des den Bestimmungen entsprechenden Zustandes die Einstellung des Betriebes, soweit er durch die Bestimmungen getroffen wird, anordnen, falls dessen Fortsetzung erhebliche Nachteile oder Gefahren herbeizuführen geeignet wäre.

(4) Die Vorschriften der Gewerbeordnung § 151 über die Verantwortlichkeit der vom Unternehmer zur Leitung des Betriebes oder eines Betriebsteiles oder zur Beaufsichtigung bestellten Personen finden entsprechende Anwendung.

b) Jugendschutzgesetz vom 30. IV. 1938 (RGBl. I, S. 437), § 24:

§ 24. (¹) Wer einer Vorschrift dieses Gesetzes oder einer auf Grund dieses Gesetzes ergangenen Verordnung oder Anordnung zuwiderhandelt, wird mit Geldstrafe bis zu einhundertfünfzig Reichsmark oder mit Haft bestraft.

(²) In besonders schweren Fällen ist die Strafe Gefängnis und Geldstrafe oder eine dieser Strafen.

(³) Wer gewissenlos eine Person unter achtzehn Jahren, die durch ein Arbeits- oder Lehrverhältnis von ihm abhängt, durch Überanstrengung in ihrer Arbeitskraft schwer gefährdet, wird mit Gefängnis nicht unter drei Monaten bestraft. In besonders schweren Fällen ist die Strafe Zuchthaus.

(⁴) Bei einer Zuwiderhandlung gegen die auf Grund des § 20 erlassenen Bestimmungen über die Beschäftigung bei gefährlichen Arbeiten kann das Gewerbeaufsichtsamt bis zur Herstellung des den Bestimmungen entsprechenden Zustandes die Einstellung des Betriebes, soweit er durch die Bestimmungen getroffen wird, anordnen, falls dessen Fortsetzung erhebliche Nachteile oder Gefahren herbeizuführen geeignet wäre.

(⁵) Die Vorschriften der Gewerbeordnung § 151 über die Verantwortlichkeit der vom Unternehmer zur Leitung des Betriebes oder eines Betriebsteiles oder zur Beaufsichtigung bestellten Personen finden entsprechende Anwendung.

c) Gesetz über die Arbeitszeit in den Bäkkereien und Konditoreien vom 29. VI. 1936 (RGBl. I, S. 521), § 15.

Eingeführt durch VO. vom 31. I. 1939 (RGBl. I, S. 154). Einführung bekanntgemacht am 15. II. 1939, VBl. Sud. S. 306.

22. Luftschutzgesetz vom 26. VI. 1935 (RGBl. I, S. 827).

§ 1 ...

§ 2. (¹) Alle Deutschen sind zu Dienst- und Sachleistungen sowie zu sonstigen Handlungen, Duldungen und Unterlassungen verpflichtet, die zur Durchführung des Luftschutzes erforderlich sind (Luftschutzpflicht).

(²) Ausländer nud Staatenlose, die im Deutschen Reich Wohnsitz, Aufenthalt oder Vermögen haben, sind luftschutzpflichtig, soweit nicht Staatsverträge oder allgemein anerkannte Regeln des Völkerrechts entgegenstehen.

(³) Luftschutzpflichtig sind ferner alle juristischen Personen, nicht rechtsfähigen Personenvereinigungen, Anstalten, und Einrichtungen öffentlichen und privaten Rechts, soweit sie im Deutschen Reich Sitz, Niederlassung oder Vermögen haben.

§ 7. Die im Luftschutz tätigen Personen dürfen Geschäfts- und Betriebsverhältnisse, die sie bei Wahrnehmung ihres Dienstes erfahren, nicht unbefugt verwerten oder an andere mitteilen; über andere Tatsachen, an deren Nichtbekanntwerden die Betroffenen ein berechtigtes Interesse haben, ist Verschwiegenheit zu bewahren.

§ 8. Wer Gerät oder Mittel für den Luftschutz vertreiben oder über Fragen des Luftschutzes Unterricht erteilen, Vorträge halten, Druckschriften veröffentlichen oder sonst verbreiten, Bilder oder Filme öffentlich vorführen oder Luftschutzausstellungen veranstalten will, bedarf der Genehmigung des Reichsministers der Luftfahrt oder der von ihm bestimmten Stellen.

§ 9. (¹) Wer den Bestimmungen der §§ 2 und 8 oder den darauf beruhenden Rechtsverordnungen und Verfügungen zuwiderhandelt, wird, wennn nicht andere Gesetze schwerere Strafen androhen, mit Haft oder mit Geldstrafe bis zu einhundertfünfzig Reichsmark bestraft.

(²) Wer die Tat begeht, nachdem er bereits wegen Zuwiderhandlung gegen §§ 2 oder 8 rechtskräftig bestraft worden ist, oder wer gegen die Bestimmung des § 7 verstößt, wird mit Gefängnis und Geldstrafe oder einer dieser Strafen bestraft.

§ 10. Wer die Erfüllung der einem anderen nach den §§ 2, 7 oder 8 obliegenden Pflichten hindert oder zu hindern sucht oder zu einer Zuwiderhandlung nach § 9 öffentlich auffordert oder anreizt, wird, wenn nicht andere Gesetze schwerere Strafen androhen, mit Gefängnis und Geldstrafe oder einer dieser Strafen bestraft. In besonders schweren Fällen kann auf Zuchthaus erkannt werden.

§ 11 ...

Eingeführt durch VO. vom 31. III. 1939 (RGBl. I, S. 702), Einführung bekanntgemacht am 13. V. 1939, VBlSud., S. 137.

23. Reichsapothekerordnung vom 18. IV. 1937 (RGBl. I, S. 457), §§ 23, 24.

Eingeführt durch VO. vom 4. II. 1939 (RGBl. I, S. 128), Einführung bekanntgemacht am 7. II. 1939, VBl. Sud. S. 246.

24. Zweite VO. zur Durchführung des Vierjahresplanes vom 5. XI. 1936 (RGBl. I, S, 936) Ziffer II.

Eingeführt durch VO. vom 8. II. 1939 (RGBl. I, S. 168), Einführung bekanntgemacht am 18. II. 1939, VBlSud., S. 465.

Siehe dazu: a) VO. über die Durchführung des Vierjahresplanes in den sudetendeutschen Gebieten vom 10. X. 1938 (RGBl. I, S. 1392); bekanntgemacht am 11. X. 1938, VBlSud., S. 13.

b) AV. d. RJM. vom 16. III. 1940 (3205—II a² 366) — Deutsche Justiz S. 365 — bezüglich des Strafverfahrens wegen Zuwiderhandlungen gegen die VO. zur Sicherstellung des Kräftebedarfs für Aufgaben von besonderer staatspolitischer Bedeutung vom 22. VI. 1938 (RGBl. I, S. 652), 13. II. 1939 (RGBl. I, S. 206) in Verbindung mit Ziffer II der Zweiten VO. zur Durchführung des Vierjahresplanes vom 5. XI. 1936 (RGBl. I, S. 936).

25. a) Viehseuchengesetz vom 26. VI. 1909 (RGBl. I, S. 519), §§ 74—77.

b) Gesetz über die Beseitigung von Tierkadavern vom 17. XI. 1911 (RGBl. I, S. 248), § 5.

Eingeführt durch die VO. vom 10. II. 1939 (RGBl. I, S. 200), Einführung bekanntgemacht am 13. II. 1939, VBlSud., S. 327.

26. Tierschutzgesetz vom 24. XI. 1933 (RGBl. I, S. 987), §§ 9—12.

Eingeführt durch VO. vom 13. II. 1939 (RGBl. I, S. 208), Einführung bekanntgemacht am 16. II. 1939 VBlSud. S. 314.

27. Brieftaubengesetz vom 1. X. 1938 (RGBl. I, S. 1335), § 9.

Eingeführt durch VO. vom 28. II. 1939 (RGBl. I, S. 358). Einführung bekanntgemacht am 4. III. 1939, VBlSud., S. 418.

28. Waffengesetz vom 18. III. 1938 (RGBl. I, S. 265), §§ 26, 27.

Eingeführt durch VO. vom 10. III. 1939 (RGBl. I, S. 442), Einführung bekanntgemacht am 13. III. 1939 VBl.Sud. S. 508.

§ 4. (1) Bei der Erteilung der Erlaubnis kann eine Frist bis zur Dauer eines Jahres bestimmt werden, innerhalb deren das Gewerbe begonnen werden muß, widrigenfalls die Erlaubnis erlischt. Ist eine Frist nicht bestimmt, so erlischt die Erlaubnis, wenn das Gewerbe nicht innerhalb eines Jahres nach Erteilung der Erlaubnis begonnen wird. Die Fristen können verlängert werden, wenn ein wichtiger Grund vorliegt.

(2) Die Erlaubnis erlischt ferner, wenn der Gewerbetreibende das Gewerbe seit einem Jahr nicht mehr ausgeübt hat, ohne daß ihm darüber hinaus eine Frist gewährt worden ist, innerhalb deren das Gewerbe wieder aufgenommen werden muß. Diese Frist beträgt höchstens ein Jahr; sie kann verlängert werden; wenn ein wichtiger Grund vorliegt.

(3) Der Gewerbetreibende hat binnen einer Woche schriftlich anzuzeigen, daß er das Gewerbe begonnen hat oder nicht mehr ausübt.

§ 24. (1) Die Einfuhr von Schußwaffen und Munition über die Zollgrenze bedarf der Erlaubnis. Die Erlaubnis ist zu versagen, wenn gegen die Zuverlässigkeit des Einführenden Bedenken bestehen. Für die Erteilung und den Widerruf der Erlaubnis gelten sinngemäß die Vorschriften des § 15, Abs. 2, 3 und des § 17.

(2) Abs. 1 findet keine Anwendung auf die Einfuhr durch Behörden des Reiches oder der Länder sowie durch die in den §§ 3, 7 bezeichneten Gewerbetreibenden, die sich durch eine behördliche Bescheinigung ausweisen.

(3) Die Vorschriften des Gesetzes über Aus- und Einfuhr von Kriegsgerät vom 6. November 1935 (RGBl. I, S. 1337) bleiben unberührt.

(4) In den Zollausschlüssen und Freibezirken werden Schußwaffen und Munition nach Maßgabe der vom Reichsminister der Finanzen im Einvernehmen mit dem Reichsminister des Innern zu erlassenden Vorschriften überwacht.

§ 25. (1) Verboten sind Herstellung, Handel, Führen, Besitz und Einfuhr

1. von Schußwaffen, die zum Zusammenklappen, Zusammenschieben, Verkürzen oder zum schleunigen Zerlegen über den für Jagd- und Sportzwecke allgemein üblichen Umfang hinaus besonders eingerichtet, oder die in Stöcken, Schirmen, Röhren oder in ähnlicher Weise verborgen sind;
2. von Schußwaffen, die mit einer Vorrichtung zur Dämpfung des Schußknalles oder mit Gewehrscheinwerfern versehen sind; das Verbot erstreckt sich auch auf die bezeichneten Vorrichtungen allein;
3. von Patronen Kaliber .22 (= 5,6 mm), kurz, lang oder lang für Büchsen (Kleinkaliberpatronen) mit Hohlspitzgeschoß (Loch- oder Kerbgeschoß).

(2) Für die Ausfuhr können Herstellung, Handel und Besitz der im Abs. 1 bezeichneten Schußwaffen, Vorrichtungen und Patronen gestattet werden.

V. Abschnitt: Strafbestimmungen

§ 26. (1) Mit Gefängnis bis zu drei Jahren und mit Geldstrafe oder mit einer dieser Strafen wird bestraft, wer vorsätzlich oder fahrlässig den Bestimmungen dieses Gesetzes zuwider

1. Waffen, Munition oder die im § 25, Abs. 1 Nr. 2 bezeichneten Vorrichtungen herstellt, bearbeitet, instand setzt, erwirbt, feilhält, anderen überläßt, besitzt oder

einführt, den Erwerb oder das Überlassen solcher Gegenstände vermittelt oder sich zu ihrem Erwerb oder Überlassen erbietet,

2. Schußwaffen führt.

(2) Neben der Strafe können die Waffen, die Munition oder die Vorrichtungen, auf die sich die strafbare Handlung bezieht, ohne Rücksicht darauf, ob sie dem Täter gehören, eingezogen werden. Kann keine bestimmte Person verfolgt oder verurteilt werden, so kann auf die Einziehung selbständig erkannt werden, wenn im übrigen die Voraussetzungen hierfür vorliegen.

§ 27. (1) Mit Geldstrafe bis zu einhundertfünfzig Reichsmark oder mit Haft wird bestraft,

1. wer die nach § 4 Abs. 3 erforderliche Anzeige vorsätzlich oder fahrlässig nicht oder nicht rechtzeitig erstattet,
2. wer den zur Durchführung oder Ergänzung dieses Gesetzes erlassenen Rechtsvorschriften (§ 24, Abs. 4, § 31) vorsätzlich oder fahrlässig zuwiderhandelt.

(2) Wer den im Abs. 1 Nr. 2 bezeichneten Vorschriften vorsätzlich zuwiderhandelt, nachdem er wegen ihrer vorsätzlichen oder fahrlässigen Übertretung zweimal rechtskräftig verurteilt ist, wird mit Gefängnis bis zu einem Jahre und mit Geldstrafe oder mit einer dieser Strafen bestraft. Diese Vorschrift findet keine Anwendung, wenn seit der Rechtskraft der letzten Verurteilung bis zur Begehung der neuen Tat mehr als drei Jahre verflossen sind.

29. a) Gesetz betreffend **Bekämpfung gemeingefährlicher Krankheiten** vom 30. VI. 1900 (RGBl. I, S. 306), §§ 44—46.

b) Verordnung zur **Bekämpfung übertragbarer Krankheiten** vom 1. XII. 1938 (RGBl. I, S. 1721), §§ 26—27.

c) Gesetz zur **Bekämpfung der Papageienkrankheit** vom 3. VII. 1934 (RGBl. I, S. 532), §§ 9—11.

Eingeführt durch VO. vom 21. III. 1939 (RGBl. I, S. 555), Einführung bekanntgemacht am 29. III. 1939, VBlSud., S. 660.

30. Schlachtvieh- und Fleischbeschaugesetz vom 3. VI. 1900 (RGBl. I, S. 547), §§ 26—28.

Eingeführt durch VO. vom 23. III. 1939 (RGBl. I, S. 573), Einführung bekanntgemacht am 6. IV. 1939, VBlSud., S. 691.

31. Erste Verordnung über die berufsmäßige Ausübung der Krankenpflege vom 28. IX. 1938 (RGBl. I, S. 1310), §§ 16—20.

Eingeführt durch VO. vom 24. III. 1939 (RGBl. I, S. 574), Einführung bekanntgemacht am 11. IV. 1939, VBlSud., S. 697.

32. Reichsärzteordnung vom 13. XII. 1935 (RGBl. I, S. 1433), § 13.

Eingeführt durch VO. vom 27. III. 1939 (RGBl. I, S. 582), Einführung bekanntgemacht am 19. IV. 1939, VBlSud., S. 715.

33. Gesetz gegen Mißbrauch des bargeldlosen Zahlungsverkehres vom 3. VII. 1934 (RGBl. I, S. 593), § 5.

Eingeführt durch VO. vom 5. IV. 1939 (RGBl. I, S. 720), Einführung kundgemacht am 19. V. 1939, VBlSud., S. 193.

34. Kreditwesengesetz vom 5. XII. 1934 (RGBl. I, S. 1203), §§ 48—50.

Eingeführt durch VO. vom 5. IV. 1939 (RGBl. I, S. 720), Einführung bekanntgemacht am 19. V. 1939, VBlSud., S. 193.

35. Energiewirtschaftsgesetz vom 13. XII. 1935 (RGBl. I, S. 1451), § 15 Abs. 2—3.

Eingeführt durch VO. vom 25. IV. 1939 (RGBl. I, S. 843), Einführung bekanntgemacht am 17. V. 1939, VblSud., S. 164.

36. Eierverordnung vom 17. III. 1932 (RGBl. I, S. 146), §§ 18, 19.

Eingeführt durch VO. vom 26. IV. 1939 (RGBl. I, S. 856), Einführung bekanntgemacht am 2. VI. 1939, VBlSud., S. 236.

37. Reichsmeldeordnung vom 6. I. 1938 (RGBl. I, S. 13), § 26.

Eingeführt durch VO. vom 24. IV. 1939 (RGBl. I, S. 881), Einführung bekanntgemacht am 19. V. 1939, VBlSud., S. 194.

38. a) Vierte VO. zum Reichsbürgergesetz vom 25. VII. 1938 (RGBl. I, S. 969), § 3.

b) Achte VO. zum Reichsbürgergesetz vom 17. I. 1939 (RGBl. I, S. 47), § 5.

Eingeführt durch VO. vom 5. V. 1939 (RGBl. I, S. 880), Einführung bekanntgemacht am 23. V. 1939, VBlSud., S. 223.

39. Ausländerpolizeiverordnung vom 22. VIII. 1938 (RGBl. I, S. 1053), § 13.

Eingeführt durch VO. vom 29. V. 1939 (RGBl. I, S. 977), Einführung bekanntgemacht am 2. VI. 1939 VBl.Sud. S. 232.

Während der Geltungsdauer der VO. über die Behandlung von Ausländern vom 5. IX. 1939 (RGBl. I, S. 1667), ist die Ausländerpolizeiverordnung in der Fassung des § 10 der vorerwähnten Verordnung anzuwenden.

40. Lichtspielgesetz vom 16. II. 1934 (RGBl. I, S. 95), §§ 24—30.

Eingeführt durch VO. vom 9. VI. 1939 (RGBl. I, S. 1009), Einführung bekanntgemacht am 26. VI. 1939, VBlSud., S. 351.

41. Niederkunftsgesetz vom 16. X. 1927 (RGBl. I, S. 184), § 5.

Eingeführt durch VO. vom 21. VI. 1939 (RGBl. I, S. 1058), Einführung bekanntgemacht am 5. VII. 1939 VBlSud. S. 406.

42. Gesetz gegen die Schwarzsender vom 24. XI. 1937 (RGBl. I, S. 1298).

Eingeführt durch VO. vom 17. X. 1939 (RGBl. I, S. 2047), Einführung bekanntgemacht am 9. XI. 1939, VBlSud. S. 1098.

Die Reichsregierung hat das folgende Gesetz beschlossen, das hiermit verkündet wird:

Strafandrohung

§ 1. (1) Der Schwarzsender wird mit Zuchthaus bestraft.

(2) In minderschweren Fällen ist die Strafe Gefängnis.

Schwarzsender

§ 2. Schwarzsender sind,

1. wer ohne vorherige Verleihung der Deutschen Reichspost eine Funksendeanlage errichtet oder betreibt;
2. wer eine Verleihung der Deutschen Reichspost zum Errichten oder Betreiben einer Funksendeanlage hat, die Anlage aber zu Übermittlungen benutzt, die in der Verleihung der Deutschen Reichspost nicht erlaubt sind;
3. wer eine Funkempfangsanlage entgegen ihrer Bestimmung unerlaubt zum Aussenden von Nachrichten, Zeichen, Bildern oder Tönen verwendet.

Fahrlässiges Schwarzsenden

§ 3. Wer eine der Handlungen des § 2 fahrlässig begeht, wird mit Gefängnis bestraft.

Herstellung, Vertrieb, Besitz von Funksendeanlagen

§ 4. (1) Wie ein Schwarzsender wird bestraft,

1. wer Funksendeanlagen herstellt, ohne die Verleihung der Deutschen Reichspost hierzu zu haben;
2. wer betriebsfähige Funksendeanlagen einführt, feilhält, vertreibt oder sonstwie an andere abgibt, ohne die Verleihung der Deutschen Reichspost hierzu zu haben;
3. wer eine betriebsfähige Funksendeanlage in Besitz, Gewahrsam oder Verwahrung nimmt und weder die Verleihung der Deutschen Reichspost zum Besitz, Gewahrsam oder zur Verwahrung dieser Anlage,
   noch die Verleihung der Deutschen Reichspost zum Errichten oder Betreiben dieser Anlage,
   noch eine Verleihung nach Ziffer 1 oder 2 hat.

(2) Auf Grund einer Verleihung nach Abs. 1, Ziffer oder 2, darf eine betriebsfähige Funksendeanlage dann nicht in Besitz, Gewahrsam oder Verwahrung genommen werden, wenn die Verleihung etwas anderes bestimmt oder auf andere Funksendeanlagen beschränkt ist.

(³) Wird eine der im Abs. 1, bezeichneten Handlungen fahrlässig begangen, so ist die Strafe Gefängnis.

(⁴) Die Verleihungen (Abs. 1) sind widerruflich; sie können unter Auflagen (Verleihungs- oder Genehmigungsbedingungen) erteilt werden.

Funksendeanlage

§ 5. (¹) Was Funksendeanlagen sind, bestimmt sich nach den Vorschriften des Fernmelderechts (Gesetz über Fernmeldeanlagen vom 14. Januar 1928 — RGBl. I, S. 8).

(²) Als betriebsfähig gilt eine Funksendeanlage auch dann, wenn einzelne, ersetzbare Teile oder einzelne Verbindungen noch fehlen oder wieder entfernt worden sind.

Genehmigung, Sendeerlaubnis

§ 6. Eine Verleihung im Sinne der vorstehenden Bestimmungen kann auch als Genehmigung oder Erlaubnis bezeichnet werden.

Einziehung

§ 7. (¹) Gegenstände, die zum Schwarzsenden (§ 2) bestimmt gewesen oder dazu gebraucht worden sind, werden eingezogen ohne Rücksicht darauf, wem sie gehören.

(²) Von der Einziehung kann der Richter absehen, wenn die Tat fahrlässig begangen ist oder wenn die Gegenstände ohne Schuld des Berechtigten zum Schwarzsenden bestimmt gewesen oder dazu gebraucht worden sind.

(³) In den Fällen des § 4 können die Funksendeanlagen eingezogen werden, die hergestellt, eingeführt, feilgehalten, vertrieben, abgegeben worden sind oder die im Besitz, Gewahrsam oder in der Verwahrung des Täters gewesen sind.

(⁴) Die Einziehung kann selbständig angeordnet werden, wenn keine bestimmte Person verfolgt oder verurteilt werden kann, im übrigen aber die Voraussetzungen der Absätze 1, 3 erfüllt sind.

Durchführungsvorschriften

§ 8. Der Reichspostminister erläßt die zur Durchführung nötigen Rechts- und Verwaltungsvorschriften.

§ 9. (Gegenstandslos.)

Inkrafttreten.

§ 10. Das Gesetz tritt mit dem Tage seiner Verkündung in Kraft.

43. a) Reichsnaturschutzgesetz vom 26. VI. 1935 (RGBl. I, S. 821), §§ 21, 22.

b) Naturschutzordnung vom 18. III. 1936 (RGBl. I, S. 181), §§ 30, 31.

c) Vogelberingungsverordnung vom 17. III. 1937 (RGBl. I, S. 331), § 9.

Eingeführt durch VO. vom 25. X. 1939 (RGBl. I, S. 2116), Einführung bekanntgemacht am 20. XI. 1939, VBlSud., S. 1174.

44. Gesetz zur Bekämpfung der Geschlechtskrankheiten vom 18. II. 1927 (RGBl. I, S. 61).

§ 5. Wer den Beischlaf ausübt, obwohl er an einer mit Ansteckungsgefahr verbundenen Geschlechtskrankheit leidet und dies weiß oder den Umständen nach annehmen muß, wird mit Gefängnis bis zu drei Jahren bestraft, sofern nicht nach den Vorschriften des Strafgesetzbuches eine härtere Strafe verwirkt ist.

Die Verfolgung tritt nur auf Antrag ein. Ist der Täter ein Angehöriger des Antragstellers, so ist die Zurücknahme des Antrags zulässig.

Die Strafverfolgung verjährt in sechs Monaten.

§ 6. Wer weiß oder den Umständen nach annehmen muß, daß er an einer mit Ansteckungsgefahr verbundenen Geschlechtskrankheit leidet und trotzdem eine Ehe eingeht, ohne dem anderen Teile vor Eingehung der Ehe über seine Krankheit Mitteilung gemacht zu haben, wird mit Gefängnis bis zu drei Jahren bestraft.

Die Verfolgung tritt nur auf Antrag ein. Die Zurücknahme des Antrages ist zulässig.

Die Strafverfolgung verjährt in sechs Monaten.

§ 7. Die Behandlung von Geschlechtskrankheiten und Krankheiten oder Leiden der Geschlechtsorgane ist nur den für das Deutsche Reich approbierten Ärzten gestattet. Verboten ist, solche Krankheiten anders als auf Grund eigener Wahrnehmung zu behandeln (Fernbehandlung) oder in Vorträgen, Schriften, Abbildungen oder Darstellungen Ratschläge für die Selbstbehandlung zu erteilen.

Wer einen anderen einem der im Abs. 1 enthaltenen Verbote zuwider behandelt oder sich zu einer solchen Behandlung öffentlich oder durch Verbreitung von Schriften, Abbildungen oder Darstellungen, wenn auch in verschleiernder Weise, erbietet, wird mit Gefängnis bis zu einem Jahre und mit Geldstrafe oder mit einer dieser Strafen bestraft.

Gleiche Strafe trifft den Arzt, der sich zur Behandlung der im Abs. 1 bezeichneten Krankheiten in unlauterer Weise erbietet.

§ 10. Wer als Beamter oder Angestellter einer Gesundheitsbehörde oder einer Beratungsstelle unbefugt offenbart, was ihm über Geschlechtskrankheiten eines andern oder ihre Ursache oder über die sonstigen persönlichen Verhältnisse der Beteiligten dienstlich bekanntgeworden ist, wird mit Geldstrafe oder mit Gefängnis bis zu einem Jahre bestraft.

Die Verfolgung tritt nur auf Antrag ein. Den Antrag kann auch die Gesundheitsbehörde stellen.

Die Offenbarung ist nicht unbefugt, wenn sie von einem in der Gesundheitsbehörde oder in einer Beratungsstelle tätigen Arzte oder mit Zustimmung eines solchen Arztes an eine Behörde oder an eine Person gemacht wird, die ein berechtigtes gesundheitliches Interesse daran hat, über die Geschlechtskrankheit des andern unterrichtet zu werden.

§ 11. Wer zum Zwecke der Heilung oder Linderung von Geschlechtskrankheiten Mittel, Gegenstände oder Verfahren öffentlich oder durch Verbreitung von Schriften, Abbildungen oder Darstellungen, wenn auch in verschleiernder Weise, ankündigt oder anpreist oder solche Mittel oder Gegenstände an einem allgemein zugänglichen Orte ausstellt, wird mit Gefängnis bis zu sechs Monaten und mit Geldstrafe oder mit einer dieser Strafen bestraft.

Straflos ist, soweit nicht anderweitige reichs- oder landesrechtliche Vorschriften entgegenstehen, die Ankündigung oder Anpreisung dieser Mittel oder Gegenstände an Ärzte oder

Apotheker oder an Personen, die mit solchen Mitteln oder Gegenständen erlaubterweise Handel treiben, oder in wissenschaftlichen ärztlichen oder pharmazeutischen Fachzeitschriften.

§ 12. Vorträge, Schriften, Abbildungen und Darstellungen, die nur der Aufklärung über die Geschlechtskrankheiten, insbesondere über ihre Erscheinungsformen, dienen, sind straflos, soweit sie nicht unter die Strafbestimmungen des § 7 fallen.

§ 13. Die Reichsregierung kann das Inverkehrbringen von Mitteln oder Gegenständen, die zur Verhütung von Geschlechtskrankheiten dienen sollen, von dem Ergebnis einer amtlichen Prüfung abhängig machen und das Inverkehrbringen hierfür nicht geeigneter Gegenstände verbieten. Sie kann auch Vorschriften über das Ausstellen, Ankündigen oder Anpreisen der hiernach zugelassenen Mittel oder Gegenstände treffen.

Wer Mittel oder Gegenstände, die auf Grund des Abs. 1 Satz 1 vom Verkehr ausgeschlossen sind, in Verkehr bringt, wird mit Gefängnis bis zu sechs Monaten und mit Geldstrafe oder mit einer dieser Strafen bestraft. Ebenso wird bestraft, wer einer nach Abs. 1 Satz 2 getroffenen Vorschrift zuwiderhandelt.

§ 14. Mit Gefängnis bis zu einem Jahr und mit Geldstrafe oder mit einer dieser Strafen wird bestraft, sofern nicht nach den Vorschriften des Strafgesetzbuches eine härtere Strafe verwirkt ist.

1. eine weibliche Person, die ein fremdes Kind stillt, obwohl sie an einer Geschlechtskrankheit leidet und dies weiß oder den Umständen nach annehmen muß;
2. wer ein syphilitisches Kind, für dessen Pflege er zu sorgen hat, von einer anderen Person als der Mutter stillen läßt, obwohl er die Krankheit des Kindes kennt oder den Umständen nach kennen muß;
3. wer ein sonst geschlechtskrankes Kind, für dessen Pflege er zu sorgen hat, von einer anderen Person als der Mutter, ohne sie vorher über die Krankheit und die gebotenen Vorsichtsmaßnahmen durch einen Arzt

mündlich unterweisen zu lassen, stillen läßt, obwohl er die Krankheit des Kindes kennt oder den Umständen nach kennen muß;

4. wer ein geschlechtskrankes Kind, obwohl er die Krankheit kennt oder den Umständen nach kennen muß, in Pflege gibt, ohne den Pflegeeltern von der Krankheit des Kindes Mitteilung zu machen.

Straflos ist das Stillen oder Stillenlassen eines syphilitischen Kindes durch eine weibliche Person, die selbst an Syphilis leidet.

§ 15. Mit Geldstrafe bis zu einhundertfünfzig Reichsmark oder mit Haft wird bestraft:

1. eine Amme, die ein fremdes Kind stillt, ohne im Besitz eines unmittelbar vor Antritt der Stellung ausgestellten ärztlichen Zeugnisses darüber zu sein, daß an ihr keine Geschlechtskrankheit nachweisbar ist;
2. wer zum Stillen eines Kindes eine Amme in Dienst nimmt, ohne sich davon überzeugt zu haben, daß sie im Besitze des in Nr. 1 bezeichneten Zeugnisses ist;
3. wer, abgesehen von Notfällen, ein Kind, für dessen Pflege er zu sorgen hat, von einer anderen Person als der Mutter stillen läßt, ohne vorher im Besitz eines ärztlichen Zeugnisses darüber zu sein, daß eine gesundheitliche Gefahr für die Stillende nicht besteht.

Die Vorschriften des Abs. 1 finden im Falle des § 14 Abs. 2 keine Anwendung.

Eingeführt durch VO. vom 31. X .1939 (RGBl. I, S. 2129), Einführung bekanntgemacht am 22. XI. 1939, VBlSud., S. 1189.

45. Hebammengesetz vom 21. XII. 1938 (RGBl. I, S. 1893), § 21.

Eingeführt durch VO. vom 9. XI. 1939 (RGBl. I, S. 2180), Einführung bekanntgemacht am 24. XI. 1939, VBlSud., S. 1191.

46. a) Verordnung zur Sicherstellung des Brotgetreidebedarfes vom 22. VII. 1937 (RGBl. I, S. 829), § 11.

b) Verordnung über die Verwertung von Getreide zur Herstellung von Branntwein vom 26. VI. 1937 (RGBl. I, S. 699), § 4.

Eingeführt durch VO. vom 22. XI. 1939 (RGBl. I, S. 2291), Einführung bekanntgemacht am 11. XII. 1939, VBlSud., S. 1300.

47. a) Ges. zur Verhütung des erbkranken Nachwuchses v. 14. VII. 1933 (RGBl. I, S. 529), § 15.

b) Vierte Verordnung zur Ausführung des Gesetzes zur Verhütung erbkranken Nachwuchses vom 18. VII. 1935 (RGBl. I, S. 1035), Art. 14.

c) Gesetz zum Schutz der Erbgesundheit des deutschen Volkes vom 18. X. 1935 (RGBl. I, S. 1246), § 4.

Eingeführt durch VO. vom 15. XII. 1939 (RGBl. I, S. 2434), Einführung bekanntgemacht am 8. I. 1940, VBlSud., S. 41.

48. Futtermittelgesetz vom 22. XII. 1926 (RGBl. I, S. 525), §§ 12, 13.

Eingeführt durch VO. vom 15. XII. 1939 (RGBl. I, S. 2473), Einführung bekanntgemacht am 9. I. 1940, VBl.-Sud., S. 73.

49. Milchgesetz vom 31. VII. 1930 (RGBl. I, S. 421), §§ 43—50.

Eingeführt durch VO. vom 5. XII. 1939, (RGBl. I, S. 2429), Einführung bekanntgemacht am 3. I. 1940, VBlSud., S. 7.

50. Kraftfahrzeugverkehrsgesetz vom 3. V. 1909 (RGBl. S. 437), §§ 21—25.

§ 21. Wer den zur Erhaltung der Ordnung und Sicherheit auf den öffentlichen Wegen oder Plätzen erlassenen polizeilichen Anordnungen über den Verkehr mit Kraftfahrzeugen zuwiderhandelt, wird mit Geldstrafe bis zu einhundertfünfzig Reichsmark oder mit Haft bestraft.

§ 22 außer Kraft getreten. Vgl. § 139 a StGB.

§ 23. Mit Geldstrafe bis zu dreihundert Mark oder mit Gefängnis bis zu zwei Monaten wird bestraft, wer auf öffentlichen Wegen oder Plätzen ein Kraftfahrzeug führt, das nicht von der zuständigen Behörde zum Verkehre zugelassen ist.

Die gleiche Strafe trifft den Halter eines nicht zum Verkehre zugelassenen Kraftfahrzeugs, wenn er vorsätzlich oder fahrlässig dessen Gebrauch auf öffentlichen Wegen oder Plätzen gestattet.

§ 24. Mit Geldstrafe bis zu dreihundert Reichsmark oder mit Gefängnis bis zu zwei Monaten wird bestraft:

1. wer ein Kraftfahrzeug führt, ohne einen Führerschein zu besitzen;
2. wer ein Kraftfahrzeug führt, obwohl ihm die Fahrerlaubnis entzogen ist;
3. wer nicht seinen Führerschein der Behörde, die ihm die Fahrerlaubnis entzogen hat, auf ihr Verlangen abliefert.

Die gleiche Strafe trifft den Halter des Kraftfahrzeugs, wenn er vorsätzlich oder fahrlässig eine Person zur Führung des Fahrzeugs bestellt oder ermächtigt, die sich nicht durch einen Führerschein ausweisen kann oder der die Fahrerlaubnis entzogen ist.

§ 25. Wer in rechtswidriger Absicht

1. ein Kraftfahrzeug, für welches von der Polizeibehörde ein Kennzeichen nicht ausgegeben oder zugelassen worden ist, mit einem Zeichen versieht, welches geeignet ist, den Anschein der polizeilich angeordneten oder zugelassenen Kennzeichnung hervorzurufen,
2. ein Kraftfahrzeug mit einer anderen als der polizeilich für das Fahrzeug ausgegebenen oder zugelassenen Kennzeichnung versieht,
3. das an einem Kraftfahrzeuge gemäß polizeilicher Anordnung angebrachte Kennzeichen verändert, beseitigt, verdeckt oder sonst in seiner Erkennbarkeit beeinträchtigt,

wird, sofern nicht nach den Vorschriften des Strafgesetzbuches eine höhere Strafe verwirkt ist, mit Geldstrafe bis zu fünfhundert Reichsmark oder mit Gefängnis bis zu drei Monaten bestraft.

Die gleiche Strafe trifft Personen, welche auf öffentlichen Wegen oder Plätzen von einem Kraftfahrzeuge Gebrauch machen, von dem sie wissen, daß die Kennzeichnung in der im Abs. 1 unter Nr. 1 bis 3 bezeichneten Art gefälscht, verfälscht oder unterdrückt worden ist.

b) Verordnung gegen den unbefugten Gebrauch von Kraftfahrzeugen und Fahrrädern vom 20. X. 1932 (RGBl. I, S. 496), § 1.

Abgedruckt auf S. 171.

c) Straßenverkehrs-Zulassungs-Ordnung vom 13. XI. 1937 (RGBl. S. 1215), § 71.

d) Verordnung über die Ausbildung von Kraftfahrzeugführer vom 21. XII. 1933 (RGBl. I, S. 13, aus dem Jahre 1934), § 11.

Eingeführt durch VO. vom 8. XII. 1939 (RGBl. I, S. 164), Einführung bekanntgemacht am 11. II. 1939, VBlSud., S. 326.

51. Gesetz über die Fernmeldeanlagen vom 14. I. 1928 (RGBl. I, S. 8), §§ 15—21.

Eingeführt durch VO. vom 11. XII. 1939 (RGBl. I, S. 2422), Einführung bekanntgemacht am 16. II. 1940, VBlSud., S. 412.

52. a) Auswanderergesetz vom 9. VI. 1897 (RGBl. I, S. 463), §§ 43—48.

b) Verordnung gegen Mißstände im Auswanderungswesen vom 14. II. 1924 (RGBl. I, S. 107), §§ 10, 11.

Eingeführt durch VO. vom 17. XII. 1939 (RGBl. I, S. 2442), Einführung bekanntgemacht am 9. I. 1940, VBlSud. S. 87.

53. Gesetz zum Schutz von Bezeichnungen der NSDAP vom 7. IV. 1937 (RGBl. I, S. 442).

Eingeführt durch VO. vom 4. I. 1940 (RGBl. I, S. 26), Einführung bekanntgemacht am 29. I. 1940, VBlSud. S. 183.

§ 1. (1) Die Bezeichnungen, die die Nationalsozialistische Deutsche Arbeiterpartei, ihre Gliederungen und angeschlossenen Verbände für ihre Amtsträger, ihren Aufbau, ihre

Einrichtungen und Symbole führen, dürfen von anderen Vereinigungen weder allein noch in Verbindung mit Zusätzen geführt werden.

(²) Bezeichnungen für unmittelbare Einrichtungen des Staates und Bezeichnungen, die auf gesetzlicher Bestimmung beruhen, bleiben unberührt.

§ 2. (¹) Der Stellvertreter des Führers wird ermächtigt, im Einvernehmen mit dem Reichsminister des Innern und den sonst beteiligten Reichsministern festzustellen, daß die Verwendung einer Bezeichnung nach § 1 des Gesetzes unzulässig ist.

(²) Wer einer ihm zugestellten oder im Reichsgesetzblatt veröffentlichten Feststellung im Sinne des Abs. 1 zuwiderhandelt, wird mit Gefängnis bis zu einem Jahr und mit Geldstrafe oder mit einer dieser Strafen bestraft.

54. a) Lebensmittelgesetz vom 17. I. 1936 (RGBl. I, S. 17), §§ 11—19.

b) Weingesetz vom 25. VII. 1930 (RGBl. S. 356), §§ 26—31.

Eingeführt durch VO. vom 4. I. 1940 (RGBl. S. 40), Einführung bekanntgemacht am 12. II. 1940, VBlSud. S. 341.

55. VO. über die Beförderung von Vieh vom 7. VI. 1937 (RGBl. I, S. 621) in der Fassung der VO. vom 15. II. 6938 (RGBl. I, S. 202), § 5.

Eingeführt durch VO. vom 13. II. 1940 (RGBl. I, S. 354), Einführung bekanntgemacht am 23. II. 1940, VBlSud., S. 434.

56. Gesetz über die Beförderung von Personen zu Lande vom 6. XII. 1937 (RGBl. I, S. 1320), §§ 40,41.

Eingeführt durch VO. vom 3. IV. 1940 (RGBl. I, S. 622), Einführung bekanntgemacht am 9. V. 1940, VBlSud. S. 714.

57. Tarifverordnung für elektrische Energie vom 25. VII. 1938 (RGBl. I, S. 915), § 18.

Eingeführt durch VO. vom 11. IV. 1940 (RGBl. I, S. 637), Einführung bekanntgemacht am 27. VII. 1940, VBlSud., S. 928.

58. Personenstandesgesetz vom 3. XI. 1937 (RGBl. S. 1146), §§ 67—69.

Eingeführt durch VO. vom 24. IV. 1939 (RGBl. I, S. 818), Einführung bekanntgemacht am 20. V. 1939, VBlSud., S. 209.

59. VO. über öffentliche Spielbanken vom 27. VII. 1938 (RGBl. I, S. 955), § 10.

Eingeführt durch VO. vom 18. IV. 1940 (RGBl. S. 668), Einführung bekanntgemacht am 16. V. 1940, VBlSud., S. 774.

60. VO. zur Bekämpfung der Bisamratten vom 1. VII. 1938 (RGBl. I, S. 847), § 6.

Eingeführt durch VO. vom 23. V. 1940 (RGBl. I, S. 809), Einführung bekanntgemacht am 14. VI. 1940, VBlSud., S. 866.

61. a) Gesetz gegen den unlauteren Wettbewerb vom 7. VI. 1909 (RGBl. I, S. 499), §§ 8, 10, 12, 15, 17, 18, 20, 20 a, 22, 23.

b) Zugabeverordnung vom 9. III. 1932 (RGBl. I, S. 121), in der Fassung des Ges. vom 12. V. 1933 (RGBl. I, S. 264), §§ 2—4.

Eingeführt durch VO. vom 18. VI. 1940 (RGBl. I, S. 883), Einführung bekanntgemacht am 23. VII. 1940, VBlSud., S. 909.

62. Reichsschulpflichtgesetz vom 6. VII. 1938 (RGBl. I, S. 799), § 14.

Eingeführt durch VO. vom 24. VI. 1940 (RGBl. I, S. 955), Einführung bekanntgemacht am 31. VII. 1940, VBlSud., S. 934.

63. VO. über die Versicherung von Kraftfahrzeugen vom 14. II. 1938 (RGBl. I, S. 200), § 10.

Eingeführt durch VO. vom 19. VII. 1940 (RGBl. I, S. 1036), Einführung bekanntgemacht am 31. VII. 1940, VBlSud., S. 938.

64. Münzgesetz v. 30. VIII. 1924 (RGBl. I, S. 254), § 14. Eingeführt durch VO. vom 19. I. 1940 (RGBl. I, S. 228), Einführung bekanntgemacht am 14. V. 1940, VBlSud., S. 760.

65. Vereinszollgesetz in der Fassung v. 9. I., 23. XII. 1931 (RGBl. I, S. 5, 779, 782) u. v. 18. III. 1933

(RGBl. I, S. 109, 112) §§ 134—164 (Bannbruch u. Zollhinterziehung).

Eingeführt d. VO. v. 14. X. 1938 (RGBl. I, S. 1420), Einführung bekanntgemacht am 14. X. 1938, VBlSud. S. 19.

III. Reichsgesetze und Reichsvorschriften des Reiches, die schon vor dem 3. April 1939 bestanden und seither im Protektorat eingeführt wurden.

1. Gesetz zum Schutze des deutschen Blutes und der deutschen Ehre vom 15. IX. 1935 (RGBl. I, S. 1146).

Eingeführt durch Erlaß des Führers und Reichskanzlers über das Protektorat in Böhmen und Mähren vom 16. III. 1939, Art. II (VBlRProt. S. 7). (Abgedruckt auf S. 263 ff.)

2. Luftverkehrsgesetz in der Fassung vom 21. VIII. 1936 (RGBl. I, S. 653), §§ 31—34.

Eingeführt durch VO. vom 26. IV. 1939 (RGBl. I, S. 847); siehe VBl. RProt. S. 32/1940.

3. Personenstandesgesetz vom 3. XI. 1937 (RGBl. I, S. 1146), §§ 67—69.

Eingeführt durch § 6 der VO. vom 20. VII. 1939 (RGBl. I, S. 1309); siehe VBlRProt. S. 378/1939.

4. Brieftaubengesetz vom 1. X. 1938 (RGBl. I, S. 1335), § 9.

Eingeführt durch § 5 der Polizeiverordnung vom 10. IV. 1940 (RGBl. I, S. 629); siehe VBlRProt. S. 183/1940.

5. Ausländerpolizeiverordnung vom 22. VIII. 1938, (RGBl. I, S. 1053), § 13. Siehe dazu §§ 10—14 der VO. über die Behandlung von Ausländern vom 5. IX. 1939 (RGBl. I, S. 1667), VBlRProt. S. 130.

6. VO. über die Bestrafung von Zuwiderhandlungen gegen die Paßvorschriften vom 6. IV. 1923 (RGBl. I, S. 249), § 1. Siehe dazu § 4 Abs. 1 der Anordnung über den Paß- und Sichtvermerkszwang sowie über den Ausweiszwang vom 10. IX. 1939 (RGBl. I, S. 1739), VBlRProt. S. 139.

7. a) Reichsabgabenordnung vom 22. V. 1931 (RGBl. I, S. 161), §§ 391 ff., Bestrafung von Steuerhinterziehung, Steuerhehlerei, Steuergefährdung, Steuerzeichenfälschung, Verwendung falscher Steuerzeichen, Verletzung des Steuergeheimnisses.

Sie wird angewendet, soweit reichsrechtliches Steuerrecht Anwendung findet.

b) Ges. über das Branntweinmonopol vom 8. IV. 1922 (RGBl. I, S. 405), §§ 119.

c) Biersteuergesetz in der Fassung vom 28. III. 1931 (RGBl. I, S. 110), § 19.

d) Salzsteuergesetz in der Fassung vom 23. XII. 1938 (RGBl. I, S. 1969), § 9.

e) Süßstoffgesetz vom 1. II. 1939 (RGBl. I, S. 111), § 12.

f) Tabaksteuergesetz in der Fassung vom 4. IV. 1939 (RGBl. I, S. 721), §§ 79, 80.

g) Vereinszollgesetz v. 9. I., 23. XII. 1931 (RGBl. I, S. 5, 779, 782 u. v. 18. III. 1933 (RGBl. I, S. 109, 112) §§ 134—164 (Bannbruch, Zollhinterziehung).

Eingeführt durch VO. über Zölle, Verbrauchssteuern und Monopole im Protektorat Böhmen und Mähren vom 16. IX. 1940 (RGBl. I. S. 1238); siehe VBlRProt. S. 467.

8. Gesetz über den Verkehr mit Betäubungsmitteln (Opiumgesetz) vom 10. XII. 1929 (RGBl. I, S. 215) mit den späteren Änderungen, § 10.

Eingeführt mit Wirkung vom 1. I. 1941 durch VO. vom 23. IX. 1940 (RGBl. I, S. 1258).

9. a) Maisgesetz vom 5. X. 1934 (RGBl. I, S. 918), § 11.

b) Gesetz über den Verkehr mit Garten- und Weinbauerzeugnissen vom 30. IX. 1936 (RGBl. I, S. 854), § 10.

c) Gesetz über den Verkehr mit Tieren und tierischen Erzeugnissen vom 23. III. 1934 (RGBl. I, S. 224), § 12.

d) Gesetz über den Verkehr mit Milcherzeugnissen vom 20. XII. 1933 (RGBl. I, S. 1093), § 11.

Eingeführt durch VO. vom 23. IX. 1940 (RGBl. I, S. 1265).

Die unter 1 und 3 angeführten Gesetze gelten nur für die deutschen Staatsangehörigen im Protektorate, die übrigen Gesetze dagegen gelten auch für die Personen, die nicht deutsche Staatsangehörige sind.

Fünftes Kapitel.

Reichsgesetze und andere Rechtsvorschriften des Reiches, die nach dem 10. X. 1938, bzw. nach dem 3. IV. 1939 verkündet worden sind und im Sudetenland oder im Protektorat Böhmen und Mähren Geltung haben

I. Einleitung.

Im Sudetengau gelten alle Reichsgesetze und Rechtsvorschriften des Reiches, die nach dem 10. X. 1938 verkündet wurden, es sei denn, daß das Inkrafttreten ausdrücklich vorbehalten ist.

Im Protektorat Böhmen und Mähren gelten die seit der Zugehörigkeit des Protektorates zum Großdeutschen Reich erlassenen reichsrechtlichen Vorschriften mit Rücksicht auf die staatsrechtliche Sonderstellung des Protektorats nicht ausdrücklich auch in diesem Gebiet. Nach der Verordnung über die Rechtsvorschriften des Reiches für das Protektorat Böhmen und Mähren vom 3. IV. 1939 (RGBl. I, S. 704) muß vielmehr die Gültigkeit für das Protektorat ausdrücklich im Text vorgesehen sein, oder sich aus dem Inhalt der Vorschrift ergeben. Die Ermittlung der Gültigkeit für das Protektorat aus dem Inhalt einer Vorschrift geht jedoch nicht von deren materieller Bedeutung aus, sondern davon, daß im Text des Gesetzes ohne ausdrückliche Erwähnung einer Einführung im Protektorat durch andere Hinweise, etwa „im gesamten Großdeutschen Reich" oder durch Regelung der Abgrenzung gegenüber bestehenden Bestimmungen des Protektorates, der Wille des Gesetzgebers deutlich zum Ausdruck gekommen ist, daß die Anwendung dieser Vorschriften für das Protektorat beabsichtigt war.

II. Reichsgesetze und andere Rechtsvorschriften des Reiches, die nach dem 10. Oktober 1938 erlassen wurden und im Sudetenland Geltung haben.

1. Gesetz über die Viehzählung vom 31. X. 1938 (RGBl. I, S. 1532), § 9.

2. Verordnung gegen den Waffenbesitz der Juden vom 11. XI. 1938 (RGBl. I, S. 1573), § 4.

3. Polizeiverordnung über das Auftreten der Juden in der Öffentlichkeit vom 28. XI. 1938 (RGBl. I, S. 1676), § 2.

4. Gesetz über die Devisenbewirtschaftung vom 12. XII. 1938 (RGBl. I, S. 1733), §§ 69 bis 93.

5. Heilpraktikergesetz vom 17. II. 1939 (RGBl. I, S. 251), § 5.

6. Gesetz über die Mietverhältnisse der Juden vom 30. IV. 1939 (RGBl. I, S. 864), § 12 Abs. 2.

7. Gesetz über die Prüfung der Handfeuerwaffen und Patronen (Beschußgesetz) vom 7. VI. 1939 (RGBl. I, S. 1241), § 12.

8. Gesetz über die Führung der akademischen Grade vom 7. VI. 1939 (RGBl. I, S. 985), § 5.

9. Verbrauchsregelungs-Strafordnung vom 6. IV. 1940 (RGBl. I, S. 610), §§ 1—3.

10. a) VO. über die Beschränkung des Arbeitsplatzwechsels vom 1. IX. 1939 (RGBl. I, S. 1685).

§ 11. Wer dieser Verordnung zuwiderhandelt oder sie umgeht oder wer seine Beschäftigung vor rechtmäßiger Lösung des Arbeitsverhältnisses (Lehrverhältnisses) aufgibt, wird auf Antrag des Leiters des Arbeitsamtes mit Gefängnis oder Geldstrafe oder mit einer dieser Strafen belegt.

b) Erste Durchführungsverordnung dazu vom 6. IX. 1939 (RGBl. I, S. 1690).

c) Siehe dazu AV. d. RJM. vom 16. III. 1940 (3205—II a² 366) — Deutsche Justiz S. 365.

11. Süßstoffgesetz v. 1. II. 1939 (RGBl. I, S. 111), § 12.

12. Kriegswirtschaftsverordnung v. 4. IX. 1939 (RGBl. I, S. 1609), kriegsschädliches Verhalten nach § 1.

(¹) Wer Rohstoffe oder Erzeugnisse, die zum lebenswichtigen Bedarf der Bevölkerung gehören, vernichtet, beiseite schafft oder zurückhält und dadurch böswillig die Deckung dieses Bedarfs gefährdet, wird mit Zuchthaus bestraft. In besonders schweren Fällen kann auf Todesstrafe erkannt werden.

(²) Wer Geldzeichen ohne gerechtfertigten Grund zurückhält, wird mit Gefängnis, in besonders schweren Fällen mit Zuchthaus bestraft.

III. Reichsgesetze und andere Rechtsvorschriften des Reiches, die nach dem 10. Oktober 1938, bzw. 3. April 1939 erlassen wurden und im Sudetenland sowie im Protektorat Böhmen und Mähren Geltung haben.

1. a) Verordnung über außerordentliche Rundfunkmaßnahmen vom 1. IX. 1939 (RGBl. I, S. 1683), siehe VBlRProt. S. 129.

Im modernen Krieg kämpft der Gegner nicht nur mit militärischen Waffen, sondern auch mit Mitteln, die das Volk seelisch beeinflussen und zermürben sollen. Eines dieser Mittel ist der Rundfunk. Jedes Wort, das der Gegner herübersendet, ist selbstverständlich verlogen und dazu bestimmt, dem deutschen Volke Schaden zuzufügen. Die Reichsregierung weiß, daß das deutsche Volk diese Gefahr kennt, und erwartet daher, daß jeder Deutsche aus Verantwortungsbewußtsein heraus es zur Anstandspflicht erhebt, grundsätzlich das Abhören ausländischer Sender zu unterlassen. Für diejenigen Volksgenossen, denen dieses Verantwortungsbewußtsein fehlt, hat der Ministerrat für die Reichsverteidigung die nachfolgende Verordnung erlassen.

Der Ministerrat für die Reichsverteidigung verordnet für das Gebiet des Großdeutschen Reichs mit Gesetzeskraft:

§ 1. Das absichtliche Abhören ausländischer Sender ist verboten. Zuwiderhandlungen werden mit Zuchthaus bestraft. In leichteren Fällen kann auf Gefängnis erkannt werden. Die benutzten Empfangsanlagen werden eingezogen.

§ 2. Wer Nachrichten ausländischer Sender, die geeignet sind, die Widerstandskraft des deutschen Volkes zu gefährden, vorsätzlich verbreitet, wird mit Zuchthaus, in besonders schweren Fällen mit dem Tode bestraft.

§ 3. Die Bestimmungen dieser Verordnung gelten nicht für Handlungen, die in Ausübung des Dienstes vorgenommen werden.

§ 4. Für die Verhandlungen und Entscheidung bei Zuwiderhandlungen gegen diese Verordnung sind die Sondergerichte zuständig.

§ 5. Die Strafverfolgung auf Grund von §§ 1 und 2 findet nur auf Antrag der Staatspolizeistellen statt.

§ 6. Der Reichsminister für Volksaufklärung und Propaganda erläßt die zur Durchführung dieser Verordnung erforderlichen Rechts- und Verwaltungsvorschriften, und zwar, soweit es sich um Strafvorschriften handelt, im Einvernehmen mit dem Reichsminister der Justiz.

§ 7. Die Verordnung tritt mit ihrer Verkündung in Kraft.

b) Erste Durchführungsverordnung dazu vom 11. IX. 1939 (RGBl. I, S. 1746), siehe VBlRProt. S. 165.

Auf Grund des § 6 der Verordnung über außerordentliche Rundfunkmaßnahmen wird verordnet:

zu § 4: Die Zuständigkeit der Wehrmachtsgerichte bleibt unberührt;

zu § 5: 1. Die Vorschrift gilt nicht für Wehrmachtsgerichte;

2. Der Chef des Oberkommandos der Wehrmacht erläßt für die Verfolgung der Straftaten auf Grund der §§ 1 und 2 der Verordnung besondere Richtlinien;

c) Zweite Durchführungsverordnung dazu vom 2. VII. 1940 (RGBl. I, S. 942, VBlRProt. S. 301).

d) Dritte Durchführungsverordnung dazu vom 20. IX. 1940 (RGBl I, S. 1255).

2. Grenzzonenverordnung vom 2. IX. 1939 (RGBl. I, S. 1578), § 5; siehe VBlRProt. S. 111.

3. Reichsleistungsgesetz (Wehrleistungsgesetz) vom 1. IX. 1939 (RGBl. I, S. 1645), § 34; siehe VBlRProt. S. 330.

Siehe dazu auch:

Pferdeergänzungsvorschrift vom 13. VIII. 1938, Reichsministerialblatt S. 567, Pkt. 54. (VBlRProt. S. 376 aus 1940).

Kraftfahrzeugergänzungsvorschrift vom 13. VIII. 1938, Reichsministerialblatt S. 601, Pkt. 42 (VBlRProt. S. 399 aus 1940).

4. Verordnung über das Verbot des gesamten Luftverkehrs über das deutsche Hoheitsgebiet vom 1. IX. 1939, durch Rundfunk verkündet am 1. IX. 1939, 4.45 Uhr, VBlRProt. S. 103, § 3;

5. Verordnung gegen Volksschädlinge vom 5. IX. 1939 (RGBl. I, S. 1679); siehe VBlRProt. 137.

Der Reichsminister für die Reichsverteidigung verordnet mit Gesetzeskraft:

Plünderung im freigemachten Gebiet.

§ 1. (1) Wer im freigemachten Gebiet oder in freiwillig geräumten Gebäuden oder Räumen plündert, wird mit dem Tode bestraft.

(2) Die Aburteilung erfolgt, soweit nicht die Feldkriegsgerichte zuständig sind, durch die Sondergerichte.

(3) Die Todesstrafe kann durch Erhängen vollzogen werden.

Verbrechen bei Fliegergefahr

§ 2. Wer unter Ausnutzung der zur Abwehr von Fliegergefahr getroffenen Maßnahmen ein Verbrechen oder Vergehen gegen Leib, Leben oder Eigentum begeht, wird mit Zuchthaus bis zu 15 Jahren oder mit lebenslangem Zuchthaus, in besonders schweren Fällen mit dem Tode bestraft.

Gemeingefährliche Verbrechen

§ 3. Wer eine Brandstiftung oder ein sonstiges gemeingefährliches Verbrechen begeht und dadurch die Widerstandskraft des deutschen Volkes schädigt, wird mit dem Tode bestraft.

Ausnutzung des Kriegszustandes als Strafverschärfung

§ 4. Wer vorsätzlich unter Ausnutzung der durch den Kriegszustand verursachten außergewöhnlichen Verhältnisse eine sonstige Straftat begeht, wird unter Überschreitung des regelmäßigen Strafrahmens mit Zuchthaus bis zu 15 Jahren, mit lebenslangem Zuchthaus oder mit dem Tode bestraft, wenn dies das gesunde Volksempfinden wegen der besonderen Verwerflichkeit der Straftat erfordert.

Beschleunigung des sondergerichtlichen Verfahrens

§ 5. In allen Verfahren vor den Sondergerichten muß die Aburteilung sofort ohne Einhaltung von Fristen erfolgen, wenn der Täter auf frischer Tat betroffen ist oder sonst seine Schuld offen zutage liegt.

Geltungsbereich

§ 6. Die Vorschriften dieser Verordnung gelten auch im Protektorat Böhmen und Mähren, und zwar auch für Personen, die nicht deutsche Staatsangehörige sind.

Schlußbestimmungen

§ 7. Der Reichsminister der Justiz erläßt die zur Durchführung und Ergänzung dieser Verordnung erforderlichen Rechts- und Verwaltungsvorschriften.

Erste Durchführungsverordnung dazu vom 7. IX. 1939 (RGBl. I, S. 1700); siehe VBlRProt. S. 139.

Auf Grund des § 7 der Verordnung gegen Volksschädlinge vom 5. September 1939 (RGBl. I, S. 1679) wird verordnet:

§ 1. Die Entscheidung darüber, ob die Todesstrafe durch Erhängen vollzogen werden soll, trifft die Strafvollstreckungsbehörde.

§ 2. Vergehen im Sinne des § 2 der Verordnung sind nicht solche Taten, die nur auf Antrag des Verletzten verfolgt werden dürfen.

Zweite Durchführungsverordnung vom 27. IX. 1939 (RGBl. I, S. 1987); siehe VBlRProt. S. 176.

Auf Grund des § 7 der VO. gegen Volksschädlinge vom 5. September 1939 (RGBl. I, S. 1679) wird zu ihrer Anwendung im Protektorat Böhmen und Mähren verordnet:

§ 1. Ob eine Tat eine nach der Verordnung gegen Volksschädlinge strafbare Handlung begründet, ist nach den Strafvorschriften des Deutschen Reiches zu beurteilen.

§ 2. Die Vorschriften der VO. des Reichsprotektors in Böhmen und Mähren gegen Sabotagehandlungen vom 26. VIII. 1939 (Verordnungsblatt für Böhmen und Mähren S. 83) werden durch die der VO. gegen Volksschädlinge nicht berührt.

6. Verordnung über die Behandlung von Ausländern vom 5. IX. 1939 (RGBl. I, S. 1667), §§ 8, 10. Siehe dazu auch § 4 der Anordnung über den Paß- und Sichtvermerkszwang sowie über den Ausweiszwang vom 10. IX. 1939 (RGBl. I, S. 1739), VBlRProt. S. 139.

7. Erste Durchführungsverordnung zur Notdienstordnung vom 15. IX. 1939 (RGBl. I, S. 1775), § 11; siehe VBlRProt., S. 359.

8. Polizeiverordnung über die Tanzlustbarkeit im Kriege vom 27. IX. 1939 (RGBl. I, S. 1949).

9. Verordnung gegen jugendliche Schwerverbrecher vom 4. X. 1939 (RGBl. I, S. 2000); siehe VBl.-RProt., S. 204.

Der Ministerrat für die Reichsverteidigung verordnet mit Gesetzeskraft:

§ 1. (1) Gegen einen Jugendlichen, der bei Begehung einer Straftat über sechzehn Jahre alt ist, kann der Staatsanwalt die Anklage auch vor dem Gericht erheben, das zur Verhandlung und Entscheidung gegen Erwachsene zuständig ist.

(2) In diesem Falle verhängt das angerufene Gericht gegen den Täter diejenigen Strafen und Maßregeln der Sicherung und Besserung, die gegen Erwachsene angedroht sind, wenn der Täter nach seiner geistigen und sittlichen Entwicklung einer über achtzehn Jahre alten Person gleichzuachten ist und wenn die bei der Tat gezeigte, besonders verwerfliche verbrecherische Gesinnung oder der Schutz des Volkes eine solche Bestrafung erforderlich macht.

§ 2. Die Wehrmachtsgerichte wenden § 1 Abs. 2 an, wenn der Gerichtsherr oder der Vertreter der Anklage in der Hauptverhandlung dies beantragt, und wenn das erkennende Gericht die Voraussetzungen dieser Vorschrift für gegeben hält. § 50 des Militärstrafgesetzbuchs bleibt unberührt.

§ 3. § 52 Satz 2 und § 232 des österreichischen Strafgesetzes werden aufgehoben.

§ 4. Die Verordnung gilt auch für Straftaten, die vor ihrem Inkrafttreten begangen sind.

§ 5. Die Verordnung gilt auch im Protektorat Böhmen und Mähren, soweit der Täter der deutschen Strafgerichtsbarkeit untersteht.

10. Verordnung zur Ergänzung der Strafvorschriften zum Schutz der Wehrkraft des deutschen Volkes vom 25. XI. 1939 (RGBl. I, S. 2319); siehe VBlRProt., S. 506.

Der Ministerrat für die Reichsverteidigung verordnet mit Gesetzeskraft:

Wehrmittelbeschädigung

§ 1. (1) Wer vorsätzlich ein Wehrmittel oder eine Einrichtung, die der deutschen Landesverteidigung dient, zerstört, unbrauchbar macht, beschädigt, preisgibt oder beiseiteschafft und dadurch vorsätzlich oder fahrlässig die Schlagfertigkeit der deutschen Wehrmacht gefährdet, wird mit Gefängnis nicht unter sechs Monaten bestraft. In schweren Fällen ist auf Todesstrafe oder auf lebenslanges oder zeitiges Zuchthaus zu erkennen.

(2) Ebenso wird bestraft, wer vorsätzlich ein Wehrmittel oder eine solche Einrichtung fehlerhaft herstellt oder liefert und dadurch vorsätzlich oder fahrlässig die Schlagfertigkeit der deutschen Wehrmacht gefährdet.

(3) Der Versuch ist strafbar.

(4) Wer leichtfertig handelt und dadurch fahrlässig die Schlagfertigkeit der deutschen Wehrmacht gefährdet, wird mit Gefängnis bestraft.

(5) Die Bestimmung tritt an die Stelle des § 143 a des Reichsstrafgesetzbuchs.

Störung eines wichtigen Betriebs

§ 3. (1) Wer das ordnungsmäßige Arbeiten eines für die Reichsverteidigung oder die Versorgung der Bevölkerung wichtigen Betriebs dadurch stört oder gefährdet, daß er eine dem Betrieb dienende Sache ganz oder teilweise unbrauchbar macht oder außer Tätigkeit setzt, wird mit Zuchthaus, in besonders schweren Fällen mit dem Tode bestraft.

(2) In minder schweren Fällen ist die Strafe Gefängnis.

Teilnahme an einer wehrfeindlichen Verbindung

§ 3. (1) Wer an einer wehrfeindlichen Verbindung teilnimmt oder sie unterstützt, wird mit Zuchthaus, in minder schweren Fällen mit Gefängnis bestraft.

(2) Nach dieser Vorschrift wird nicht bestraft, wer das Fortbestehen der Verbindung verhindert oder einer Dienststelle des Staates von ihrem Bestehen Kenntnis gibt. Das gilt auch für den, der sich freiwillig und ernstlich darum bemüht, wenn nicht sein Bemühen, sondern ein anderer Umstand zur Folge hat, daß die Verbindung nicht fortbesteht.

Verbotener Umgang mit Kriegsgefangenen

§ 4. (1) Wer vorsätzlich gegen eine zur Regelung des Umgangs mit Kriegsgefangenen erlassene Vorschrift verstößt oder sonst mit einem Kriegsgefangenen in einer Weise Umgang pflegt, die das gesunde Volksempfinden gröblich verletzt, wird mit Gefängnis, in schweren Fällen mit Zuchthaus bestraft.

(2) Bei fahrlässigem Verstoß gegen die zur Regelung des Umgangs mit Kriegsgefangenen erlassenen Vorschriften ist die Strafe Haft oder Geldstrafe bis zu einhundertfünfzig Reichsmark.

Gefährdung der Wehrmacht befreundeter Staaten

§ 5. (1) Wer im Inland für einen fremden militärischen Nachrichtendienst zum Nachteil eines anderen Staates Nachrichten über militärische Angelegenheiten sammelt oder weitervermittelt oder einen Nachrichtendienst über solche Angelegenheiten bildet, unterhält oder unterstützt, wird mit Zuchthaus, in minder schweren Fällen mit Gefängnis bestraft.

(2) Die Tat wird nur auf Anordnung des Reichsministers der Justiz verfolgt.

§ 6. Die Vorschriften der §§ 1, 2, 4, 5 dieser Verordnung gelten im Protektorat Böhmen und Mähren auch für Personen, die nicht deutsche Staatsangehörige sind.

Dazu (als Ergänzung zu § 4 dieser Verordnung) die Verordnung über den Umgang mit Kriegsgefangenen vom 11. V. 1940 (RGBl. I, S. 769); siehe VBlRProt., S. 221.

Auf Grund des § 4 der Verordnung zur Ergänzung der Strafvorschriften zum Schutz der Wehrkraft des Deutschen Volkes vom 25. XI. 1939 (RGBl. I, S. 2319) wird im Einvernehmen mit dem Chef des Oberkommandos der Wehrmacht verordnet:

§ 1. (1) Sofern nicht ein Umgang mit Kriegsgefangenen durch die Ausübung einer Dienst- oder Berufspflicht oder durch ein Arbeitsverhältnis der Kriegsgefangenen zwangsläufig bedingt ist, ist jedermann jeglicher Umgang mit Kriegsgefangenen und jede Beziehung zu ihnen untersagt.

(2) Soweit hiernach ein Umgang mit Kriegsgefangenen zulässig ist, ist er auf das notwendigste Maß zu beschränken.

§ 2. Die Verordnung tritt drei Tage nach ihrer Verkündung in Kraft.

11. Verordnung gegen Gewaltverbrecher vom 5. XII. 1939 (RGBl. I, S. 2378); siehe VBlRProt., S. 25, aus dem Jahre 1940.

Der Ministerrat für die Reichsverteidigung verordnet für das Gebiet des Großdeutschen Reichs mit Gesetzeskraft:

Gewalttaten mit der Waffe

§ 1. (1) Wer bei einer Notzucht, einem Straßenraub, Bankraub oder einer anderen schweren Gewalttat Schuß-, Hieb- oder Stoßwaffen oder andere gleich gefährliche Mittel anwendet oder mit einer solchen Waffe einen anderen an Leib oder Leben bedroht, wird mit dem Tode bestraft.

(2) Ebenso wird der Verbrecher bestraft, der Verfolger mit Waffengewalt angreift oder abwehrt.

Schutz für Helfer bei der Verfolgung von Verbrechern

§ 2. Wer sich bei der Verfolgung eines Verbrechers für dessen Ergreifung persönlich einsetzt, genießt dabei denselben strafrechtlichen Schutz, wie er Polizei- und Justizbeamten zuteil wird.

Zuständigkeit des Sondergerichts

§ 3. Bei Straftaten, die nach §§ 1 oder 2 dieser Verordnung zu beurteilen sind, wird die Anklage vor dem Sondergericht erhoben.

Schärfere Strafe bei Versuch und Beihilfe

§ 4. Für den strafbaren Versuch eines Verbrechens oder Vergehens oder für die Beihilfe dazu ist allgemein die Strafe zulässig, die für die vollendete Tat vorgesehen ist.

Rückwirkende Kraft

§ 5. Die Verordnung gilt auch für Straftaten, die vor ihrem Inkrafttreten begangen sind.

Schlußbestimmungen

§ 6. Der Reichsminister der Justiz erläßt die zur Durchführung und Ergänzung dieser Verordnung erforderlichen Rechts- und Verwaltungsvorschriften und trifft die näheren Bestimmungen über die Anwendung der Verordnung im Protektorat Böhmen und Mähren.

Verordnung zur Durchführung und Ergänzung obiger Verordnung vom 28. XII. 1939 (RGBl. I, S. 17, v. J. 1940); siehe VBlRProt., S. 27, aus dem Jahre 1940.

Auf Grund des § 6 der Verordnung gegen Gewaltverbrecher vom 5. XII. 1939 (RGBl. I, S. 2378) wird folgendes verordnet:

§ 1. (1) Von der rückwirkenden Anwendung der Verordnung gegen Gewaltverbrecher vom 5. XII. 1939 kann abgesehen werden, wenn die Straftat vor dem 1. IX. 1939 begangen ist; die rückwirkende Anwendung bedarf in diesen Fällen der Zustimmung des Staatsanwalts. Die Entscheidung über die Rückwirkung trifft auch das Revisionsgericht.

(2) Soweit die Rückwirkung eintritt, verfährt das Revisionsgericht nach § 354 a der Reichsstrafprozeßordnung; Verfahren wegen Straftaten, die nach §§ 1 oder 2 der Verordnung gegen Gewaltverbrecher strafbar sind, verweist das Revisionsgericht an das Sondergericht.

§ 2. Diese Verordnung tritt mit Wirkung vom 9. XII. 1939 in Kraft.

Verordnung zur Durchführung der Verordnung gegen Gewaltverbrecher im Protektorat Böhmen und Mähren vom 22. I. 1940 (RGBl. I, S. 223); siehe VBlRProt., S. 27, aus dem Jahre 1940.

Auf Grund des § 6 der Verordnung gegen Gewaltverbrecher vom 5. XII. 1939 (RGBl. I, S. 2378) wird verordnet:

§ 1. Die Verordnung gegen Gewaltverbrecher gilt im Protektorat Böhmen und Mähren nach Maßgabe der folgenden Bestimmungen.

§ 2. (1) Auf Straftaten der im § 1 der Verordnung gegen Gewaltverbrecher bezeichneten Art finden die Strafvorschriften des Reichsrechts auch dann Anwendung, wenn der Täter nicht deutscher Staatsangehöriger ist.

(2) Auf Straftaten gegen Helfer bei der Verfolgung von Verbrechern (§ 2 der Verordnung gegen Gewaltverbrecher) finden die reichsrechtlichen Vorschriften zum Schutz von Polizei- und Justizbeamten Anwendung,

1. wenn der Verbrecher wegen der Tat, wegen der er verfolgt wird, der deutschen Strafgerichtsbarkeit untersteht oder
2. wenn der Helfer, gegen den sich der Angriff richtet, deutscher Staatsangehöriger ist oder
3. wenn der Helfer einem deutschen Polizei- oder Justizbeamten Beistand leistet.

(3) § 4 der Verordnung gegen Gewaltverbrecher gilt für Straftaten, für deren Aburteilung die deutschen Gerichte zuständig sind, auch dann, wenn die Tat nach dem Strafrecht des Protektorats zu ahnden ist. Ist danach eine schärfere Strafe als nach dem Strafrecht des Protektorats zulässig, so darf die Sache nicht auf Grund des § 17 der Verordnung über die Ausübung der Strafgerichtsbarkeit im Protektorat Böhmen und Mähren vom 14. IV. 1939 (RGBl. I, S. 754) von den deutschen Strafverfolgungsbehörden an die Strafverfolgungsbehörden des Protektorats abgegeben werden.

12. Polizeiverordnung zum Schutz der nationalen Symbole und Lieder vom 5. I. 1940 (RGBl. I, S. 31).

13. Verordnung über die Behandlung feindlichen Vermögens vom 15. I. 1940 (RGBl. I, S. 191), §§ 20—22; siehe VBlRProt., S. 28.

Dazu die Durchführungsverordnung vom 17. VI. 1940 (RGBl. I, S. 888); siehe VBlRProt., S. 265.

14. Verordnung über die Sicherstellung des Vermögens des ehemaligen polnischen Staates vom 15. I. 1940 (RGBl. I, S. 174), §§ 10, 11; siehe VBlRProt., S. 64.

15. Verordnung über die Veröffentlichung kartographischer Darstellungen vom 6. II. 1940 (RGBl. I, S. 294), § 5; siehe VBlRProt., S. 59.

16. Polizeiverordnung über die Kenntlichmachung im Reich eingesetzter Zivilarbeiter und -arbeiterinnen polnischen Volkstums vom 8. III. 1940 (RGBl. I, S. 555), § 2.

17. Verordnung zum Schutz des Reichsarbeitsdienstes vom 12. III. 1940 (RGBl. I, S. 485), siehe VBlRProt. S. 205.

Auf Grund gesetzlicher Ermächtigung wird mit Zustimmung des Beauftragten für den Vierjahresplan und des Oberkommandos der Wehrmacht für das Gebiet des Großdeutschen Reiches folgendes verordnet:

Aufforderung zum Verweigern der Reichsarbeitsdienstpflicht.

§ 1. Wer öffentlich dazu auffordert oder anreizt, die Erfüllung der Reichsarbeitsdienstpflicht zu verweigern, wird mit Zuchthaus, in minder schweren Fällen mit Gefängnis bestraft.

Aufwiegelung von Angehörigen des Reichsarbeitsdienstes

§ 2. Wer gegenüber einem Angehörigen des Reichsarbeitsdienstes die Gemeinschaft im Reichsarbeitsdienst zu zersetzen oder die Dienstfreudigkeit zu untergraben sucht, wird mit Zuchthaus, in minder schweren Fällen mit Gefängnis bestraft.

Reichsarbeitsdienstentziehung

§ 3. Wer es unternimmt, sich oder einen anderen durch Selbstverstümmelung, durch ein auf Täuschung berechnetes Mittel oder auf andere Weise der Erfüllung der Reichsarbeitsdienstpflicht ganz, teilweise oder zeitweise zu entziehen, wird mit Zuchthaus, in minder schweren Fällen mit Gefängnis bestraft. Unternimmt es eine Frau, sich der Erfüllung der Reichsarbeitsdienstpflicht zu entziehen, so ist die Strafe Gefängnis.

Fahnenflucht im Reichsarbeitsdienst

§ 4. (1) Ein männlicher Angehöriger des Reichsarbeitsdienstes, der in der Absicht, sich der Erfüllung der Reichsarbeitsdienstpflicht dauernd zu entziehen, seine Dienststelle verläßt oder ihr fernbleibt (Fahnenflucht), wird mit Zuchthaus, in minder schweren Fällen mit Gefängnis bestraft.

(2) Ebenso wird bestraft, wer einen männlichen Angehörigen des Reichsarbeitdienstes zur Fahnenflucht verleitet oder sie ihm erleichtert.

Dienstflucht im Reichsarbeitsdienst

§ 5. (1) Eine weibliche Angehörige des Reichsarbeitsdienstes, die in der Absicht sich der Erfüllung der Reichsarbeitsdienstpflicht dauernd zu entziehen, ihre Dienststelle verläßt oder ihr fernbleibt (Dienstflucht), wird mit Gefängnis bestraft.

(2) Ebenso wird bestraft, wer eine weibliche Angehörige des Reichsarbeitsdienstes zur Dienstflucht verleitet oder sie ihr erleichtert.

(3) Der Versuch ist strafbar.

Geltung in den angegliederten Ostgebieten und im Protektorat Böhmen und Mähren

§ 6. Die Vorschriften dieser Verordnung gelten auch in den eingegliederten Ostgebieten. Sie gelten im Protektorat Böhmen und Mähren auch für Personen, die nicht deutsche Staatsangehörige sind.

Inkrafttreten

§ 7. Die Verordnung tritt mit dem 15. III. 1940 in Kraft.

18. Verordnung zum Schutz der Metallsammlung des deutschen Volkes vom 29. III. 1940 (RGBl. I, S. 565), siehe VBlRProt., S. 145.

Der Ministerrat für die Reichsverteidigung verordnet mit Gesetzeskraft:

Die Metallsammlung ist ein Opfer des deutschen Volkes für das Durchhalten in dem ihm aufgezwungenen Lebenskampf.

Wer sich an gesammeltem oder vom Verfügungsberechtigten zur Sammlung bestimmtem Metall bereichert oder solches Metall sonst seiner Verwendung entzieht, schädigt den großdeutschen Freiheitskampf und wird daher mit dem Tode bestraft.

Diese Verordnung tritt mit der Verkündung durch Rundfunk in Kraft. Sie gilt auch in den eingegliederten Ostgebieten.

19. Verordnung über den Nachrichtenverkehr vom 2. IV. 1940 (RGBl. I, S. 823), VBlRProt. 40, S. 239, § 8.

20. Verordnung gegen die mißbräuchliche Inanspruchnahme der Eisenbahn vom 8. IV. 1940 (RGBl. I, S. 624).

21. Polizeiverordnung über die Verhängung einer Freiflugsperre für Tauben aller Art, vom 10. IV. 1940 (RGBl. I, S. 629), § 4.

22. VO. über den Paß- und Sichtvermerkszwang sowie über den Ausweiszwang vom 10. IX. 1939 (RGBl. I, S. 1739), § 4. Siehe VBlRProt. S. 139 aus 1939.

VO. zur Ergänzung obiger VO. vom 20. VII. 1940 (RGBl. I, S. 1008).

23. VO. über die Beschränkung des Reiseverkehrs mit Gebietsteilen des Großdeutschen Reiches und mit dem Generalgouvernement vom 20. VII. 1940 (RGBl. I, S. 1008), § 2. Siehe VBlRProt. S. 314 aus 1940.

Sechstes Kapitel.

Strafrechtliche Sondervorschriften für das Sudetenland und für das Protektorat Böhmen und Mähren

I. Einleitung.

Der Reichskommissar für das sudetendeutsche Gebiet hat auf Grund des Art. V, Abs. 1 des Führererlasses für die Verwaltung des sudetendeutschen Gebietes vom 1. X. 1938 (RGBl. I, S. 1331) mit Beginn seines Amtsantrittes

(21. X. 1938 VBl. Sud. Nr. 34) Rechtsvorschriften erlassen können, die der Überleitung auf die Verhältnisse des Altreiches und der örtlichen Regelung von Sonderfragen dienen, und das bisher im sudetendeutschen Gebiet geltende Recht abändern können.

Im Protektorat Böhmen und Mähren ergibt sich die Notwendigkeit von Sondervorschriften einerseits durch die Herbeiführung einer Angleichung an das Rechtsleben des Großdeutschen Reiches. Darüber hinaus müssen aber auch Fragen, die sich aus der politischen Situation des Nebeneinander des deutschen und tschechischen Volkes ergeben, geregelt werden. Die Rechtsvorschriften werden von der Reichsregierung oder einem Reichsminister erlassen, und beruhen auf dem Art. XI des Führererlasses vom 16. III. 1939 (RGBl. I, S. 487) und auf der Verordnung über die Rechtsvorschriften des Reiches für das Protektorat Böhmen und Mähren vom 3. IV. 1939 (RGBl. I, S. 704). Ein eigenes Rechtsetzungsrecht übt ferner der Reichsprotektor auf Grund des Art. V, Abs. 4, des Führererlasses vom 16. III. 1939 (RGBl. I, S. 485) in Verbindung mit der Verordnung über das Rechtsetzungsrecht im Protektorat Böhmen und Mähren vom 7. VI. 1939 (RGBl. I, S. 1039) aus. Die für das Protektorat erlassenen Vorschriften gelten grundsätzlich für alle Bewohner des Protektorats.

Im folgenden sind sowohl die beiden Verordnungen über das deutsche Rechtsetzungsrecht im Protektorat Böhmen und Mähren als auch alle Vorschriften zum Abdruck gelangt, soweit sie strafrechtlich von Bedeutung sind. Lediglich die für strafrechtlich weniger bedeutsamen Nebensätze ist auch in diesem Abschnitt nur noch die Angabe der Fundstelle aufgenommen worden.

II. Strafrechtliche Sondervorschriften für den Reichsgau Sudetenland.

1. Anordnung über die Preisschilder und Preisverzeichnisse in den sudetendeutschen Gebieten vom 19. X. 1938, VBlSud., S. 30, § 4.

2. Verordnung über die Preisbildung in den sudetendeutschen Gebieten vom 22. X. 1938 (RGBl. I, S. 1456) und VBlSud., S. 66.

Auf Grund der Verordnung über die Aufgaben des Reichskommissars für die Preisbildung in den sudetendeutschen Gebieten vom 18. X. 1938 (RGBl. I, S. 1444) in Verbindung mit § 2 des Gesetzes zur Durchführung des Vierjahresplans — Bestellung eines Reichskommissars für die Preisbildung — vom 29. X. 1936 (RGBl. I, S. 927) wird mit Zustimmung des Beauftragten für den Vierjahresplan verordnet:

§ 1. (1) Die Erhöhung von Preisen und Entgelten jeder Art ist nur zulässig, soweit sich die ihrer Errechnung im Einzelfall zugrunde liegenden Kosten durch nicht zu vermeidende Umstände seit dem Inkrafttreten dieser Verordnung erhöht haben. Dabei darf der Stand der vergleichbaren Preise und Entgelte in den benachbarten Reichsgebieten nicht überschritten werden.

(2) Es dürfen nur die tatsächlich entstandenen Kostenerhöhungen berücksichtigt werden. Dazu gehören insbesondere nicht die Kostenerhöhungen, die durch Ansatz des Wiederbeschaffungspreises eintreten.

§ 2. Preise und Entgelte, die über dem Stand der benachbarten Preisgebiete liegen, sind bis zum 1. XII. 1938 auf diesen Stand herabzusetzen.

§ 3. Es ist verboten, Handlungen vorzunehmen, durch die die Bestimmungen dieser Verordnung umgangen werden oder umgangen werden sollen.

§ 4. Der Reichskommissar für die Preisbildung oder die von ihm beauftragten Stellen können in volkswirtschaftlich begründeten Fällen oder zum Ausgleich unbilliger Härten Ausnahmen von den Vorschriften dieser Verordnung zulassen oder anordnen.

§ 5. (1) Wer den Bestimmungen dieser Verordnung vorsätzlich oder fahrlässig zuwiderhandelt, wird mit Gefängnis und Geldstrafe, letztere in unbegrenzter Höhe, oder mit einer dieser Strafen bestraft. Dabei kann die Einziehung des erzielten Entgelts sowie die öffentliche Bekanntmachung des Urteils verfügt werden.

(2) Die Strafverfolgung tritt auf Antrag ein. Der Strafantrag kann zurückgenommen werden.

(3) Wird ein Strafantrag nicht gestellt oder wird er zurückgenommen, so kann die örtlich zuständige Preisüberwachungsstelle gegen das Unternehmen und gegen die schuldigen Personen Ordnungsstrafen in unbegrenzter Höhe festsetzen. Daneben kann die Schließung des Betriebes, in dem die Zuwiderhandlung begangen worden ist, auf Zeit oder auf Dauer verfügt oder seine Weiterführung von Auflagen abhängig gemacht werden. Auch kann den schuldigen Einzelpersonen auf dem Gebiete, auf dem die Zuwiderhandlung erfolgt ist, jede Tätigkeit untersagt oder ihre weitere Tätigkeit von Auflagen abhängig gemacht werden.

(4) Ist jemand im gerichtlichen Verfahren rechtskräftig zu einer Strafe verurteilt oder ist gegen ihn eine Ordnungsstrafe verhängt worden, so kann ihm die Preisüberwachungsstelle auferlegen, die Kosten, die durch die Ermittlung erwachsen sind, der die Untersuchung führenden Stelle zu erstatten. Mehrere Verpflichtete haften als Gesamtschuldner.

§ 6. Die Verordnung tritt mit dem Tage ihrer Verkündung in Kraft.

3. Anordnung über die Preisgestaltung im Handel mit Obst und Gemüse in den Regierungsbezirken Aussig, Karlsbad und Troppau vom 22. XI. 1938, VBlSud., S. 225, § 4.

4. Verordnung über die Höchstpreise von Gefrierfleisch für die Regierungsbezirke Aussig und Karlsbad vom 26. XI. 1938, VBlSud., S. 228, § 2.

5. Anordnung über Preisgestaltung im Handel mit Speisekartoffeln in den Regierungsbezirken Aussig und Karlsbad vom 22. XI. 1938, VBlSud., S. 227.

6. Polizeiverordnung über die Einführung von Sprengstoffen aus dem Ausland in die sudetendeutschen Gebiete vom 16. I. 1939 (RGBl. I, S. 46), § 4.

7. VO. über die Festsetzung der Polizeistunde in den Regierungsbezirken Karlsbad, Aussig und Troppau vom 1. III. 1939, VBlSud., S. 493, § 9 Abs. 4. Abgeändert durch die Polizeiverordnung vom 6. VII. 1940, VBlSud., S. 874.

8. VO. über das Verbot von Preiserhöhungen im Reichsgau Sudetenland vom 22. V. 1939 (RGBl. I, S. 959), § 4, VBlSud., S. 225.

9. Sprengstofferlaubnisschein — Verordnung vom 11. X. 1939, VBlSud., S. 1108.

10. Sprengstofflager-Verordnung vom 13. X. 1939, VBlSud., S. 1143.

11. Polizeiverordnung zur Bekämpfung der Bisamratte in den Regierungsbezirken Aussig und Karlsbad vom 13. IV. 1940, VBlSud., S. 685, § 3.

12. Verordnung über den Schlachtvieh- und Fleischbeschau vom 30. IV. 1940, VBlSud., S. 757. §§ 14—16.

13. Anordnung zur Änderung der Anordnung über Preise für Brot vom 19. VII. 1940, VBlSud., S. 901, § 4.

III. Strafrechtliche Sondervorschriften für das Protektorat Böhmen und Mähren.

1. Verordnung über Rechtsvorschriften des Reichs für das Protektorat Böhmen und Mähren vom 3. IV. 1939 (RGBl. I, S. 704; siehe VBlRProt., S. 27).

Gemäß Artikel 13 des Erlasses des Führers und Reichskanzlers über das Protektorat Böhmen und Mähren vom 16. III. 1939 (RGBl. I, S. 485) wird zur Ausführung von Artikel XI, Abs. 1, dieses Erlasses verordnet:

§ 1. Rechtsvorschriften des Reichs haben für das Protektorat Böhmen und Mähren nur Gültigkeit, wenn sich dies aus ihrem Inhalt ergibt oder wenn sie es ausdrücklich bestimmen.

§ 2. (1) Der Geltungsbereich der Verkündungsblätter des Reichs erstreckt sich auf das Protektorat.

(2) Verkündungsblatt des Reichs ist auch das Verordnungsblatt für Böhmen und Mähren.

§ 3. Rechtsvorschriften des Reichs, die für das Protektorat Gültigkeit haben und die in den Verkündungsblättern des Reichs verkündet werden, treten, soweit sie nichts anderes bestimmen, im Protektorat mit dem auf die Verkündung in den Verkündungsblättern des Reichs folgenden Tage in Kraft.

§ 4. Diese Verordnung tritt mit dem 16. III. 1939 in Kraft.

2. Verordnung über das Rechtsetzungsrecht im Protektorat Böhmen und Mähren vom 7. Juni 1939 (RGBl. I, S. 1039; siehe VBlRProt., S. 37).

Auf Grund von Artikel 13 des Erlasses des Führers und Reichskanzlers über das Protektorat Böhmen und Mähren vom 16. III. 1939 (RGBl. I, S. 485) wird zur Durchführung von Artikel V, Abs. 4, Artikel XI, Abs. 1 und 3, und Artikel XII dieses Erlasses verordnet:

§ 1. (1) Der Reichsprotektor kann durch Verordnung das autonome Recht ändern, soweit das gemeinsame Interesse es erfordert.

(2) Bei Gefahr im Verzuge kann der Reichsprotektor Rechtsvorschriften jeder Art erlassen.

§ 2. (1) Im Protektorat Böhmen und Mähren gelten die §§ 1, 7 und 8 der Verordnung über die Polizeiverordnungen der Reichsminister vom 14. XI. 1938 (RGBl. I, S. 1582). Zuständiger Reichsminister im Sinne des § 1, Abs. 2, der genannten Verordnung ist allein der Reichsprotektor in Böhmen und Mähren.

(2) Bei Zuwiderhandlungen gegen die auf Grund des Abs. 1 für das Protektorat Böhmen und Mähren erlassenen Polizeiverordnungen finden § 6, Abs. 1 und Abs. 2, Nr. 1, der Verordnung über die deutsche Gerichtsbarkeit im Protektorat Böhmen und Mähren vom 14. IV. 1939 (RGBl. I, S. 752) sowie § 15, Abs. 3, und § 16 der Verordnung über

die Ausübung der Gerichtsbarkeit im Protektorat Böhmen und Mähren vom 14. IV. 1939 (RGBl. I, S. 754) entsprechende Anwendung, soweit nicht in der einzelnen Polizeiverordnung etwas anderes bestimmt wird.

(3) Polizeiverordnungen, die im Protektorat Geltung haben sollen, müssen sich auf die im Abs. 1 erwähnte Verordnung und auf diese Verordnung berufen. Enthalten sie keine Angaben über den örtlichen Geltungsbereich, so gelten sie für das ganze Protektorat.

§ 3. Der Reichsprotektor stellt fest, welches Recht gemäß Artikel XII des Erlasses des Führers und Reichskanzlers über das Protektorat Böhmen und Mähren dem Sinne der Übernahme des Schutzes durch das Deutsche Reich widerspricht.

§ 4. Die Rechtsvorschriften des Reichsprotektors nach den §§ 1 und 2 sowie die Bekanntmachungen nach § 3 werden im Verordnungsblatt für Böhmen und Mähren verkündet.

§ 5. Die Rechtsvorschriften nach den §§ 1 und 2, die Bekanntmachungen nach § 3 sowie alle Maßnahmen von Reichsbehörden sind einer Nachprüfung durch die Gerichte und Verwaltungsbehörden der autonomen Verwaltung entzogen.

§ 6. In den nach § 2 erlassenen Rechtsvorschriften kann für den Fall der vorsätzlichen oder fahrlässigen Zuwiderhandlung Geldstrafe von 1 bis 500 Reichsmark, in besonders schweren Fällen Arrest von 1 bis 6 Wochen angedroht werden. Die Androhung einer schwereren Strafe in einer sonstigen Vorschrift des Reichsrechts oder des autonomen Rechts bleibt unberührt.

3. Verordnung des Reichsprotektors in Böhmen und Mähren über das jüdische Vermögen vom 21. VI. 1939, VBlRProt., S. 45, § 10.

4. a) Verordnung über den Waffenbesitz im Protektorat Böhmen und Mähren vom 1. VIII. 1939, VBlRProt., S. 62, § 7.

b) Verordnung des Reichsprotektors in Böhmen und Mähren zur Abänderung der Verordnung über den Waffenbesitz im Gebiet des Protektorates

Böhmen und Mähren vom 1. VIII. 1939, vom 6. V. 1940, VBlRProt., S. 187.

Auf Grund des § 1 der Verordnung über das Rechtsetzungsrecht im Protektorat Böhmen und Mähren vom 7. VI. 1939 (RGBl. I, S. 1039) wird verordnet:

§ 1. (1) Mit dem Tode wird bestraft, wer vorsätzlich unerlaubt eine gebrauchsfähige Schußwaffe oder Sprengstoffe oder Munition besitzt. In leichteren Fällen kann auf Zuchthaus erkannt werden.

(2) Wer die Tat fahrlässig begeht, wird mit Gefängnis und Geldstrafe oder einer dieser Strafen bestraft.

§ 2. Die Strafbarkeit sonstiger Zuwiderhandlungen bestimmt sich nach § 7 der Verordnung über den Waffenbesitz im Gebiete des Protektorates Böhmen und Mähren vom 1. VIII. 1939 (VBlRProt., S. 62).

§ 3. Diese Verordnung tritt mit der Verkündung durch den Rundfunk in Kraft.

c) Zweite Durchführungsverordnung zur Verordnung über den Waffenbesitz vom 18. V. 1940, VBlRProt., S. 218.

5. Verordnung über die Verdunkelung im Protektorat Böhmen und Mähren zum Zwecke des Luftschutzes vom 25. VIII. 1939, VBlRProt., S. 71, § 30.

Dazu Durchführungsverordnung vom 1. IX. 1939, VBlRProt., S. 100.

6. a) Verordnung des Reichsprotektors in Böhmen und Mähren gegen Sabotagehandlungen vom 26. VIII. 1939, VBlRProt., S. 83.

Auf Grund des Artikels V des Erlasses des Führers und Reichskanzlers über das Protektorat Böhmen und Mähren vom 16. III. 1939 (RGBl. I, S. 485) und von § 1 Ziffer 2 der Verordnung über das Rechtsetzungsrecht im Protektorat Böhmen und Mähren vom 7. VI. 1939 (RGBl. I, S. 1039) verordne ich folgendes:

Artikel 1. Sabotagehandlungen im Sinne dieser Verordnung sind alle Störungen des öffentlichen Lebens und der

Wirtschaft einschließlich aller Vorbereitungshandlungen. Zu ihnen zählen zum Beispiel Angriffe auf Personen, soweit solche Angriffe bestimmt oder geeignet sind, Störungen des öffentlichen Lebens und der Wirtschaft herbeizuführen, ferner Beschädigungen von lebenswichtigen Einrichtungen, wie Eisenbahnen, Fernmeldeanlagen, Wasserwerken, elektrischen Anlagen, Gaswerken, Fabriken usw.

Artikel II. Zur Untersuchung und Entscheidung der Sabotagehandlungen sind die Wehrmachtgerichte im Protektorat Böhmen und Mähren zuständig, auch soweit das Reichskriegsgericht oder der Volksgerichtshof zuständig wären.

Es gilt deutsches Recht. Das Gericht kann jedoch in jedem schweren Falle auf Todesstrafe erkennen. Auf Einbeziehung des Vermögens kann in jedem Fall erkannt werden.

Artikel III. Diese Verordnung tritt mit ihrer Verkündung durch öffentlichen Anschlag in Kraft.

b) Verordnung zur Ergänzung der Verordnung des Reichsprotektors in Böhmen und Mähren gegen Sabotagehandlungen vom 26. VIII. 1939, VBlRProt., S. 84.

Auf Grund des § 118 der Verordnung über das militärische Strafverfahren im Kriege und bei besonderem Einsatz verordne ich für die Ausübung der Militärgerichtsbarkeit im Protektorat Böhmen und Mähren auf Grund der Verordnung des Reichsprotektors gegen Sabotagehandlungen vom 26. VIII. 1939 folgendes:

§ 1. Die Wehrmachtsgerichte verfahren nach der Verordnung über das militärische Strafverfahren im Kriege und bei besonderem Einsatz vom 17. VIII. 1938.

§ 2 (in der Fassung der zweiten Verordnung über die Ergänzung der Verordnung des Reichsprotektors in Böhmen und Mähren gegen Sabotagehandlungen vom 26. VIII. 1939 vo. 15. III. 1940, VBlRProt., S. 76). Der Gerichtsherr kann Strafsachen an die sonst zuständige Strafbehörde abtreten, wenn er es für sachdienlich hält. Dasselbe gilt für die erkennenden Gerichte, wenn sich der Vertreter der Anklage damit einverstanden erklärt.

§ 3. Der Gerichtsherr kann andere Behörden um Übernahme der Strafvollstreckung oder des Strafvollzuges ersuchen.

§ 4. Diese Verordnung tritt gleichzeitig mit der Verordnung des Reichsprotektors in Böhmen und Mähren gegen Sabotagehandlungen vom 26. VIII. 1939 in Kraft.

c) Ausführungsbestimmungen zu der Verordnung des Reichsprotektors in Böhmen und Mähren gegen Sabotagehandlungen vom 26. VIII. 1939, VBlRProt., S. 83 vom 11. I. 1940, VBlRProt., S. 3.

I. Sabotagehandlungen im Sinne der Verordnung sind vorsätzliche, in den Strafvorschriften des Reichs mit Strafe bedrohte Handlungen, die dazu bestimmt oder geeignet sind, eine die Allgemeinheit unmittelbar berührende Störung des öffentlichen Lebens oder der Wirtschaft hervorzurufen. Unter die Verordnung fällt nicht nur die vollendete Straftat, sondern auch Versuch und Vorbereitungshandlungen, sofern sie in den Strafgesetzen des Reiches mit Strafe bedroht sind.

Eine Störung des öffentlichen Lebens kann z. B. dadurch bewirkt werden, daß das Funktionieren des Staatsapparates durch Angriffe auf leitende Beamte gestört oder daß durch böswillige Gerüchte Unruhe in die Bevölkerung getragen oder daß das friedliche Zusammenleben der Deutschen und der Tschechen planmäßig gestört wird.

Eine Störung der Wirtschaft kommt als Sabotagehandlung im Sinne der Verordnung insbesondere in Betracht, wenn die Versorgung der Bevölkerung mit Gegenständen des lebenswichtigen Bedarfs gefährdet wird, z. B. durch Eingriffe in lebenswichtige Betriebe, durch schwere Angriffe auf die Geldwirtschaft, Zurückhaltung oder Vernichtung von Vorräten usw. Dagegen fallen Vermögensdelikte wie Diebstahl, Untreue, Betrug, Hehlerei, wenn sie keinen so schweren Schaden verursachen, daß sie die Gesamtwirtschaft fühlbar treffen, nicht unter die Verordnung, ebenso nicht kleine Fälle von Zuwiderhandlungen gegen Preisvorschriften, gegen Vorschriften über Warenverkehr und so weiter.

II. Artikel II, Absatz 2 Satz 2 der Verordnung bezwecken eine Verschärfung der in den anzuwendenden reichsrechtlichen Strafvorschriften angedrohten Strafen. Aus der Bestimmung des Satzes 2, wonach das Gericht in jedem schweren Fall auf Todesstrafe erkennen kann, ergibt sich, daß das Gericht in solchen Fällen unter Überschreitung des regelmäßigen Strafrahmens auch auf das nach der Straftat zulässige Höchstmaß der für die Straftat angedrohten Freiheitsstrafe, statt auf Gefängnis auf zeitige oder lebenslange Zuchthausstrafe erkennen kann, wenn nicht die Verhängung der Todesstrafe geboten ist.

7. Verordnung über vorläufige Maßnahmen auf dem Gebiet des zivilen Luftschutzes im Protektorat Böhmen und Mähren vom 4. IX. 1939 (VBlRProt. S. 104), § 4.

8. Verordnung über die Mineralölbewirtschaftung im Protektorat Böhmen und Mähren vom 5. IX. 1939 (VBlRProt. 39, S. 107), § 6.

9. Verordnung des Reichsprotektors in Böhmen und Mähren über die Kohlenbewirtschaftung vom 5. IX. 1939 (VBlRProt. 39, S. 109), Art. VI.

Zweiter Durchführungserlaß dazu vom 23. X. 1939, (VBlRProt. S. 207), § 19.

Dritter Durchführungserlaß vom 23. X. 1939 (VBlRProt. S. 215), § 9.

10. Verordnung über die Weiterbenützung von Kraftfahrzeugen im Protektorat Böhmen und Mähren vom 18. IX. 1939 (VBlRProt. 39, S. 153), § 4.

11. Verordnung über die Änderung der Verordnung über die Weiterbenützung von Kraftfahrzeugen im Protektorat Böhmen und Mähren vom 18. IX. 1939 (VBlRProt. S. 375), § 4.

12. Bekanntmachung des Reichsprotektors in Böhmen und Mähren betreffend das Verbot der Ausfuhr kartographischer Erzeugnisse vom 26. IX. 1939 (VBlRProt. S. 172).

Um einer Gefährdung wichtiger Belange des Reiches vorzubeugen, verbiete ich mit sofortiger Wirksamkeit die Ausfuhr kartographischer Erzeugnisse.

Unter dieses Verbot fallen alle Karten und Pläne des Reichsgebietes, einschließlich des Gebietes des Protektorats bis zum Maßstab 1 : 200.000. Es gehören dazu auch alle Schriftwerke, insbesondere Reiseführer, Reisebeschreibungen u. dgl., die Karten und Pläne dieser Art enthalten.

Wer diesem Verbot zuwiderhandelt setzt sich der Bestrafung nach § 92 b des Strafgesetzbuches für das Deutsche Reich aus, soweit nicht nach anderen Vorschriften eine noch härtere Strafe verwirkt ist.

13. Verordnung gegen die Schwarzsender im Gebiete des Protektorats Böhmen und Mähren vom 11. X. 1939, VBlRProt. S. 190.

Auf Grund des § 1 der Verordnung über das Rechtsetzungsrecht im Protektorat Böhmen und Mähren vom 7. Juni 1939 (RGBl. I, S. 1039) wird verordnet:

§ 1. Der Schwarzsender wird mit Zuchthaus bestraft,

In minder schweren Fällen ist die Strafe Gefängnis.

Wer eine der Handlungen des § 2 fahrlässig begeht, wird mit Gefängnis bestraft.

§ 2. Schwarzsender ist,

1. wer ohne vorherige Zustimmung des Reichsprotektors eine Funksendeanlage errichtet oder betreibt;
2. wer eine genehmigte Funksendeanlage zu Übermittlungen benutzt, die in der Bewilligungsurkunde des Reichsprotektors nicht enthalten sind;
3. wer eine Funkempfangsanlage entgegen ihrer Bestimmung unerlaubt zum Aussenden von Nachrichten, Zeichen, Bildern oder Tönen verwendet.

§ 3. Wie ein Schwarzsender wird bestraft,

1. wer ohne Zustimmung des Reichsprotektors Funksendeanlagen herstellt,

2. wer ohne Zustimmung des Reichsprotektors betriebsfähige Sendeanlagen einführt, feilhält, vertreibt oder sonstwie an andere abgibt,
3. wer ohne Zustimmung des Reichsprotektors eine betriebsfähige Funksendeanlage besitzt oder in Besitz, Gewahrsam oder Verwahrung nimmt.

§ 4. Funksendeanlagen im Sinne dieser Verordnung sind elektrische Sendeeinrichtungen, bei denen die Übermittlung von Nachrichten, Zeichen, Bildern oder Tönen ohne Verbindungsleitungen oder unter Verwendung elektrischer, an einem Leiter entlanggeführter Schwingungen stattfinden kann.

Als betriebsfähig gilt eine Funksendeanlage auch dann, wenn einzelne ersetzbare Teile oder einzelne Verbindungen noch fehlen oder wieder entfernt worden sind.

§ 5. Gegenstände, die zum Schwarzsenden (§ 2) bestimmt oder dazu gebraucht worden sind, werden eingezogen, ohne Rücksicht darauf, wem sie gehören.

Von einer Einziehung kann der Richter absehen, wenn die Tat fahrlässig begangen ist oder wenn die Gegenstände ohne Schuld des Berechtigten zum Schwarzsenden bestimmt gewesen oder dazu gebraucht worden sind.

In den Fällen des § 3 können die Funksendeanlagen eingezogen werden, die hergestellt, eingeführt, feilgehalten, vertrieben, abgegeben worden sind oder die im Besitz, Gewahrsam oder in der Verwahrung des Täters gewesen sind.

Die Einziehung kann selbständig angeordnet werden, wenn keine bestimmte Person verfolgt oder verurteilt werden kann, im übrigen aber die Voraussetzungen der Absätze 1 und 3 erfüllt sind.

§ 6. Alle im Gebiet des Protektorats Böhmen und Mähren befindlichen Funksendeanlagen und Funksendeeinrichtungen, für die eine Genehmigung gemäß § 3 des Gesetzes vom 23. März 1923, Slg. d. G. u. V., Z. 60, oder gemäß § 1 des Gesetzes vom 20. Dezember 1923, Slg. d. G. u. V. 1924, Z. 9, erforderlich ist, sind binnen 2 Wochen nach Verkündung dieser Verordnung bei dem für den Wohnsitz oder Aufenthaltsort zuständigen Oberlandrat anzumelden.

Bei der Anmeldung sind etwaige Genehmigungsurkunden der Protektoratsbehörde mit vorzulegen.

Der Oberlandrat kann die Ablieferung dieser Anlagen und Einrichtungen anordnen. Die Entscheidung des Oberlandrats ist unanfechtbar.

§ 7. Zur Untersuchung und Entscheidung der Straftaten gegen diese Verordnung sind die deutschen Gerichte zuständig.

§ 8. Diese Verordnung tritt mit dem Tage ihrer Verkündung in Kraft.

14. Verordnung über die Meldepflicht der Betriebe vom 3. XI. 1939 (VBlRProt. S. 227), § 3.

15. Verordnung des Reichsprotektors in Böhmen und Mähren zur Ausschaltung der Juden aus der Wirtschaft vom 26. I. 1940 (VBlRProt. S. 41), § 8.

16. Verordnung über die Auskunftspflicht vom 6. II. 1940 (VBlRProt. S. 47), § 8.

17. Verordnung über die Durchführung des Luftschutzes im Protektorat Böhmen und Mähren vom 27. III. 1940, (RGBl. I, S. 559, VBlRProt. S. 141), § 12. (Berichtigung VBlRProt., S. 171.)

18. Verordnung des Reichsprotektors in Böhmen und Mähren über den Erwerb von Kraftfahrzeugen im Protektorat Böhmen und Mähren vom 20. V. 1940 (VBlRProt., S. 213), § 5.

19. Verordnung des Reichsprotektors in Böhmen und Mähren über das Halten von Tauben vom 3. VI. 1940 (VBlRProt., S. 245), § 14.

20. VO. über die Durchführung des Luftschutzes im Protektorate Böhmen und Mähren vom 27. III. 1940 (RGBl. I, S. 559), VBlRProt. S. 141, § 12.

21. VO. über Lenkung und Verteilung der Maschinen- und Apparateerzeugung vom 3. IV. 1940, VBlRProt. S. 149, § 4.

Siebentes Kapitel.

Strafrechtliche Bestimmungen, die von der Regierung des Protektorates Böhmen und Mähren nach dem 14. IV. 1939 erlassen wurden und die auch für die deutschen Staatsangehörigen im Protektorat Geltung haben

Der Erlaß des Führers und Reichskanzlers über das Protektorat Böhmen und Mähren vom 16. III. 1939 hat im Art. III dem Protektorat eine Selbstverwaltung zugestanden. Im Rahmen der Ausübung dieser Selbstverwaltung, die im Einklang mit den politischen, wirtschaftlichen und militärischen Belangen des Reiches stehen muß, besteht auch ein Rechtsetzungsrecht, dem die deutschen Staatsangehörigen für die Dauer des Aufenthaltes im Protektorat unterstehen, unabhängig davon, ob es sich um deutsche Staatsangehörige handelt, die im Protektorat ihren Wohnsitz haben, oder um solche, die sich nur vorübergehend im Protektorat aufhalten. Dieses Protektoratsrecht ist ein Sonderrecht im Gebiet des Großdeutschen Reiches mit einem örtlich beschränkten Geltungs- und Anwendungsbereich.

Auch im Strafrecht können auf Grund des von der Protektoratsregierung ausgeübten Rechtes der Selbstverwaltung Vorschriften erlassen werden, die für die deutschen Staatsangehörigen bindend und vom deutschen Gerichte des Protektorates angewendet werden müssen, da der Art. III des Führererlasses für die deutschen Staatsangehörigen zwar die Ausschließlichkeit der deutschen Gerichtsbarkeit festlegt, aber dadurch noch nicht bestimmt, daß auf die deutschen Staatsangehörigen nur Reichsrecht angewendet werden darf. Auch die Strafrechtsverordnung enthält keine diesbezügliche Bestimmung. Die Bindung der deutschen Staatsangehörigen an Strafvorschriften des Protektorates ergibt sich auch daraus, daß das deutsche Recht, in Rechtsgebieten, die nicht vom Reich in unmittelbarer Verwaltung übernommen wurden, sondern die zur Selbstverwaltung gehören, wie z. B. Straßenverkehr, Postwesen und vorerst auch Ausgabe von Zahlungsmitteln, nicht eingeführt worden ist. Für die deutschen Staatsangehörigen würde sonst eine rechtliche Regelung überhaupt mangeln. Die neuen Vorschriften über den Anwendungsbereich des Strafrechtes können dem nicht abhelfen. Zwar regelt der allgemeine Teil auch die Anwendung der strafrechtlichen Nebengesetze. Aber solange auf dem Gebiet des Großdeutschen Reiches verschiedene Strafgesetze gelten, ist bisher die grundsätzliche Anwendung aller strafrechtlichen Nebengesetze im ganzen Reichsgebiet ausgeschlossen.

Die Anerkennung der Geltung von Vorschriften auf dem Gebiet des Strafrechtes für die deutschen Staatsangehörigen hat jedoch Grenzen:

Die Bestimmungen haben dann keine Geltung, wenn in den Gesetzen und Verordnungen, die bei der Übernahme des Schutzes über das Protektorat oder später im Zusammenhang mit der Einführung oder Durchführung der deutschen Gerichtsbarkeit unmittelbar vom Reich oder vom Reichsprotektor für die deutschen Staatsangehörigen erlassen wurden, gleiche oder entsprechende Vorschriften enthalten sind.

Nach den eben entwickelten Einschränkungen der Strafgesetzgebung der Protektoratsregierung kann sich diese im wesentlichen nur auf die strafrechtlichen Nebengesetze beziehen. In den Rechtsgebieten, in denen wir die im Reichsrecht sogenannten strafrechtlichen Nebengesetze finden, ist im Protektoratsrecht jedoch die Aburteilung der Übertretungen nur ausnahmsweise dem Gerichte übertragen. Entsprechend einer aus dem österreichischen Recht übernommenen Einrichtung verfügt der überwiegende Teil dieser Gesetze, daß die angedrohten Strafen durch die Bezirksbehörden oder durch die Polizeibehörden, also durch Verwaltungsbehörden, verhängt werden. Dies ist bei allen Gruppen von strafrechtlichen Nebensätzen der Fall, sei es, daß es sich handelt um Fragen des Arbeitseinsatzes (Regierungsverordnung vom 31. III. 1939, Slg. 109, betreffend

Beschäftigung von Personen, die in der Landwirtschaft tätig waren, und Regierungsverordnung vom 28. V. 1940 über die Verpflichtung von Arbeitskräften für landwirtschaftliche Arbeit, Slg. 173), oder um Bestimmungen über die Preisregelung (Regierungsverordnung vom 10. V. 1939 betreffend die Errichtung der Obersten Preisbehörde, Slg. 121), um die Jagdausübung (Verordnung vom 10. VIII. 1939 über die waidgerechte Jagdausübung, Slg. 205) oder um Fragen des Wirtschaftsrechtes (Regierungsverordnung vom 21. XII. 1939 über die staatliche Lenkung der Lohnpolitik, Slg. 330) oder um Vorschriften allgemeiner Natur (Regierungsverordnung vom 27. III. 1939 über den Schutz der Tiere gegen Quälerei Slg. 106 und Regierungsverordnung über die Rechtstellung der Juden im öffentlichen Leben vom 4. VII. 1939, Slg. 1940/436). Auch die Straßenverkehrsordnung vom 27. IX. 1939, Slg. 242 und die Straßenverkehrszulassungsordnung vom 27. IX. 1939, Slg. 243 sehen nur eine Bestrafung durch die Bezirks- und Polizeibehörden vor. Es muß jedoch erwogen werden, ob solche Übertretungen sowie deren Aburteilung durch die Verwaltungsbehörden bei einer Anwendung des deutschen Strafrechtes auf eine weitere oder spätere Straftat nicht doch von den deutschen Strafverfolgungsbehörden berücksichtigt werden müssen. Es würde sich sonst gegenüber den Verhältnissen im Altreich ein Unterschied entwickeln können, der durchaus unerwünscht wäre. Eine wiederholte Übertretung der Preisvorschriften aus Gewinnsucht kann als früher begangene vorsätzliche Tat angesehen werden, wenn der Täter später aus ein und demselben Hang heraus Betrügereien begeht. Auf dieser Grundlage wäre dann die Aburteilung als gefährlicher Gewohnheitsverbrecher möglich.

Der große Umfang der Strafgewalt der Bezirks- und Polizeibehörden hat eine Regelung der Ausübung gegenüber den deutschen Staatsangehörigen notwendig gemacht. Durch die Verordnung über die Zuständigkeit bei außergerichtlichen Strafsachen gegen deutsche Staatsangehörige im Protektorate Böhmen und Mähren vom 31. X. 1939, VBlRProt. 205, wird bestimmt, daß bei Wehrmachtangehörigen die Untersuchung und Entscheidung an die Wehrmachtgerichte übergeht. Hinsichtlich der Zivilpersonen deutscher Staatsangehörigkeit bleibt es daher bei der Zuständigkeit der Behörde des Protektorates, jedoch ist (§ 2) verfügt worden, daß die Freiheits- oder Ersatzfreiheitsstrafe von den deutschen Justizbehörden nach deutschen Vorschriften vollstreckt wird. Immerhin haben nunmehr die Wehrmachtgerichte im Protektorat auch alle jene von der Protektoratsregierung erlassenen Vorschriften anzuwenden, auf deren Wesentlichste oben hingewiesen worden ist. Von einer Wiedergabe aller einschlägigen Verordnungen ist Abstand genommen worden, da ihre Anwendung kaum einen erheblichen Umfang annehmen wird.

Im geringen Umfang ist aber auch im Protektoratsrecht die gerichtliche Strafe vorgesehen. Sie kann über deutsche Staatsangehörige allein durch die deutschen Gerichte verhängt werden. Da es sich aber um Sondervorschriften mit örtlich beschränktem Anwendungsbereich handelt, so obliegt ihre Anwendung lediglich den deutschen Gerichten im Protektorat, die übrigen Gerichte des Reiches haben auf diese Strafvorschriften keinen Bedacht zu nehmen. Wenn ein deutscher Staatsangehöriger nach der Tat in das übrige Großdeutsche Reich gereist ist, so kann, wenn ein öffentliches Interesse an der Verfolgung besteht, der Staatsanwalt am deutschen Gericht im Protektorat die Stellung des Täters vor das deutsche Gericht mit Hilfe der Kriminalpolizei jederzeit erreichen. Aus der Nichtanwendung des Protektoratsrechtes durch die deutschen Gerichte, die nicht ihren Sitz im Protektorat haben, ergeben sich also keine Schwierigkeiten.

1. Regierungsverordnung vom 4. Juli 1939 über den Schutz des Umlaufes der gesetzlichen Zahlungsmittel, Slg. 157.

Die Regierung des Protektorates Böhmen und Mähren verordnet auf Grund des Art. II des Verfassungs-Ermächtigungsgesetzes vom 15. XII. 1938, S. d. G. u. V. Nr. 330:

Abschnitt I: Ersatzmittel der gesetzlichen Zahlungsmittel.

§ 1. (1) Wer unbefugt Ersatzmittel der gesetzlichen Zahlungsmittel anfertigt oder anfertigen läßt, wird, wenn nicht eine strenger strafbare Handlung vorliegt, wegen Übertretung mit einer Geldstrafe von 100 K bis 50.000 K oder mit Arrest von drei Tagen bis zu sechs Monaten bestraft.

(2) Die gleiche Strafe trifft denjenigen, der solche unbefugt angefertigte Ersatzzahlungsmittel für den Umlauf ausgibt, sie in Umlauf setzt, im Umlauf erhält, mit ihnen im Verkehre zahlt oder sie als Zahlungsmittel annimmt.

(3) Wer eine Übertretung nach den vorhergehenden Absätzen begeht, obwohl er bereits wegen einer solchen Übertretung rechtskräftig verurteilt wurde, wird, wenn seit dieser Verurteilung nicht drei Jahre verstrichen sind, mit strengem Arrest von einem bis zu sechs Monaten bestraft, womit nach Maßgabe der Vermögensverhältnisse des Beschuldigten eine Geldstrafe von 1000 K bis 100.000 K verbunden werden kann.

(4) Ersatzmittel der gesetzlichen Zahlungsmittel (Absätze 1 und 2) sind Zeichen aller Art, die an Stelle der gesetzlichen Zahlungsmittel irgendeine wirtschaftliche oder rechtliche Funktion derselben dauernd oder vorübergehend übernehmen sollen.

§ 2. In den Urteilen ist auszusprechen, daß die Ersatzzahlungsmittel sowie auch der gesamte Gewinn aus der strafbaren Handlung zu Gunsten des Protektorates Böhmen und Mähren verfallen, und zwar auch dann, wenn sie nicht Eigentum des Verurteilten sind, und ohne Rücksicht auf die daran haftenden Rechte dritter Personen oder auf die Ansprüche dritter Personen auf dieselben.

§ 3. (1) Wer Ersatzzahlungsmittel unbefugt ausgibt, ist verpflichtet, den für sie empfangenen Betrag der Staatskasse abzuführen.

(2) Über den Anspruch auf Herausgabe des vom Ausgeber für die Ersatzzahlungsmittel empfangenen Wertes entscheidet das Gericht auf Antrag der Finanzprokuratur in dem Strafverfahren gegen den Ausgeber und, wenn dieser nicht vor Gericht gestellt werden kann, in dem Strafverfahren gegen jede andere, gemäß § 1 strafrechtlich verantwortliche

Person. In diesem Falle muß der Ausgeber oder dessen gesetzlicher Vertreter, gegebenenfalls der Rechtsnachfolger des Ausgebers, zur Hauptverhandlung vorgeladen werden. Diesen Personen stehen die Rechte des Angeklagten zu.

(3) Die Entscheidung nach dem vorhergehenden Absatz erfolgt mittels eines gleichzeitig mit dem Urteile zu erlassenden Erkenntnisses. Gegen dieses Erkenntnis steht die Beschwerde an das Berufungsgericht offen; sie ist binnen acht Tagen nach der Zustellung des Erkenntnisses bei dem Gerichte erster Instanz einzubringen.

Abschnitt II: Schutz des ungestörten Umlaufes der gesetzlichen Zahlungsmittel.

§ 4. (1) Es ist verboten:

a) die für den Kleinhandel unentbehrlichen gesetzlichen Zahlungsmittel, namentlich Münzen ohne wirtschaftliches Bedürfnis oder über das Maß desselben hinaus zurückzuhalten oder aufzubewahren,

b) gesetzliche Zahlungsmittel zu beschädigen,

c) ohne gesetzlichen Grund gesetzliche Zahlungsmittel zurückzuweisen oder deren Annahme an bestimmte Bedingungen zu knüpfen, und

d) in wie immer gearteter Weise unverbürgte Nachrichten zu verbreiten, die den Umlauf gesetzlicher Zahlungsmittel stören können.

(2) Die Regierung wird ermächtigt, durch Verordnungen, die zum Schutze des ungestörten Umlaufes der gesetzlichen Zahlungsmittel erforderlichen Verfügungen zu treffen.

§ 5. (1) Wer gegen die im § 4, Abs. 1, angeführten Verbote oder gegen die nach § 4, Abs. 2, erlassenen Verordnungen vorsätzlich zuwiderhandelt, wird, wenn nicht eine strenger strafbare Handlung vorliegt, wegen Übertretung mit einer Geldstrafe von 50 K bis 10.000 K oder mit Arrest von vierundzwanzig Stunden bis zu einem Monat bestraft.

(2) Wer eine Übertretung nach dem vorhergehenden Absatze begeht, obwohl er bereits wegen einer solchen Übertretung rechtskräftig verurteilt wurde, wird, wenn seit dieser Verurteilung nicht mehr als drei Jahre verstrichen sind, mit

strengem Arrest von einem bis zu sechs Monaten bestraft, womit nach Maßgabe der Vermögensverhältnisse des Beschuldigten eine Geldstrafe von 1000 K bis 100.000 K verbunden werden kann.

Abschnitt III: Gemeinsame Bestimmungen

§ 6. Auch der Versuch strafbarer Handlungen nach dieser Verordnung ist strafbar.

§ 7. Die nach dieser Verordnung verhängten Geldstrafen verfallen zu Gunsten des Protektorates Böhmen und Mähren.

§ 8. Übertretungen (§§ 1 und 5) verjähren nach Ablauf eines Jahres nach Verübung der Tat.

§ 9. (1) Bedienstete sind nur dann strafbar, wenn sie nicht auf Weisung ihres Dienstgebers, dessen Vertreters oder ihres Vorgesetzten gehandelt haben.

(2) Hierdurch wird die strafrechtliche Verantwortlichkeit jener Personen, in deren Interesse und mit deren Wissen eine nach dieser Verordnung strafbare Handlung unternommen wurde, nicht geändert.

§ 10. Das Strafverfahren wegen der Übertretungen der §§ 1 und 5 steht den Bezirksgerichten zu.

§ 11. (1) Bei begründetem Verdacht der Übertretung (§§ 1 und 5) sind das Finanzministerium oder die von ihm damit betrauten Organe berechtigt, Revisionen der Geschäftsbücher, der wirtschaftlichen, gewerblichen und sonstigen Aufzeichnungen von Banken, Geldanstalten, Betrieben und Einzelpersonen vorzunehmen, von dem Inhaber der Unternehmung oder von seinem Vertreter sämtliche Belege hierzu anzufordern und nach freiem Ermessen diesen Amtshandlungen auch Sachverständige beizuziehen. Die Kosten der Zuziehung eines Sachverständigen bilden einen Teil der Kosten des Strafverfahrens. Die Person oder der Betrieb, auf die sich eine Sachverständigenrevision bezieht, sind berechtigt zu verlangen, daß den von der Behörde bestellten Sachverständigen auf ihre Kosten ein von ihnen vorgeschlagener sachverständiger Vertrauensmann beigezogen werde.

(²) Bei den Revisionen muß die Vorschrift des § 8, zweiter Satz, des Verfassungsgesetzes vom 9. April 1920, S. d. G. u. V. Nr. 293, über den Schutz der Freiheit der Person und des Hauses, sowie des Briefgeheimnisses eingehalten werden.

§ 12. Aufgehoben wird die Regierungsverordnung (II) vom 29. August 1924, S. d. G. u. V. Nr. 189, betreffend den Schutz des Umlaufes der gesetzlichen Zahlungsmittel, womit die §§ 4 und 6 des Gesetzes vom 14. Dezember 1923, S. d. G. u. V. Nr. 7 vom Jahre 1924, über den Schutz der Währung und des Umlaufes der gesetzlichen Zahlungsmittel durchgeführt werden.

§ 13. Die Verordnung tritt am 10. Juli 1939 in Wirksamkeit; sie wird vom Finanzminister im Einvernehmen mit den beteiligten Ministern durchgeführt.

2. Regierungsverordnung vom 23. Juni 1939 über den organischen Aufbau der Wirtschaft, Slg. 168, § 3.

3. Regierungsverordnung vom 27. September 1939 über den Verkehr mit Kraftfahrzeugen, Slg. 241.

§ 25. (¹) Wer in rechtswidriger Absicht

1. ein Kraftfahrzeug, für welches von der zuständigen Behörde ein Kennzeichen nicht ausgegeben oder zugelassen worden ist, mit einem Zeichen versieht, welches geeignet ist, den Anschein des amtlich angeordneten oder zugelassenen Kennzeichens hervorzurufen,
2. ein Kraftfahrzeug mit einer anderen als der amtlich für das Fahrzeug ausgegebenen oder zugelassenen Kennzeichnung versieht,
3. das an einem Kraftfahrzeug gemäß amtlicher Anordnung angebrachte Kennzeichen verändert, beseitigt, verdeckt, oder sonst in seiner Erkennbarkeit beeinträchtigt, wird gerichtlich wegen Übertretung, sofern nicht eine höhere Strafe verwirkt ist, mit einer Geldstrafe bis zu 100.000 K oder mit Arrest bis zu 3 Monaten bestraft.

(2) Die gleiche Strafe trifft Personen, welche auf öffentlichen Wegen oder Plätzen von einem Kraftfahrzeug Gebrauch machen, von dem sie wissen, daß die Kennzeichnung in der im Absatz 1 unter Z. 1 bis 3 bezeichneten Art gefälscht oder unterdrückt worden ist.

4. Regierungsverordnung vom 24. August 1939 über den Schutz von Postmarken, Slg. 244.

Die Regierung des Protektorates Böhmen und Mähren verordnet auf Grund des Art. II des Verfassungs-Ermächtigungsgesetzes vom 15. XII. 1938, S. d. G. u. V. Nr. 330:

Postmarken

§ 1. (1) Den Schutz gemäß dieser Verordnung genießen Postmarken (Abs. 2), die eine öffentliche Behörde in dem ihr zugewiesenen Wirkungskreis ausgibt, mag es sich um hiesige oder ausländische Marken handeln.

(2) Gültig sind solche Postmarken, die zur Freimachung von Postsendungen geeignet sind oder die im Postdienste zur Verrechnung einiger Gebühren verwendet werden. Es besteht hierbei kein Unterschied zwischen den in der Gegenwart ausgegebenen Marken und Marken, deren Ausgabe zwar eingestellt worden ist, die jedoch bisher nicht aus dem Umlauf gezogen worden sind. Ungültig sind Marken früherer Emissionen, deren Außerverkehrsetzung kundgemacht worden ist.

(3) Unter der Nachmachung einer Postmarke wird die Erzeugung einer unechten Marke verstanden. Unter der Verfälschung einer Postmarke wird die Abänderung einer echten Marke in eine Marke eines anderen Wertes oder einer ungültigen Marke in eine gültige Marke verstanden.

Nachmachung von Briefmarken

§ 2. (1) Wer eine gültige Postmarke zu dem Zwecke nachmacht oder verfälscht, daß sie als echt oder unverfälscht in Umlauf gebracht werde oder als echt oder unverfälscht zu dem Zwecke, zu dem sie bestimmt ist, verwendet werde,

wer zu diesem Zweck eine nachgemachte oder verfälschte Postmarke annimmt, sich oder einem anderen verschafft oder jemandem überläßt, wer eine nachgemachte oder verfälschte Postmarke als echt oder unverfälscht in Umlauf setzt oder sie als echt oder unverfälscht zu dem Zwecke, zu dem sie bestimmt ist, verwendet,

wird wegen Vergehens mit strengem Arrest von vierzehn Tagen bis zu drei Jahren bestraft.

(²) Wegen Verbrechens wird der Schuldige mit Kerker von sechs Monaten bis zu fünf Jahren bestraft, wenn er sich der im vorstehenden Absatz angeführten Handlung in erwerbsmäßiger Weise schuldig macht oder wenn den Gegenstand seiner Handlung Postmarken eines hohen Gesamtwertes bildeten oder wenn die auf eine eine Vervielfältigung ermöglichende Weise erzeugten Falsifikate besonders gelungen oder andere besonders erschwerende Umstände vorhanden sind.

Anmerkung zu § 2. — Absatz 1 gilt nicht für die deutschen Staatsangehörigen, da das Nachmachen und Verfälschen einer Postmarke bereits durch § 275, Z. 2 bzw. 3, StGB. unter Strafe gestellt ist. Nur wenn die Verfälschung nicht erfolgt, um die Briefmarke zu einer Marke höheren Wertes zu machen, gilt das Protektoratsrecht für deutsche Staatsangehörige. — An Stelle von Absatz 3 gilt für die deutschen Staatsangehörigen § 275, Z. 1, StGB.

Vorbereitung der Nachmachung gültiger Postmarken

§ 3. Wer einen Gegenstand erzeugt, sich verschafft oder verwahrt, damit er zu einer nach § 2 strafbaren Handlung verwendet werde,

wer jemandem einen Gegenstand im Bewußtsein verschafft oder überläßt, daß er zu einer nach § 2 strafbaren Handlung verwendet werden soll oder wer jemandem die Anleitung gibt, wie ein Gegenstand zu diesem Zwecke beschafft oder erzeugt werden kann, wie er zu diesem Zwecke verwendet werden oder wessen Hilfe zu diesem Zwecke benützt werden kann,

wer sich jemandem zu einer nach § 2 strafbaren Handlung, zur Hilfe zu einer solchen strafbaren Handlung oder zur Hilfe bei einer solchen strafbaren Handlung anbietet,

wer sich mit jemandem zu einer nach § 2 strafbaren Handlung verbündet, wird, wenn seine Handlung nach § 2 nicht strenger strafbar ist, wegen Übertretung gerichtlich mit Arrest von acht Tagen bis zu sechs Monaten, und wer sich einer solchen Handlung beim Betrieb eines Gewerbes schuldig macht, wegen Vergehens mit strengem Arrest von vierzehn Tagen bis zu einem Jahre bestraft.

Bedrohung des Umlaufes gültiger Postmarken

§ 4. (1) Wer eine gültige Postmarke nachmacht oder verfälscht, keineswegs jedoch zu dem im § 2 angeführten Zwecke, wird wegen Übertretung gerichtlich mit Arrest von drei Tagen bis zu drei Monaten bestraft.

(2) In gleicher Weise wird gerichtlich bestraft, wenn die Handlung nicht strenger strafbar ist, wer

a) einen Gegenstand, der wegen seiner Ähnlichkeit leicht mit einer Postmarke verwechselt werden kann,

b) ein Falsifikat einer aus dem Verkehr genommenen Postmarke oder eine mit einem nachgemachten Überdruck versehene echte Postmarke, der leicht als Überdruck der öffentlichen Behörde, welche die Marke ausgegeben hatte, angesehen werden kann, feilhält, verkauft oder in Umlauf setzt oder zu diesem Zweck erzeugt, einführt oder anbietet.

§ 5. Wer ohne Einwilligung der zur Ausgabe von Postmarken berechtigten Behörde eine Platte, eine Form, ein Werkzeug oder einen anderen Behelf, die zur Erzeugung von Postmarken oder der im § 4, Abs. 2, angeführten Gegenstände verwendet werden können, erzeugt oder jemandem überläßt, wird, wenn seine Handlung nicht strenger strafbar ist, wegen Übertretung gerichtlich mit Arrest bis zu einem Monate bestraft.

Gemeinsame und Schlußbestimmungen

§ 6. (1) Bei der Verurteilung wegen eines nach dieser Verordnung strafbaren Verbrechens oder Vergehens kann das Gericht eine Geldnebenstrafe auferlegen, und zwar bei einem Vergehen von 200 K bis zu 25.000 K, bei einem Verbrechen von 1000 K bis zu 100.000 K; der Strafbetrag fällt dem Protektorate zu.

(2) Bei der Verurteilung wegen eines in dieser Verordnung angeführten Verbrechens spricht das Gericht gleich-

zeitig auch den Verlust des Gemeindewahlrechtes aus, bei der Verurteilung wegen eines Vergehens und einer Übertretung tut es dies, wenn die Handlung aus einem niedrigen und ehrlosen Beweggrunde begangen worden ist.

(3) Gegenstände, die zur Begehung der nach dieser Verordnung strafbaren Handlungen gebraucht oder bestimmt sind oder die durch diese Handlung entstanden sind, werden vom Gerichte zu Gunsten des Protektorates Böhmen und Mähren als verfallen erklärt, auch wenn sie dem Täter nicht gehören.

(4) Wenn die Verfolgung oder die Verurteilung einer bestimmten Person nicht möglich ist, entscheidet über den Verfall der Gegenstände (Absatz 3) das Kollegialgericht I. Instanz, bei welchem das Strafverfahren geführt wird oder in dessen Sprengel sich die Gegenstände befinden, im Kollegium dreier Richter in nichtöffentlicher Sitzung nach Anhörung des öffentlichen Anklägers und der beteiligten Personen. Gegen diese Entscheidung des Gerichtes können beide Parteien inerhalb von drei Tagen eine Beschwerde einbringen, über die das Kollegialgericht II. Instanz entscheidet.

§ 7. (1) Durch diese Verordnung bleiben die Vorschriften des Gefällsstrafgesetzes über die Beurteilung und Bestrafung von Postgefällsübertretungen unberührt.

(2) Diese Verordnung wird vom Justizminister im Einvernehmen mit dem Verkehrsminister und den übrigen beteiligten Ministern durchgeführt.

5. Regierungsverordnung vom 21. September 1939 über die Fusion und Übertragung von Betrieben der Erwerbs- und Wirtschaftsgenossenschaften Slg. 259, § 26.

6. Regierungsverordnung vom 9. November 1939 über die Abänderung einiger Bestimmungen des Strafgesetzes und der Strafprozeßordnung, Slg. 306.

Die Regierung des Protektorates Böhmen und Mähren verordnet auf Grund des Art. II des Verfassungs-Ermächtigungsgesetzes vom 15. XII. 1938, S. d. G. u. V. Nr. 330:

Art. I. (1) Das Strafverfahren wegen der Verbrechen des Diebstahls (§§ 171 bis 180 des Strafgesetzes), der Veruntreuung (§§ 181 bis 184 des Strafgesetzes), des Betruges mit Ausnahme des Meineides und der falschen Zeugenaussage [§§ 170, 197, 198, 199, lit. b) bis e), §§ 200 bis 203 des Strafgesetzes], der betrügerischen Krida [§ 205 a) des Strafgesetzes] und der Schädigung fremder Gläubiger [§ 205 b) des Strafgesetzes] gehört vor die Kreisgerichte auch in den Fällen, wo nach dem Gesetz auf eine mehr als fünfjährige Kerkerstrafe zu erkennen ist.

(2) Falls sehr wichtige und überwiegende Milderungsumstände zusammentreffen, ist das Gericht in den Fällen des Absatzes 1 berechtigt, sowohl auf eine mildere Art der Kerkerstrafe zu erkennen, als auch ihre Dauer, keinesfalls jedoch unter ein Jahr herabzusetzen.

Art. II. (1) Wenn für das Verbrechen des Diebstahls, der Veruntreuung oder des Betruges nur mit Rücksicht auf den Betrag oder den Wert dessen, was Gegenstand der Tat war oder worauf die Absicht des Täters gerichtet war, nach dem Strafsatz eine Strafe von mehr als fünf Jahren zu verhängen wäre, verhängt das Gericht eine Strafe nach dem Strafsatze des schweren Kerkers von einem bis zu fünf Jahren, wenn es diesen Strafsatz im Hinblick auf den Charakter des Täters und die Umstände der Tat für angemessen erachtet.

(2) Wenn das Gericht eine Strafe nach dem angeführten niedrigeren Strafsatze verhängt, wird dadurch sein Recht, die Strafe nach den §§ 54 und 55 des Strafgesetzes zu mildern oder umzuwandeln, nicht ausgeschlossen.

(3) Dagegen, daß das Gericht die Strafe nach dem angeführten niedrigeren Satze verhängt hat oder daß es dies nicht getan hat, kann Berufung erhoben werden.

Art. III. Handlungen, die gemäß § 335 des Strafgesetzes vom 27. V. 1852, RGBl. Nr. 117, strafbar sind und die während der Wirksamkeit dieser Verordnung begangen wurden, werden stets als Vergehen bestraft. Die Strafsätze werden dadurch nicht geändert.

Art. IV. Die Strafprozeßordnung vom 23. V. 1873, RGBl. Nr. 119, wird abgeändert wie folgt:

1. Im Art. VI B der Einführungsbestimmungen werden die Z. 18 und 19 aufgehoben und die Z. 21 hat zu lauten, wie folgt:

„der Betrug in den Fällen des § 199, lit. a), des Strafgesetzes, wenn in der Anklageschrift die Verhängung einer mehr als fünfjährigen Kerkerstrafe ausdrücklich beantragt wird."

2. Im § 13 wird der letzte Absatz aufgehoben und der vorletzte Absatz hat zu lauten:

„Die Gerichtshöfe erster Instanz fassen ihre Beschlüsse in Versammlungen von drei Richtern, wovon einer den Vorsitz führt."

3. Im § 15 hat der letzte Satz zu lauten:

„Die Gerichtshöfe zweiter Instanz fassen ihre Beschlüsse in Versammlungen von drei Richtern, wovon einer den Vorsitz führt."

4. Im § 270 hat der erste Absatz zu lauten:

„Das Urteil muß binnen acht Tagen vom Tage der Verkündung schriftlich ausgefertigt und von dem Vorsitzenden sowie vom Schriftführer unterschrieben werden."

5. Im § 357, Abs. 2 werden die Worte: „in einer Versammlung von vier Richtern, wovon einer den Vorsitz zu führen hat" weggelassen.

Art. V. Diese Verordnung tritt am 1. Jänner 1940 in Wirksamkeit; sie wird vom Justizminister durchgeführt.

Achtes Kapitel.

Das für die nichtdeutschen Staatsangehörigen im Protektorat Böhmen und Mähren geltende deutsche Strafrecht

Deutsches Strafrecht gilt für die Personen im Protektorat, die nicht deutsche Staatsangehörige sind, im folgenden Umfang:

a) In den Fällen der Gesetze und Verordnungen, die im 4. Kapitel Abs. III, unter Z. 2, 4—9; im 5. Kapitel Abs. III, unter Z. 1—23 und im 6. Kapitel, Abs. III, unter Z. 1—21 angeführt sind.

b) Gemäß § 15 der VO. über die Ausübung der Strafgerichtsbarkeit im Protektorat Böhmen und Mähren vom 14. IV. 1939 (RGBl. I, S. 754) in der Fassung der VO. vom 18. IX. 1939 (RGBl. I, S. 1945) und § 1 der VO. über die Ausübung der Militärgerichtsbarkeit im Protektorat Böhmen und Mähren vom 8. V. 1939 (RGBl. I, S. 903).

1. Bei Straftaten nach den §§ 80 bis 93 a, 102 bis 104, 110, 112, 134 a, 134 b, 135, 141, 141 a, 143 a, 239 a, 353 b und 353 c StGB., soweit wichtige öffentliche Interessen des Reiches gefährdet worden sind; bei Straftaten nach dem Autofallengesetz; bei Straftaten nach den §§ 49 a und 139 StGB. hinsichtlich der vorstehend angeführten Verbrechen;

2. bei Straftaten, die gegen die deutsche Wehrmacht, ihre Angehörigen oder das Gefolge gerichtet sind oder in einem Gebäude, einem Raume oder einer Anlage, die den Zwecken der deutschen Wehrmacht dienen[1]), begangen wurden, ferner bei Straftaten, die gegen den Träger eines deutschen Amtes oder eines Amtes der NSDAP oder einen Angehörigen der SA, SS, des NSKK oder des NSFK, die im Protektorat dienstlich tätig sind, aus politischen Beweggründen oder wegen ihrer amtlichen oder dienstlichen Tätigkeit begangen wurden.

[1]) Welche Gebäude, Räume und Anlagen in Betracht kommen, bestimmt von Fall zu Fall der Reichsprotektor.

c) Gemäß der VO. über die Einführung reichsrechtlicher Strafvorschriften im Protektorat Böhmen und Mähren vom 13. VIII. 1940 (RGBl. I, S. 1107, VBlRProt., S. 415) bei Straftaten nach den §§ 132, 132 a StGB., soweit es sich um die Anmaßung eines deutschen öffentlichen Amtes oder um das unbefugte Tragen deutscher Uniformen, Kleidungen, Trachten oder Abzeichen handelt, ferner bei Straftaten nach § 330 a StGB., wenn der Täter in einem die Zurechnungsfähigkeit ausschließenden Rausch eine Handlung begeht, auf die nach den im Protektorate geltenden Vorschriften eine Strafbestimmung des Deutschen Reiches anzuwenden ist, endlich bei Straftaten gegen das Heimtückegesetz, sofern sich die Straftat nicht ausschließlich gegen das Oberhaupt der autonomen Verwaltung oder gegen Mitglieder der Regierung des Protektorates oder gegen deren Anordnungen oder die von ihnen geschaffenen Einrichtungen richtet.

Dabei sind auch die allgemeinen Vorschriften des reichsdeutschen Strafrechtes anzuwenden. Die Untersuchung und Entscheidung steht in den Fällen des § 1 der VO. vom 8. V. 1939 (RGBl. I, S. 903) und Art. II der Sabotageverordnung vom 26. VIII. 1939 (VBlRProt., S. 83) den deutschen Wehrmachtgerichten, sonst den deutschen Zivilstrafverfolgungsbehörden zu (§ 6 Abs. 2 der VO. vom 14. IV. 1939, RGBl. I, S. 752; § 16 der VO. vom 14. IV. 1939, RGBl. I, S. 754, § 1 der VO. vom 8. V. 1939, RGBl. I, S. 903).

Bei Straftaten, die von nichtdeutschen Staatsangehörigen im Protektorat in einem Gebäude, einem Raum oder einer Anlage, die den Zwecken einer Dienststelle des Reiches, der Partei oder einer ihrer Gliederungen dienen, begangen wurden, ferner bei Privatanklagedelikten von Personen, die nichtdeutsche Staatsangehörige sind, wenn ein deutscher Staatsangehöriger die Privatklage erhebt, stehen Untersuchung und Entscheidung gleichfalls den deutschen Strafverfolgungsbehörden zu, die hiebei das Strafrecht des Protektorats, aber das reichsrechtliche Verfahrensrecht anzuwenden haben (§§ 17, 18 der VO. vom 14. IV. 1939, RGBl. I, S. 754). Die deutschen Strafverfolgungsbehörden können die Sache an die Strafverfolgungsbehörden des Protektorats abgeben, doch ist eine solche Abgabe in den Fällen des § 2, Abs. 2, zweiter Satz, der VO. zur Durchführung der VO. gegen Gewaltverbrecher im Protektorat Böhmen und Mähren vom 22. I. 1940, RGBl. I, S. 223, unzulässig. Im übrigen schreiten bei Straftaten von nichtdeutschen Staatsangehörigen des Protektorates die Protektoratsgerichte nach dem Straf- und Verfahrensrecht des Protektorats ein.

Sachverzeichnis

Die Zahlen bedeuten die Seiten, auf denen das Stichwort zu finden ist. (S), (P), (D), (T) bedeutet, daß sich die Seitenangabe überwiegend auf die Rechtsverhältnisse im Sudetengau (S), oder im Protektorat Böhmen und Mähren (P) bezieht, oder daß es sich um Teile des deutschen Strafrechts (D) oder des tschechischen (T) handelt.

A

B

D

E

F

G

H

I

J

K

N

O

P

S

Sch

U

V

W

Z

Kolibri 360 GmbH
Ferdinand-Jühlke-Straße 7
99095 Erfurt, Deutschland
produktsicherheit@kolibri360.de